出土文獻綜合研究專刊之十四

西南大學新藏石刻拓本滙釋

毛遠明 李海峰 編著

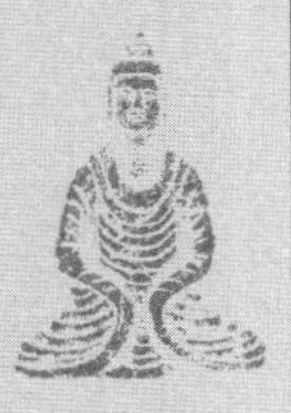

圖版卷

中華書局

目録

〇〇一　西漢磚瓦集拓

西漢時期（公元前二〇二—公元八年）

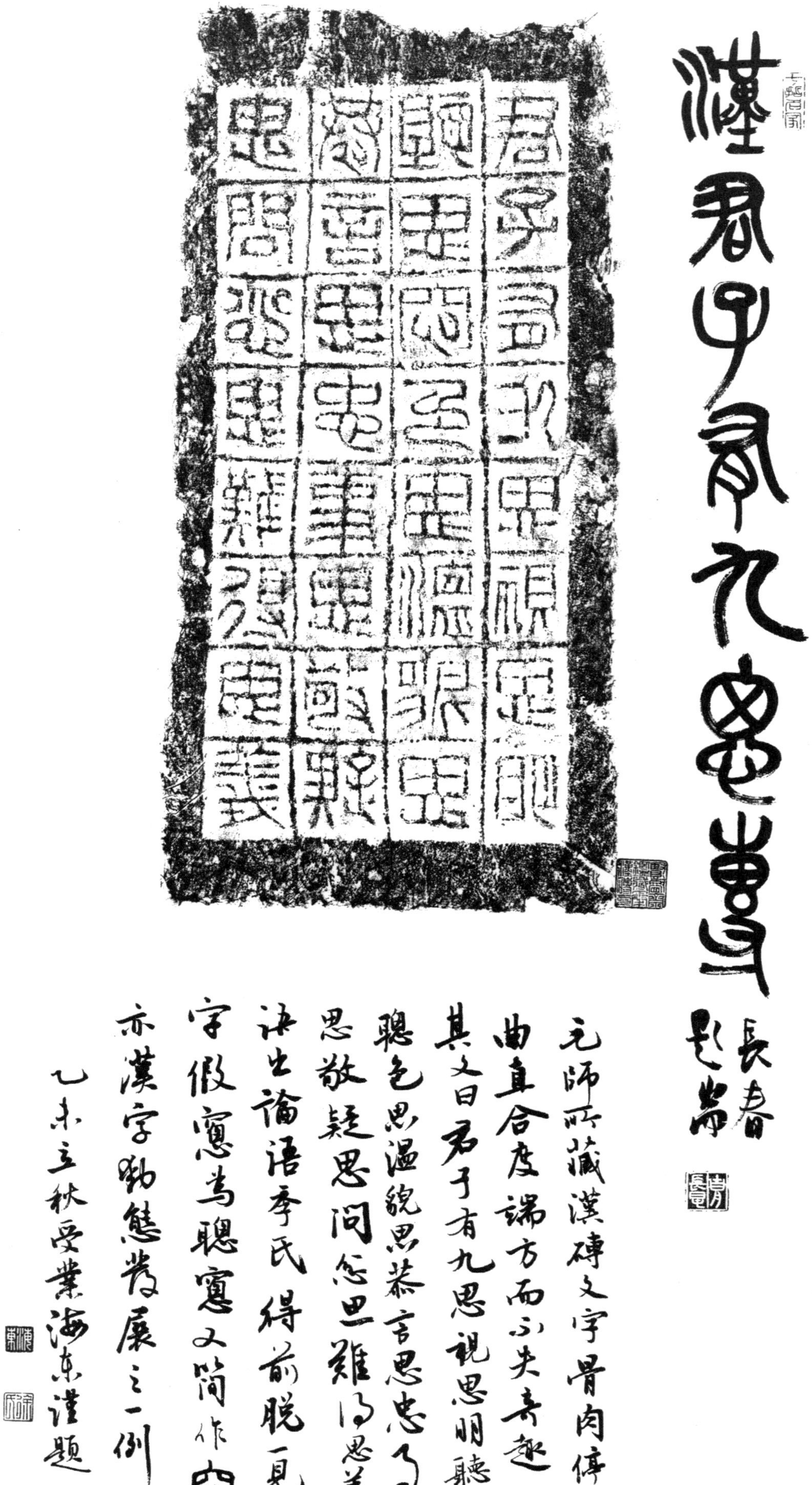
漢君子九思塼
長春題
元師所藏漢磚文字骨肉停匀
曲直合度端方而不失其趣
其文曰君子有九思視思明聽思
聰色思溫貌思恭言思忠事
思敬疑思問忿思難見得思義
語出論語季氏得前脫見
字假悳為聽悳又簡作
亦漢字夠態發展之一例
乙未立秋受業海東謹題

〇〇二　君子九思磚文

西漢時期（公元前二〇二—公元八年）

漢造以董子之言罷黜百家獨尊

儒術寔兩漢四百餘季全氣以黃老

之學為之精神振拔乎東西二京書

此為蒙此點前求之語磚瓦文字生

世故由之可見中原文化淵委之秘鑰

此磚生長多珠北未央宮生辰之夏以筆

達明先生方家清正

　　　　盘白堂明堂識

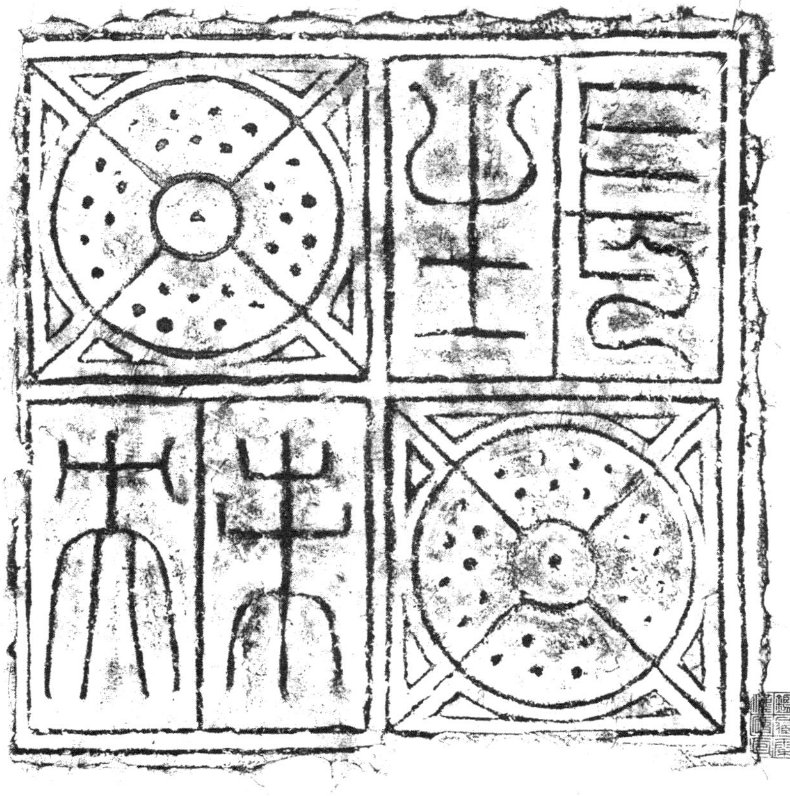

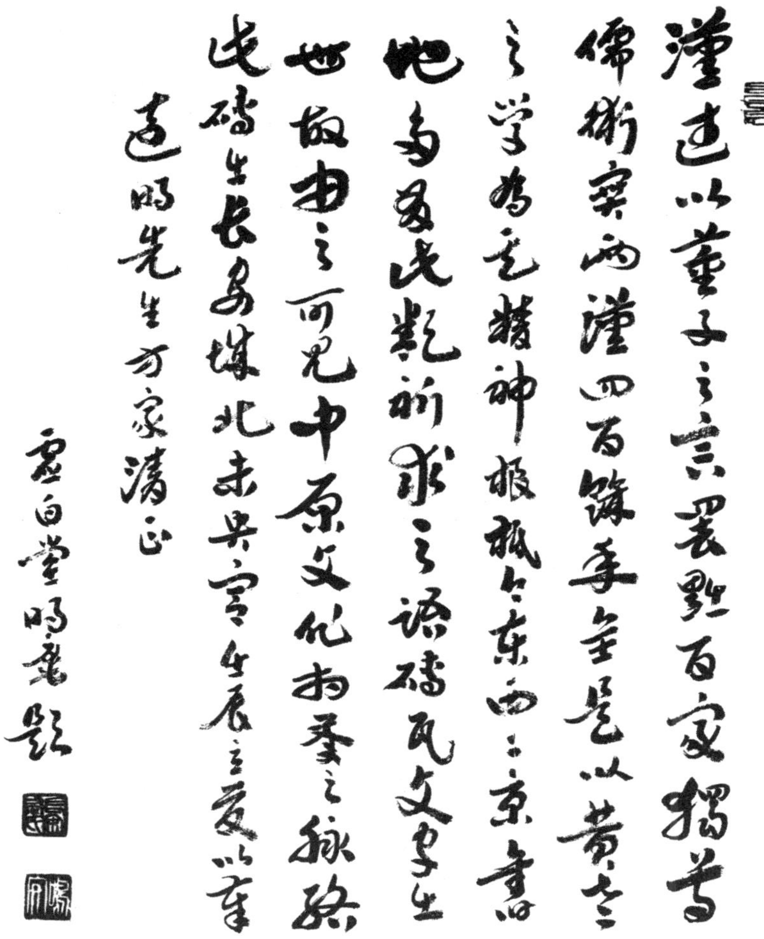

〇〇四　長樂未央磚

西漢時期（公元前二〇二—公元八年）

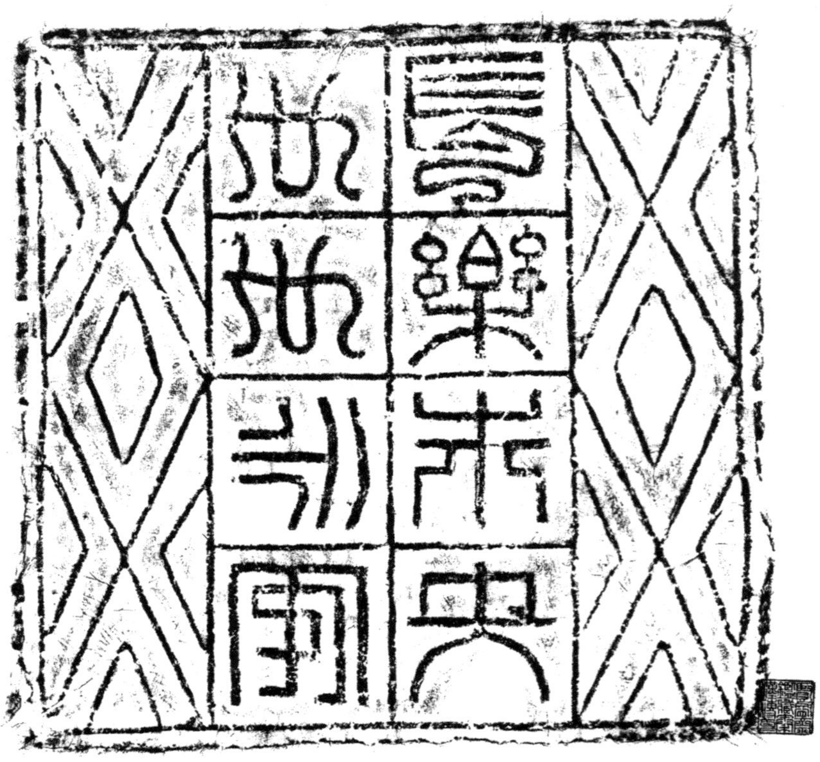
長樂未央
世世永安

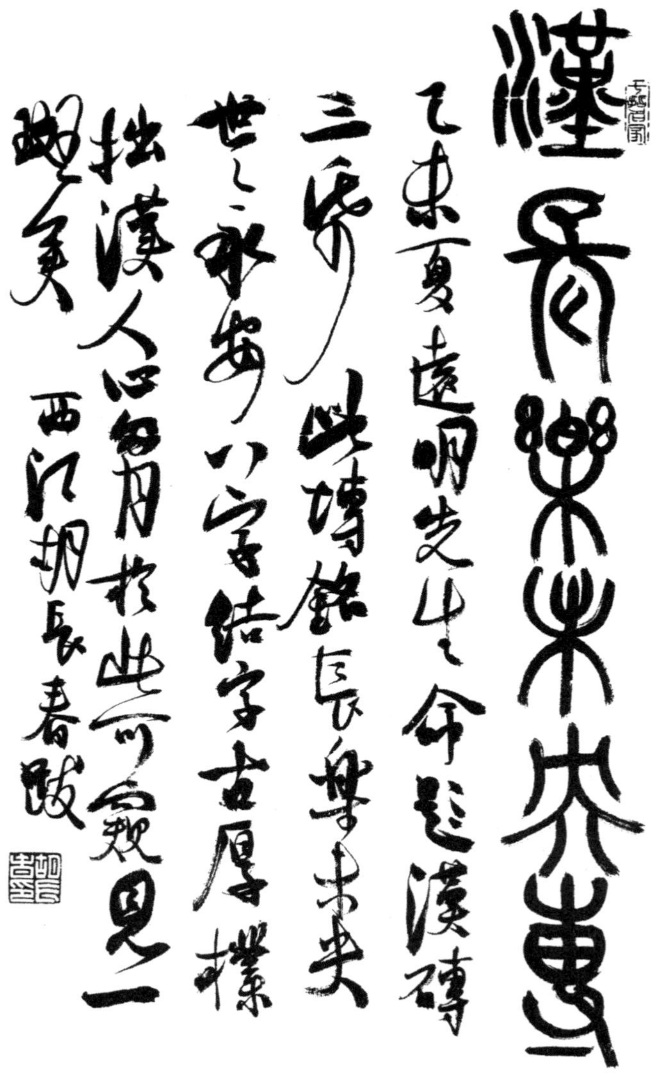
漢長樂未央甎
乙未夏遠明先生命題漢磚
三塊此磚銘長樂未央
世世永安八字結字古厚樸
拙漢人心胸於此可窺見一
斑矣
西泠胡長春跋

漢家富昌吉語磚

乙未溽暑長春題於[illegible]上

磚文曰家富昌田大乃穀後世長樂未央其書曰字賦形方圓並用奇崛而不詭佉誇飾而有法度前賢治印主張印外求印用家取精引申觸類而得益在瓦璧善治印者當取法焉

乙未海東題於稻香山下寓舍

〇〇五　家富昌磚

西漢時期（公元前二〇二—公元八年）

〇〇六　鄭孫買地券

西漢建元七年（前一三四）三月十二日

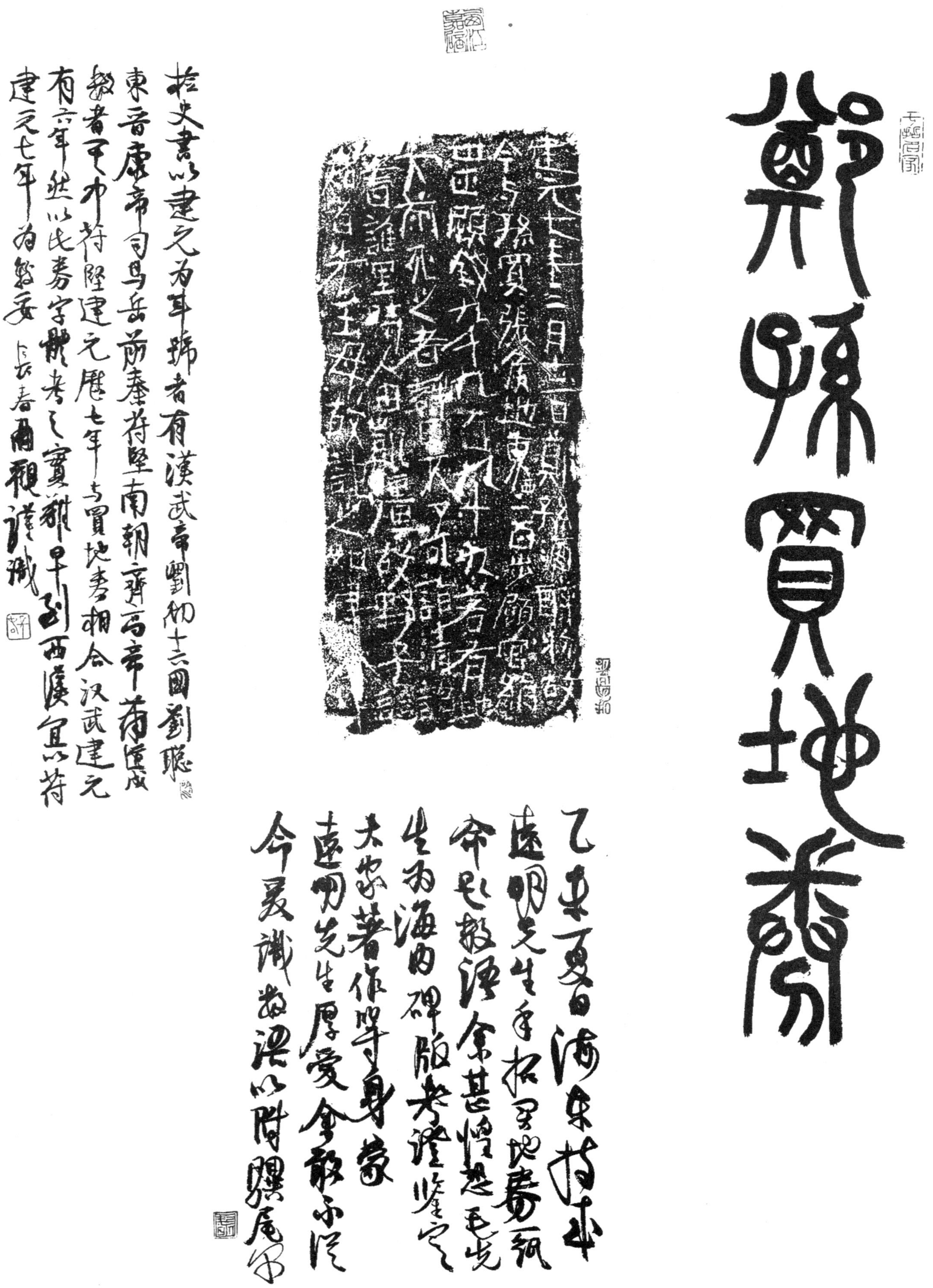

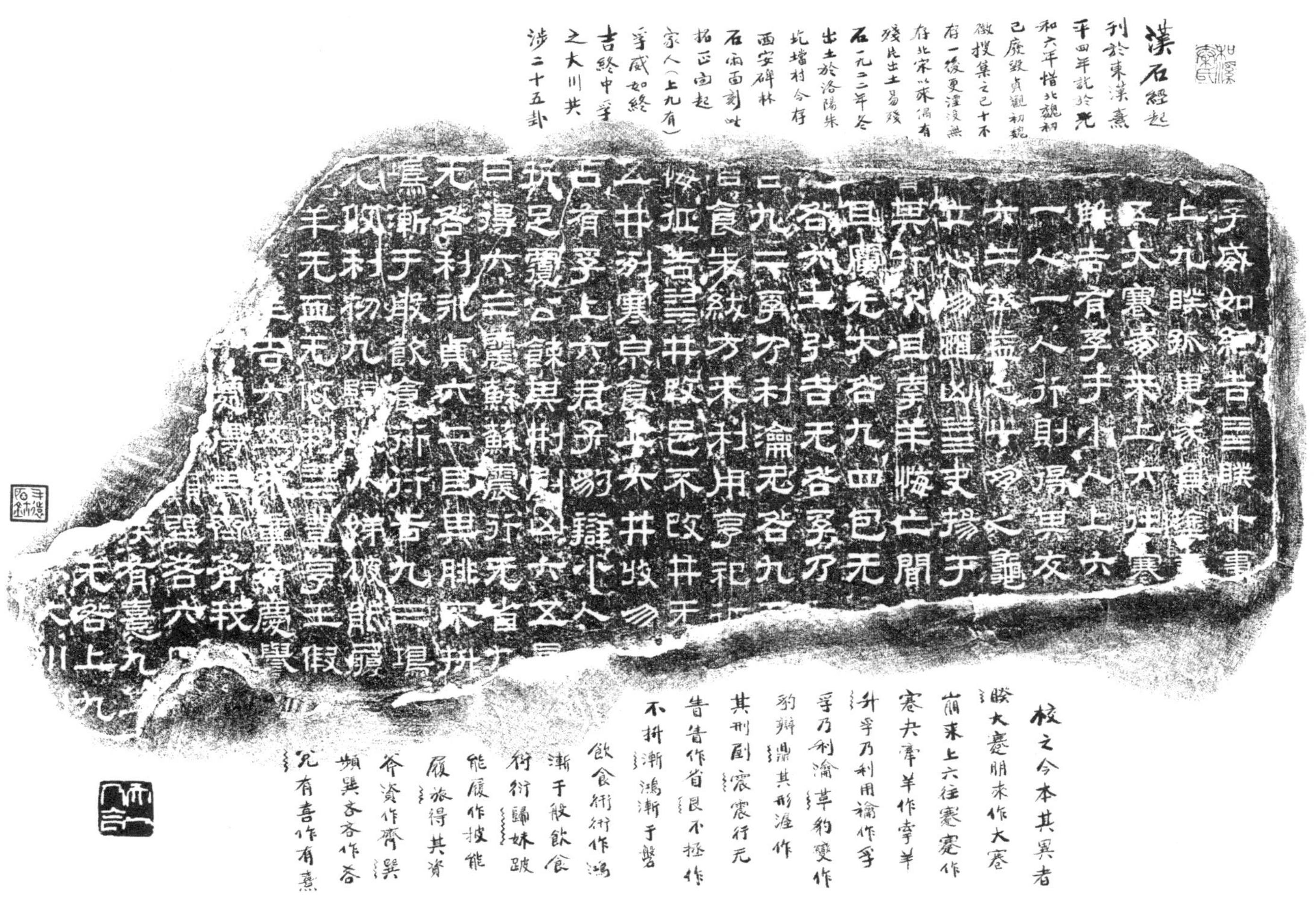

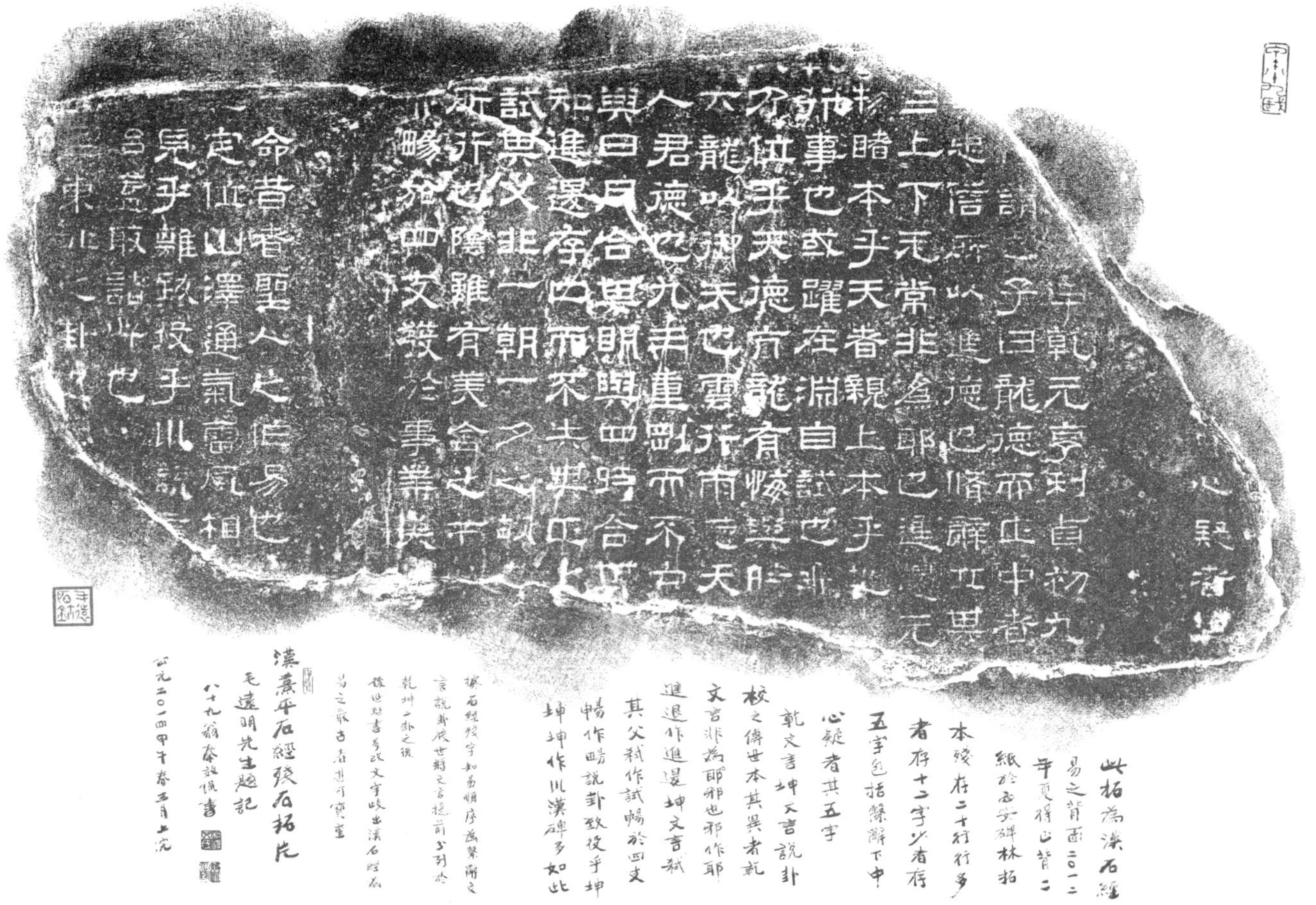

〇〇七

漢石經《周易》殘石

東漢熹平四年—光和六年

（一七五—一八三）

〇〇八　惠圓造像記

北魏太安三年（四五七）九月二十三日

〇〇九　張後進五家七十人等造像記

北魏神龜二年（五一九）七月七日

碑陽

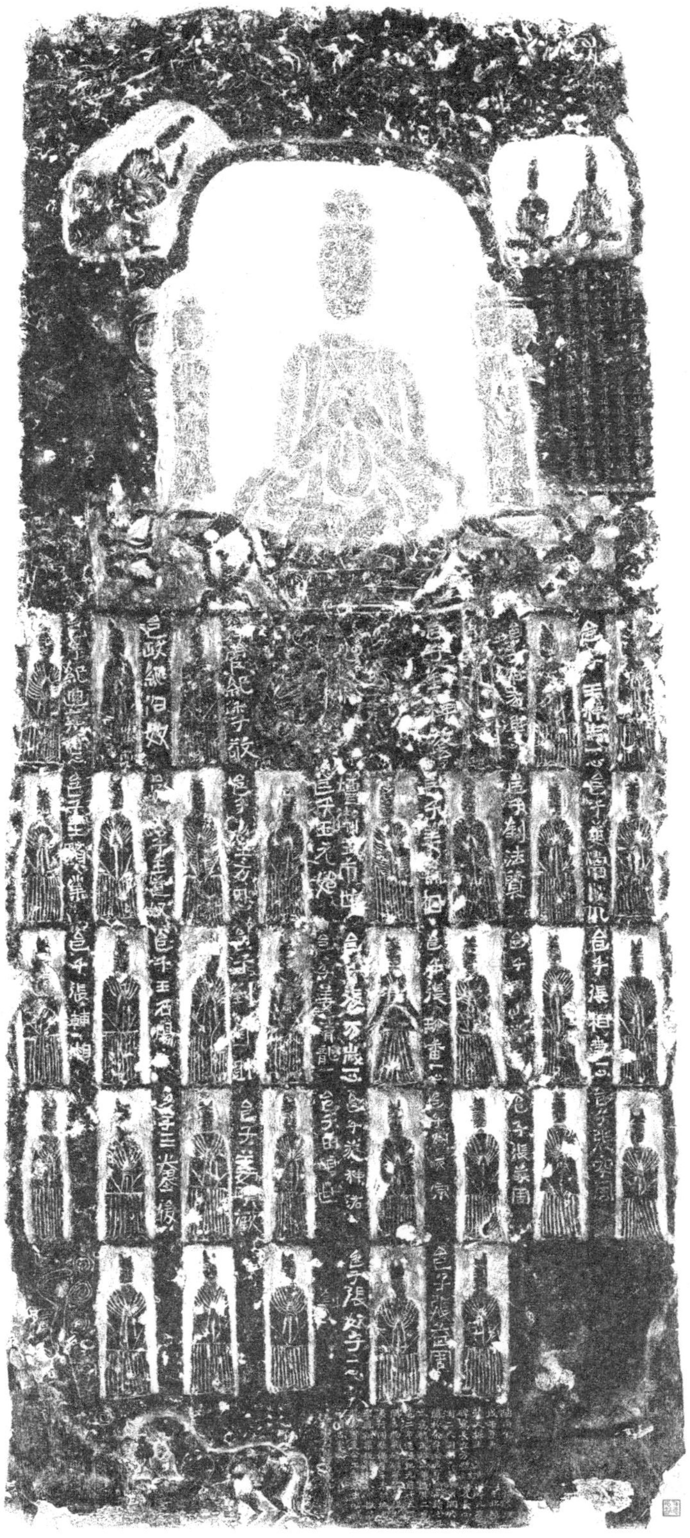

碑陰

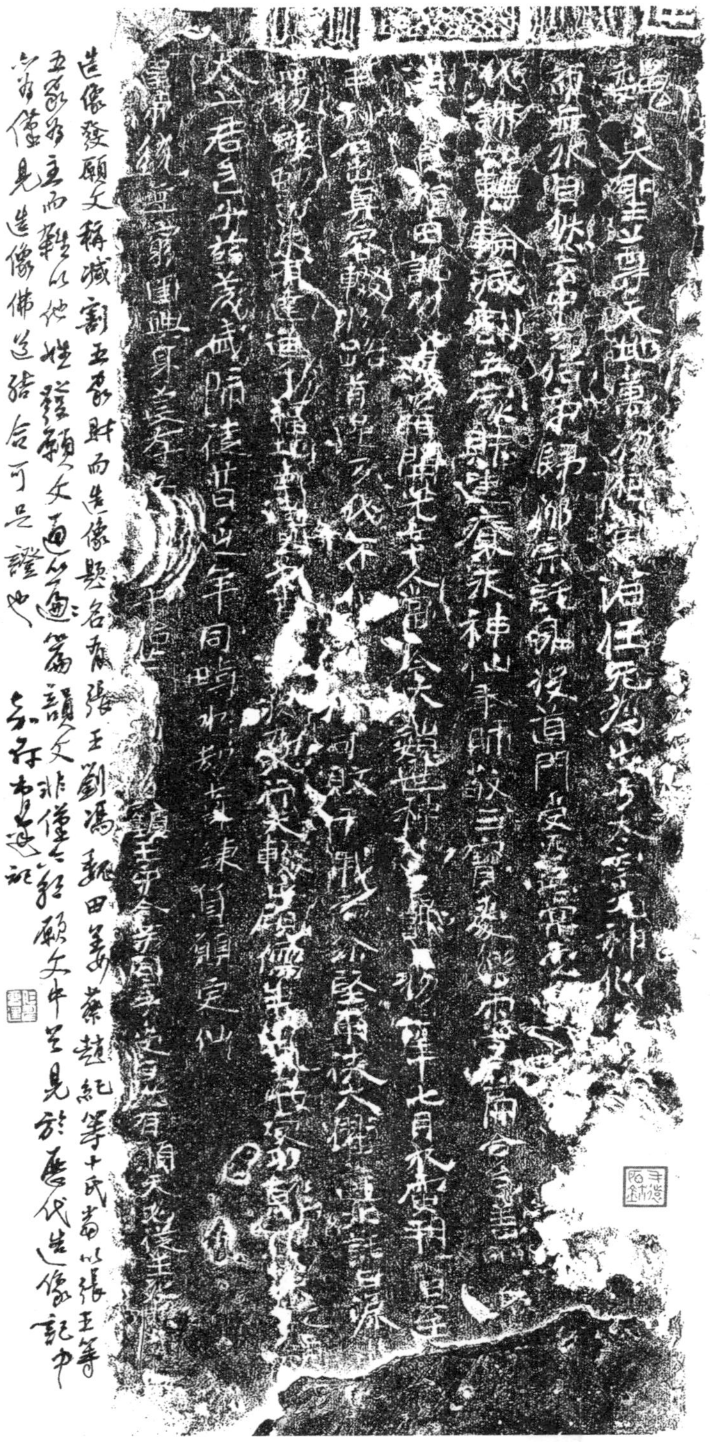

右側局部

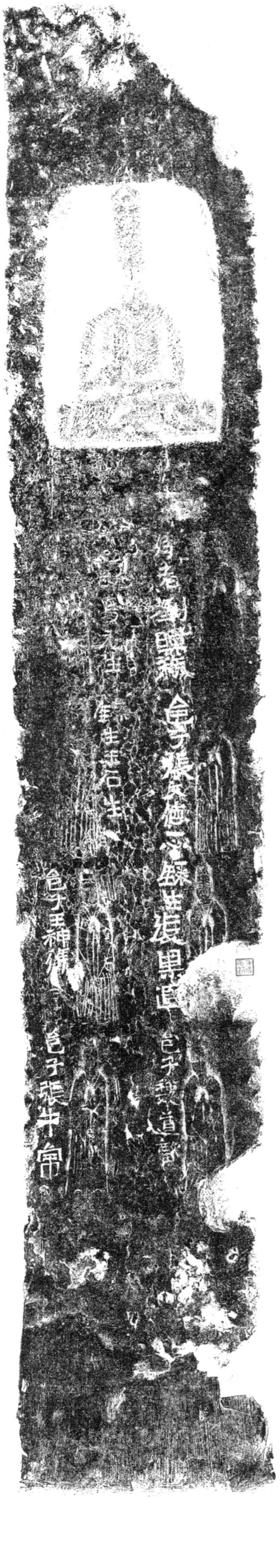

左側

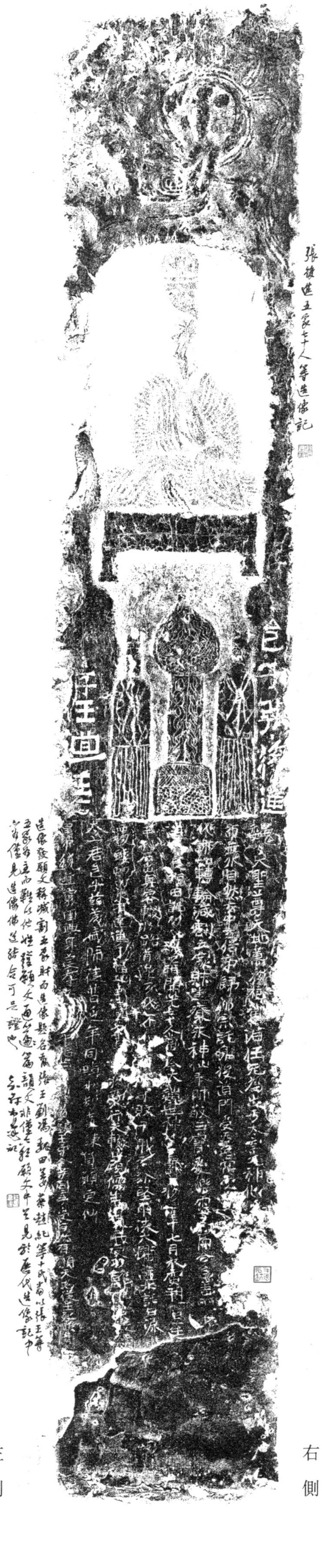

右側

碑陰右上民國八年題跋

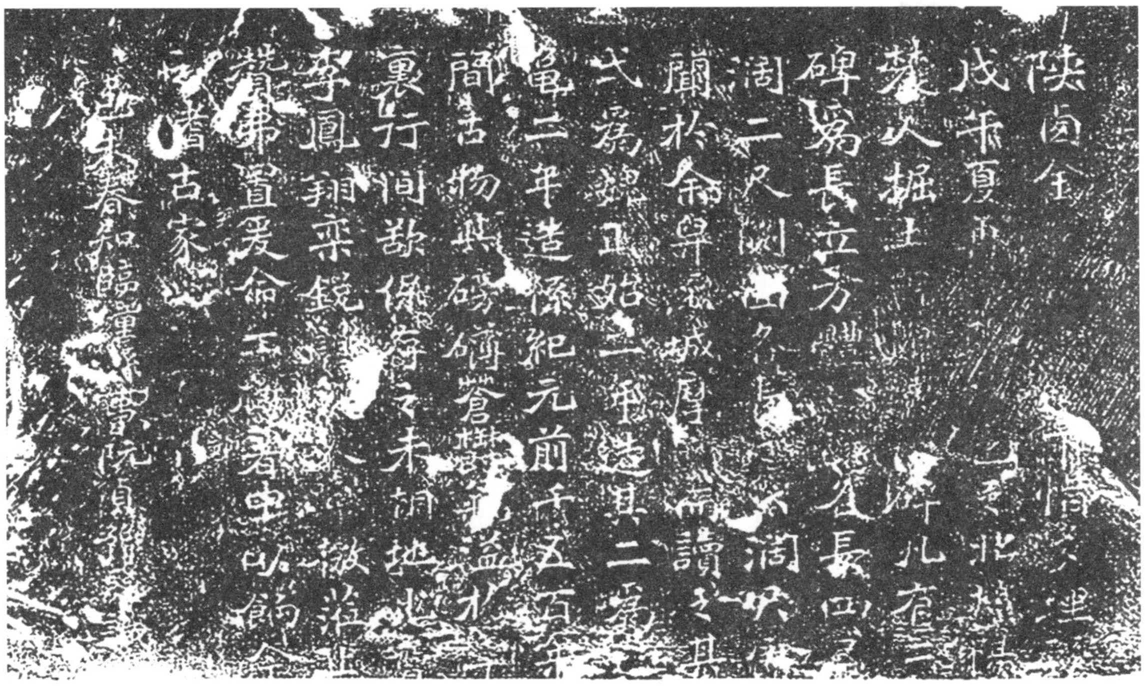

碑陰下民國七年題跋

〇一〇　王子悦造像記

北魏正光元年（五二〇）正月

碑陽

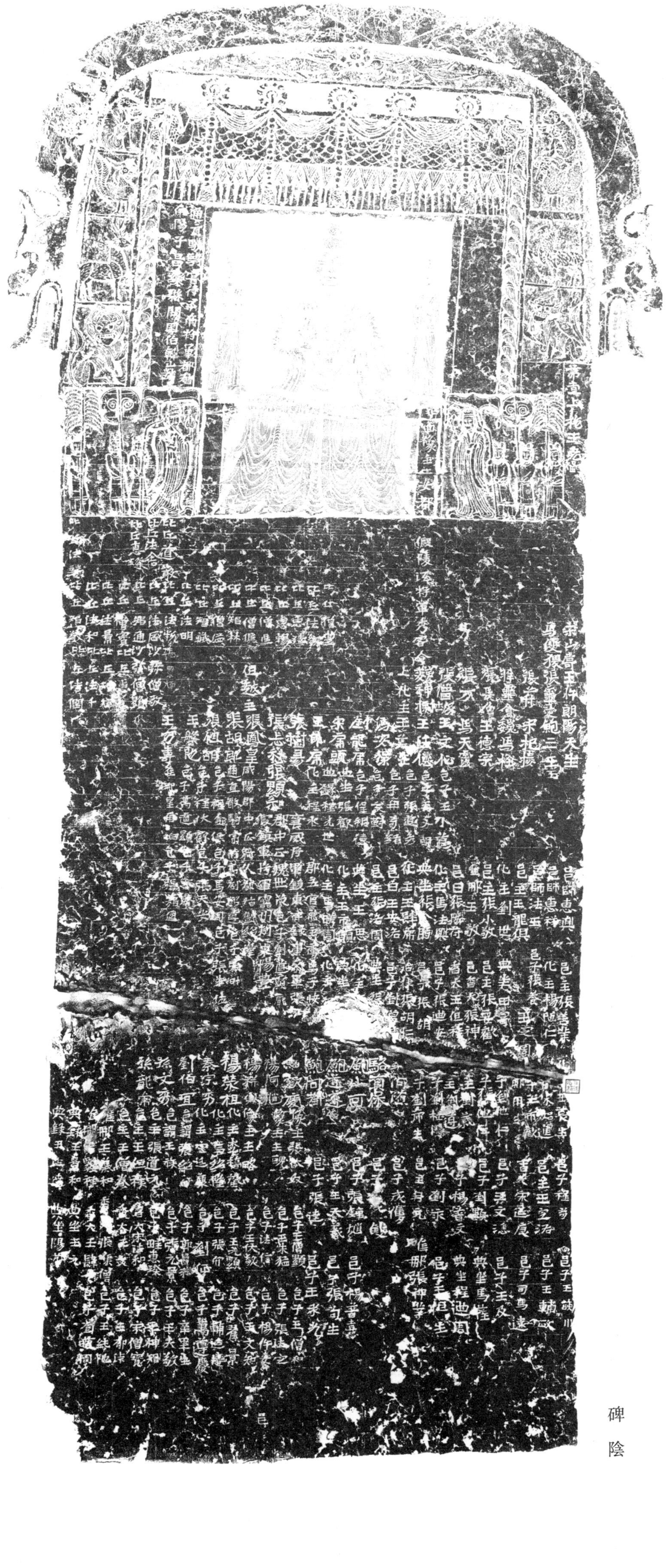

碑陰

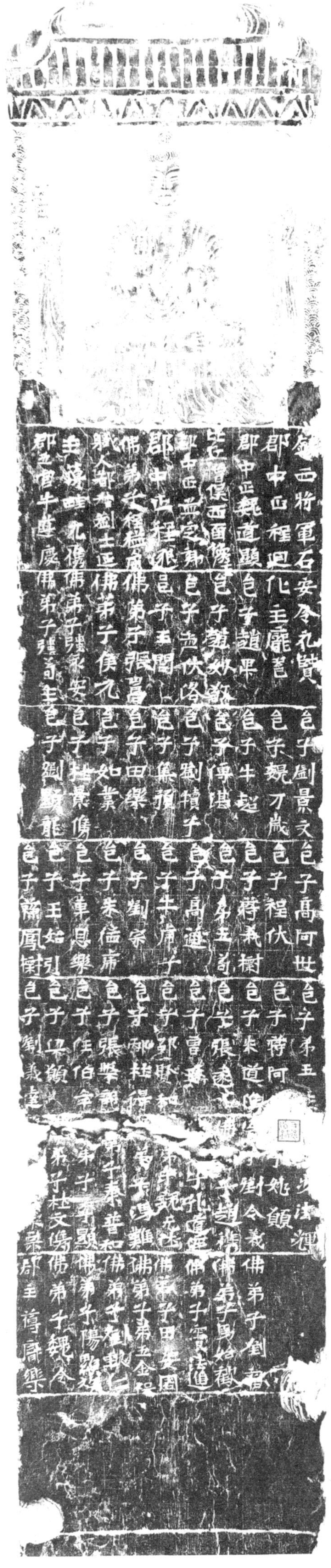

左側

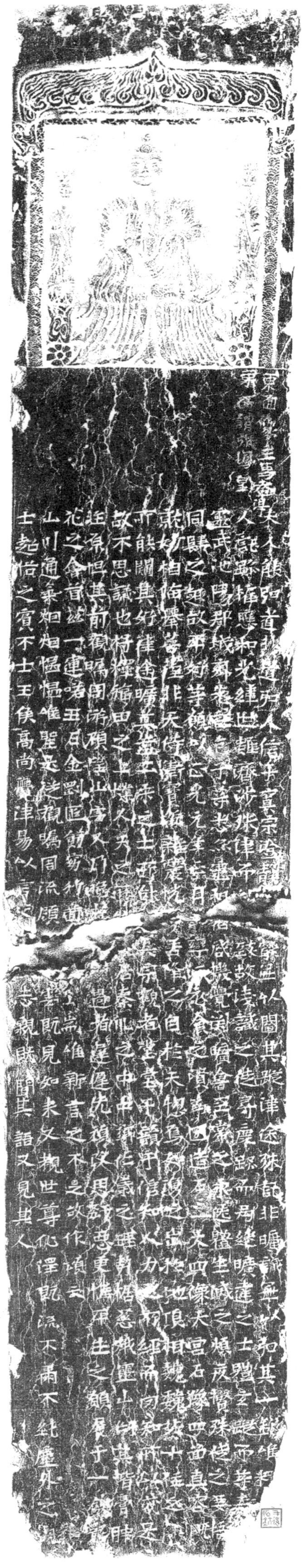

右側

○一一 王業洛等一百卅人造像記

北魏正光三年（五二二）九月十四日

第一紙

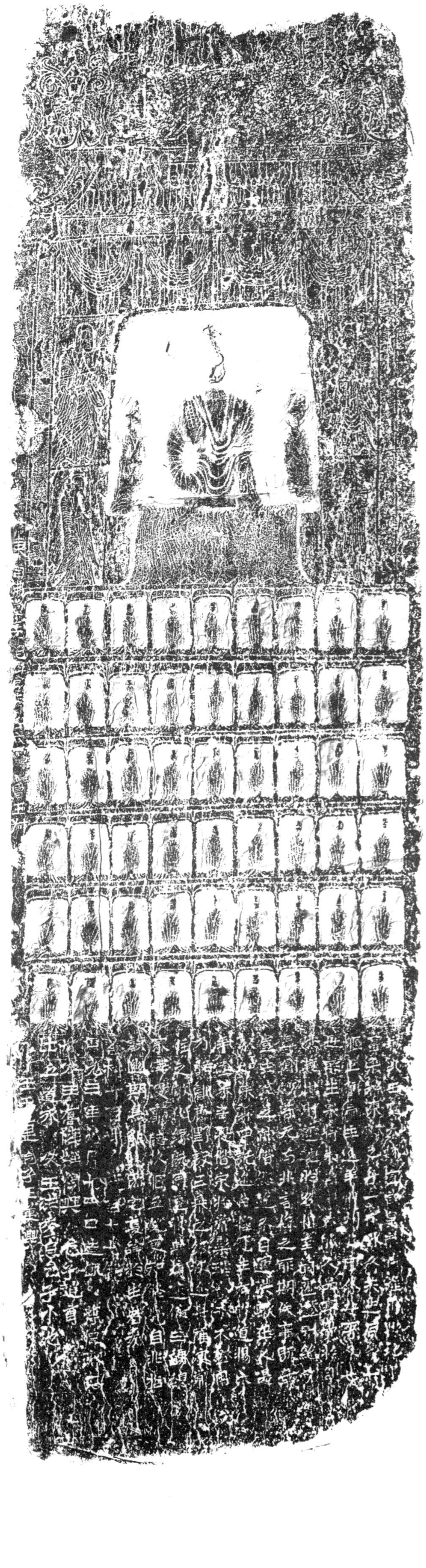

第二紙

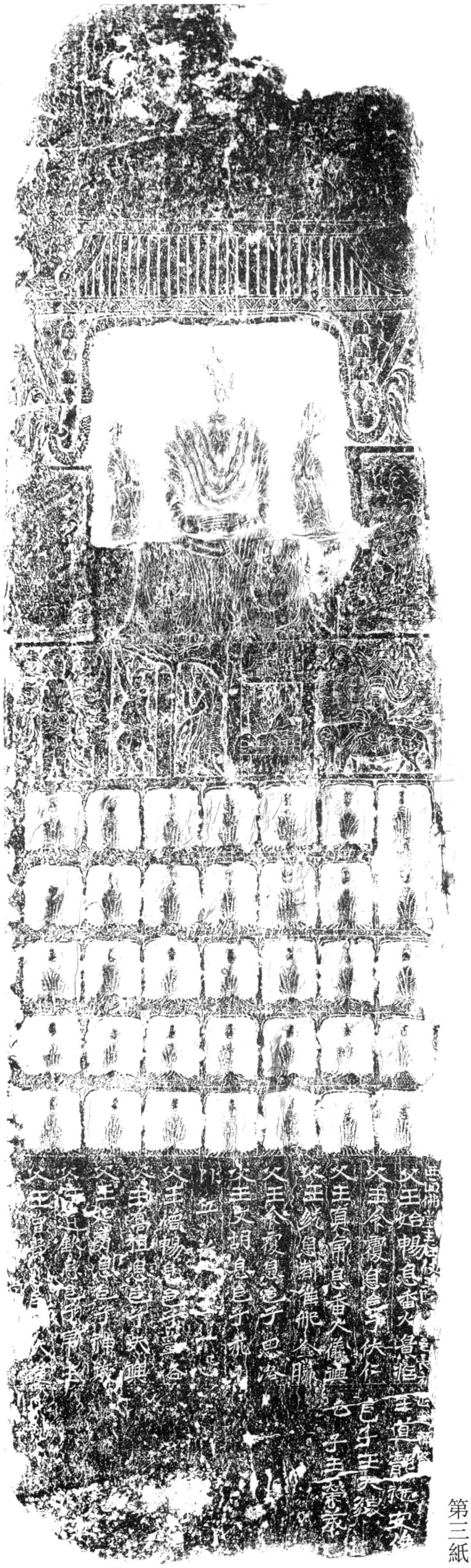

第三紙

第一紙局部

第二紙局部

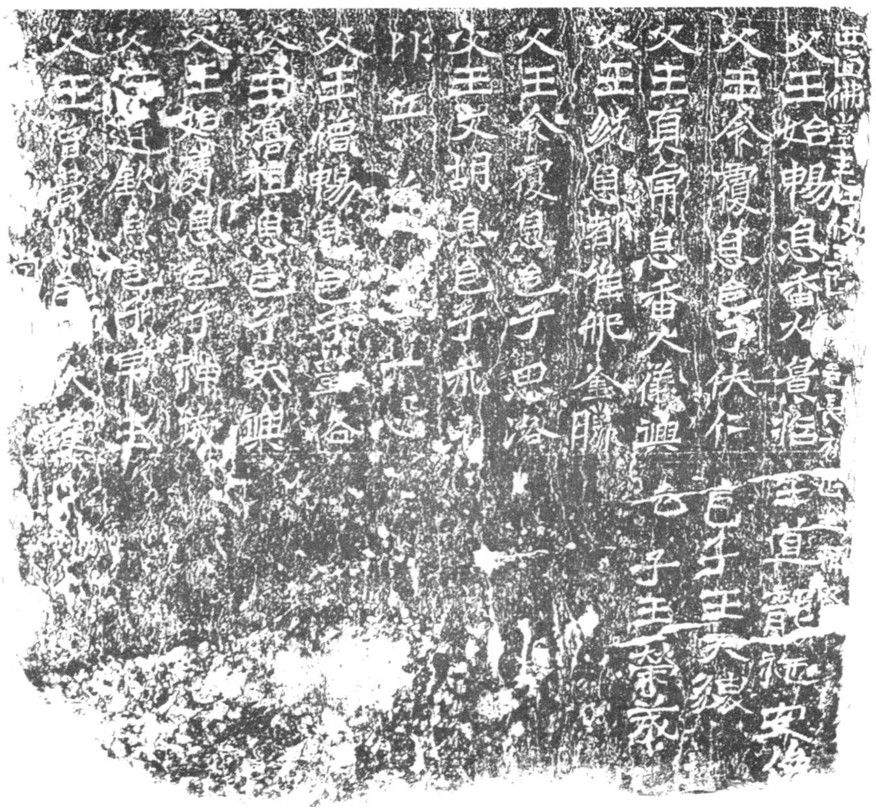
第三紙局部

〇一二　劉翼等七十一人造四面像記

北魏正光四年（五二三）七月二十六日

碑陽

碑陰

左側

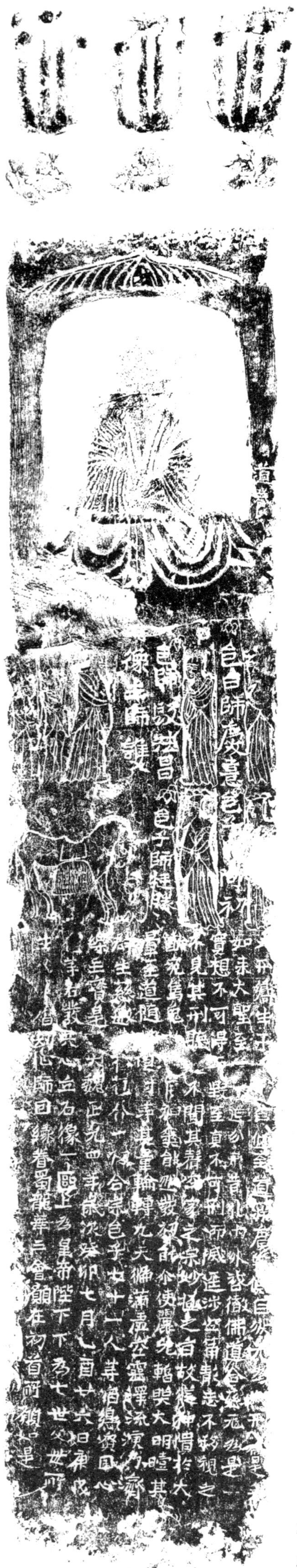

右側

碑陽上額元祐八年六月八日帖

碑陽下部

碑陰上額紹聖元年閏四月初十日帖

碑陰局部

魏故驍騎將軍太中大夫偩武侯張太和之墓誌
君諱太和字元頡南陽人也始乃軒轅皇帝少子誕生神
祚理榮張星因名氏焉世纂淳風□有善慶故金紫玉簡
於茲自終代秦州使君之孫北地府君之子君稟德五才資
靈二像神鑒明悟幼等成人暨乎弱冠便風崇峻立倜儻
不群部驅於恪毛高節義於磨運無亦諸已用侯知人屬
陽九在時百六多難忠義競奮姦權乎起發置去未莫適
定主無罪見逃慕以列爵非事濫刑禍交霞祥而君獨衰
大義莫末翔集辟之奔鴿蒙以加也於是譽傾遐邇名播
衆內造謁公卿則群賓駭席單馬孤遊則影跡如市雖魯
朱之獨擅一時郭解之擅名身後方之於君異世齊衡年
初強士被辟車騎開府行參軍俄遷為驍騎將軍太中大
夫賞爵偩武侯報善應徵景命不融春秋五十有八太昌
元年歲次壬子六月九日卒於洛京其年十一月辛卯朔
十九日己酉塟於北芒朱墳南冥故朋僚執義友士痛芳
蘭之奄頹悲蕙桂之摧根託不朽於金石聊歌頌以慰魂
庶千齡與百代雖身滅而名存其辭曰
受有哲士挺植蓊森如彼桑禾獨秀高林如彼洪淵湛潭
其深既隱潛龍亦宿奔禽信惟天質義出衷矜顯報未崇
形命已沉銜施抱惠載悲載吟鐫銘不朽式昭德音

故偩武侯張君墓誌銘

〇一三 張太和墓誌
北魏太昌元年（五三二）十一月十九日

魏故鎮遠特軍步兵校尉高慈妻趙夫人墓誌銘

夫人南陽白水人也其先軒轅之苗裔魏文帝趙

傃之胤資玉運己開源曰封葉而命氏莖樣散而

弥蘭枝芳注而惟頴蘊德與金石等音流名与風

聲同速冠冕不殞其舊朱輪華轂相望与祖鑒

素貫清頴真俗所重離居開外隨運踦昇隆逐撲京

岧今為魏郡臨漳人也前冀州唐陽縣令趙安石

之長女夫人體局貞正容穆閨門之內無怨之言

性怡悦奉節上下室家穆穆仁義礼端弱

常以礼將仁風不失應變天百福永弦僋先賓善

無微奄随物化春秋六十有六天平四年三月廿年

四日沒於室行路酸慟五親悲切粤以元為元年

歲次戊午四月已旦朔廿一日酉壓於西門祠

西南三里空方其地乃作銘曰

巖嶯始邕邕有終其猶雲布有若星宮鴻漸不

已鳳鳴望鳳珠生漠水玉出柴隆有婦如林德比

後王行邁伯姬猝素茶姜彼倉者天戮我人良清

風蕭蕭塋芒芒玄悼虛靜埏塚幽長空宮奄跡

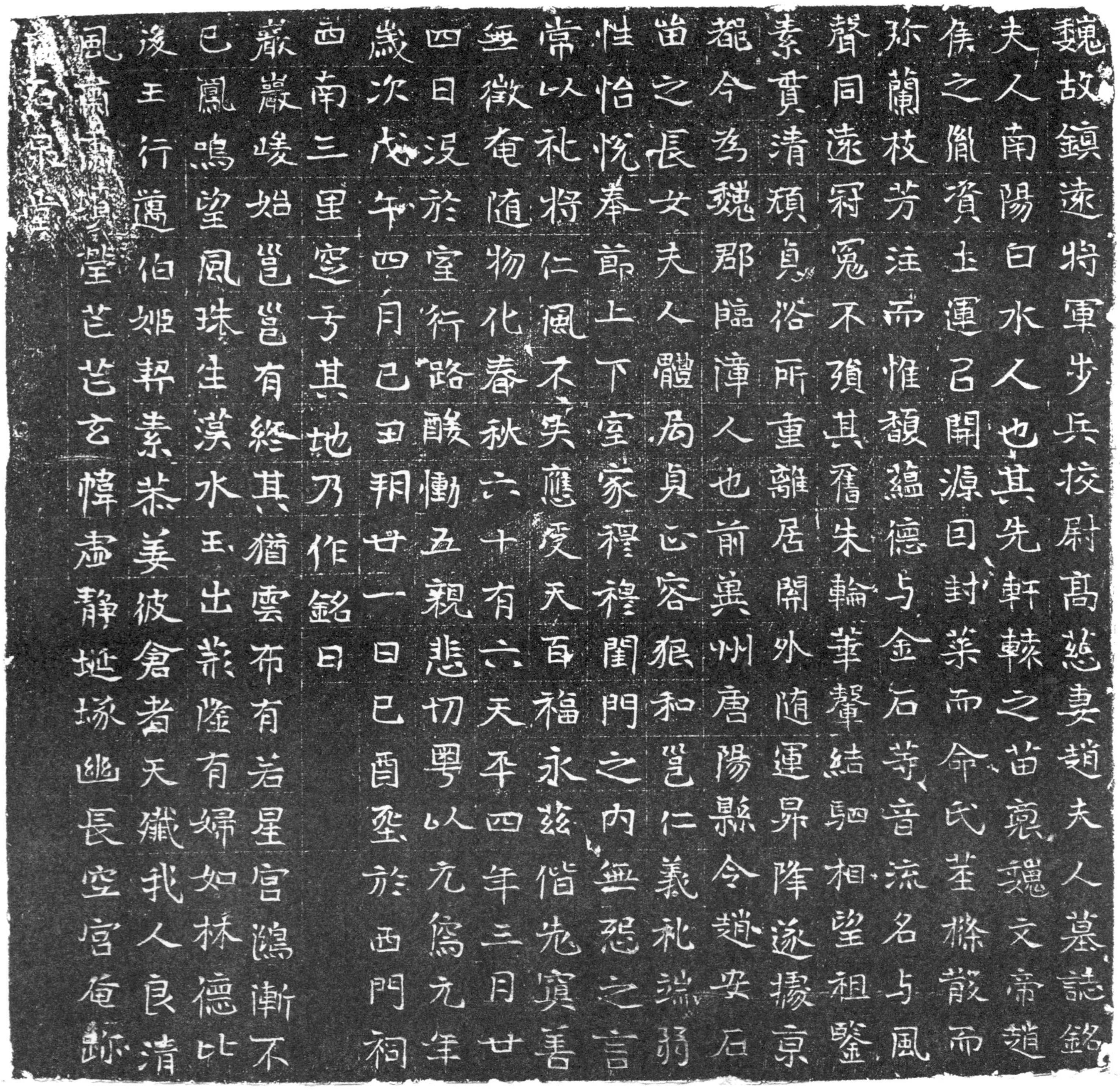

〇一五　仇法超造像記

西魏大統四年（五三八）六月八日

碑陽

碑陰

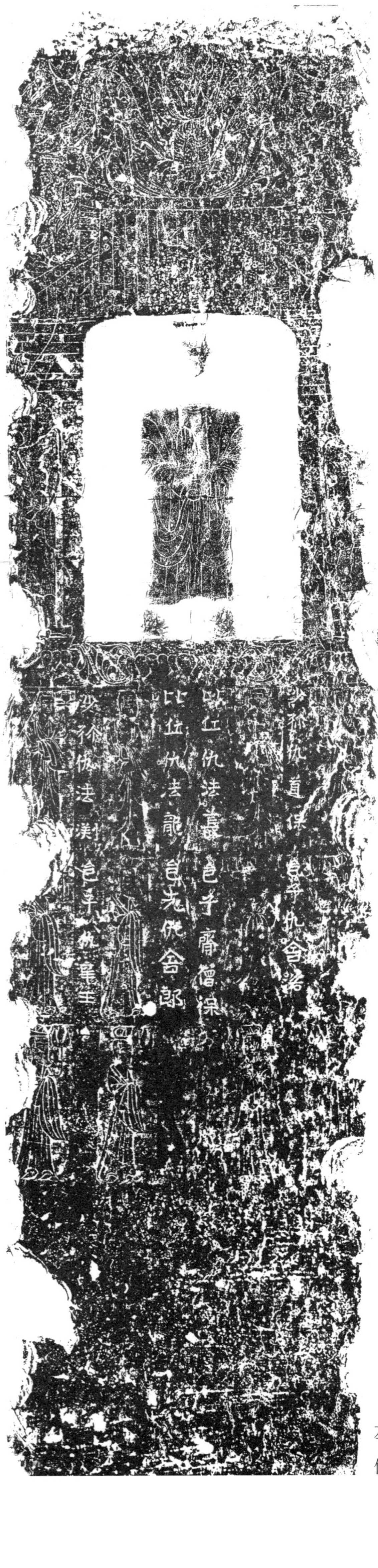

左側

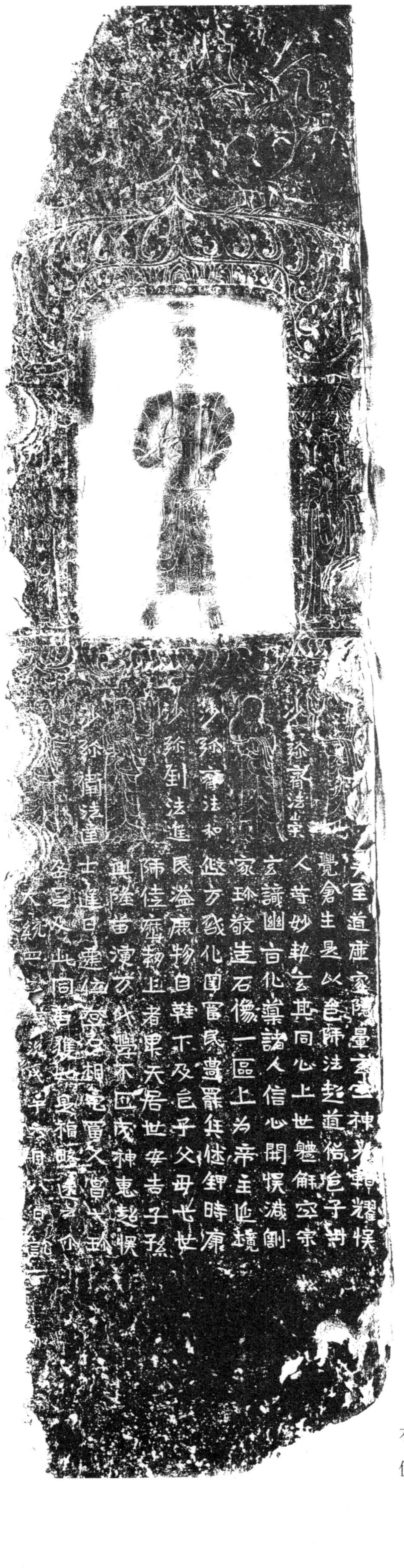

右側

〇一六　李騫墓誌

北齊天保元年（五五〇）十二月十日

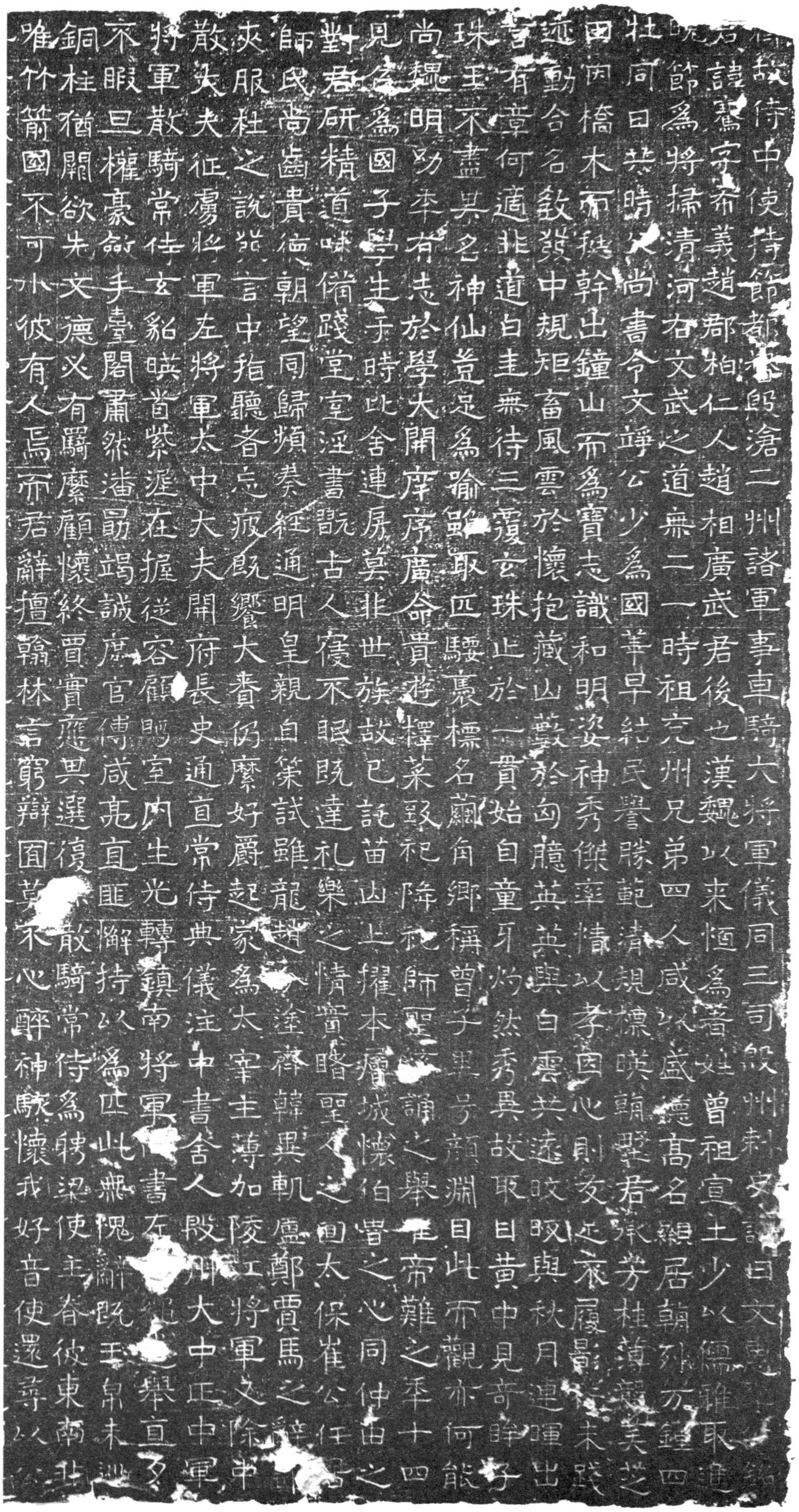

局部一

事去職後兼太府少卿除給事黃門侍郎位列親近任參掌斷公家之事實有力焉天道輔仁
不言而信斯若可恃宜其永年而亭午淪暉中霄墜羽長歿玉樹永敗蕙蘭以武定七年四月
廿七日卒魏詔贈使持節都督殷州諸軍事征南將軍太常卿殷州刺史齊詔贈侍中使
持節都督殷滄二州諸軍事車騎大將軍儀同三司殷州刺史君性理明慧志識超遠出言必
雅非德不行御雜以和養交唯敬又抽奇石室剖異名山盡老屋之遺文窮毀塚之殘冊迴千
載於目前置四海於掌上思比興雲辭同寫水實見賞於休奕非假名於嗣宗加以世有達
人門多貴仕雖七公十侯之重五馬六龍之盛未能加也而虛心引拂殊流共歸敵年齊軌父
黨畢至高堂日滿罇酒不空散膏澤於樞機流光華於凡席莫不周章藻績被服威容而唯生
與位俱未報善遂信鍾君之言遂負建平之相天之不厚良驗於茲以天保元年十二月十日
窆於黃石山東十里慮亡匿遺蘭有永事寶圖金寫石豈異幽明乃作銘曰
衆土巖巖長原淼淼王人何貴非魚非鳥不顯弈葉師韓相趙自斯以降藍田生寶宣王勤種
泣隆袞衣兗州樹績功立名歸令君垂範沒有餘暉三組若若四牡騑騑世留舊德家鍾餘慶
之子之生金相玉暎天情信厚率由孝敬蘭室同歸清流可泳亦既從仕實應嘉招文酋綸閣
神王韋朝夕郎務理揆轄功高輶軒遠華實颺華貂行驅逸足方矯輕翰年光未卯生涯始半
命之不淑遽收遐算儵如煙聚忽同霧散即富曠野歠餞嚴城風驂逸鐸霧繞晨旌山禽自響
壟月徒明物是時異空見哀生
長兄希遠州主簿　二兄希宗殷州刺史司空文簡公　三[illegible]
[illegible]中領左右太子舍人[illegible]縣開國男　第五弟希禮太常[illegible]
[illegible]大兄元卿　第二兒[illegible]　第二女寶勝　[illegible]女寶[illegible]女[illegible]

局部二

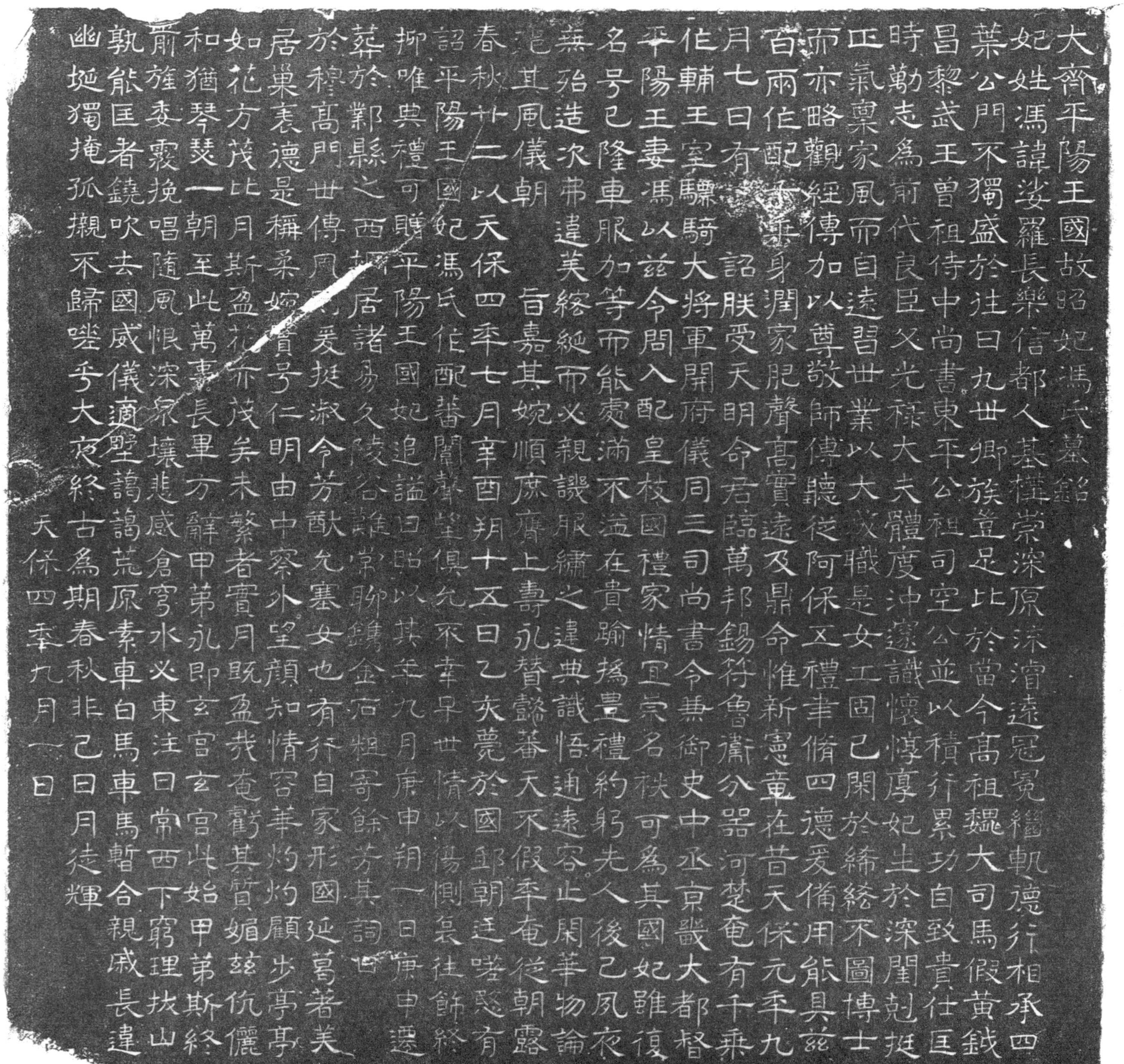

〇一七　高淹夫人馮娑羅墓誌

北齊天保四年（五五三）九月一日

魏故使持節都督東秦州諸軍事車騎大將軍
東秦州刺史刈陵縣開國子杜君墓誌

祖嗣伯維州州都贈京兆太守

父道進追贈武功太守贈秦州刺史謚曰文宣公

君諱欑字寄京兆杜陵人也以孝弟著名

君以盧平著稱年十八為貞外散騎侍郎除太

僕少卿又除給事中黃門侍郎散騎常侍俄遷度

艾尚書又校使持節都督車騎將軍岐州刺史又除東秦州

都史以從驍騎府節刺史東雍州刺史謚曰惠

史以車騎大將軍春秋世五以大統四年八

刺史尋除車騎大特軍封刈陵縣開國子食邑四百

月薨于長安朝遷追悼贈北雍州雍州刺史謚曰惠

妻元氏新豐夫人體度端凝四德咸備春秋廿

公任城王澄夫人天河南洛陽人也父司空

兆泉區帶策森月道庚竟咢長安朝遷進贈章

懍鄉公迁王歲次癸酉十一月庚申朔廿五

曰甲申合塟于小陵原天地人乃立誌焉

長子士艾次子士嶸次子士林次子□綻

○一八 杜欑墓誌
西魏元欽二年（五五三）十一月
二十五日

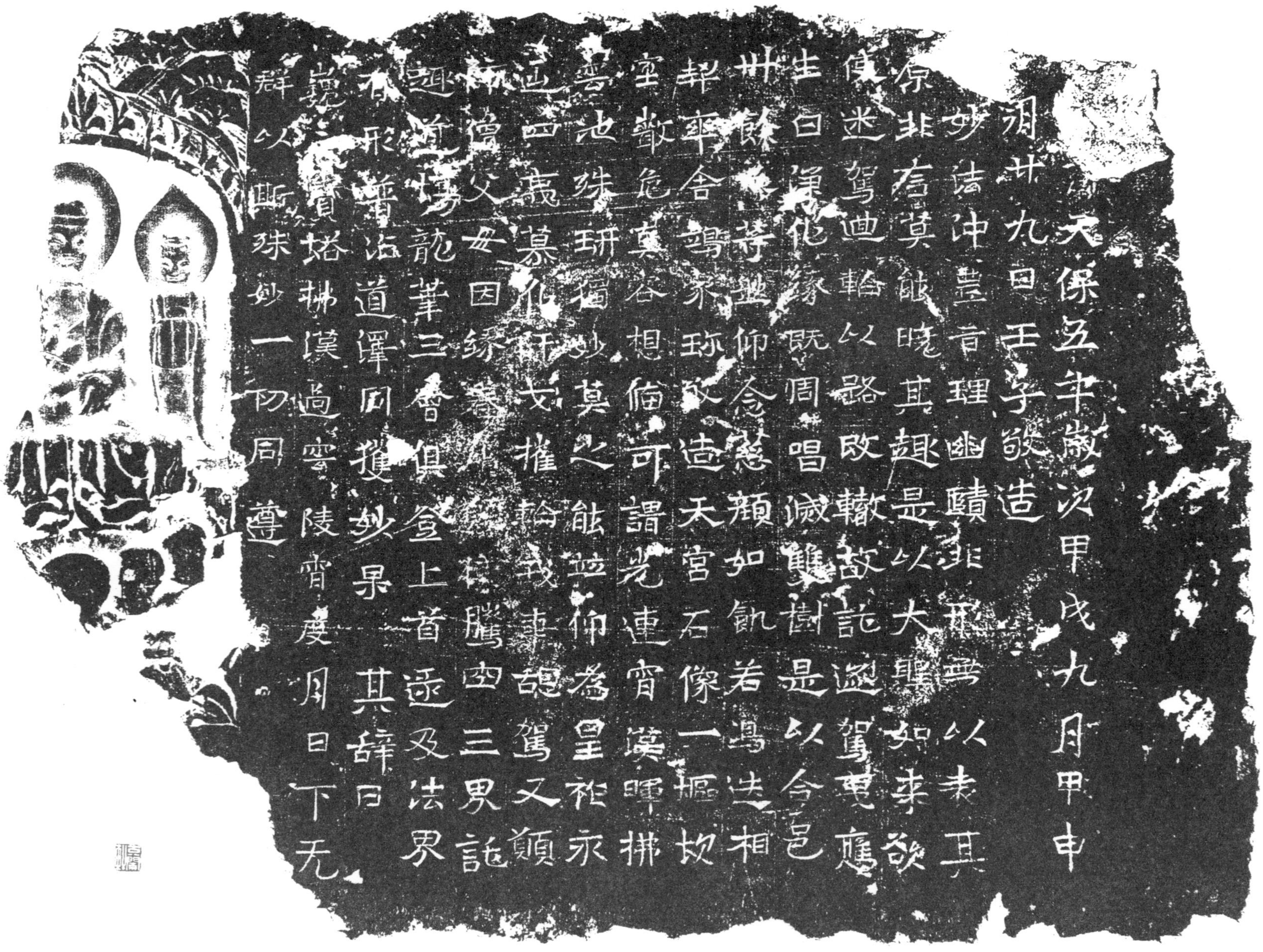

〇一九　王子敬造像記

北齊天保五年（五五四）九月二十九日

〇二〇　道邕造像記

北齊天保九年（五五八）二月九日

燕郡公墓誌
公諱儒字子仁河南洛
陽魏文皇帝
魏後三年正月封燕郡
元年二月十八日薨
二年九月卅日窆于小
陵原陵谷不常
誌令知公墓焉

〇二一　元儒墓誌

北周明帝二年（五五八）九月三十日

〇二二　拓王道貴墓誌

北周武成二年（五六〇）正月二十一日

〇二三　張道元造像記

北周保定二年（五六二）

局部一

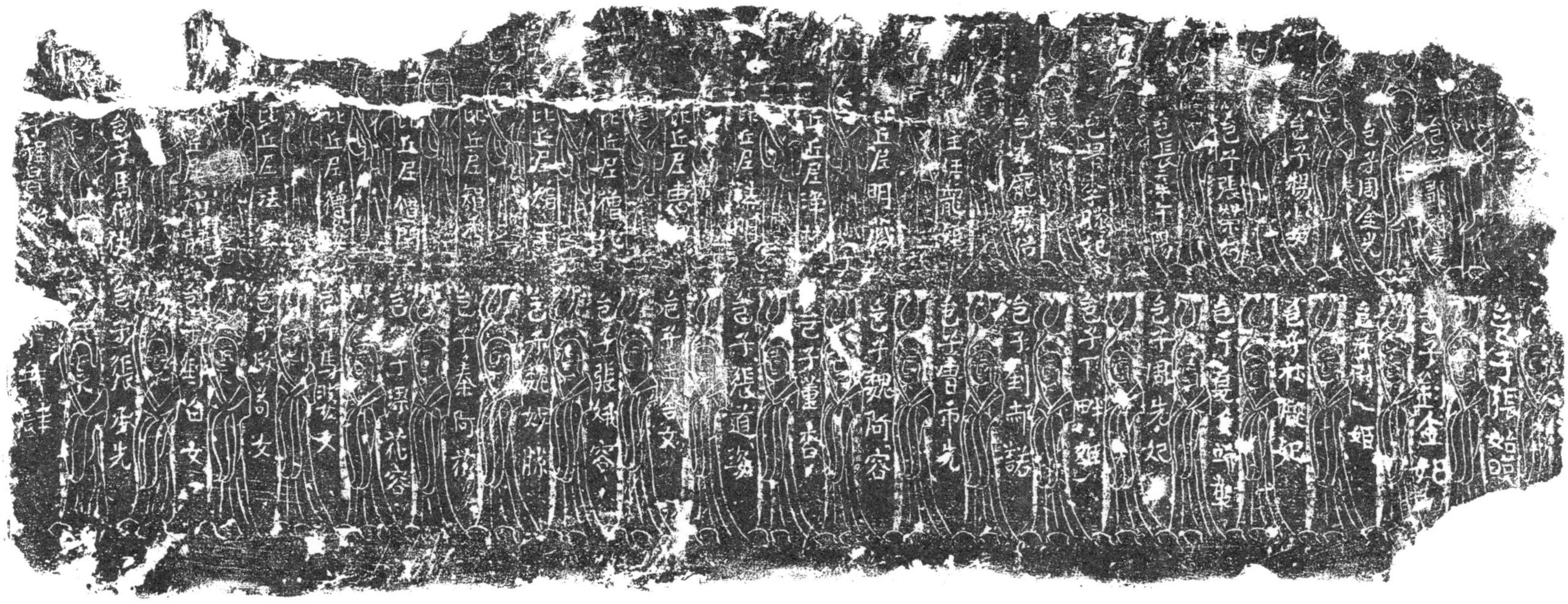

局部二

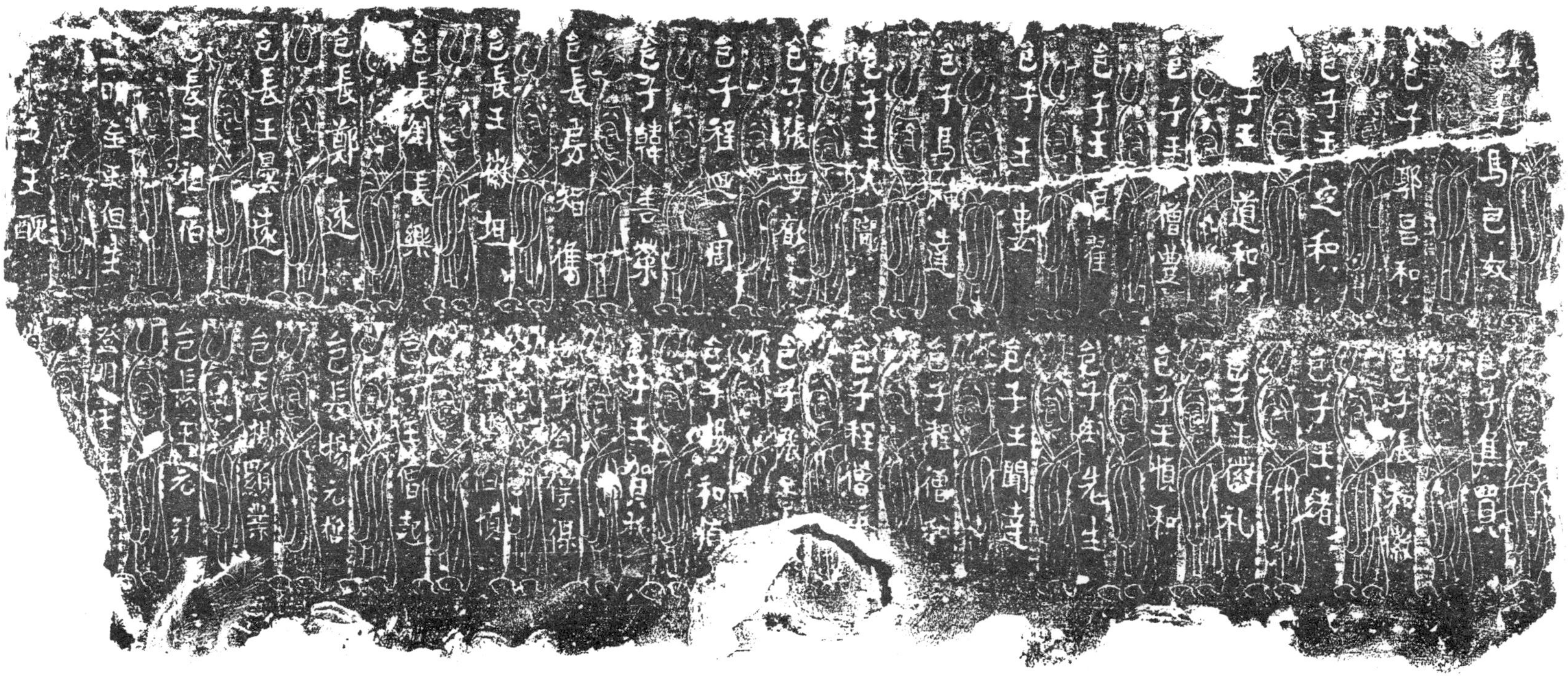

局部三

局部四

右為 張道元造像記

造像石座出土於陝西省境呈方形一面
剡發願文三面剡供養人題名 發願文
詳載佛教修習內容 連八開龕半月懺
悔於等等 菩薩夙宵六眼懷悴心情策
列每懺心居正念路程修來盡超彼岸 雲方
自我約束已身修養已為禄齋意參之造
像者姓民甚雜恣不同於家族卻為造像之北
魏造像 每有不同觀造像失拓於銘文□□□寶此
乙未三月 秦孫書器記

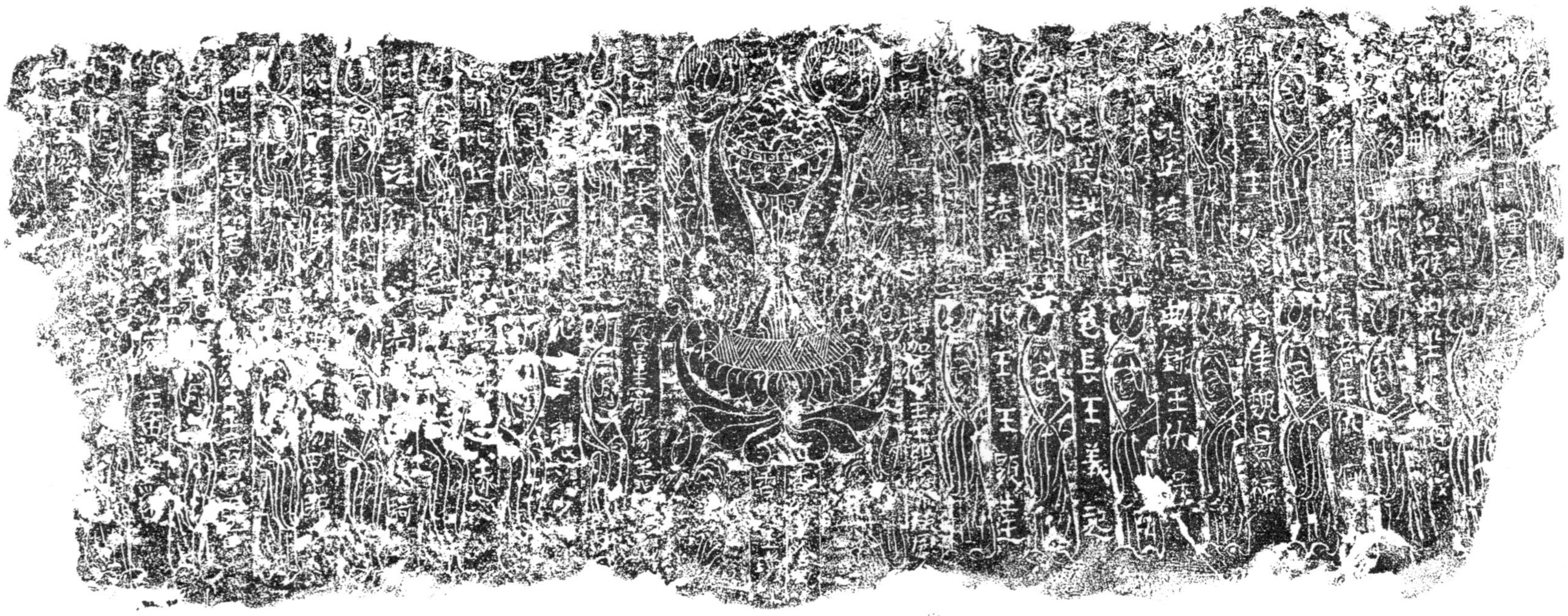

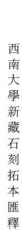

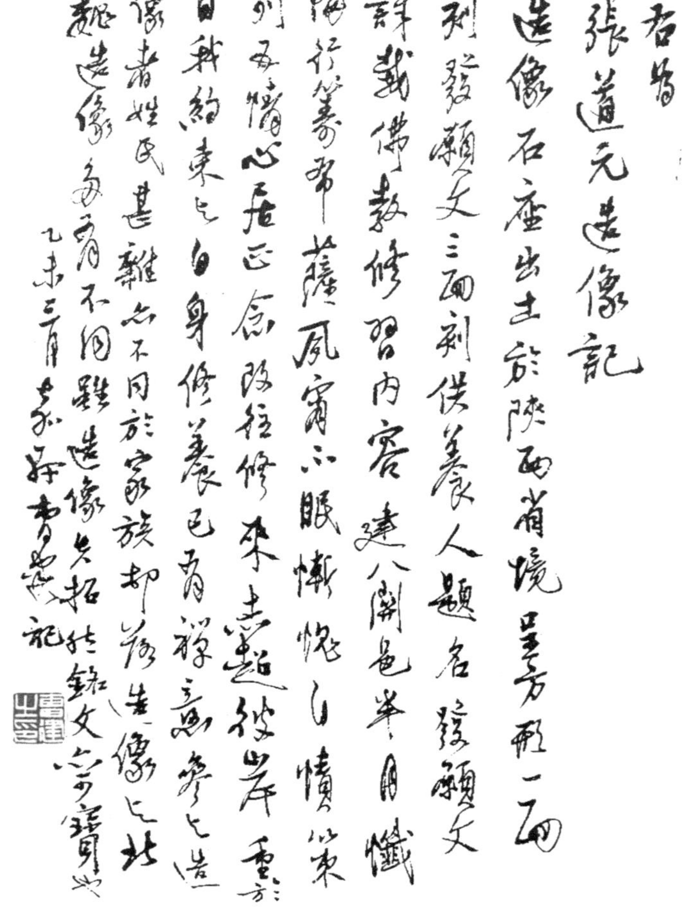

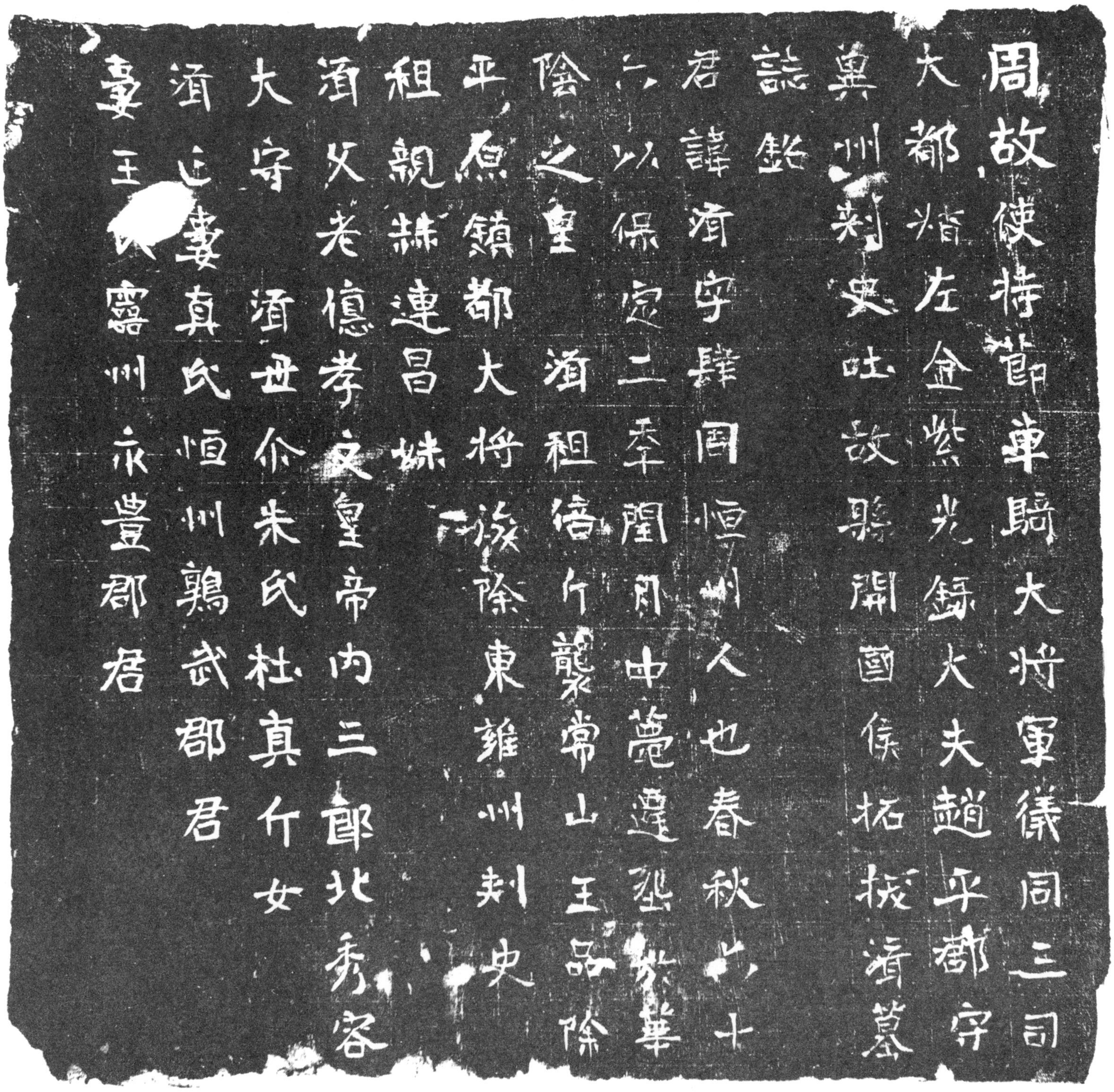
周故使持節車騎大將軍儀同三司
大都督左金紫光祿大夫趙平郡守
冀州刺史吐故縣開國侯拓拔濟墓
誌銘
君諱濟字肆周恒州人也春秋六十
六以保定二年閏月中薨遷厝於華
陰之皇　濟祖皓什龍常山王品除
平原鎮都大將　後除東雍州刺史
祖親赫連昌妹
濟父老億孝文皇帝内三郎北秀容
大守　濟母尒朱氏杜真什女
濟正妻真氏恒州鶉武郡君
妻王[illegible]靈州永豐郡君

〇二四　拓跋濟墓誌

北周保定二年（五六二）閏二月

〇二五　王洛根等造像記

北周保定五年（五六五）四月八日

大周光州刺史拓拔君墓誌
君諱昇字長宗河南洛陽人也洪基遠胄煥諸方策
可略而言矣蟬聯冠冕世不乏賢祖通直散騎常侍
兼該文武父上洛郡守具敦孝忠君風傳家業立清
白之操早殉國誠厲風霜之節解褐威烈將軍奉朝
請屬闔東寇逸 大駕西遷去逆歸從備嘗艱險又
補 太祖親信便煩左右翼翼小心調為都督轉鎮
東將軍金紫光祿大夫帥都督戎王辟以寬仁御下
戮殺威邊俄授東垣縣開國子食邑二百戶若不効
同吳耿豈得享斯封爵功次韓彭何以祚茲茅土為
峯始蕭一遭邊頹遇疾于家奄從物故春秋五十有
一 天子嗟傷朝府痛惜追贈光州刺史本官如故
禮也以天和二年歲次丁亥三月癸卯朔一日壬申
葬於京兆郡山北縣小嶺原嗣子慶集風樹之悲既
深蓼莪之思弥結是以式鐫金石旌此嘉猷乃為銘
曰 綿綿遐裔世有英奇道亶早達上洛生知猶歟
夫子風稟逢觀振威邊境奮節臨危忠誠慷慨識寰
知機懃公効績光烈前徽平生未騁莊志長違龜葦
有限窀穸已及絳旐飄飄龍轜岌岌壟霧晨昏松風
夜入道長世從天遐地久用勒幽泉式旌無朽
妻尉遲氏 息慶集 息何師 息女婆女

〇二六 拓跋昇墓誌

北周天和二年（五六七）三月一日

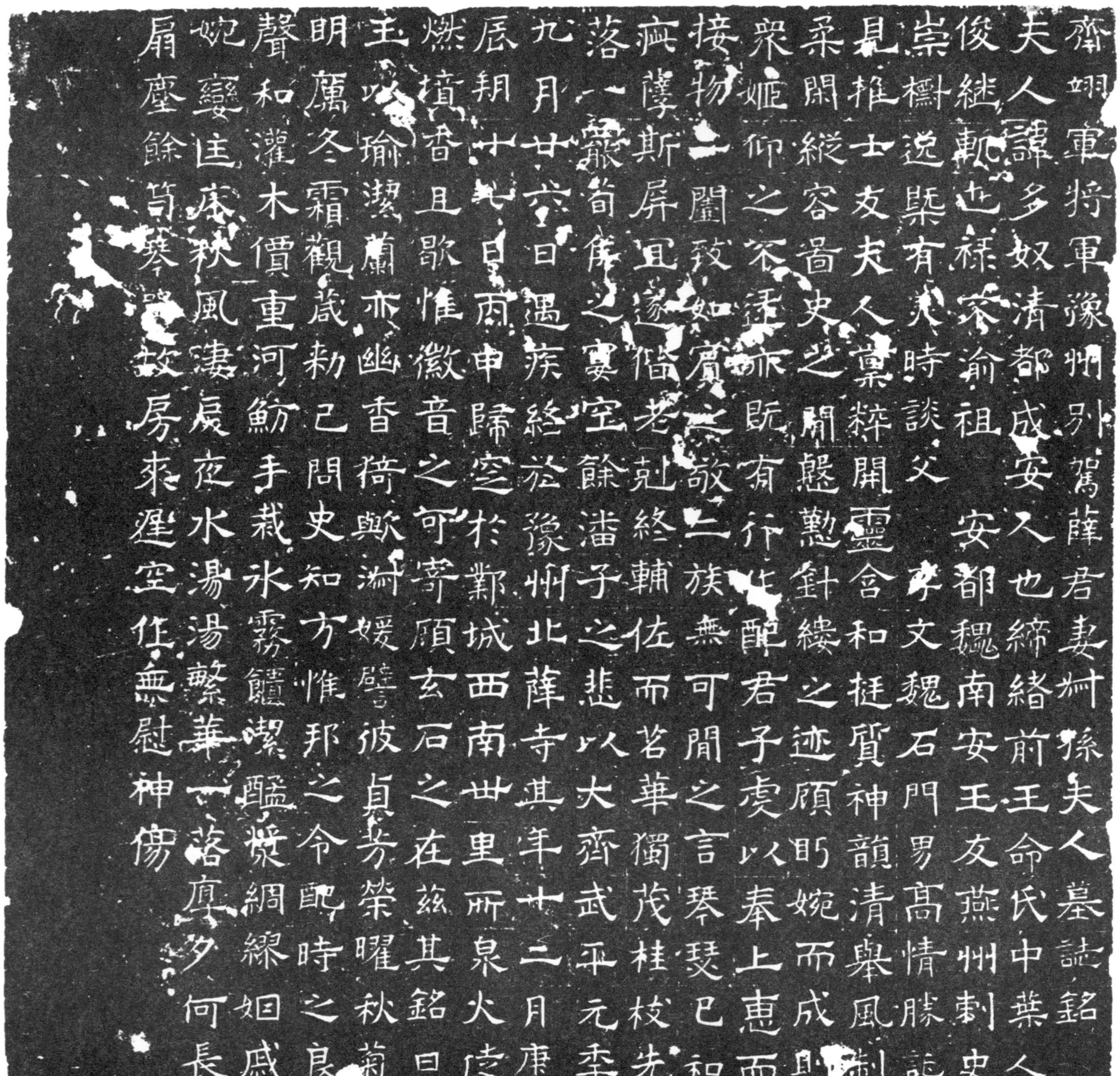

齊翊軍將軍豫州別駕薛君妻叔孫夫人墓誌銘
夫人諱多奴清都成安人也締緒前王命氏中葉人
俊繼軌世祿不渝祖安都魏南安王友燕州刺史
崇樹逸槩有光時談父孝文魏石門男高情勝誌
是推士友夫人稟粹開靈含和挺質神韻清舉風制
柔閑縱容圖史之間懿針縷之迹顧盼婉而成則
衆姬仰之不遷亦既有行作配君子處以奉上惠而
接物二閨致如賓之敬二族無可間之言琴瑟已和
瘵蓼斯屏宜遂偕老尅終輔佐而茗華獨茂桂枝先
落一罷荀倩之宴空餘潘子之悲以大齊武平元季
九月廿六日遇疾終於豫州北薛寺其年十二月庚
辰朔十七日丙申歸窆於鄴城西南廿里所泉火忘
燃墳香且歇惟徽音之可寄顧玄石之在茲其銘曰
玉以瑜潔蘭亦幽香猗歟淑媛譬彼貞芳榮曜秋菊
明厲冬霜觀嚴勅己問史知方惟邦之令即時之良
聲和灌木價重河魴手裁冰霧鑪潔醞漿綢繆姻戚
婉孌庭房秋風淒辰夜水湯湯蘩華一落厚夕何長
扇塵餘笥琴聲故房來遲空住無慰神傷

〇二七　薛君妻叔孫多奴墓誌

北齊武平元年（五七〇）十二月十七日

〇二八　劉通墓誌

北齊武平三年（五七二）
十一月二十三日

〇二九　建崇寺造像記

北周建德三年（五七四）二月二十八日

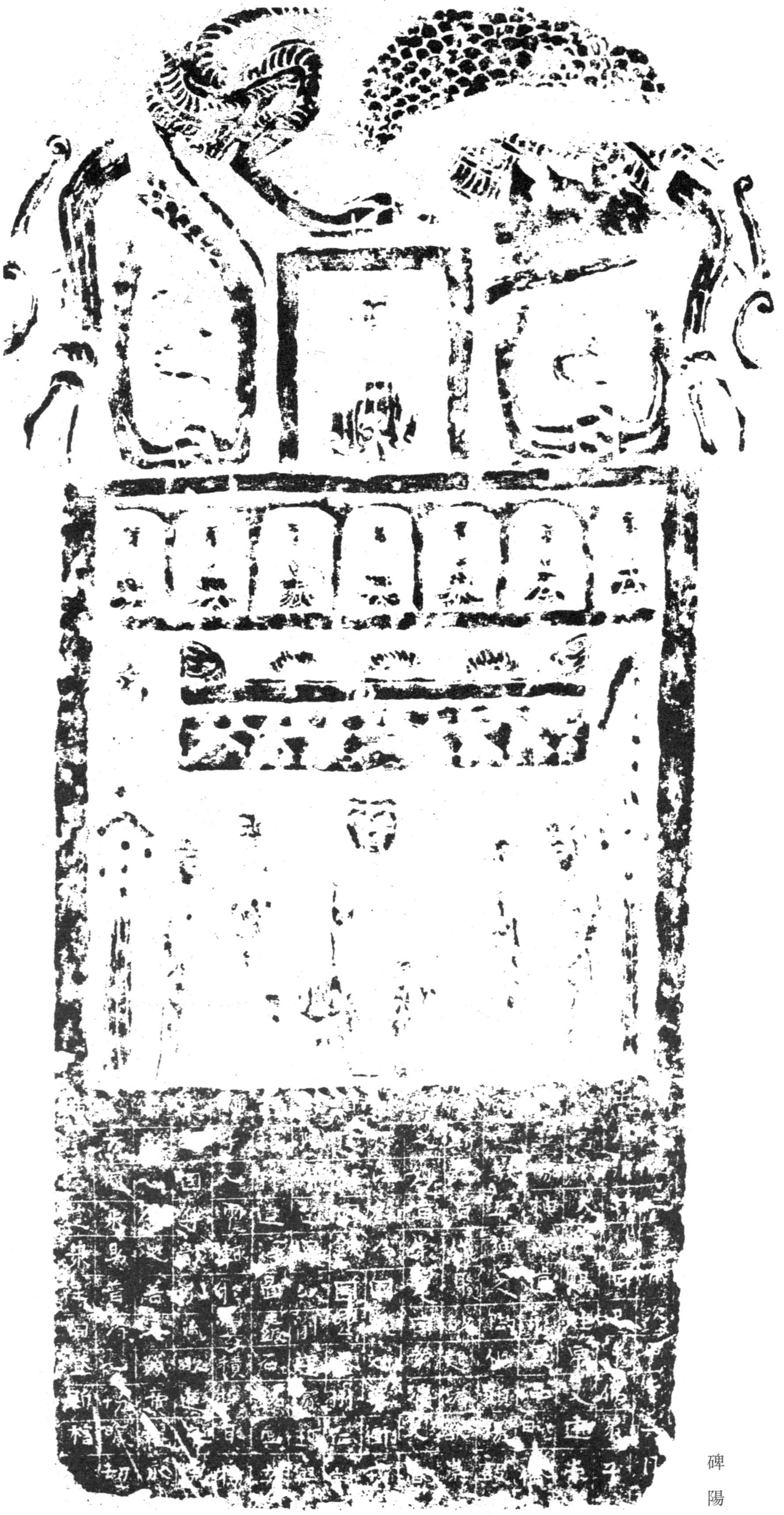

碑陽

碑陰

〇二九　建崇寺造像記

〇三〇　陸君夫人李華墓誌

北齊武平七年（五七六）十一月九日

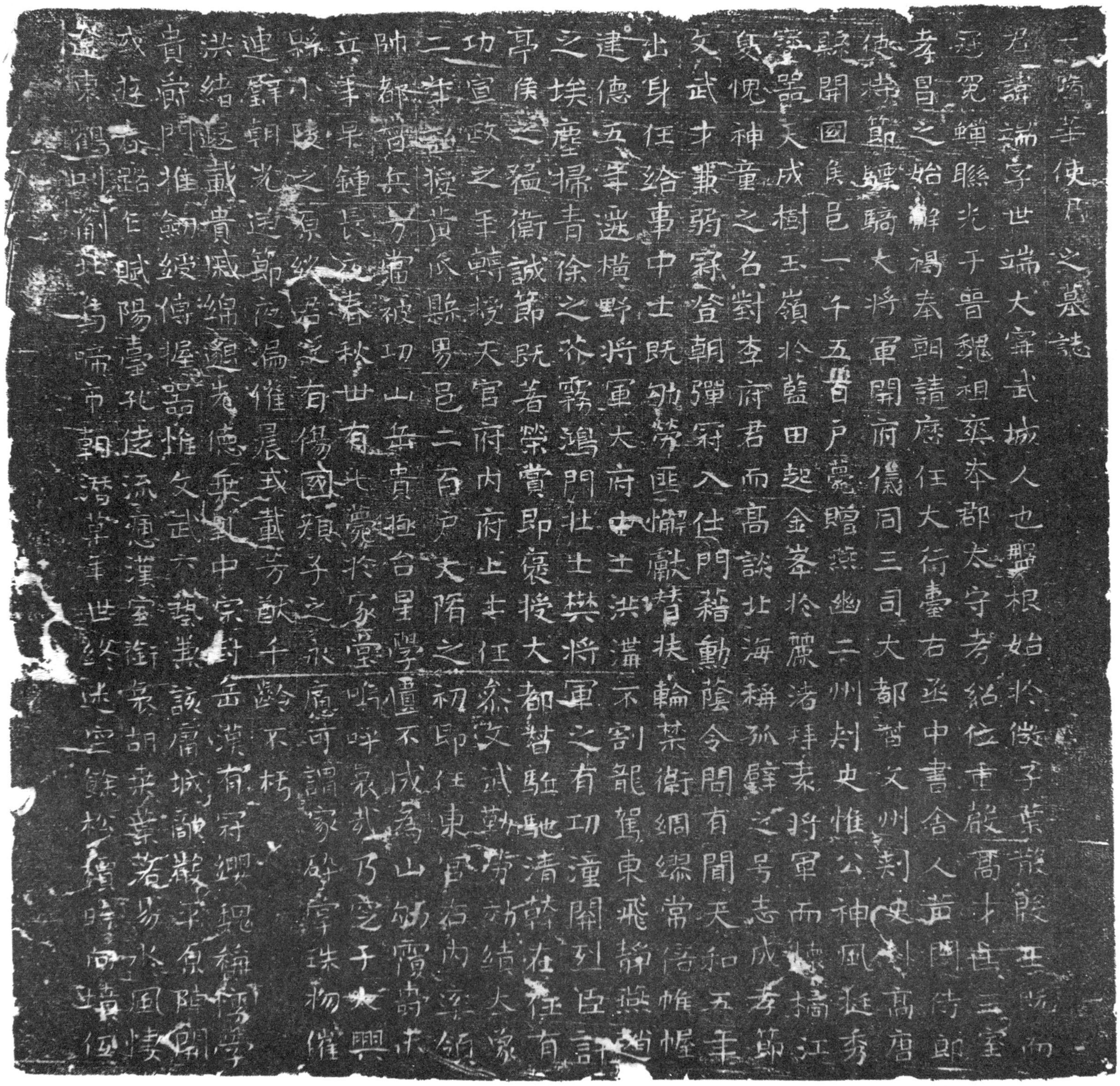

隋華使君之墓誌
君諱端字世端大寧武城人也盤根始於微子葉散殷墟既而
冠冕蟬聯光于晉魏祖爽本郡太守考紹位重嚴高才出三室
孝昌之始解褐奉朝請歷任大衍臺右丞中書舍人黄門侍郎
使持節驃騎大將軍開府儀同三司大都督文州刺史封高唐
縣開國侯邑一千五百戶襃贈燕幽二州刺史惟公神風挺秀
寶器天成樹玉嶺於藍田起金峯於麗渚拜素將軍而懷摛江
㚒愧神童之名對李府君而高談北海稱孤辟之号志成孝節
文武才兼弱冠登朝彈冠入仕門籍勳蔭令問有聞天和五年
出身任給事中士既劬勞匪懈獻替扶輪禁衛綢繆常侍帷幄
建德五年遷橫野將軍大府中士洪濫不割龍駕東飛靜燕道
之埃塵歸青徐之祲霧鴻門壯士樊將軍之有功撞闗列臣許
亭候之猛衛誠節既著榮賞即褒授大都督驅馳清幹在任有
功宣政之年轉授天官府內府上士任兼文武勤勞効績大象
二年詔授黄氏縣男邑二百戶大隋之初即任東宮右內率領
帥都督兵方當被切山岳貴極台星學優不成為山功簣奇未
立年早鍾長夜春秋卌有七薨於家堂嗚呼哀哉乃窆于大興
縣小陵之原終忝爰有傷國殞子之永慮可謂家碎掌珠摧
連辭朝光送節夜偏催晨式載芳猷千齡不朽
洪緒遙載貴戚綿邈耆德垂範中宗封岳漢有冠纓魏稱儒學
貴爵門推劍綬傳握器惟文武六藝業該膺城融巖平氣陟開
戎遊春路任賦陽臺孔逵流惠漢室銜哀胡桒葉落易水風悽
遼東鶴叫衛北鳥啼市朝潛革年世終迷空餘松櫝時向壇隴

大隋華
使君之
墓誌銘

〇三一　華端墓誌
隋開皇元年（五八一）

維大隋開皇二年歲次壬寅十二月辛未朔廿六日丙申薨故侍中開府儀同
三司吏部尚書歧州刺史李公夫人崔氏墓誌銘
夫人諱芷蘩博陵安平人也自沽岳崇基表海為輸武刻遂松奉世或飛聲於
漢朝高節德人代祖光州使君踵德履仁譽動吏部
尚書猛聚雄現聲振寵冕夫人稟氣方秘俸圖魄風神孤立密止絕倫婉嬧
女工之儀同蔓従令未之德南陵戴茹茶泣血孔
姬奇女景世同盛作名青甲千載一時侍中文組丰猶環珮難荐妲之賢淑
婦房中之散題名青甲千載一時侍中文組丰猶環珮朝饋野頃妣心
孋者如斯在是父久不従夫人義則新天兼使役子莫不以力爲妱日去月未碎朝頃
先人後已懲之惠容如今女粥茲子夫人教茲室父籍之母選同河敷之母宜其
徒者如斯良久是松是父回和子莫不以力爲妱日去月未碎朝頃
以絹諧訓以一姤如作師中水耶而成則自夾充得自懷性以德之明
憂既傷之明體非故明鑒未挑作以之妻仁福難特遷同河敷之母宜其
撲列閣容乾歲婰未及懸車輪暉已歇以闊妻姓惟夫人硬行道涑以明
硬吉遠匣春秋七十即以其菲十二月廿六日袝於舊塋恐谷従陵移明於万
古勒茲華石置諸泉戶銘曰二年九月十五日塋於都作
敬姜遠義好靜知揀斑昭閣禮脊愃點遠卷言注迴自此建暉名家奇女異論
同歸勳寵推中俳俳閒裹硯事單書尒既仕配實嬪君于輪夜知賢
願開識士不馳能體先倩白昆無玷黃醜騰督家承節儀世俷賢明裁悲道悲
父伯忍別王纓金石猶貘擊浮生紙久桃李何言僮先蒲泃泣遺肩悲莫道悲
燈照推前鸞飛悵俊丹魂翻出宿宦回山頭落月松裹飛煙風吟小樹露濕
長阡墓廥莘表方庚千奉
長子公須字孝大司馬府軍事纂舜軍武縣開國男妻夫人第二兄
帝二子公統字仲微太尉府兼軍貞小散騎侍郎妻青川崔氏襄城縣
開國男軍師弟三女生一女宇龘眤過王元撝第二息慶行
帝三子公怨字孝緒開府森軍事妻夫人第三兄襄垣太守宣度第四女
帝四子公績字季緒妻太原王元妻
小女佛相勖海高載录妻

○三二

李公夫人崔芷蘩墓誌

隋開皇二年（五八二）十二月二十六日

維大隋開皇二年歲次壬寅十二月辛未朔廿六日丙申薦故侍中開府儀同
三司吏部尚書殷州刺史李公夫人崔氏墓誌銘
夫人諱芷蘩博陵安平人也自洛邑成基表海為輸或刻迹於秦世或飛聲於
漢朝高節偉人代稱不朽祖柱光州使君韜德履仁譽動蕃岳父芬儀同吏部
尚書猛槩雄規聲振冠冕夫人稟氣方祇降精圓魄風神孤立容止絶倫婉嫕
女工之儀孝養成人之德南陵燕以或北宮未之比及家難薦臻茹荼泣血孔
姬齊女異世同塵作合來儀茲為左僻纂組聿脩環珮斉序冀氏野饋之賢梁
婦房中之敬題名責實千載一時侍中文昭公保乂皇家羽儀列辟朝野傾心
䯄驥斯在於是陽唱陰和子回女弼勗茲名業內脊力焉日去月來百齡非久
逝者如斯良人不從夫人義則祈天誓使從子莫不教以義方遷以德宅至於
先人後己之惠重節専志之心有一於此今古無覺惟夫人履行淹和寧性明
敏㕛始窺圖史於詩傳班家容德之教蔡室文翰之風得自冒懷無待陶染加
以緗諸衆口猶意一人娣姒仰以為師中外取而成則自夜光俱棄玉樹同頹
憂既傷之形體非故明鑒未兆實似羊舌之妻仁智絶時還同州敖之母宜其
覩撰列圖容範庶姬未及懸車輪暉已戢以開皇二年九月十五日薨於都仁
鄰吉遷里春秋七十即以其年十二月廿六日祔於舊塋愬谷從陵移明於万

局部一

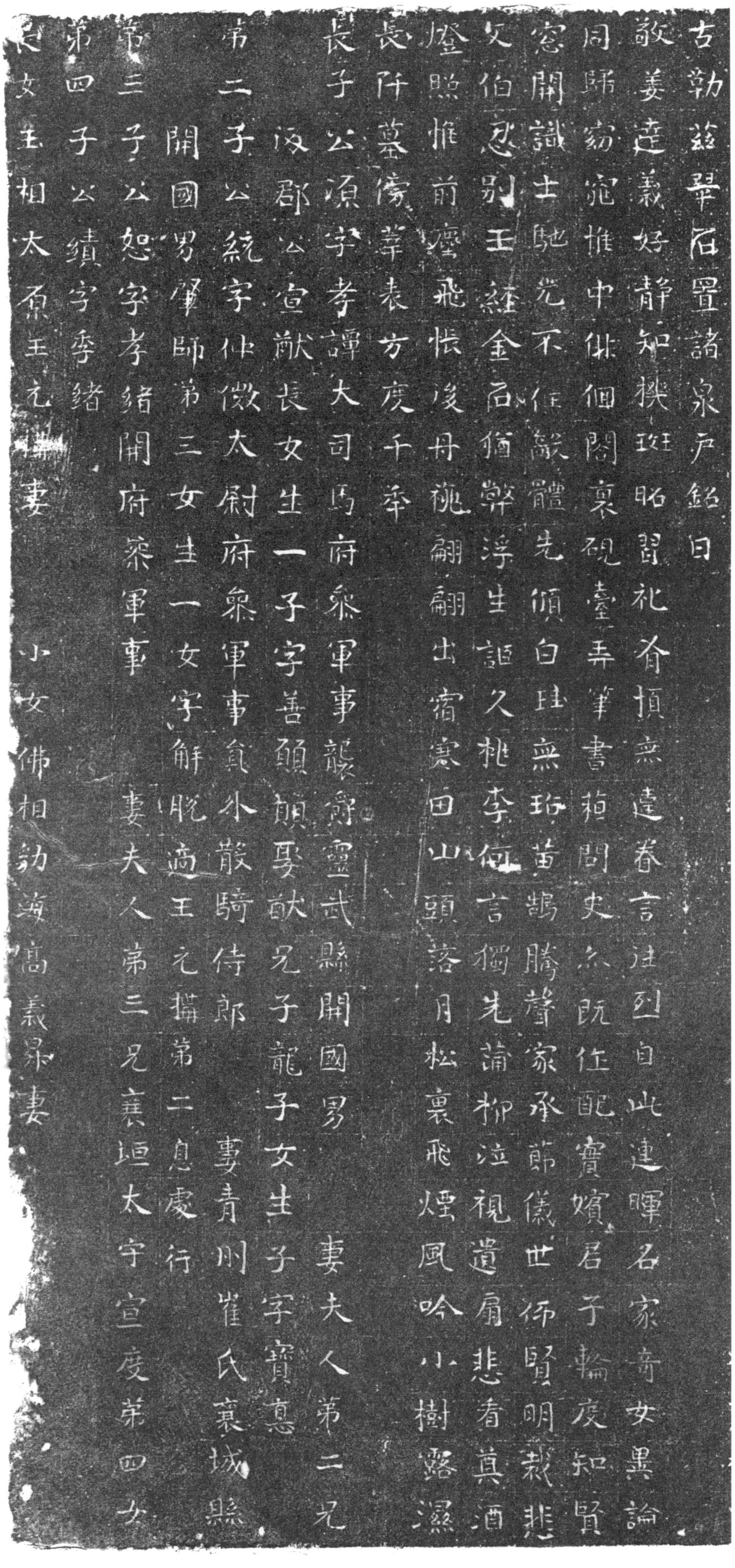

古勒茲舉石置諸泉戶銘曰
敬姜達義好靜知機斑昭習禮脊損無違春言往烈自此連暉名家奇女異論
同歸窈窕推中饋侶閨裏硯臺弄筆書箱問史亦既伉配實嬪君子輪度知賢
窓開識士馳光不任獻體先傾白珪無玷黃鵠騰聲家承節儀世係賢明裁悲
文伯忽別玉經金石循弊浮生詎久桃李何言獨先蒲柳泣視遺扇悲看奠酒
燈照帷前塵飛帳後丹旐翩翩出宿寒田山頭落月松裏飛煙風吟小樹露濕
長阡墓傍華表方度千年
長子公源字孝譚大司馬府參軍事襲爵靈武縣開國男　妻夫人第二兄
汲郡公宣猷長女生一子字善頤頤娶猷兄子龍子女生子字寶惪
第二子公統字仲徽太尉府參軍事員外散騎侍郎　妻青州崔氏襄城縣
開國男舉師第三女生一女字解脫適王元攝第二息慶行
第三子公恕字孝緒開府參軍事　妻夫人第三兄襄垣太守宣度第四女
第四子公績字季緒
長女生相太原王元[illegible]妻　小女佛相勃海高義鼎妻

局部二

〇三三　劉歸墓誌

隋開皇三年（五八三）十月七日

〇三四　開皇四年造像記

隋開皇四年（五八四）九月二十一日

隋故上開府南梁郡開國公王公墓誌

公諱珍字買奴河南洛陽人也世德家風道光奕冊父萬壽
儀同三司勝質天挺聲實已高公地則良家門欄有將學劍
輕一人之醲役羣懷万里之心每從戎旅累功未一烽栴
縣開國男進爵為子食邑六百戶周氏初基東夏行賞封砠醇
相望于戈歲動我有英略歷先啓行授徒橫行推鋒直指前
無強陣無必先鳴以人仍慢使都惜都婚大都婚棱懍軍
將軍惣軍機事即領父兵伐侵節車騎大將軍儀同三
司韺封平轅縣公食邑二千四百戶機驍騎大將軍開府儀同三
同戎秩逾履幕府洞開此日勳騎驃騎大將軍開府詔除宣州諸軍
事宣州刺史苑政宣夷夏聲威遷上開府合川鎮將軍
苑作鎮戎政同離剪之頡頏方郡顧蕆奉韓彭當戰乘之辰值風能
武攻九拒之策故以頡頏方部顧蕆奉韓彭當戰乘之辰值風能
九攻九拒之策故以頡頏方部顧蕆奉韓彭當戰乘之辰值風
雲之會躍馬踰銅飛纓電組方享大奉奄隨川逝春秋七十
有二開皇五年三月三日殞於合川鎮謚曰在公禮也其
十月廿六日合葬于長安縣之北原其詞曰
祖武貽厥良弓韋循不墜世祿世功載生君子基構途
隆刷羽將奮聳天飛沖世怛雲當野交鋒鎬出入莫甫驅馳
茂戎斬班綸布政譽動名蕃旅交廣路駒入高門功成官立
彊場秉冠羣雄裒褫勳大樹離世高勳每榮出車分閫績
芳猷尚存懷愴惄焉鳥鳴
山悲雲臨壙千秋方遠九原空塋

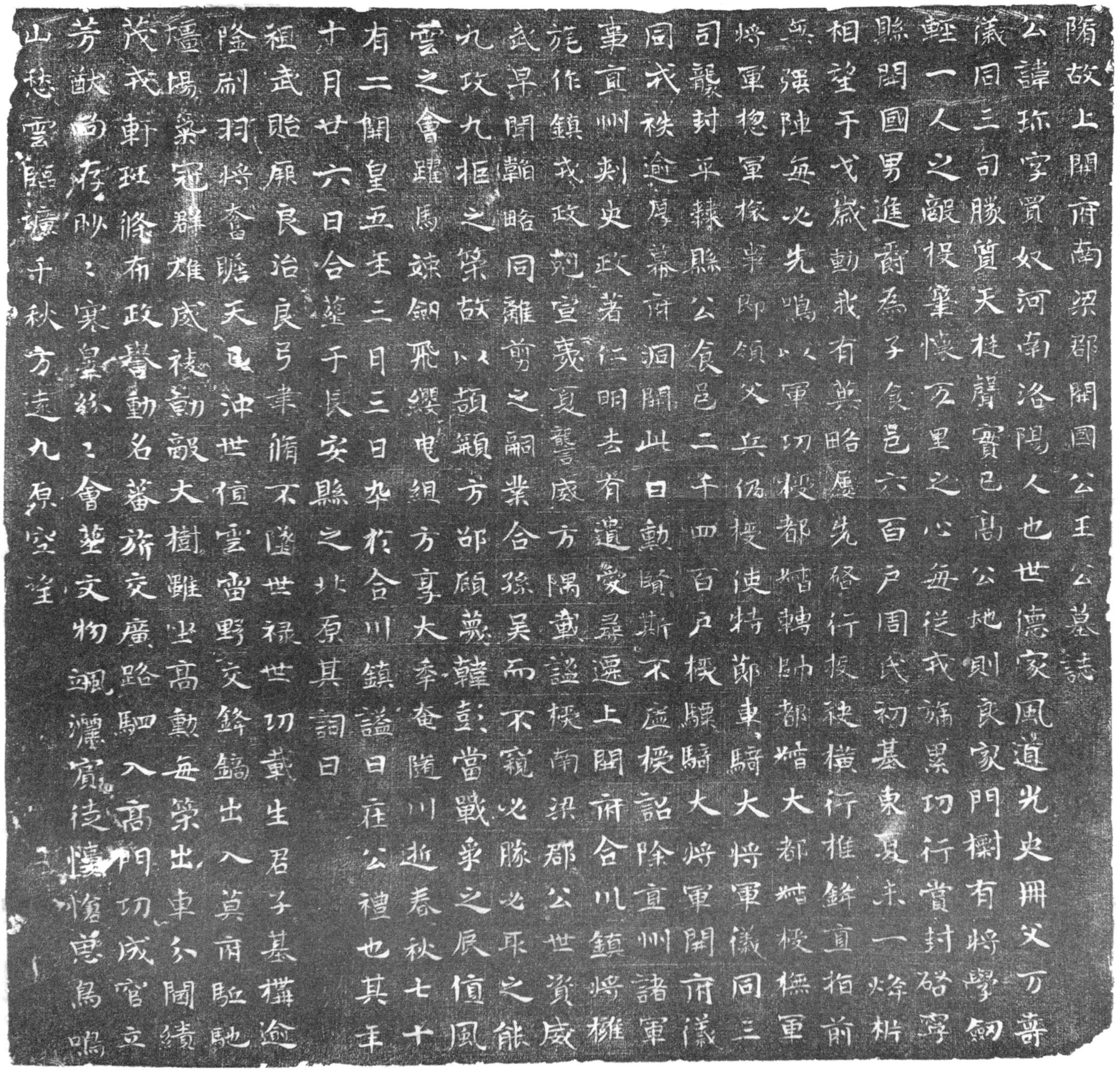

〇三六　趙羅墓誌

隋開皇九年（五八九）十月一日

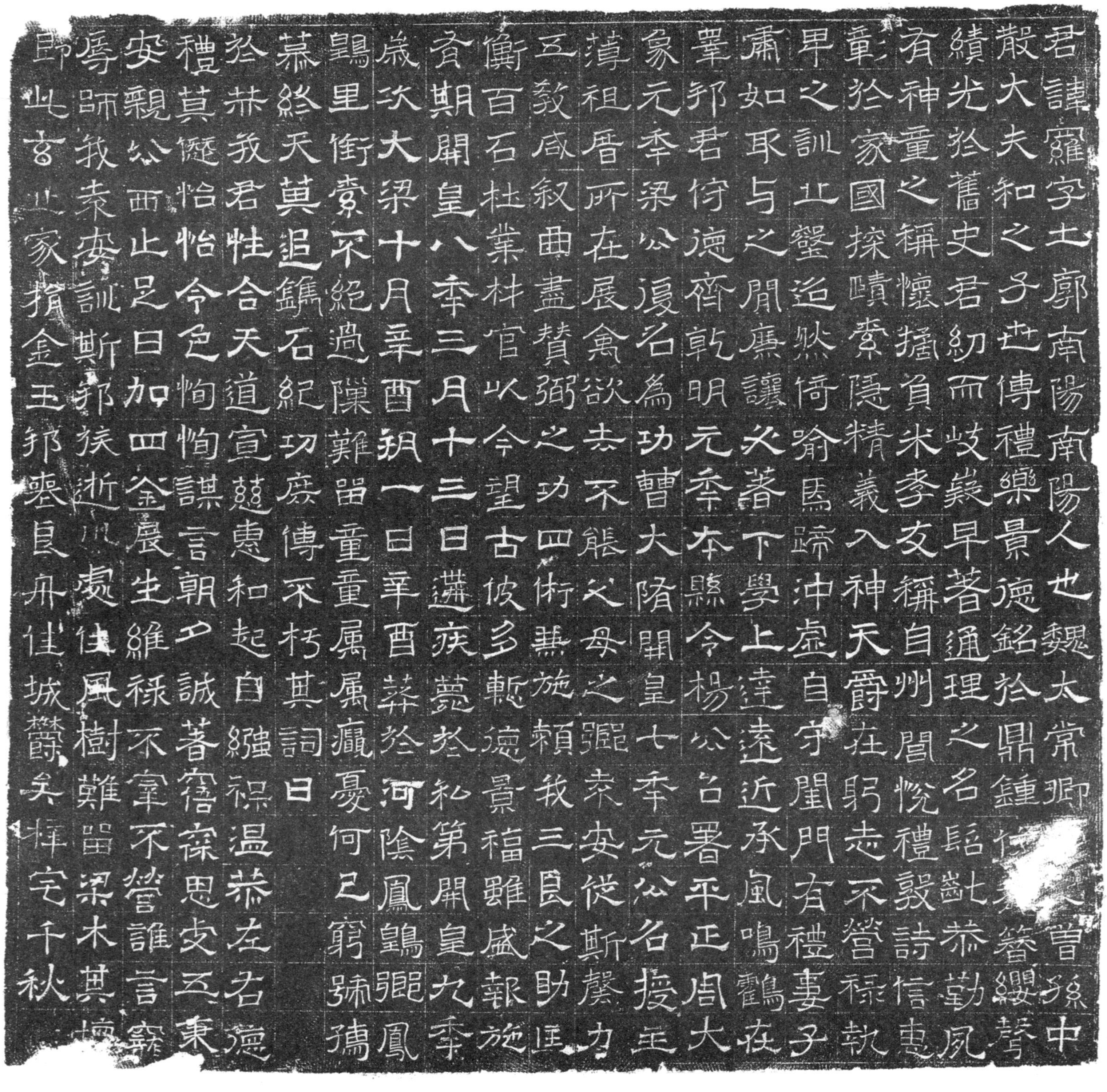

〇三七　張盛墓誌

隋開皇十二年（五九二）九月十二日

維大隋開皇十二季歲次壬子九月甲辰
朔十二日乙卯故陝州大中正張君墓誌
君諱盛字僧賢河北郡安戎縣人也父四
龍以才贇濟世德瞻高華魏永熙元季解
褐伏波將軍稍遷清河縣令祖醜太和二
季任安西將軍尋遷陽平郡太守金紫光
祿大夫太常少卿君家蔭宿隆身名早著
齊天保元季解褐奉朝請稍遷蕩寇將軍
徐州狼山郡丞陝州大中正君心閑寂滅
志崇玄妙施茲家產敬造一切尊經鎸成
七伯卷奄從深夜其年八月廿九日春秋
六十有九卒於洛陽殯在芒山之南張分
橋之北遊豫園西馬安山東馮村西北一
里此地原平實爲勝所乃鐫銘曰
芳德素振暉猷早熙年年明明俾民攸柩
風臣松蓋霜白山衣碧亡星殞仁沒蘭衰

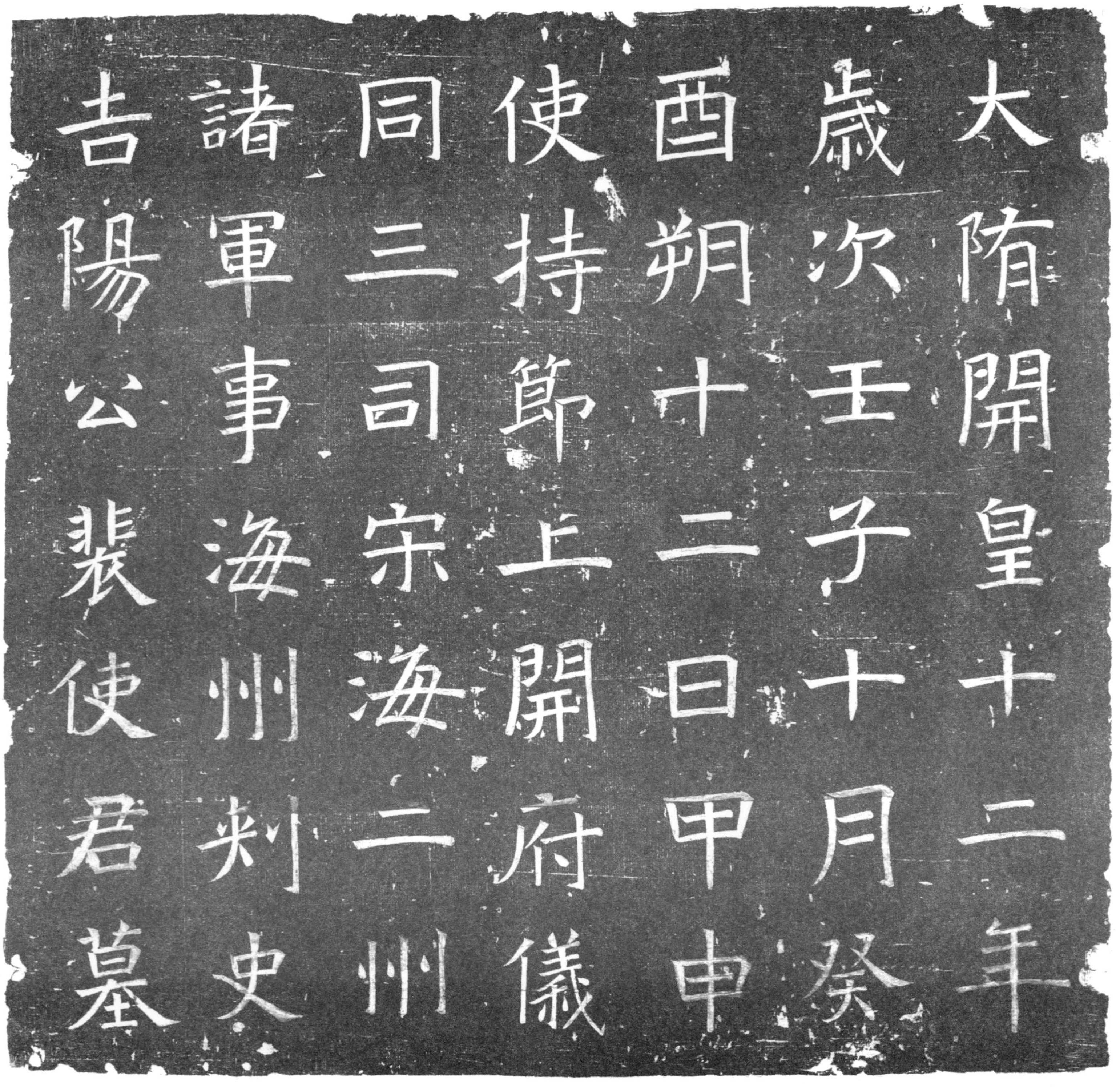
大隋開皇十二年
歲次壬子十月癸
酉朔十二日甲申
使持節上開府儀
同三司宗海二州
諸軍事海州刺史
吉陽公裴使君墓

〇三八　**裴使君墓誌**

隋開皇十二年（五九二）十月十二日

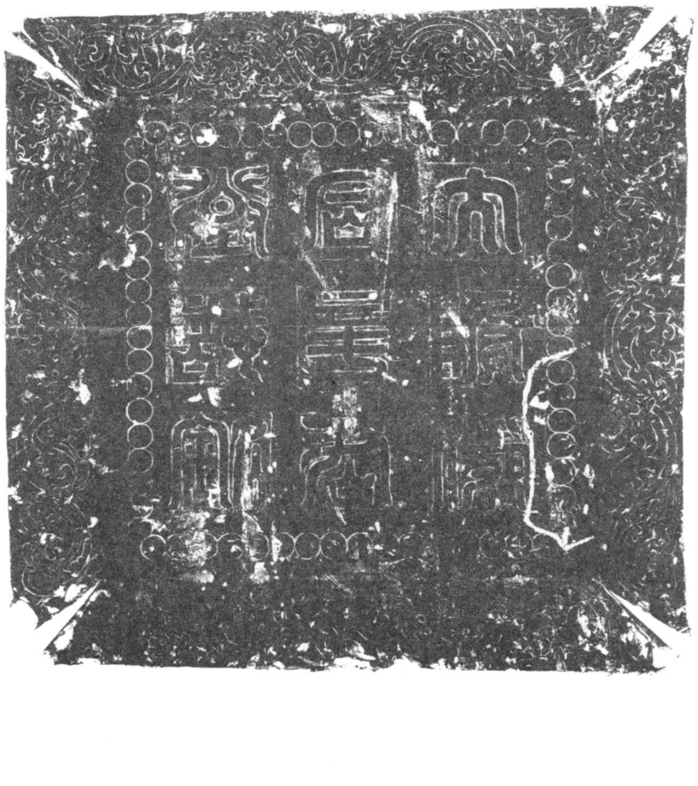

〇三九　辛瑾墓誌

隋開皇十四年（五九四）正月二十六日

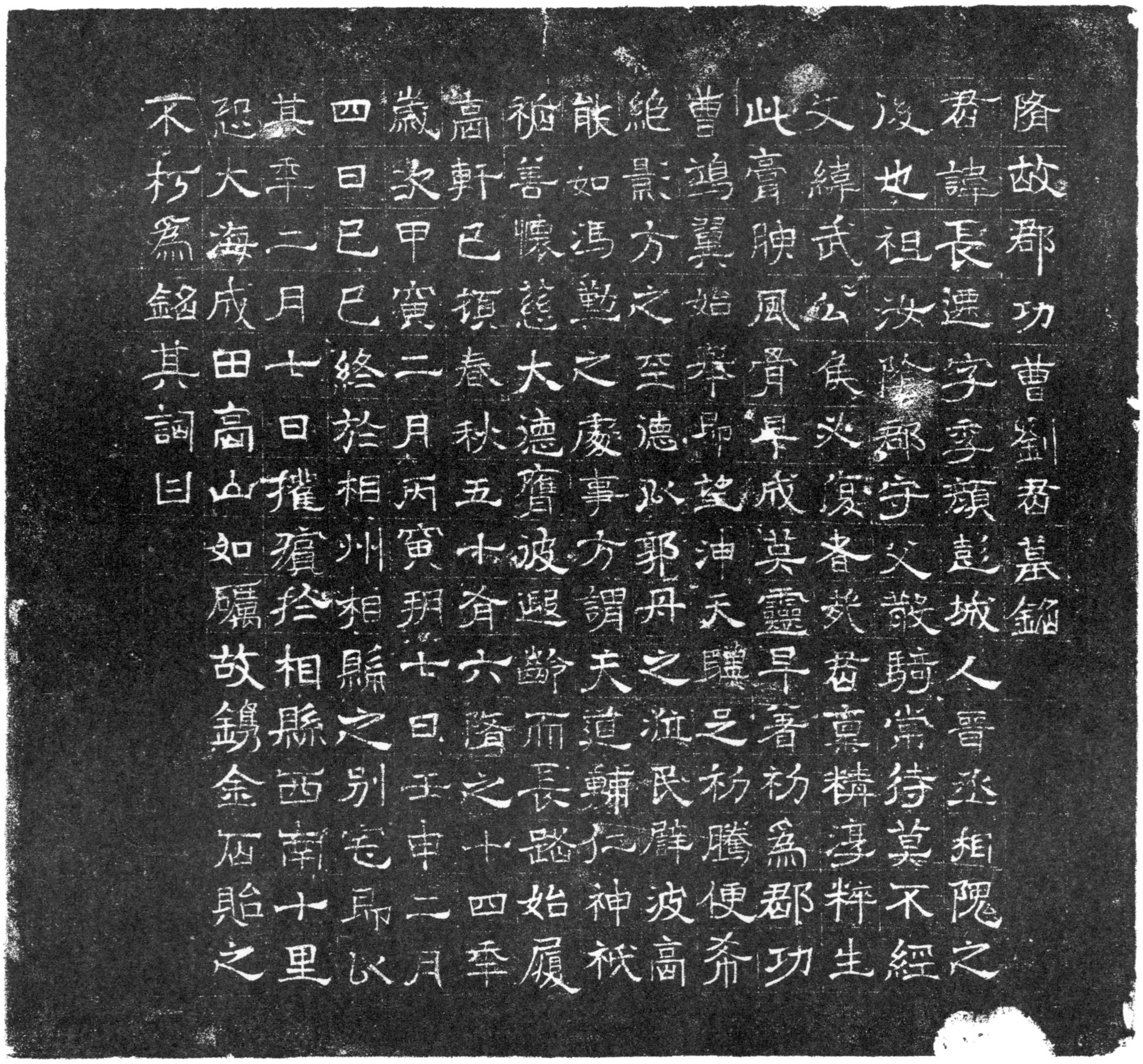
隋故郡功曹劉君墓銘
君諱長遷字季穎彭城人晉丞相隗之
後也祖汝陰郡守父散騎常侍莫不經
文緯武公侯必復者矣君稟精淳粹生
此膏腴風骨早成莫靈早著初爲郡功
曹鴻翼始舉鼎望沖天驥足初騰便希
絕影方之至德以郭丹之流民辟波高
能如馮勲之處事方謂天道輔仁神祇
福善懷慈大德奄波遐齡而長辭始履
高軒已須春秋五十有六隋之十四年
歲次甲寅二月丙寅朔七日壬申二月
四日己巳終於相州相縣之別宅歸以
其年二月七日權殯於相縣西南十里
恐大海成田高山如礪故鎸金石貽之
不朽爲銘其詞曰

〇四〇　劉長遷墓誌

隋開皇十四年（五九四）二月七日

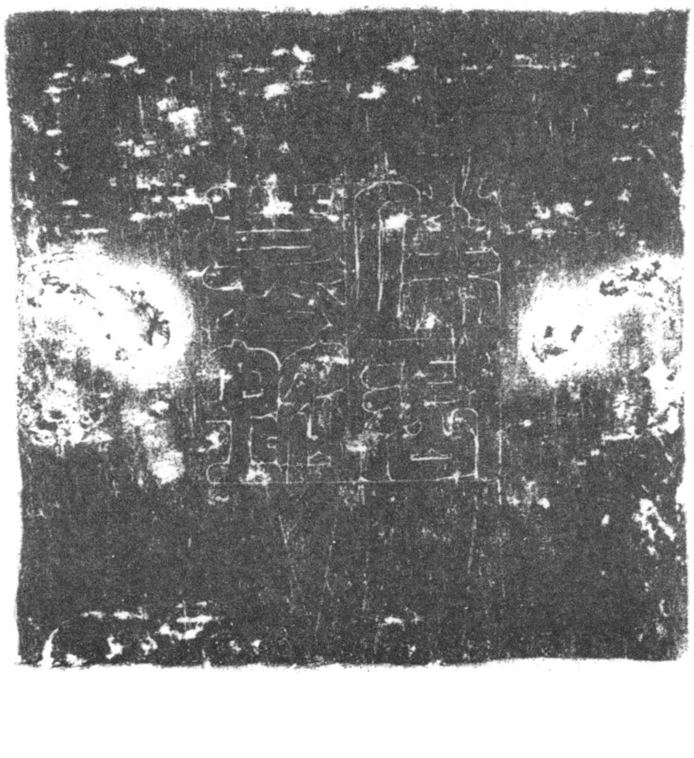

〇四一　徐建墓誌

隋仁壽二年（六〇二）三月二十二日

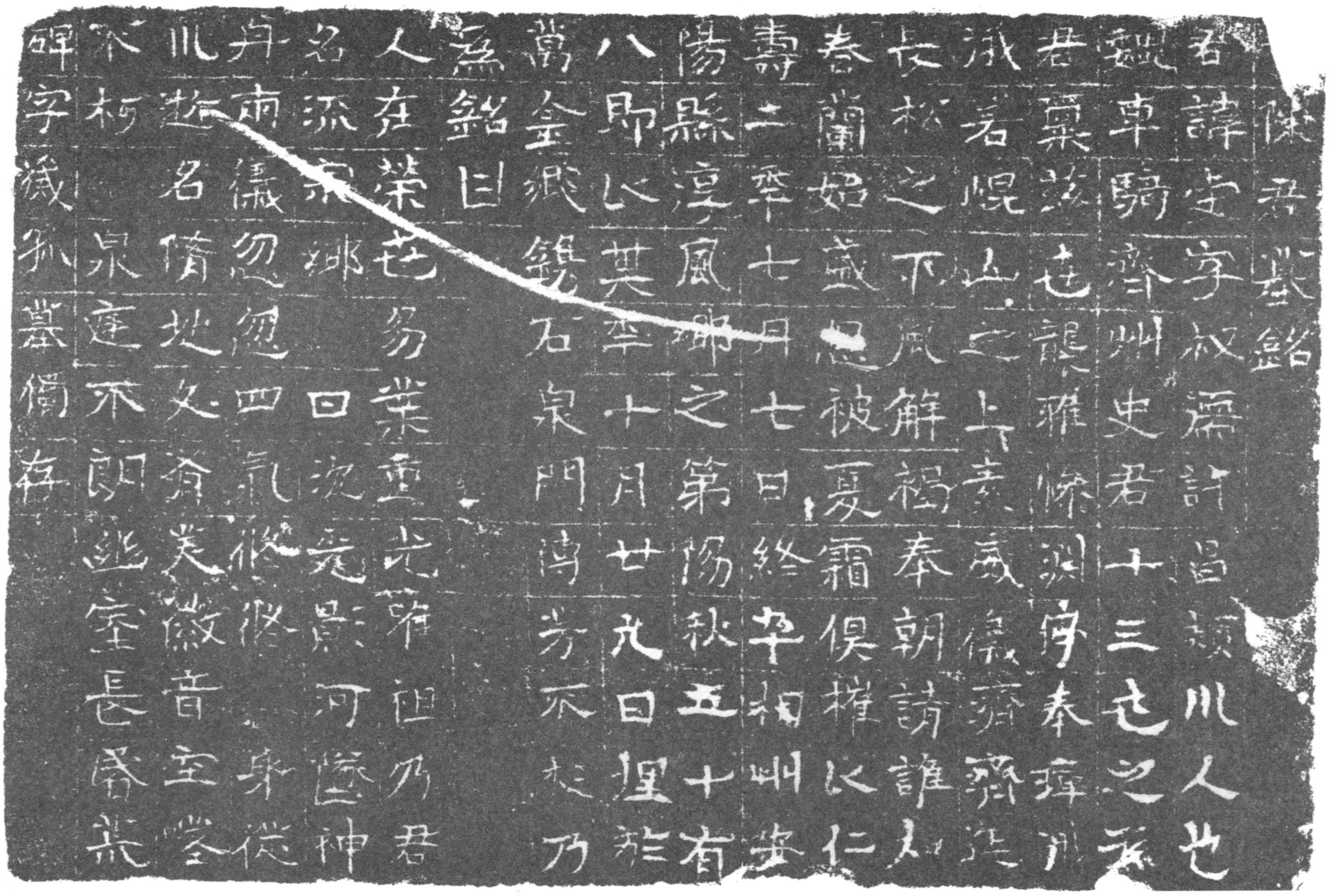

〇四二　陳虔墓銘

隋仁壽二年（六〇二）十月二十九日

〇四三　楊弘墓誌

隋大業三年（六〇七）四月二十四日

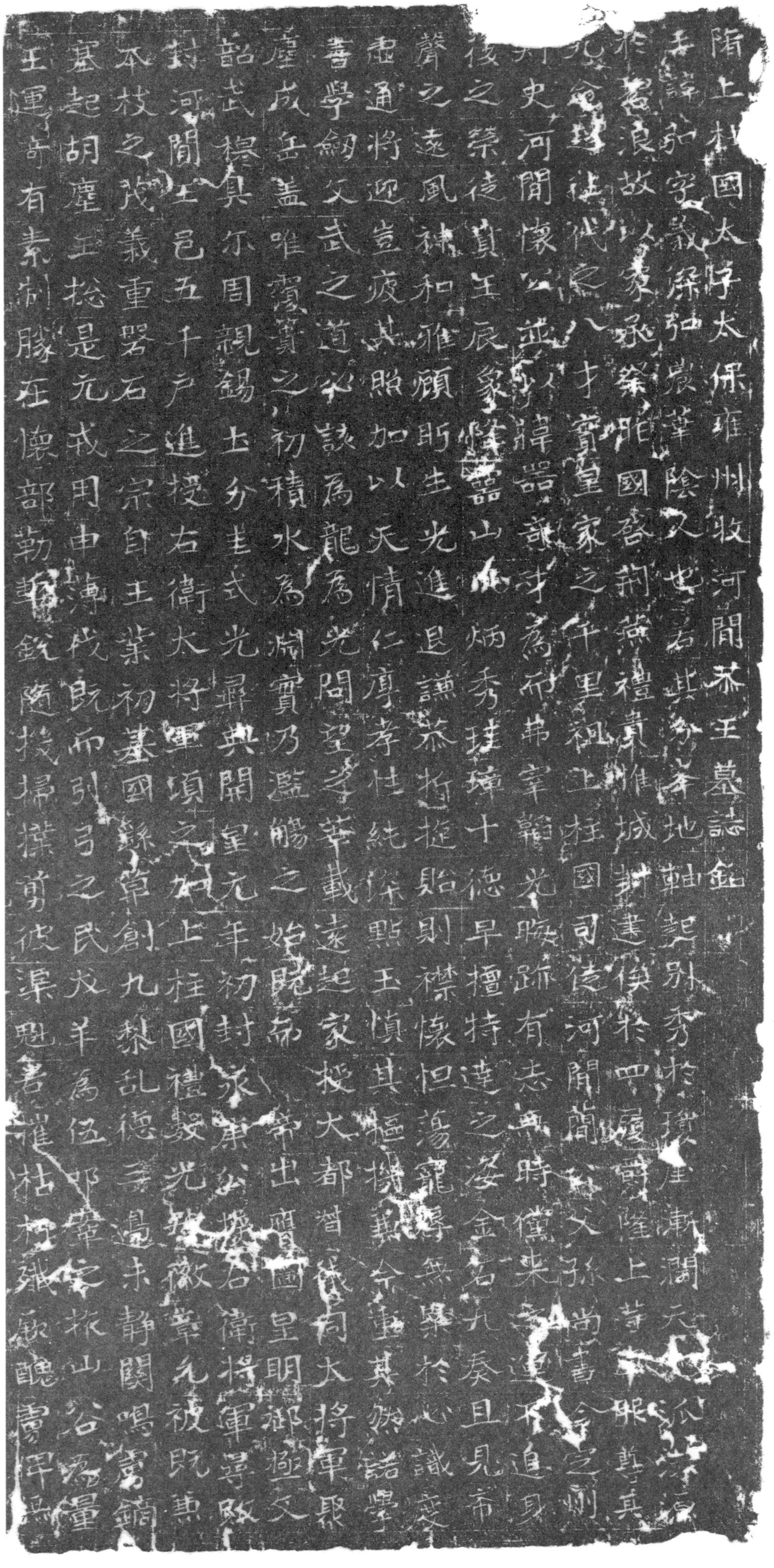

局部一

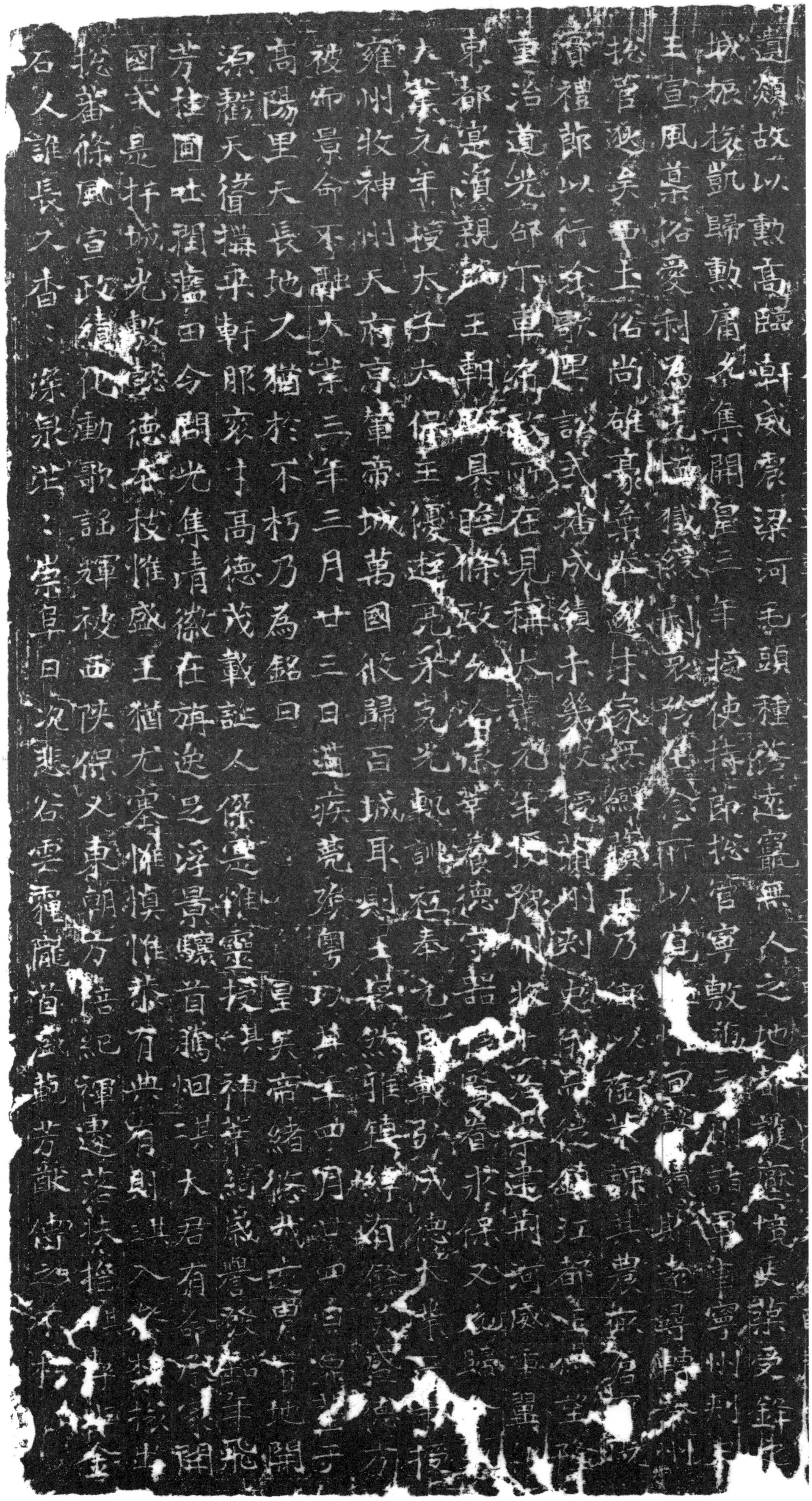

遺類故以勳高臨軒威震梁河禹頭種落遠竄無人之地都護邊境[illegible]諜受[illegible]
城振旅凱歸勳庸名集開皇三年授使持節總管寧敷[illegible]州諸軍事寧州刺史
王宣風纂俗愛利為先[illegible]獄緩刑務從寬簡所以寬[illegible]回[illegible]積財違歸轄[illegible]州
總管遂矣西土俗尚雄豪黔黎遂生家總[illegible]乃衛以[illegible]課其農桑[illegible]
齊禮節以行[illegible]歌[illegible]謠式播成績十[illegible]幾授[illegible]州刺史[illegible]從[illegible]江都[illegible]
董治道光部下[illegible]在見稱大[illegible]元年授[illegible]州牧[illegible]遠荊河[illegible]量
東都[illegible]親[illegible]王朝[illegible]具瞻條致[illegible]華養德[illegible]器[illegible]眷求[illegible]又[illegible]歸
大業元年授太子太保王優遊[illegible]克光軌訓[illegible]奉[illegible]載[illegible]成德大業[illegible]授
雍州牧神州天府京輦帝城萬國攸歸百城取則[illegible]然雅[illegible]有[illegible]方
被命景命不融大業二年三月廿三日遘疾薨殞粵以其年四月廿四日[illegible]
高陽里天長地久猶於不朽乃為銘曰 皇矣帝緒[illegible]開
源纘天潢播乘軒服袞于高德茂載誕人傑是惟靈授其神華綵[illegible]飛
芳挂圖吐潤瀛田分閩光集清徽在旃逸足浮景驤首騰迴淇大君有[illegible]闈
國式是扞城光敷[illegible]德[illegible]枝惟盛王猶尤塞惟慎惟恭有典有則[illegible]入[illegible]出
總蕃條風宣政績化動歌謡輝被西陝保乂東朝芳[illegible]紀禪遷落[illegible]搖[illegible]金
石人誰長久杳杳深泉茫茫崇阜日沉悲谷雲[illegible]龍首[illegible]芳猷[illegible]

局部二

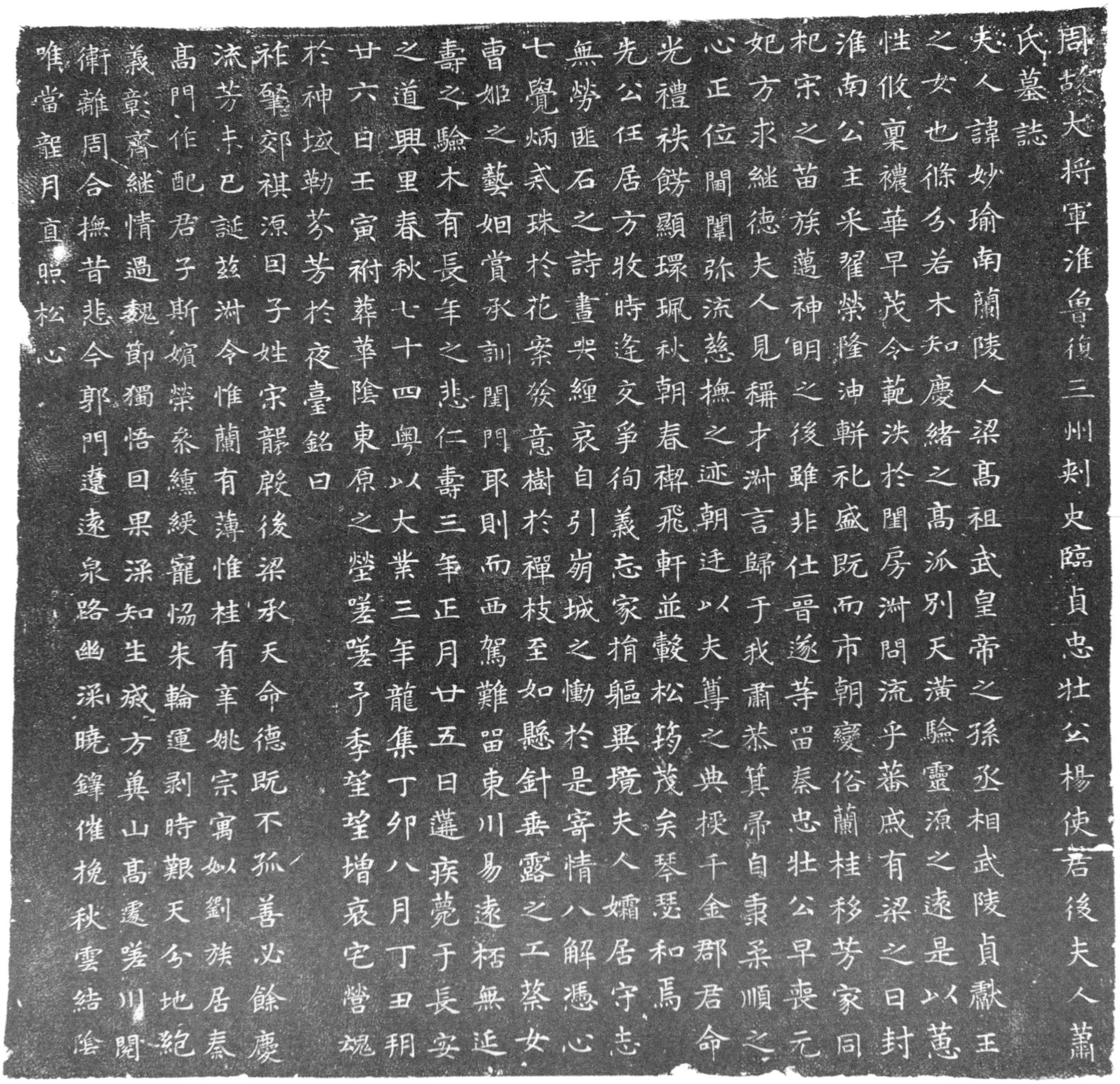
周故大將軍淮魯復三州刺史臨貞忠壯公楊使君後夫人蕭
氏墓誌
夫人諱妙瑜南蘭陵人梁高祖武皇帝之孫丞相武陵貞獻王
之女也條分若木知慶緒之高派別天潢驗靈源之遠是以蕙
性攸稟禮華早茂令範洪於閨房淑問流乎蕃戚有梁之日封
淮南公主采翟榮隆油軿禮盛既而市朝變俗蘭桂移芳家同
杞宋之苗族邁神明之後雖非仕晉遂等留秦忠壯公早喪元
妃方求繼德夫人見稱才淑言歸于我肅恭其帚自秉柔順之
心正位閫闈弥流慈撫之迹朝廷以夫尊之典授千金郡君命
光禮秩餝顯環珮秋朝春禊飛軒並轂松筠茂矣琴瑟和焉
先公任居方牧時逢交爭徇義忘家捐軀異境夫人孀居守志
無勞匪石之詩晝哭絰哀自引崩城之慟於是寄情八解憑心
七覺炳戒珠於花案發意樹於禪枝至如懸針垂露之工蔡女
曹妃之藝姻賞承訓閨門取則而西駕難留東川易遠栝無延
壽之驗木有長年之悲仁壽三年正月廿五日遘疾薨于長安
之道興里春秋七十四粤以大業三年龍集丁卯八月丁丑朔
廿六日壬寅祔葬華陰東原之塋嗟嗟予季望望增哀宅營魂
於神域勒芬芳於夜臺銘曰
祚肇郊禖源因子姓宋韶殷後梁承天命德既不孤善必餘慶
流芳未已誕茲淑令惟蘭有薄惟桂有辛姚宗寓姒劉族居秦
高門作配君子斯嬪榮參纁綬寵協朱輪運剝時艱天分地絕
義彰齊繼情過魏節獨悟因果深知生滅方輿山高還嗟川閱
衛離周合撫昔悲今郭門遼遠泉路幽深曉鐸催挽秋雲結陰
唯當寵月直照松心

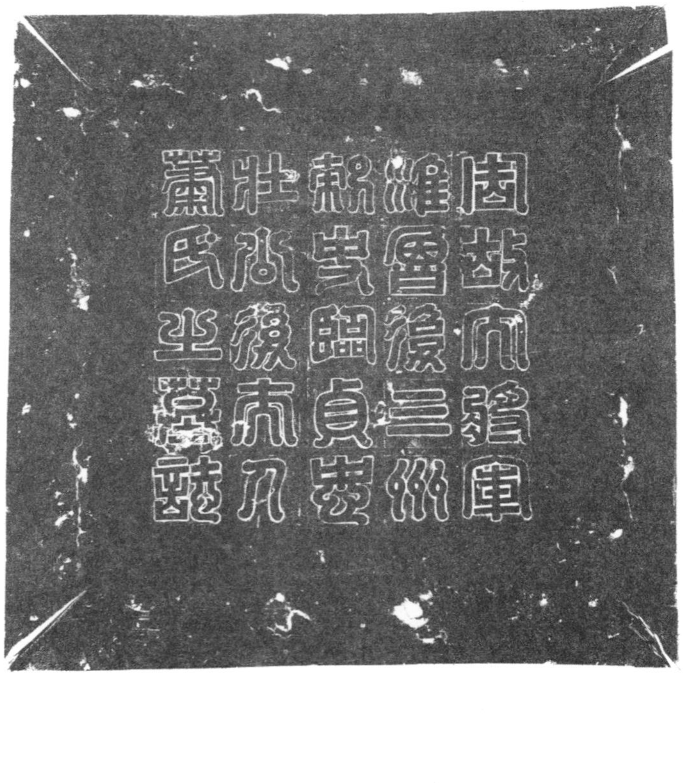

〇四四　蕭妙瑜墓誌

隋大業三年（六〇七）八月二十六日

〇四五　楊休墓誌

隋大業三年（六〇七）十一月四日

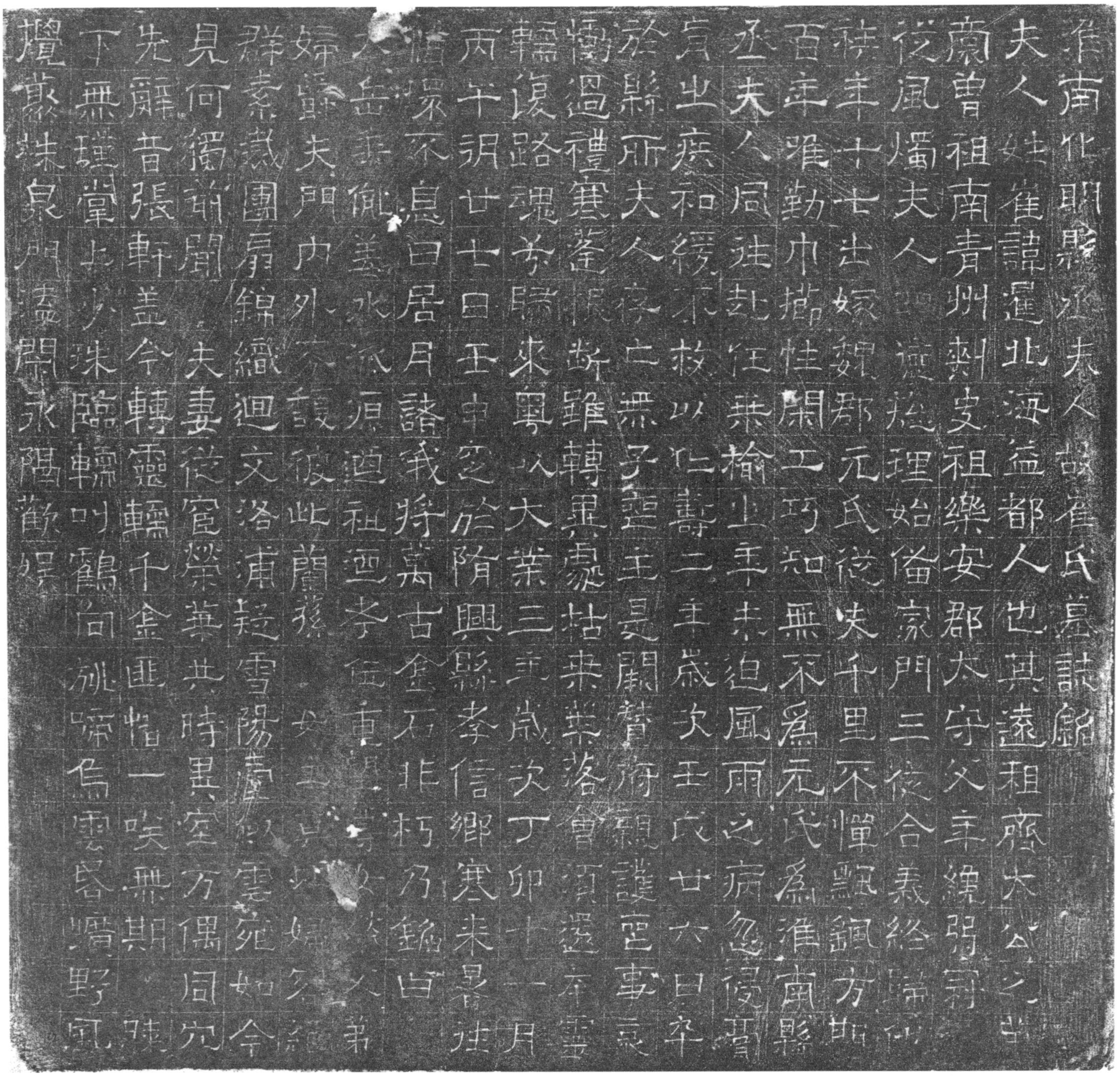

○四六　元府君夫人崔暹墓誌

隋大業三年（六〇七）十一月二十七日

〇四七　張君及夫人李氏墓誌

隋大業四年（六〇八）八月九日

魏郡安陽縣積善鄉任清奴墓誌
君諱清字阿奴北代洞州人也自皇始徂承京傳
洛祖遵衛將軍洞州鎮將父善仁府將軍殷州鎮將
清大業三年八月廿七日卒權麿令与婦張氏合葬
君武備文兼朝詮將任脊典和六年出身盪寇將軍
十忍莫尋万夫懷望皇建二年加中堅將軍備身左
右畄表吞聲五陵馳譽河清元年加安東將軍[illegible]水
火而無行樂絃草而並濟武平元年除驃騎大將軍
信義惟撫敬讓育施武平五年除勳武前鋒都督[illegible]
然素約無勞樂粤遺榮慕免歸禮制道進不仕忽以
之田從遠川逝難留八十有一奄捐館室大業八年
歲次壬申十一月丁丑朔葬安陽城西五里之延鄉
之地權村西四百餘步西連長野鳴呼哀哉
而為銘曰瑞洛開圖祥雲受籙帝之儀公侯之族
[illegible]緼鐸冠鳴鑾珮玉賤馬如羊輕金賤粟石[illegible]生[illegible]
冊[illegible]無烟幾者木落俄閒重泉[illegible][illegible][illegible][illegible]月照空田
帷設碑樹依希万年

〇四八　任清奴墓誌

隋大業八年（六一二）十一月一日

隋故逸民蘭君墓誌銘
君諱義字道仁趙將相如之後也夫其命世佐時推誠抗
節故亦杜氣未亡餘風可想祖括魏恒州石邑縣令鳴琴
在堂化成朞月父遷魏鎮南將軍運籌於帳智決千里君
稟自然靈邑斯雅量高則巍崎深唯不測委帷志潔得酒
上之微言抵掌談玄探柱下之幽致韻冠嵇康城王辟爲
行參軍俄而王室陵遲風雅咸歇逞之既否道固無行遂
迴絕樊籠長住林壑風月會琴罇之賞山水叶仁智之息
介不羈蕭然無事且優遊以卒歲須富貴其何時而物有
推遷人非金石一瞬不留百齡詎幾以大隋仁壽二年七
月五日終於家春秋五十有蘭道仁夫人姬氏龔蟬聯之
佳緒體芬芳之淑性行秀閨房好和琴瑟宿志莫從空存
偕老之誓人世非久奄至同穴之期以大業九年歲次癸
酉二月乙巳朔廿八日壬申遷厝於魏郡安陽之積善里
嗚呼蘭蕙致禁是貴賢久之隴圓石斯在長表逸民之墓
乃為銘曰綿綿鴻緒昭昭世功慶逾靈箕業藉良弓載誕
令德是嗣清風談玄極妙揆藻稱雄懸旌降辟濯纓入仕
得失四字躍自千里王曆將終國難方始反跡丘園遺名
朝市追宴阮嵇希風莊惠無競於時不羈於世去日難留驚波
以逝忽夢東里俄臣北帝有美嘉媛河洲作匹百年共住
千齡俱畢薤露淒涼松風蕭颼悲矣佳城何時見日
其巾仍酒注終時年幾及今合時月朔日

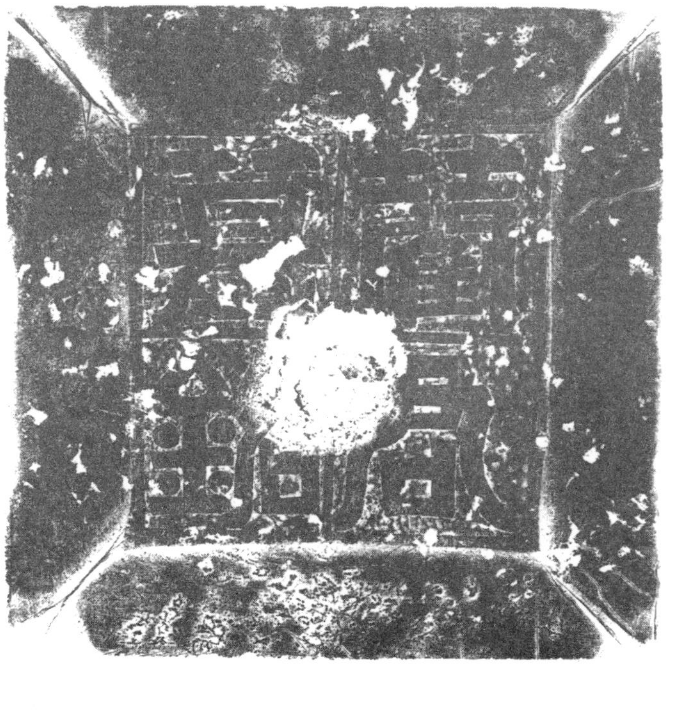

〇四九　蘭義墓誌

隋大業九年（六一三）二月二十八日

〇五〇　元誠墓誌

隋大業九年（六一三）十月十四日

○五○　元誠墓誌

局部一

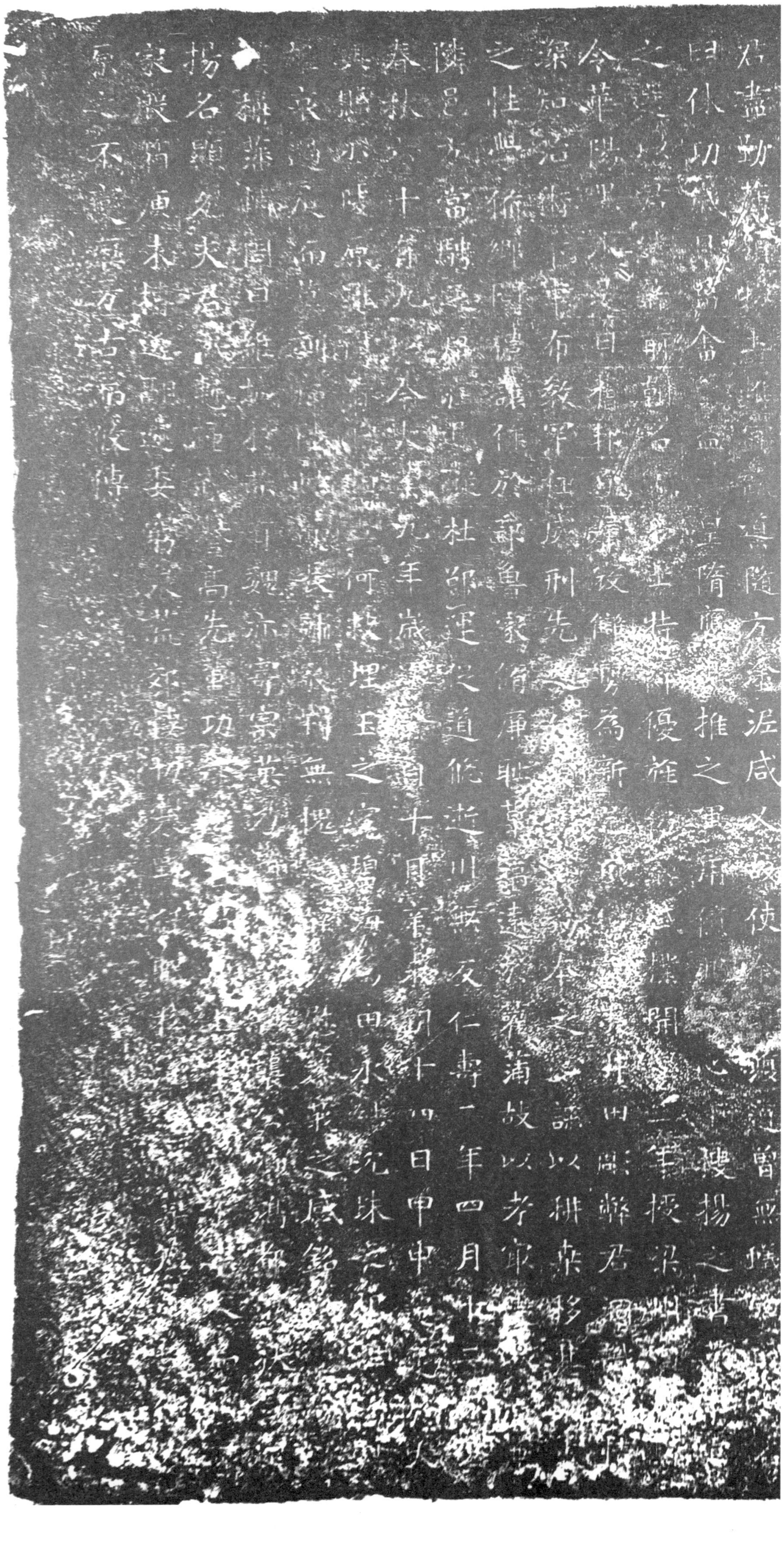

局部二

○五一　張順墓誌
隋大業九年（六一三）十一月九日

大業十一年
次乙亥四月癸
十六日戊寅
京兆郡大興
首鄉永寧
邑里清信男
謝善富銘記

○五二　謝善富銘記

隋大業十一年（六一五）四月十六日

大隋故河堤使者西河公竇君墓誌
夫稟靈惟嶽既挺希世之材積德依仁必膺壽考之報常謂為然徒虛語耳天之
福善何其爽歟君諱儼字福曾扶風郡平陵人也章武勞謙疏爵西漢安豐知廢
奉爵東夏介爾綿綿朱紫相及晉鍾彝鼎可覆視焉祖翻周寶膏梁譽因遊藝發
迹關右高官成周甫綰銀青將階樞鎋屬元氏不綱艷妻始亂伊川水竭遂履亡
鼎之期柳谷圖生先見討曹之兆魏武帝狼狽遷都具臣皆喪翻以扶持之險誠
績居多賜封義安郡公贈大將軍荊洛二州諸軍事洛州刺史父景隋使持節
大將軍揔管安鄧隋順應士溫沔黃光州諸軍事安州刺史西河公價重十鄉量
猶千頃以高人之略奉樂推之運建旟南楚百姓仰其仁明維翰東藩四嶽稱其
風德有事君之小心保析薪之重任克全名器其不優乎君經抱而孤三歲襲爵
徒稱服冕曾未勝衣母氏于夫人太傅燕安公之第二女也婉順柔閑有開邦媛
年在桃夭家迺陪鼎每遵不諒之言終守共姜之誓撫存念亡顧復弥切同從宅
之嚴訓弘大被之深慈故能岐嶷風成孝敬淳至雖云染習抑有天然未及三加
已通五典追荀孟之伏膺陋惠之誕放加以性若虛舟貌疑拱璧澄陂莫際連
城纔擬懸針垂露兼擅工奇體物緣情皆窮綺績至於指囷濟士拭席延賢不失
禮於賤貧無違言於然諾清談論坐亹亹泉流雅步來儀軒軒霞舉譽毛羽之鳳
鱗猶卉木之蘭桂唯器唯材學不可稱已起家謁者臺通直郎大業八年轉授員
外郎優遊無綜華事琴書有暇日陳是賞風月英俊並遊得其所好十一年遷河
堤使者輓渭浮河雖仍舊貫宣房瓠子時其攺作職脩民賴君實有焉逾牛之祟
方升廊廟夢豎為灾奄然萬里大業十二年三月十五日終於東都春秋卅有五
即以其年七月乙卯朔十八日壬申歸葬於京兆郡大興縣小陵原令問多能既
齊衡於往哲脩齡貴仕獨淺昧於斯人室有孀妻喪唯稚主琴臺寂漠已絕子期
之絃書池澂淡空思伯英之翰嗚呼哀哉友人史令卿道合斷金契同寄死撫孤
流慟羊將之淚無從望柩連渧元伯之文可想以為青松列樹或見薪蒭玄礎長
存宜旌珪璧遂託庸音銘之云尓
晉賢之裔漢室之甥家傳金紫世踐誠貞義安惟烈西河有聲負荷堂構復在高
明稱緜岐嶷髫丱夙成行履純粹質潤珪珩建侯服冕筮仕垂纓器為世寶望實
民英民英伊何進退可則因心達教自家形國未始程材方期輔德謂仁者壽天
道奚或昔辭戚里楊柳依依今歸玄霸親友相悲青松一別白日何期俾千秋與
萬古識無愧於斯詞

○五三　竇儼墓誌

隋大業十二年（六一六）七月十八日

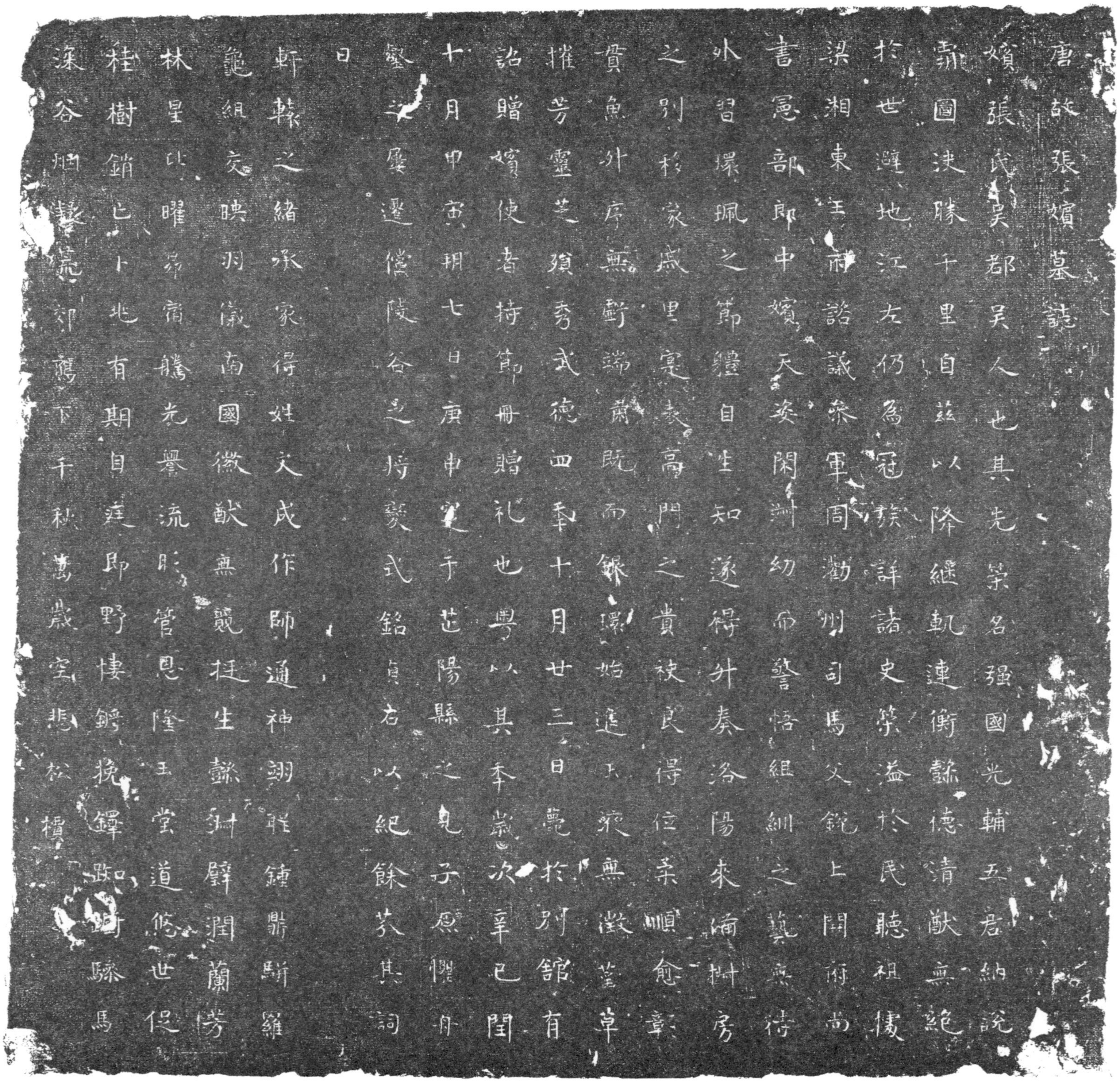
唐故張嬪墓誌
嬪張氏吳郡吳人也其先筞名强國光輔五君納説
鼎圖決勝千里自茲以降繼軌連衡懿德清猷無絶
於世避地江左仍為冠族詳諸史筞溢於民聽祖慺
梁湘東王府諮議參軍周勸州司馬父銳上開府尚
書憲部郎中嬪天姿閑淑幼而警悟組紃之藝無待
外習環珮之節體自生知遂得外奏洛陽來徧掖房
之別移家戚里寔表高門之貴被良得位柔順愈彰
貫魚外序無虧端肅既而銀環始進玉衆無徵萱草
摧芳靈芝殞秀武德四年十月廿三日薨於別館有
詔贈嬪使者持節冊贈礼也粤以其年歲次辛巳閏
十月甲寅朔七日庚申窆于芒陽縣之見子原懼舟
壑之屢遷陵谷之將變式銘貞石以紀餘芬其詞
日
軒轅之緒承家得姓文武作師通神翊聖鍾鼎斯羅
龜組交映羽儀南國徽猷無競挺生懿鈇辟潤蘭芳
林星比曜彩甯騰光譽流彤管思隆玉堂道悠世促
桂樹銷亡卜兆有期自茲即野悽鍔挽鐸踟躕驂馬
深谷烟凝荒郊鶴下千秋萬歲空悲松檟

〇五四　張嬪墓誌

唐武德四年（六二一）閏十月七日

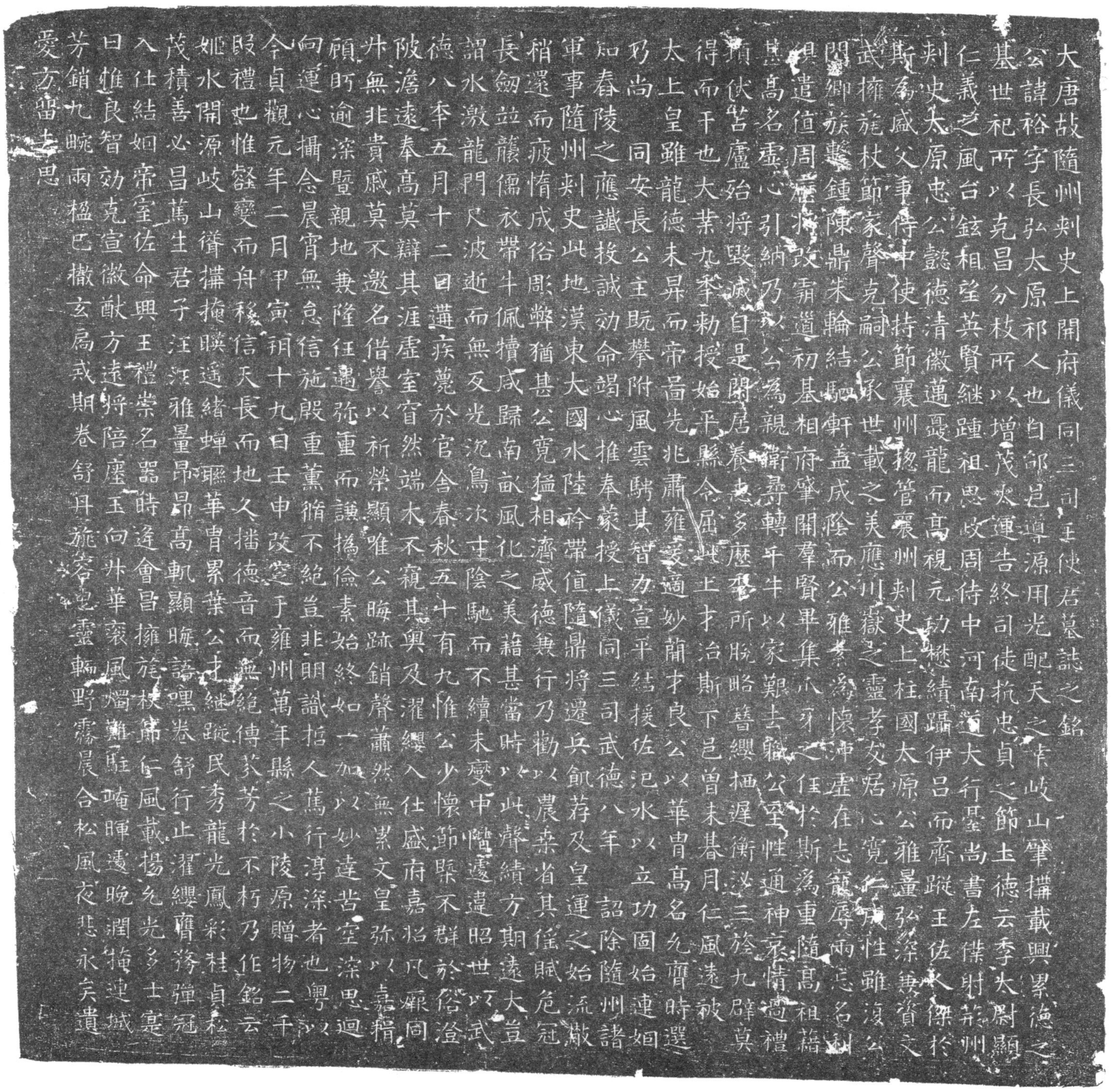
大唐故隨州刺史上開府儀同三司王使君墓誌之銘
公諱裕字長弘太原祁人也自邰邑導源用光配天之業岐山肇構載興累德之
基世祀所以克昌分枝所以增茂炎運告終司徒抗忠貞之節土德云季太尉顯
仁義之風台鉉相望英賢繼踵祖思政周侍中河南道大行臺尚書左僕射荊州
刺史太原忠公懿德清徽邁夔龍而高視元勳懋績躡伊呂而齊蹤王佐人傑於
斯爲盛父秉侍中使持節襄州總管襄州刺史上柱國太原公雅量弘深兼資文
武擁旄杖節家聲克嗣公承世載之美應川嶽之靈孝友居心寬仁成性雖復公
閔卿族鐘陳鼎朱輪結駟軒蓋成陰而公雅素爲懷沖虛在志寵辱兩忘名利
俱遺位周歷將改霸道初基相府肇開群賢畢集爪牙之任於斯爲重隨高祖藉
甚高名虛心引納乃以公爲親衛尋轉千牛以家難去職公至性通神哀情過禮
頻伏苫廬殆將毀滅自是閑居養志多歷年所脫略簪纓栖遲衡泌三旌九辟莫
得而干也大業九年勅授始平縣令屈此上才治斯下邑曾未朞月仁風遠被
太上皇雖龍德未昇而帝啚先兆肅雍爰適妙簡才良公以華冑高名允膺時選
乃尚　同安長公主既攀附風雲騁其智力宣平結援佐氾水以立功圖始建姻
知春陵之應讖投誠効命竭心推奉蒙授上儀同三司武德八年詔除隨州諸
軍事隨州刺史此地漢東大國水陸衿帶位隨鼎將還兵飢荐及皇運之始流撒
稍還而疲憎成俗彫弊猶甚公寬猛相濟威德兼行乃勸以農桑省其徭賦危冠
長劍竝蘊儒衣帶牛佩犢咸歸南畝風化之美籍甚當時以此聲績方期遠大豈
謂水激龍門尺波逝而無反光沉烏次寸陰馳而不續未變中臘遽違昭世以武
德八年五月十二日遘疾薨於官舍春秋五十有九惟公少懷節槩不群於俗澄
陂澹遠奉高莫辯其涯虛室窅然端木不窺其奧及濯纓入仕盛府嘉招風靡同
升無非貴戚莫不邀名借譽以祈榮顯唯公晦跡銷聲蕭然無累文皇弥以嘉精
顧眄逾深暨親地兼隆任遇弥重而讓撝倫素始終如一加以妙達苦空深思迴
向運心攝念晨宵無怠信施殷重薰脩不絕豈非明識哲人篤行淳深者也粵以
今貞觀元年二月甲寅朔十九日壬申改窆于雍州萬年縣之小陵原贈物二千
段禮也惟登變而舟移信天長而地久播德音而無絕傳英芳於不朽乃作銘云
姬水開源岐山肇構掩暎遙緒蟬聯華冑累葉公才繼蹤民秀龍光鳳彩桂貞松
茂積善必昌萬生君子汪汪雅量昂昂高軌顯晦語嘿卷舒行止濯纓齊務彈冠
入仕結姻帝室佐命興王禮崇名器時逢會昌擁旄杖節仁風載揚允光多士寔
曰惟良智効克宣徽猷方遠將陪塵玉向升華袞風燭難駐晦暉遽晚潤掩連城
芳銷九畹兩楹已撤玄扃或閉卷舒丹旐容曳靈輀野霧晨合松風夜悲永矣遺
愛方留去思

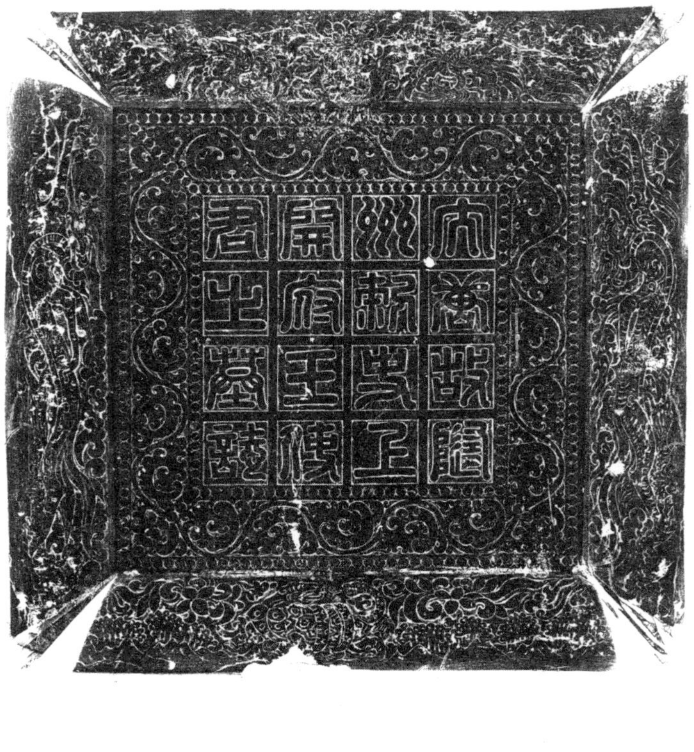

〇五五　王裕墓誌

唐貞觀元年（六二七）二月十九日

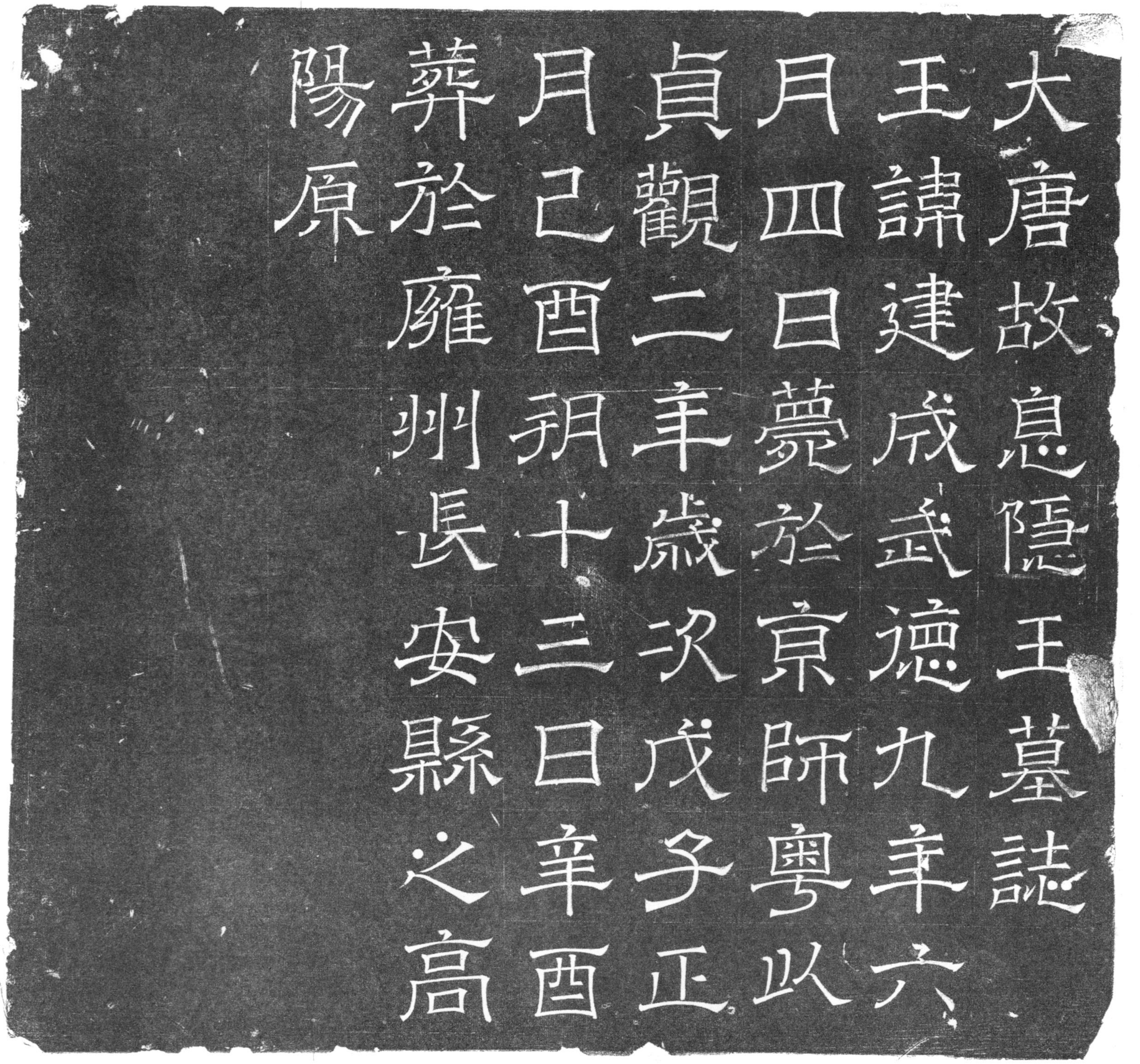
大唐故息隱王墓誌
王諱建成武德九年六
月四日薨於京師粵以
貞觀二年歲次戊子正
月己酉朔十三日辛酉
葬於雍州長安縣之高
陽原

大唐故
息王墓
誌之銘

〇五六　李建成墓誌

唐貞觀二年（六二八）正月十三日

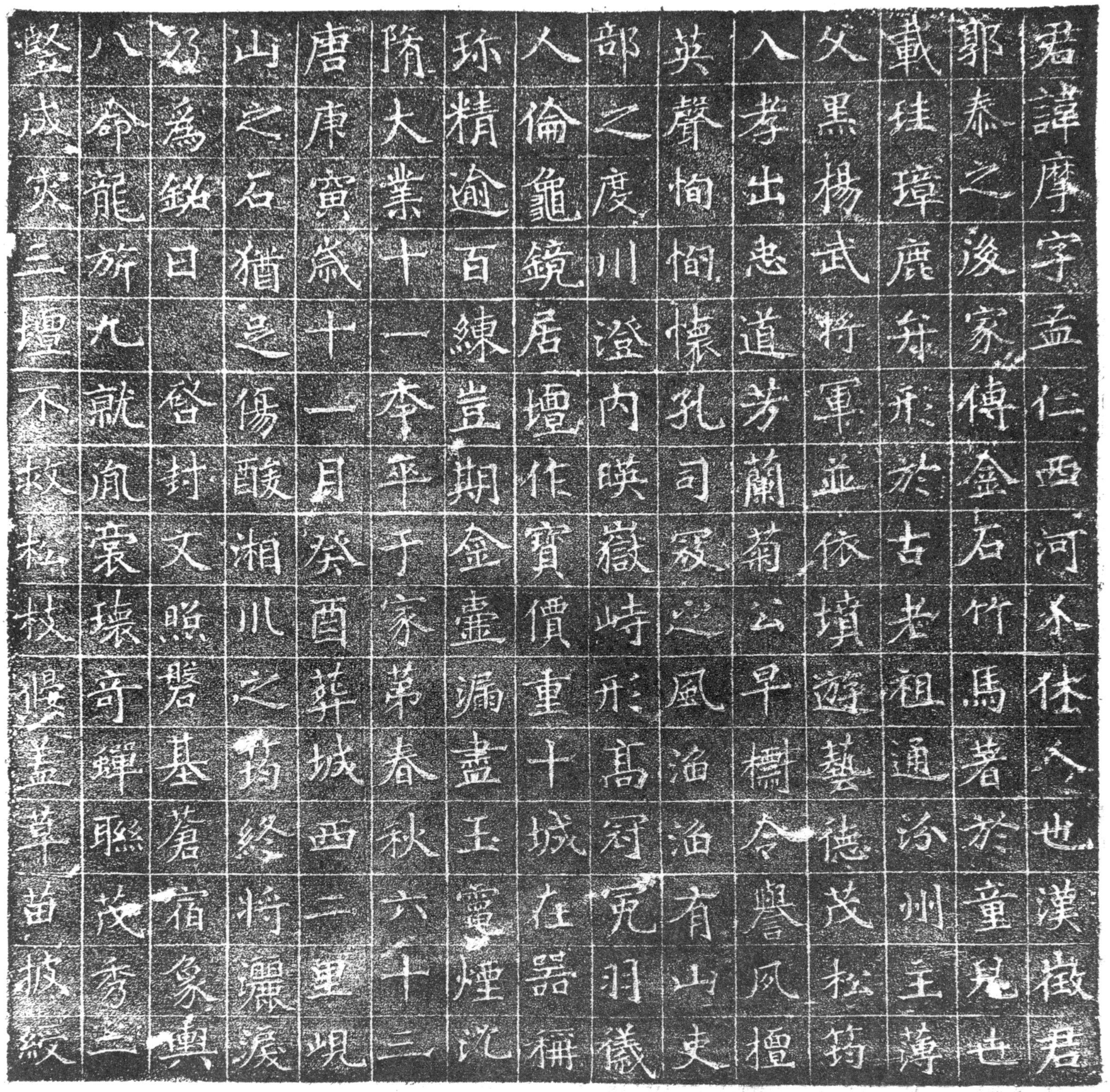
君諱摩字孟仁西河介休人也漢徵君
郭泰之後家傳金石竹馬著於童兒也
載珪璋鹿弁形於古老祖通汾州主簿
父黑揚武將軍並依墳遊藝德茂松筠
入孝出忠道芳蘭菊公早標令譽夙擅
英聲恂恂懷孔司寇之風洽洽有山吏
部之度川澄內暎嶽峙形高冠冕羽儀
人倫龜鏡居壇作寶價重十城在器稱
珎精逾百練豈期金壺漏盡玉靈煙沉
隋大業十一年卒于家第春秋六十三
唐庚寅歲十一月癸酉葬城西二里峴
山之石猶是傷酸湘川之筠終將灑淚
乃為銘曰　啓封文照磬基蓍宿象輿
八命龍旂九就鳳裳瓌奇鐸聯茂秀之
豎成災三壇不救松枝偃蓋草苗披綬

○五七　郭摩墓誌

唐貞觀四年（六三〇）十一月十二日

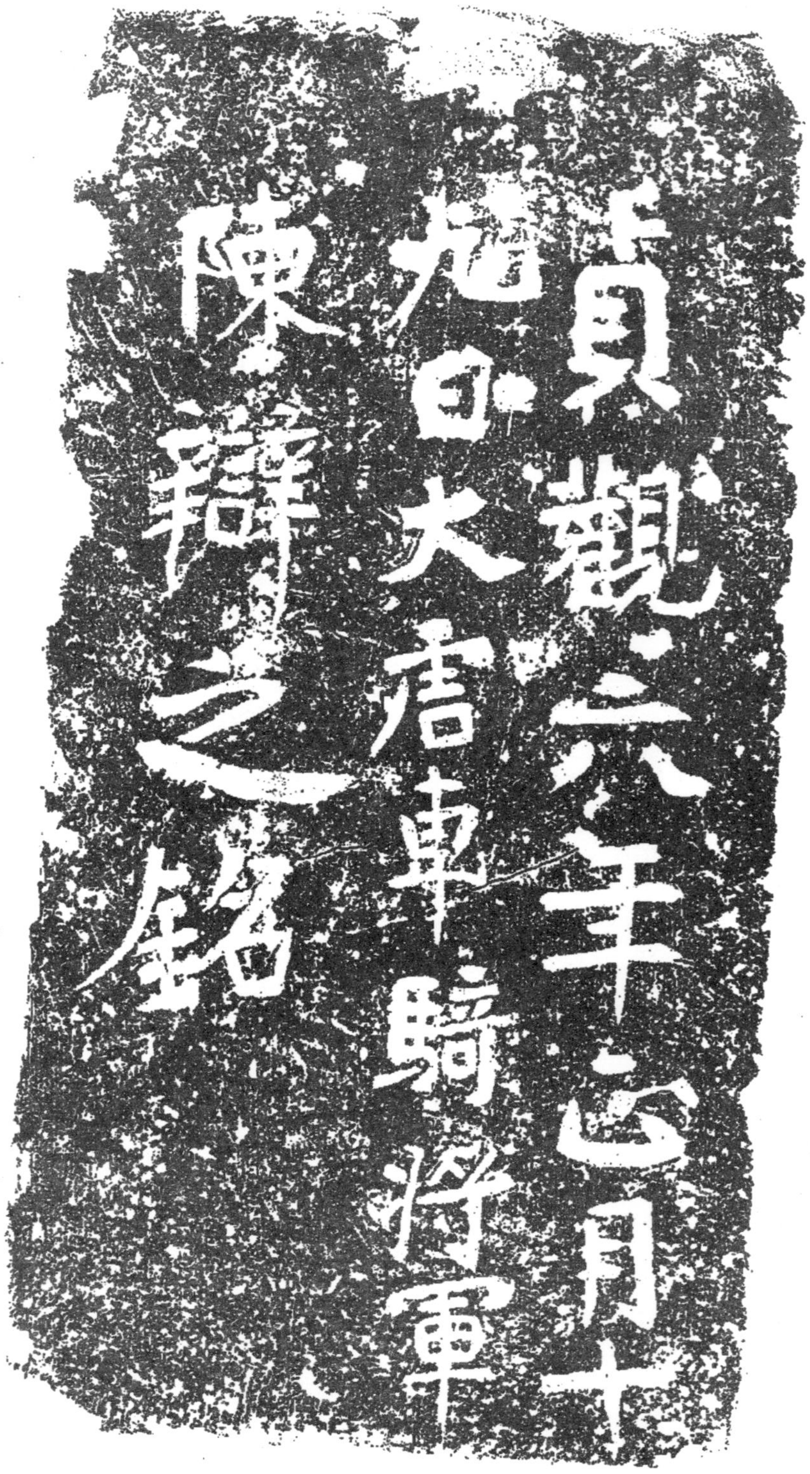
貞觀六年正月十
九日大唐車騎將軍
陳辯之銘

〇五八　陳辯墓誌

唐貞觀六年（六三二）正月十九日

隨故武賁郎將王君墓誌
公諱贇字□靜天水城紀人也將軍受脤鍾鼎銘功安國畫䖍山河勒誓況復司空
懿德藉甚竹林龍驤茂積謳謠星紀然則布濩前哲渙汙後昆靈根社葉有自來矣
曾祖仁魏大將軍疊州諸軍事疊州都督蘭香縣開國公伯寧持譽淮海方其搖戎
君久無代縣東同其旺土祖紹周使持節河州諸軍事河州刺史略陽郡開國公悖
陽兗讓倫類少卿荆衡致治踵武對子父綱隨驃騎將軍開府儀同三司襲爵蘭香
縣開國公去病暉煥異代同風玄成弈葉殊時共貫公莖柚嶰谷即有高質挺崐
山自然琬琰范宣幼志之歲六藝兼通仲舉棄筆之年七德允武鸞由基之繁弱落
鴈吟猨跳延壽之亭摟扶距投石既而風驚紫塞塵暗白羊擊鳴鏑於河南列穹廬
於北假公繞聞烽燧即憤雄圖始命偏裨便參戎律隨開皇十九年從尚書左僕射
越公楊素薄伐玁狁致果八陣隨將軍而臨瀚海卷撑千里從車騎而上燕然□領
帷幄功參介胄書勳王府其年授儀同三司若乃閑張攘袂之材孫吴鞠挨之述俱
未厭角威校窂籠廿年受右車騎將軍三春蘭茂既曰斯馨九皋鶴唳終聞於野大
業四年轉左衛道源府鷹揚郎將尋轉左武衛順政府鷹揚郎將熊羆搏噬勇逸孟
賁鵰年鷙擊義冠行父十一年授左衛武賁郎將仲躬之與文舉伯昭之與桓階以
此設官同彼公職況復上封削稾昔嗣張純遇直含毫曾參潘岳鷃冠旌德銀章表
容異御武之桓桓顯扞城之赳赳洎炎精不競區宇板蕩天綱失紐地綱絶維公推
轂八川任留四輔識三靈之改卜知九鼎而將遷猶抱葛瞻之誠牟士西蜀仍握威
洪之節終淪東郡大業十一年八月薨於方州春秋五十公猗猗勁竹鶴貞松不
落寒彫譓暄著茂貪泉彼酌與處默而連衡膺肺載處共君魚而方駕難節而去
三參伯起而慎四知譬此巖猷豈得同年而語矣有子文瘐使持節廓州諸軍事廓
州刺史少居方伯既有荀羨之姿冬治專城函邁鄉之譽六條彼寄難罄忠貞百
行居躬猶先孝德所以聞王裒之風什譬彼永懷想蓼韶之疇昔於焉改葬粵以貞
觀十四年庚子十月乙丑朔廿一日乙酉遷厝於雍州萬年縣東廿五里少陵原□
雨宮扶墉終成梓里千年見日牟遇滕侯庶百世之可知輿万古而無沫式鐫徽烈
用紀幽泉嗚呼哀哉乃為銘曰
安國佐漢將軍翼秦邦家既□社稷宗臣既銘鍾鼎永扇芳塵丘陵雖古遺烈猶新
鴻源浚流鄧林竦榦高枝必茂長波自遠渥洼驥騄嶰谷竹斷芝有龍媒非無鳳管
乃祖乃父或季或昆公侯之裔將相之門照曜珠玉芬馥蘭蓀君之社葉即此靈根
三略逰藝七德允武戎律貫發雄圖匡輔介鑮軏蹋銀章規矩亭伯莫歲亞夫哉緄
逝川弗息隟駟難留薤露一及宅夕千秋㘽向梓里慮屬滕侯勒銘泉壤用紀幽猷

○五九　王贇墓誌

唐貞觀十四年（六四〇）十月二十一日

大唐故武騎尉路君之墓誌銘
君諱通字子明陽平郡清淵人也帝嚳之元緒后稷之宿
苗晉孔農太守路勘之後勘以高才博達挺世英儒弈葉
相承遂居河南闕鄉之縣故又爲縣人焉齊徐州刺史路
崇即君之高祖也周渭毗郎將政即君之曾祖也隋
成安縣令善即君之祖也君生年孤敏少則仁賢長
者愛其神奇鄉閭美其篤行河上公之逸氣鬱尔盈襟柳
下惠之清風蕭然適俗公府弃辟朝廷累徵厚科尊名終
莫能屈及桑榆向晚蒲柳方秋委棄六紅綜求三學既而
井蘑垂露岸樹臨崖春秋八十有三奄卒于家夫人王氏
太原王信成之苗裔不幸尋亡粵以貞觀廿三年歲次己
酉十月壬申朔十四日乙酉室葬于闕鄉之郭南瞻荊岳
則新絶崇巒却背長河則高流懸瀉東望原隰路據臨高
西帶長川則逶迤淥沿唯其勝地孰逾兹乎孝三子文才
等居喪盡禮爰屬下才乃爲銘曰
猗歟路氏同本澄源百尋豈擬萬里清瀾其一高士挺生風
規秀上德被親鄰名昭鄉黨英華外逸沖玄内朗寵辱誰
論清虚自賞其二日既西夕川亦東窮舟航六度照燭三空
一心無異二諦斯融精靈將託身世長終其三夙昔風流生
平氣息一朝泉壤千年荊棘隴月收光松雲奄色悲酸行
路排徊罔極其四

〇六〇　路通墓誌

唐貞觀二十三年（六四九）十月十四日

〇六一 任衡墓誌

唐永徽三年（六五二）十月十三日

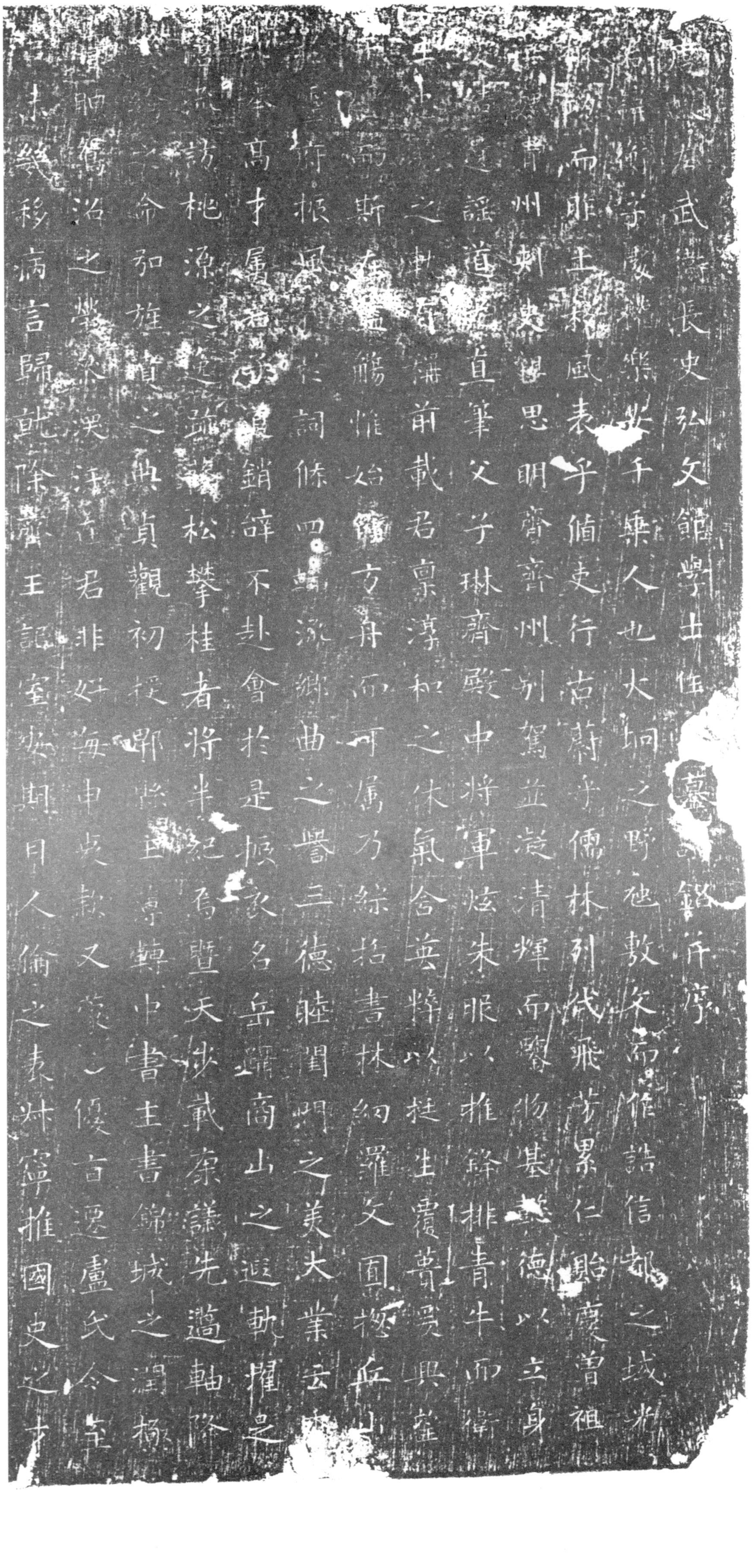

[illegible]武騎長史弘文館學士[illegible]墓誌銘并序
[illegible]字彥[illegible]樂安千乘人也大坰之野廸數文而作誥信都之城兆
[illegible]而非王[illegible]風表乎循吏行古蔚乎儒林列代飛芳累仁貽慶曾祖
[illegible]貴州刺史[illegible]思明齊齊州別駕並凝清輝而譽物基德以立身
[illegible]謠道直筆父子琳齊殿中將軍炫朱服以推鋒排青牛而衛
[illegible]之軌[illegible]備前載君稟淳和之休氣含英粹以挺生覆蕢興詮
[illegible]斯在[illegible]觴惟始[illegible]方舟而可屬乃綜括書林紉羅文圃撫兵[illegible]
[illegible]府根風[illegible]詞條四[illegible]流鄉曲之譽三德睦閨門之美大業云[illegible]
[illegible]高才屬[illegible]銷辭不赴會於是振衣名岳躡商山之遐軌擢是
[illegible]訪桃源之逸蹤[illegible]松攀桂者將半紀焉暨天步載康謙先遵軸降
[illegible]命弛旌賁之典貞觀初授鄂[illegible]丞尋轉中書主書錦城之潤極
[illegible]沿之榮[illegible]君非好海申[illegible]款又蒙[illegible]優旨遷盧氏令至
末幾移病言歸就除[illegible]王記室[illegible]期日人倫之表竹寧推國史之才

局部一

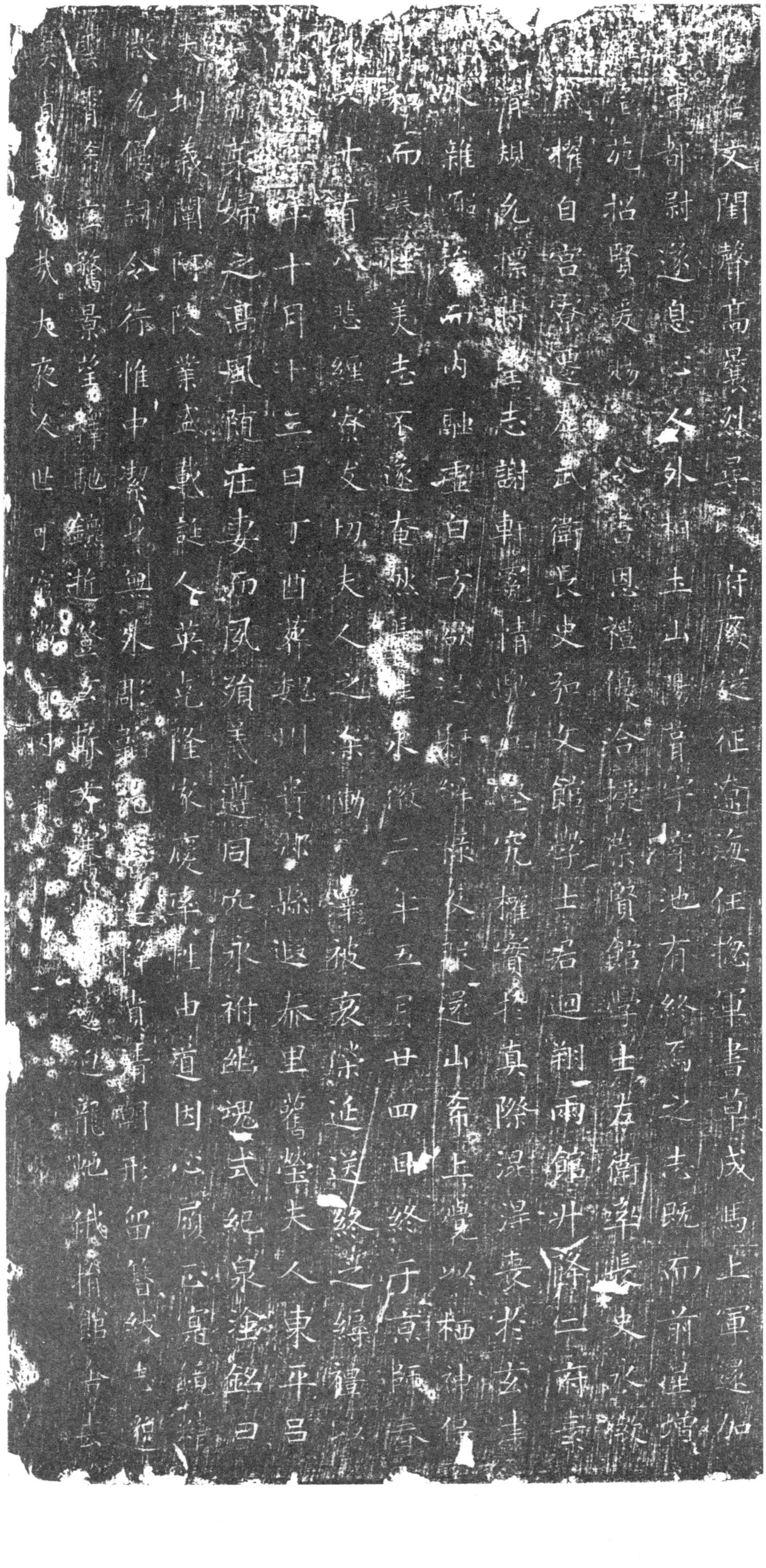
昭受聞聲高㬢烈景[illegible]府廢從征迴海任揔軍書草成馬上軍還加
東都尉遂息[illegible]令外相土山陽貴宅清池有終焉之志既而前[illegible][illegible]
[illegible]苑招賢爰錫令旨恩禮優洽擢崇賢館學士右衛率長史水嶽
[illegible]權自宮[illegible]遷左武衛長史弘文館學士君迴翔兩館升降二府素
清規允標時望志謝軒冕情[illegible][illegible]研究權實於真際混得喪於玄津
[illegible]雖[illegible][illegible]而內融靈白方欲[illegible][illegible][illegible][illegible]又[illegible]還山希上覺以栖神俱
[illegible]而[illegible][illegible]美志不遂奄然[illegible][illegible]永徽二年五月廿四日終于京師春
六十有八悲纏僚友切夫人之[illegible]慟[illegible]彈被哀榮延送終之縟禮以
[illegible][illegible]年十月十三日丁酉葬魏州貴鄉縣遊泰里舊塋夫人東平呂
[illegible][illegible]柔婦之德風隨莊妻而鳳殞義遵同穴永祔[illegible][illegible]式紀泉塗銘曰
夫坤義闡阿陵業盛載誕人英克隆家慶幸由道因心顧正寬績[illegible]
徵允優詞令行惟中潔身無求[illegible][illegible][illegible][illegible]貴請朝形留[illegible][illegible][illegible][illegible]
[illegible][illegible][illegible][illegible]鶯景[illegible][illegible]馳[illegible]逝[illegible][illegible]蘇[illegible][illegible][illegible]遊迎龍[illegible][illegible][illegible][illegible][illegible]
[illegible]貞[illegible][illegible]哉大夜[illegible]人世可[illegible][illegible][illegible][illegible][illegible][illegible]

局部二

〇六二　尹暢墓誌

唐永徽五年（六五四）十二月十九日

〇六三　王世静墓誌

唐永徽六年（六五五）二月二日

局部一

局部二

唐故席君墓誌銘并序
君諱伎字藝本京兆杜陵人也其先蓋系開源則
詳諸簡牘權輿鼎祚則功著總綱故得引褒英[illegible]
郡[illegible]方冊祖德周内史納言兼散騎常侍公以神
姿標舉練瓊樹以含風瑩質疑華時璧印而暎月
故得陪隨鵷鴛待問龍津教綸誥於鳳池記言事
松仙室父弘鄭城縣令政成化洽爲蔡階握育德
含和雅馴桑下公以良治之子不墜於八其裘[illegible]
荷析薪棠隆堂構以貞觀十八年補越王府執仗
陪神山岳聲韓風雲玉潤蔚蔡徠朗漢浦故得晨
趍碣館則見賦雎陽暮侍璽光則西園爲蓋俄而
輔仁有爽福善無徵西域之藥難逆雨楹之夢斯
及以顯慶元年六月十五日卒於私第春秋冊有
八即以其年十一月廿四日改葬相州西平原禮
也將恐舟移夜壑水變蒼山刊勒芳猷庶傳不朽
其詞曰　惟祖惟考聞國承家内脩仁義外發英
華鱗縱壑逸羽陵霞　[illegible]
[illegible]

〇六四　席伎墓誌

唐顯慶元年（六五六）十一月二十四日

〇六五　趙瓚墓誌

唐顯慶二年（六五七）十一月十二日

墓誌之銘并序

御受氏稱賜地之榮

性史箴聰之美有馥前絅大

蟬聰成範穎藻宣風言諸

王氏諱隆太原□之華貴也京邑更諸

昔奉義道夫人栢舟在京邑更諸詠

邊辭丹照無復長生之枕不遇詠之

一早驚恒化□長生之里不遇之

顯慶四年十月廿八日終於平康之里

王君松檟列於京北東郊龍首鄉同穴鳴呼哀

自同公敢緣斯範式歸同穴禮也

閏十月十二日叟啓舊塋葬芝禮也佳城鬱

王賜廣樂山藏寶日

綿人俣永嘉聲迤為銘曰

地京家冤為國此陰範嚬娜性四教聿三

初都儀公子資仁惟敬福善佳說偕老何數

有冷姬迤來風

桜扇詠來落嶂嵫壙空宿草林伍惟懷涼霜露淩

竹箭練帳霄懸罹歌晨度廷臺誤俺遊魂並鷺賓

鶯長辭鳳悲松路何代不離何人不故

此曰域

○六六　王隆夫人趙氏墓誌
唐顯慶四年（六五九）十月二十八日

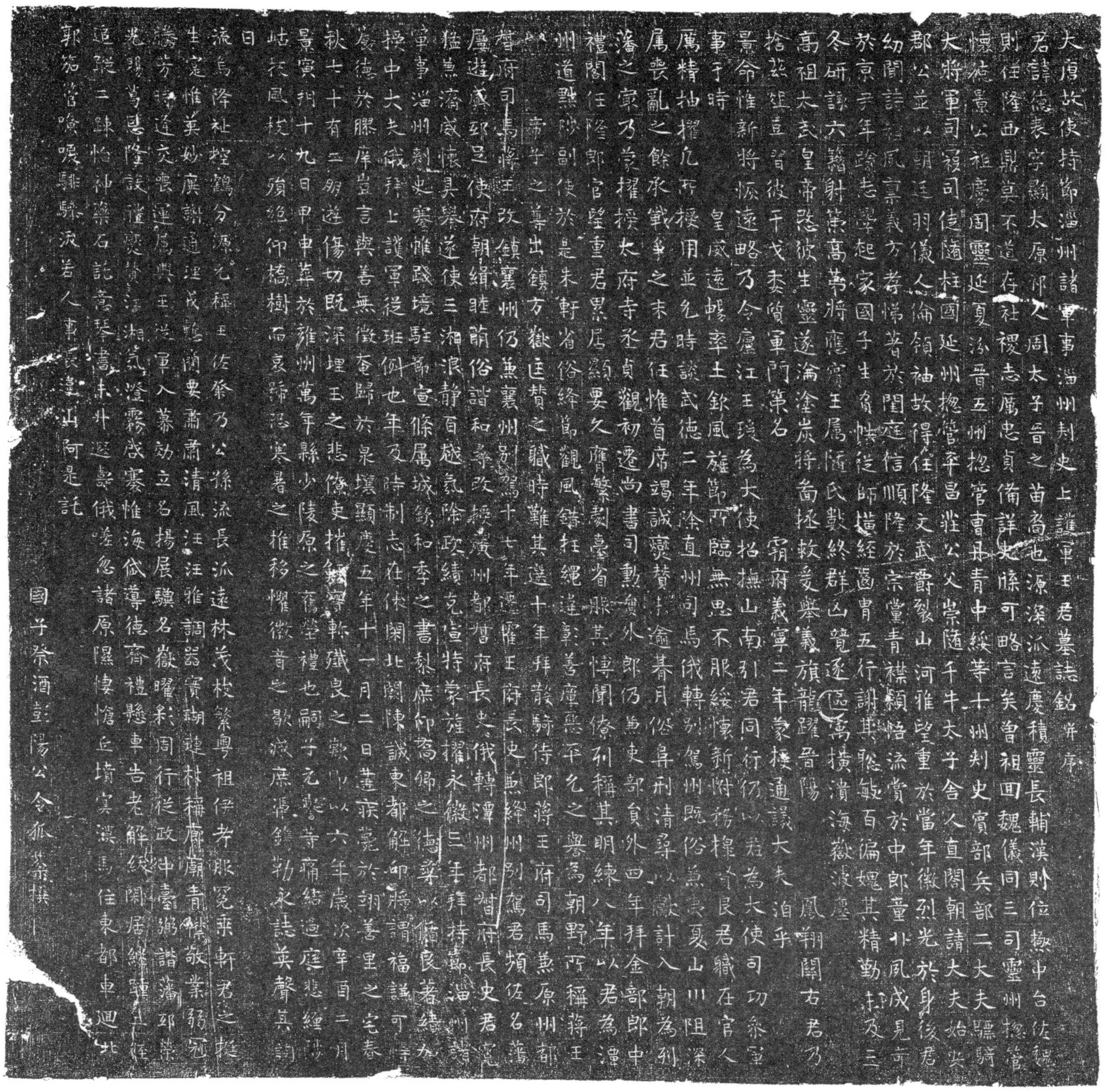

〇六七　王德表墓誌

唐顯慶六年（六六一）二月十九日

大唐故使持節淄州諸軍事淄州刺史上護軍王君墓誌銘并序
君諱德表字顯太原祁人周太子晉之苗裔也源深派遠慶積靈長輔漢則位擬中台佐魏
則任隆西鼎莫不道存社稷志厲忠貞備詳史牒可略言矣曾祖回魏儀同三司靈州揔管
懷德景公祖慶周靈延夏汾晉五州揔管曹丹青中綏等十州刺史賓部兵部二大夫驃騎
大將軍司祿司徒隨柱國延州揔管辛昌莊公父崇隨千牛太子舍人直閤朝請大夫始安
郡公並以朝廷羽儀人倫領袖故得任隆文武爵裂山河雅望重於當年徽烈光於身後君
幼聞詩禮風禀義方孝悌著於閨庭信順隆於宗黨青襟穎悟流賞於中郎童丱夙成見奇
於京尹年踰志學起家國子生負帙從師橫經函冑五行謝其聰敏百遍媿其精勤洎及三
冬研誦六籍射策高第將應賓王屬隨氏數終群凶競逐區寓橫潰海嶽波塵
高祖太武皇帝啓彼生靈遂淪塗炭將畬拯救爰舉義旗龍躍晉陽 鳳翔關右君乃
捨茲俎豆習彼干戈委質軍門策名霸府義寧二年蒙授通議大夫洎乎
景命惟新將恢遠略乃令廬江王瑗為大使招撫山南引君同行仍以君為大使司功參軍
事于時 皇威遠暢率土欽風旌節所臨無思不服綏懷新附務擇賢良君職在官人
厲精抽擢凡所授用並允時談武德二年除直州司馬俄轉別駕州既俗兼夷夏山川阻深
屬喪亂之餘承戰爭之末君任惟首席竭誠寮贊未逾朞月俗阜刑清尋以獻計入朝為刑
藩之家乃蒙擢授太府寺丞貞觀初遷尚書司勳員外郎仍兼吏部員外四年拜金部郎中
禮閣任隆郎官望重君累居顯要久歷繁劇臺省服其博聞僚列稱其明練八年以君為潭

局部一

[illegible]
州道黜陟副使於是朱軒肖俗絳節觀風錯枉繩違彰善癉惡平允之譽爲朝野所稱蔣王
帝子之尊出鎮方嶽匡贊之職時難其選十年拜散騎侍郎蔣王府司馬兼原州都
督府司馬蔣王改鎮襄州仍兼襄州別駕十七年遷曜王府長史兼絳州別駕君頻佐名藩
屢遊蕃邸且使府朝緝睦萌俗諧和尋改授廣州都督府長史俄轉潭州都督府長史君寬
猛兼濟威懷具舉遂使三湘浪靜百越氛除政績克宣特蒙旌擢永徽三年拜持節淄州諸
軍事淄州刺史褰帷戢境駐節宣條屬城欽和季之書黎庶仰喬卿之德尋以循良著績加
授中大夫俄拜上護軍從班例也年及時制志在休閑北闕陳誠東都解印將謂福謙可恃
蔓德於滕庠豈言與善無徵奄歸於泉壤顯慶五年十一月二日薨於翊善里之宅春
秋七十有二朋遊傷切既深埋玉之悲僚吏摧[illegible]齊軫殲良之歎即以六年歲次辛酉二月
景寅朔十九日甲申葬於雍州萬年縣少陵原之舊塋禮也嗣子元謦等痛結過庭悲纏陟
岵枝風枝以殞絕仰橋樹而哀號感寒暑之推移懼徽音之歇滅庶憑鐫勒永誌英聲其詞
日
流島降祉控鶴分源允稱王佐參乃公孫流長派遠林茂枝繁粵祖伊考䀌冕乘軒君之挺
生寔惟英妙廣謝通達成懿簡要肅肅清風汪汪雅調器實瑚璉材稱廊廟青襟敬業弱冠
騰芳時逢交喪運屬興王從軍入幕効立名揚展驥名嶽曜彩周行從政中臺鄉諸藩邸榮
光賜葛恩隆設醴處贊江湘氛澄霧啟褰帷海岱導德齊禮懸車告老解紱閑居繼踵上往
追蹤二疏怡神藥石託意琴書未升遐壽俄嗟忽諸原隰悽愴丘墳寘漠馬住東都東迴北
郭笳管嗚咽騑驂淚若人事長違山阿是託

國子祭酒彭陽公令狐棻撰

〇六八　張通墓誌

唐龍朔元年（六六一）七月十三日

○六九　任緒墓誌

唐龍朔二年（六六二）十一月十七日

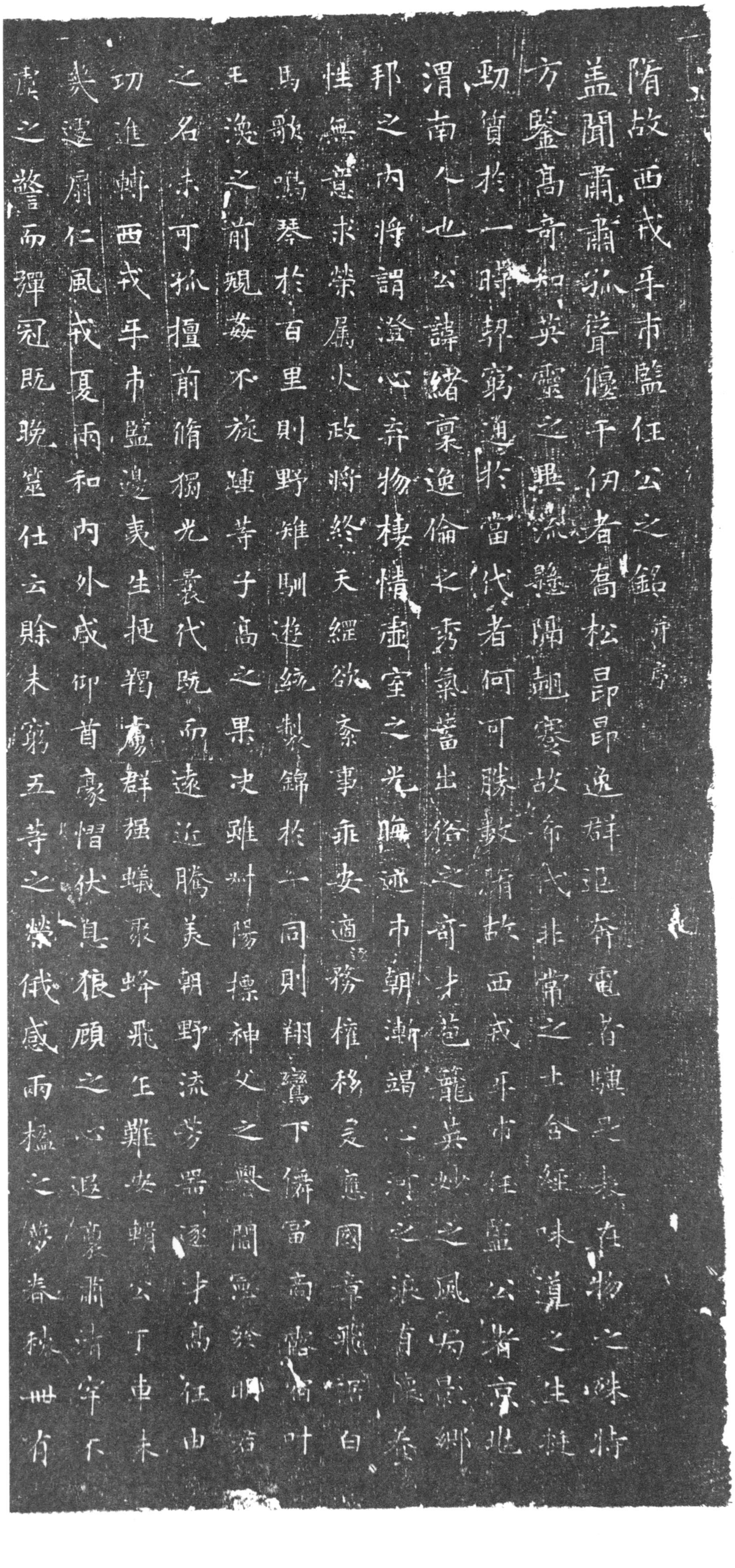

隋故西戎互市監任公之銘并序
蓋聞肅肅孤貞優于伊耆喬松昂昂逸群追奔電首驥足表在物之殊將
方鑒高奇知英靈之興流懸隔趣寒故命代非常之士含經味道之生挺
勁質於一時契窮通於當代者何可勝數隋故西戎互市任監公者京兆
渭南人也公諱緒稟逸倫之秀氣蓄出俗之奇才苞龍英妙之風爲鼎鄉
邦之內將謂澄心弃物棲情虛室之光晦迹市朝漸竭□河之派自德卷
性無意求榮屬以政將終天經欲忝事乖安適務逐權移爰應國章飛詔白
馬歌鳴琴於百里則野雉馴遊統製錦於一同則翔鸞下儛當高嶺衡叶
王渙之前規姦不旋踵等子高之果決雖封陽標神父之譽閒無幾明哲
之名未可孤擅前脩獨光曩代既而遠近騰美朝野流芳器逐才高任由
功進轉西戎互市監邊夷生捶羯虜群猛蟻聚蜂飛王難安輯公丁車未
幾邊扇仁風戎夏雨和內外咸仰首豪帽伏息狼顧之心遐懷肅清守不
虔之譽而彈冠既晚筮仕云賒未窮五等之榮俄感兩楹之夢春秋卌有

局部一

九以武德二年正月十四日寢疾薨於私第即以其月十九日殯於渭南
莊所負直春者不相實亦悲感鄉邦惟幽贊邦玄門早弘道性植善根於
當代流慶進乎華胤第二子雅相凜星河之異氣含嶽瀆之奇精叶陰緼
不羈之才特挺蓄逸群之量故得佐時　聖代耀質　明君壇梯丁
儔股肱攸寄或從容　紫禁飛裾任八座之際或發號遐荒載鵝預六
軍之重自餘奇功異德國史詳焉追遠之情自心而則至風樹之感旅久
而逾切思欲起使房於已毀啓神柩於黃腸更廣靈轜以申榮顯須以遵
隨尚梗三韓未清應受脤之隆當出閫之重而　廟謀未發膏肓已兆
俩兒落寀方漸弥留遠志屈於頹齡孝道淪於天命弟雅順痛追遠之語
永積身心念平生之說言猶在耳取占神蔡啓亡考之靈爰及先妣撫
窀穸以大唐龍朔二年十一月十七日遷厝于舊殯所嗚呼哀哉乃為銘
日
清濁爰啓乾巛永固人生浮促頹齡難駐寒暑循環日月馳騖銜恨没命
古今億數華代俱歸顯晦同趍難拒夕流易晞朝露父側白駒子悲風樹
蕭瑟松墳蒼芒埏隧念華堂之尚新恨泉門之已閉嗚呼哀哉

局部二

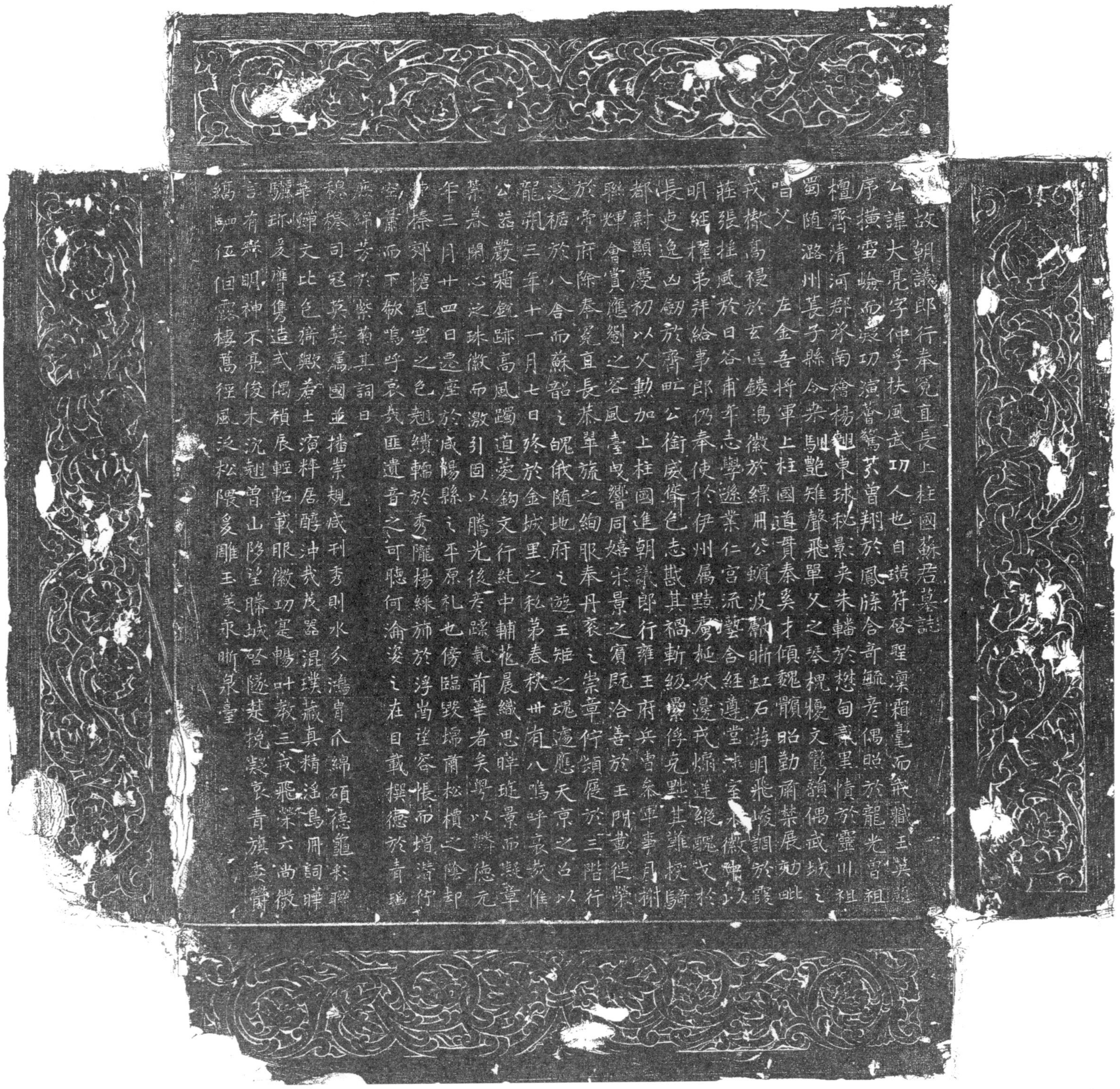

〇七〇 蘇大亮墓誌

唐麟德元年（六六四）三月二十四日

故朝議郎行奉冕直長上柱國蘇君墓誌
公諱大亮字仲孚扶風武功人也自璜符啓聖瀍霜毫而戩蠲王英經
厚擯雲嶮而凝功演蕃鶖芺曾翔於鳳篠含奇毓彥偶照於龍光曾祖
檀齊清河郡丞南檜楊翹東球秘影夾朱幡於懋甸䖍里憤於靈川祖
蜀隨潞州長子縣令栾驅艷雉聲飛單父之琴梘樓文鶯韻偶武城之
唱父　左金吾將軍上柱國道貫秦奚才傾魏顗昭勤爾禁展効毗
我擻高禝於玄區鏤鴻徽於縹冊公鏑波獻晰缸石游明飛峻調於霞
莊張㨖風於日谷甫年志學遊業仁宮流藝含經遵堂詠室不徽弄以
明經擢第拜給事郎仍奉使於伊州屬黠虜梃妖邊戎熸逆綏醜戈於
長吏逸凶劒於齊畍公衛威奮色志戡其禍斬級纍俘克黜其難授騎
都尉顯慶初以父勳加上柱國進朝議郎行雍王府兵曹參軍事月榭
聯輝會賞應劉之客風臺曳響同嬉宋景之賓既洽善於王門載徙榮
於帝府除奉冕直長恭犖旒之絢服奉丹衮之崇章佇頌歷於三階行
之禍於八舍而蘇韶之魄俄隨地府之遊王矩之魂遽應天京之召以
龍朔三年十一月七日終於金城里之私第春秋卌有八嗚呼哀哉惟
公器嚴霜鍛跡高風蹈道菱鈎文行純中輔花晨織思暐斑景而凝章
崇懸開心之珠徵而激引固以騰光後彥躁氣前華者矣粵以麟德元
年三月廿四日還座於咸陽縣之平原禮也傍臨毀墉帶松櫝之陰卻
帶樣郊愴風雲之色翹續轎於秀隴楊緑旆於浮嵩望容帳而增潸佇
窆蕭而下欷嗚呼哀哉匪遺音之可聽何淪姿之在目載撰德於青瑤
庶緝芳於紫菊其詞曰
穆穆司冠英英屬國並播崇規咸刊秀則水分鴻胄介綿碩德龜彩聯
華蟬文比色猗歟蒼土演粹居醇沖哉茂器混璞藏真精遙鳥冊詞曄
驪珠爰膺雋造式偶禎辰輕軺載服徽功寔暢叶教三義飛榮六尚徽
言有禜明神不亮俊木沈翹曾山陊望滕城啓隧楚挽凝哀青旗委鬱
縞驷伍佪靈樓蔦徑風泛松隈爰雕玉篆永晰泉臺

局部

〇七一　劉德墓誌

唐麟德元年（六六四）十一月十六日

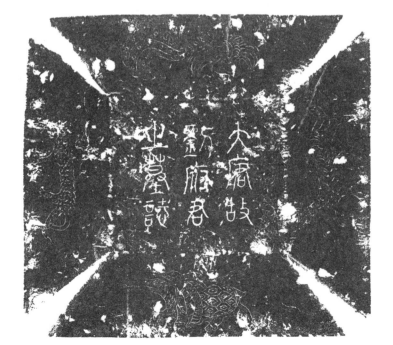

〇七二　韋整墓誌
唐麟德二年（六六五）二月十日

大唐故司稼正卿韋公墓誌之銘并序

公諱鑾，字思齊，京兆杜陵人也。聞夫電影開祥，軒丘資其華搆；霓光發祉，若水導其昌瀾。豎

乎商郊，鍚壤襲黼衣而動映；漢相全經，蘊金籯而振業。分珪列鼎之盛，華纓纍組之榮，故已

播藹神識，綸綸帝輔，可得而略也。曾祖孝寬，魏尚書右僕射、周大將軍、大司空、雍州牧、太傅、

上柱國、鄖國公，食邑一万戶，謚曰襄公。祖摠，周開府儀同三司、大將軍、御伯、納言、京兆尹、上

柱國、河南郡開國公，謚曰貞公。並器隆時棟，位極朝班，或寬輔攸資，得元宰於槐路；或循良

是寄，膺盛尹於杉京。父迮伯，隨尚衣奉御，襲爵鄖國公，真食江夏封三千戶，又改封舒國公，

食封如故，謚曰懿公。崇班縟賦，禮重於當年；大行循名，聲流於奕代。公中南蘊秀，翠巘降其

英靈；大液潛禎，璜川薦其淑氣。清襟已肅，寫風韻於嵇松；貞節不渝，擬霜筠於晉箭。起家蔭

秘書郎，又遷魏王屬，尋除諮議參軍，又除蒲州長史，尋轉定州司馬，兼檢校恒州長史，俄徵

為太僕少卿，又除將作少匠，之轉內府少監，檢校司農少卿，又遷太府少卿，兼檢校尚書右

丞。大泉之府，地切於珍藏；右轄之任，道峻於仙臺。公體妙具才，寄隆兼務，故能下梧河海，止

霄台辰。至龍朔元年丁憂去職，甫沉苦蒸，未草槐檀，爰紓泣行之

詔，載僯有為之典，奪情拜外府少卿，又除司稼正卿。公愍迻　宸綍，歷登卿寺，金穀爰

司，揚歲述而靡及；紅庾斯積，姮頌論而不窮。方期仙閣陪禮，介餘休於景福；誰謂天京夢樂，

奄貞魂於冥區。以麟德二年正月十九日薨于永寧里之私第，春秋六十有三。惟公倜忠清，

孝道極於君親；循身踐言，譽宣於邦族。況乎秉操貞白，寓懷沖素，雖積潤高門，承榮胂室，而

粵自紈綺，爰逮簪裾，外無交馬之娛，內靡姮姜之欲，斯所謂鎮靜流俗、標榜彝倫者焉。而神

聽方冥，莫驗於純嘏；靈心已酷，徒傷於殄悴。嗚呼哀哉！夫人京兆杜氏，即尉太將軍、河內太

□豐鄉公徽之孫

局部一

皇朝御史大夫吏部尚書安吉襄公淹之女靈系攸開嚴𡈽分其茂緒慶源斯發沉石演其
層泒仙姿含麗臨蕣景而分妍淑問流芳掩蘋風而薦馥自言歸台室作儷宗宮道茂閨儀
聲華緩則瑶琴方奏叶飛鳳以和鏘寳鏡纔空与祥鸞而咸彩貞觀十一年八月廿三日薨
于京第于時春秋卌有一即以其年十月窆於少陵原之舊塋長子陝州芮城令絅次子周
王府參軍紀集蓼縕悲匪莪凝慕遐遵之訓歸厝是而不追從宅之懿即玄壤而何及爰謀
嘉兆式建高封乃以麟德二年歲次乙丑二月癸酉朔十日壬午合葬于神和原之新城禮
也將恐鼇峯稀峻鯨壑驚埃圖令範於銘典誌遺芳於穸臺銘曰
啇丘靈趾姮澄逸源靈枝已蔚神萼攸繁忝差丹衮照灼瑶軒慶隆冠族榮高鼎門其一家祉
斯迩朝英秀出早茂聲采夙騰賓齊月艷瓊篇雲驚綠筆熟紆縟禮累居棠袟其二驚川不息
飛谷俄頹奄辭棘路方愴松扃悼深
宸扆粮切簪纓寵兼今昔禮洽哀榮其三流鐸驚晨繁笳咽路指飛旐而委欝儼悲驂而顧慕
顯寞色於孚燕落嚴飆於窀樹恐佳城之或啓庶他山之可固其四
後夫人博陵崔氏
皇朝汾州刺史泰賢之女以同窆此塋

局部二

〇七三　王府君夫人辛媛墓誌

唐總章元年（六六八）十月十九日

〇七四　王思泰墓誌

唐總章二年（六六九）十一月二十七日

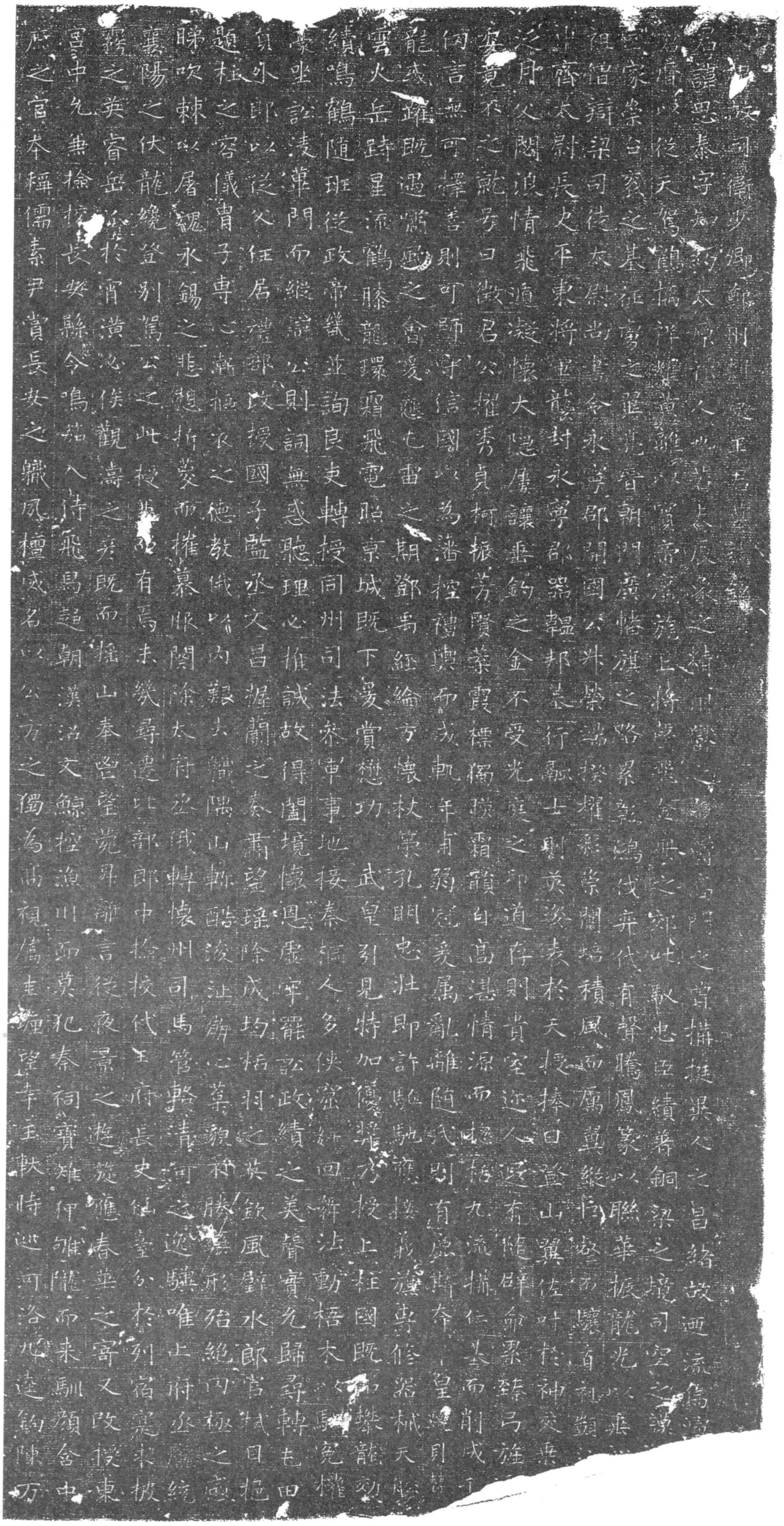

故司衛少卿鄧州刺史王君墓誌銘
君諱思泰字知紉太原祁人也若夫辰象之精山嶽之[illegible]門之胄搢挺異人之昌緒故西流爲滄
[illegible]僧以從天駕鶴搖抃雙龍[illegible]以賞帝[illegible]旌上將[illegible]飛[illegible]世之郊叱馭忠臣績著銅梁之境司空之號
[illegible]家榮台衮之基征虜之望光晉朝門廣幡旗之路纍乾鴝伐弁代有聲騰鳳篆以聯華振龍光以垂
祖紹齊梁司徒太尉尚書令永寧郡開國公共榮端揆擢彩棠闈培積風而厲翼縱[illegible]而驤首[illegible]
父齊太尉長史平東將軍襲封永寧郡器韞邦基行融士則英猷表於天授捧日登山翼佐叶於神交[illegible]
之月父閎浪情悲遁凝懷大隱屢讓垂釣之金不受光庭之印道存則貴室迩人遐有隨辟命累辭弓旌
[illegible]竟不之就號曰徵君公擢秀貞柯振芳賢葉霞標獨掞霜韻自高湛情源而挹九流掄仁基而削成
[illegible]言無可擇善則可師守信國以為藩控禮典而成軌年甫弱冠爰屬亂離隨[illegible]則有慮斯存皇運[illegible]
龍[illegible]躍既遇嘯[illegible]之會爰應屯雷之期鄧禹經綸方懷杖策孔明忠壯即許驅馳[illegible]接義旗奇修器械天[illegible]
雲火岳跱星流鶴膝龍環霜飛電貽京城既下爰賞懋功武皇引見特加優獎乃授上柱國既[illegible]而攀龍[illegible]
續鳴鶴隨班從政帝[illegible]並詢良吏轉授同州司法參軍事地接秦樞人多俠窟[illegible]回[illegible]法動梧木[illegible]寬權
[illegible]坐訟遠漢門而縱辯公則詞無惑聽理必推誠故得闔境懷恩處[illegible]罷訟政績之美聲實允歸尋轉屯田
員外郎以從父任居禮部改授國子監丞文昌握蘭之秀肅望瑤除成均栝羽之英欽風辭水郎官拭目挹
題柱之容儀胄子專心[illegible]衣之德教儀以內艱去職陽山輔酷後[illegible]心[illegible]貌[illegible]勝[illegible]形殆絕四極之感
睇吹棘以屠魏永錫之悲想折蓼而摧慕服闋除太府丞俄轉懷州司馬管轄清河之逆驥唯上府丞統
襄陽之伏龍繞登別駕公之此授[illegible]有為未幾尋遷比部郎中檢校代王府長史俄臺分於列宿蹇来披
霧之英睿岳[illegible]於渭濱泌侯觀濤之[illegible]既而搖山奉邑望苑升華言從夜景之遊旋應春華之寄又改授東
宮中允無檢校長安縣令鳴笳入侍飛舄趍朝漢治文鯨控漁川而莫犯秦祠寶雉仰[illegible]隴而來馴顏含中
府之官本稱儒素尹賞長安之職夙擅威名以公方之獨為高視[illegible]望[illegible]軼時巡河洛九逵鉤陳乃

局部一

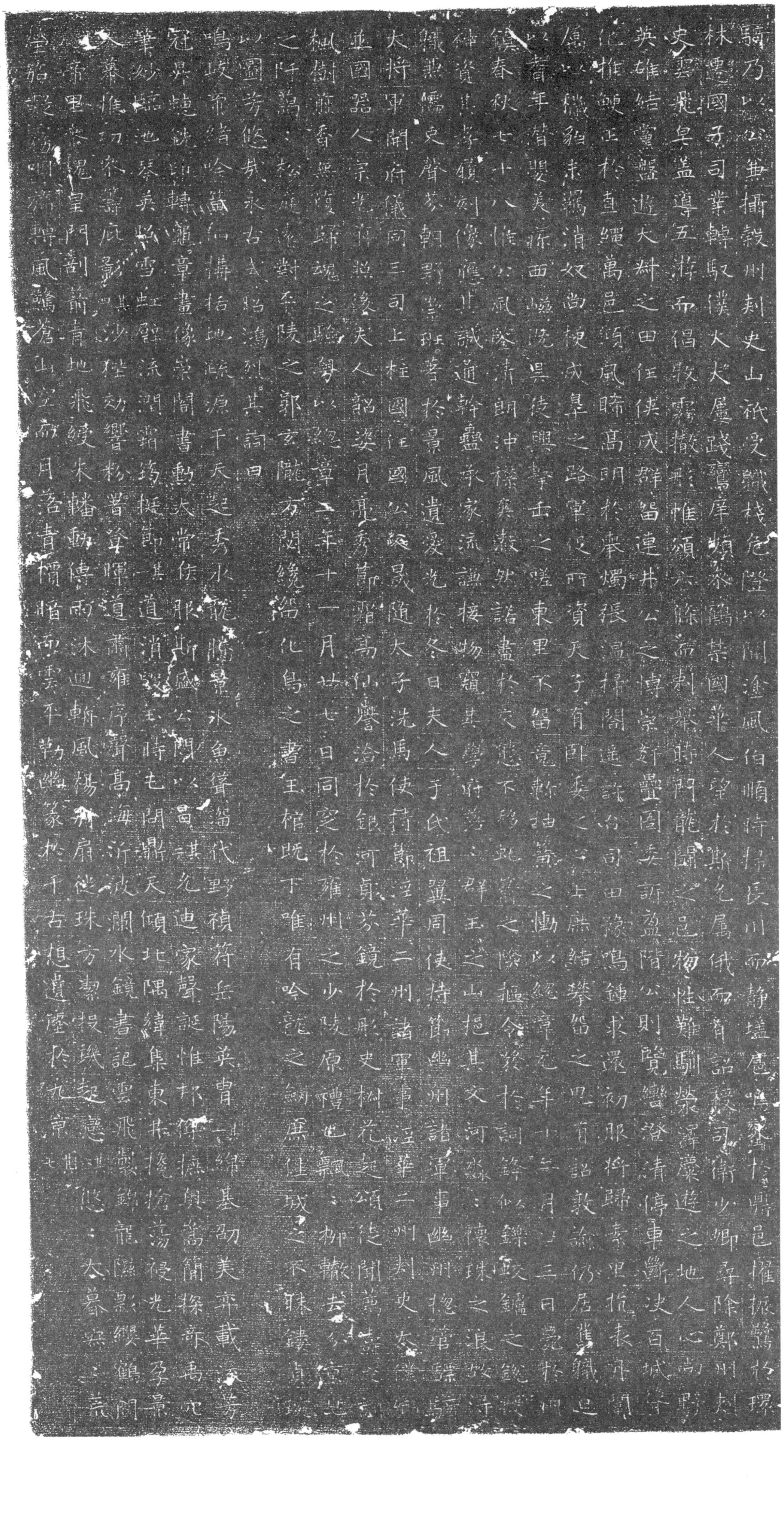

局部二

○七四　王思泰墓誌

驍乃以公兼攝穀州刺史山祇受職棧危隥以開途風伯順時掃長川而靜壒虛鳴鑾於鼎邑權振鷺於環
林遷國子司業轉馭僕大夫屢踐鷹庠頻參鶴禁國華人望於斯允屬俄而有詔授司衛少卿尋除鄭州刺
史雲飛皂蓋導五游而偈敬霧撤彤帷須六條而刺舉時鬥龍闘之邑物性難馴滎澤蘩遊之地人心尚野
英雄結黨盤遊大射之田任俠成群留連井公之博崇好豐圉姦訴盈階公則覽轡澄清停車斷決百城佇
化推鯁正於直繩萬邑頌風暉高明於秉燭張溫掃閤遂訴於司田豫鳴鍾求還初服將歸素里抗表丹闈
悳以纖紛未靄消奴尚梗成皐之路軍食所資天子有所委之上燕結攀留之四有詔敦諭仍居舊職但
以耆年耆嬰羑疾西巖既異徒興擊缶之嗟東里不留竟軫抽簪之慟以總章元年十一月二日薨於州
鎮春秋七十八惟公風鑒清朗沖襟爽澈然諾盡於交態不移然節之險撫令終於詞鋒似鍊敢鐔之鋒
偉資其孝操刻像應其誠道幹蠱承家流謙接物窺其學府落落群王之山挹其文河淼淼懷珠之浪波詩
隸熟儒史聲芬朝野聲班著於景風遺愛光於冬日夫人于氏祖巽周使持節幽州諸軍事幽州總管驃騎
大將軍開府儀同三司上柱國任國公縱晟隨太子洗馬使持節涇華二州諸軍事涇華二州刺史太常
並國器人宗光輝於後夫人韶姿月亮秀節霜高仙譽洽於銀河貞芬鏡於彤史樹花起頌徙開萬蓋之
楓樹前香無復歸魂之驗粵以總章二年十一月廿七日同窆於雍州之少陵原禮也飄飄柳轍去
之阡藹藹松庭永對平陵之郭玄隴方閟繞鶴化鳥之書玉棺既下唯有吟龍之劍庶佳城之不昧鐫貞琰
以圖芳悠哉永古式昭鴻烈其詞曰
鳴岐帝緒吟篇仙構括地疏源干天起秀水龍騰景冰魚聲溜代野稽符岳陽英胄其一締基劭美弈載流芳
冠冕蟬聯鉶轎章畫像象閣書勳太常佐那斯盛公門以昌其二允迪家聲誕惟邦傑撫興萬簡操部禹亢
筆紗臨池琴奏駐雪虹壁流潤霜鋒挺節其三道消毀玉時屯鬪鼎天傾北隅緯集東井攙搶蕩祲光華孕景
入幕推功來籌底影其四沙洼効響粉署登暉道蕭雍序爵高海沂波瀾水鏡書記雲飛獻歸龍隱影纓鶴聞
帝里參貔皇門剖節青地飛綏朱轓動傳雨沐迴斬風揚舟扇徙珠方絜投幾起戀其六悠悠太暮無無荒
堂始從鄧明辨風驚蒼山空嶽月落青櫃暗而雲平勒幽篆於千古想遺塵於九京其七

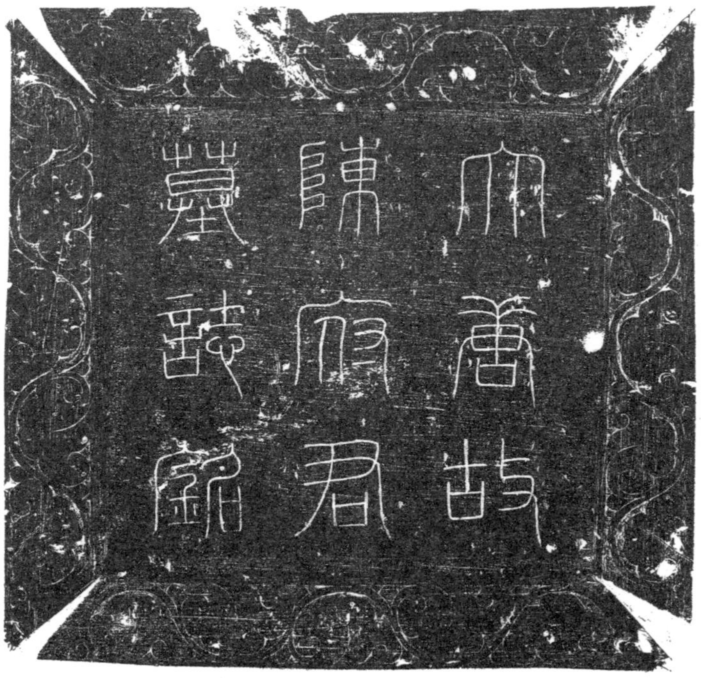

〇七五　陳沖墓誌

唐咸亨元年（六七〇）十一月二十一日

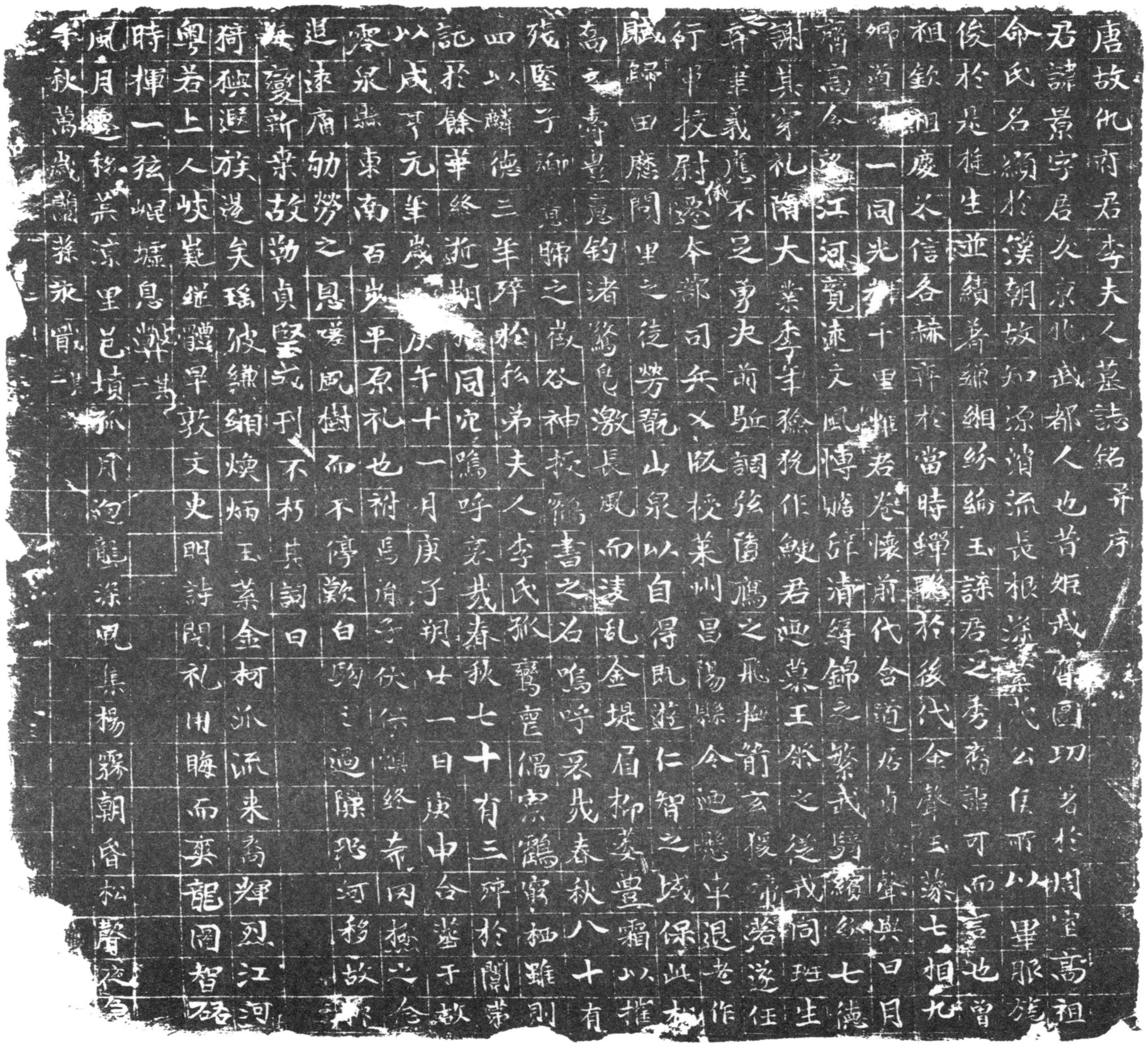
唐故仇府君李夫人墓誌銘并序

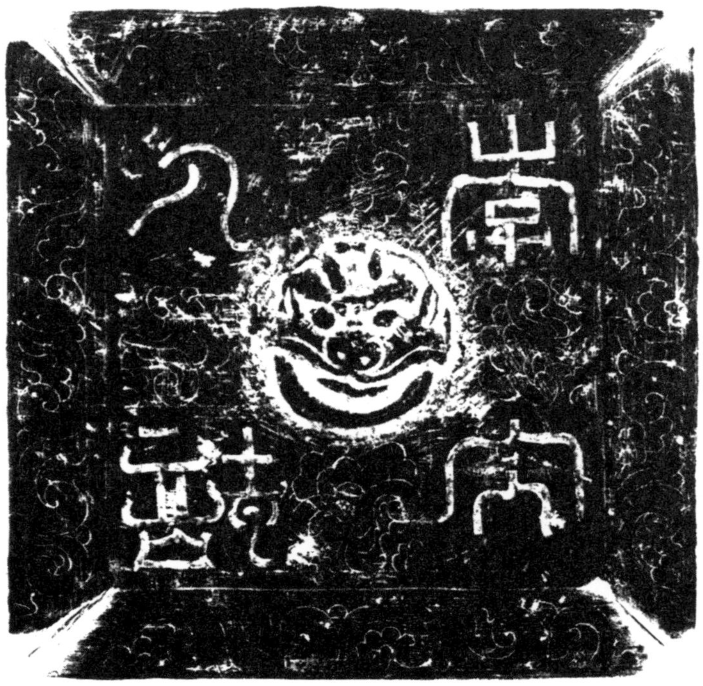

〇七六　仇景及妻李夫人墓誌

唐咸亨元年（六七〇）十一月二十一日

大唐故高處士董夫人墓誌銘

〇七七　高處士夫人董貴墓誌

唐咸亨三年（六七二）五月二十九日

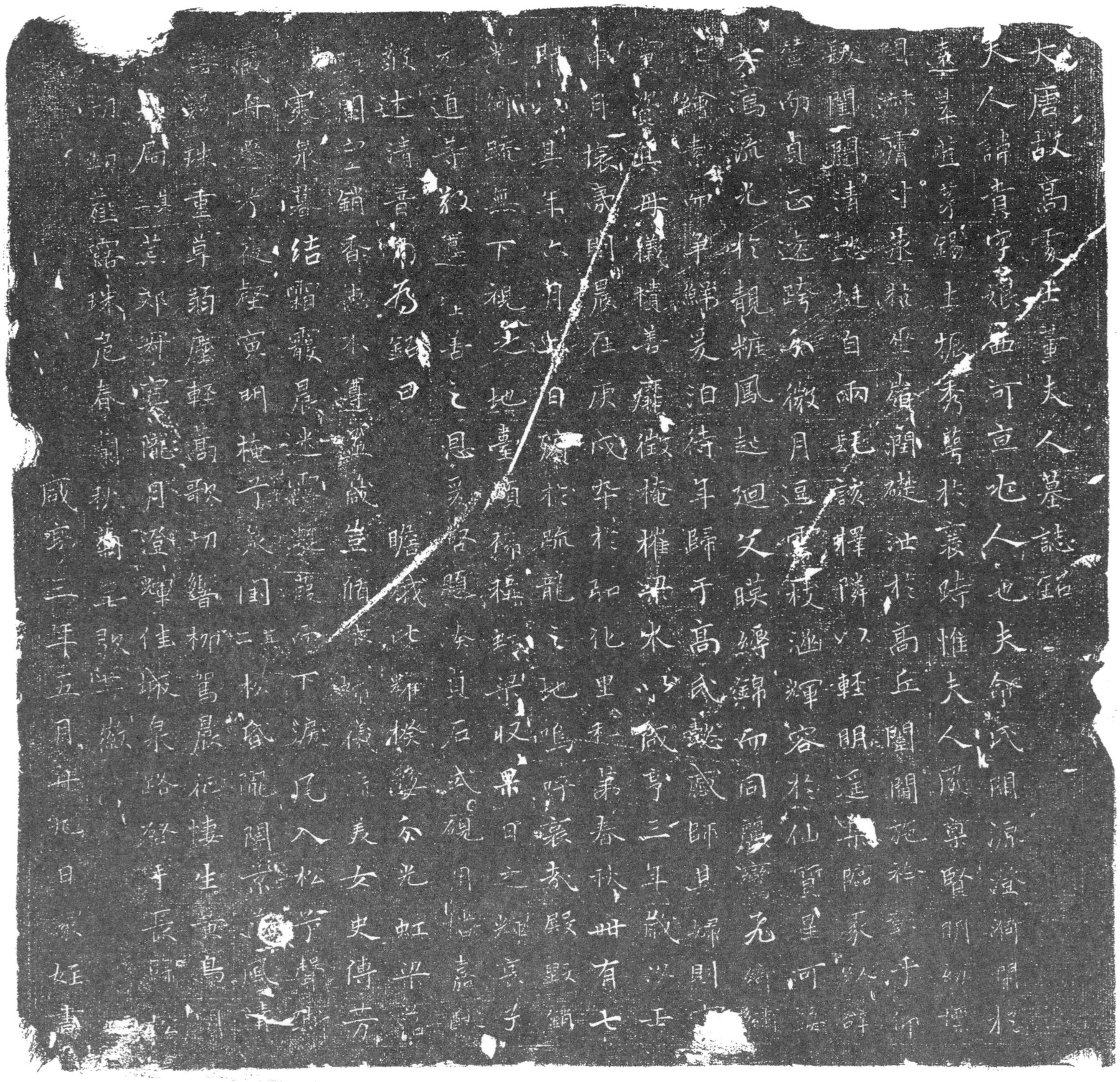

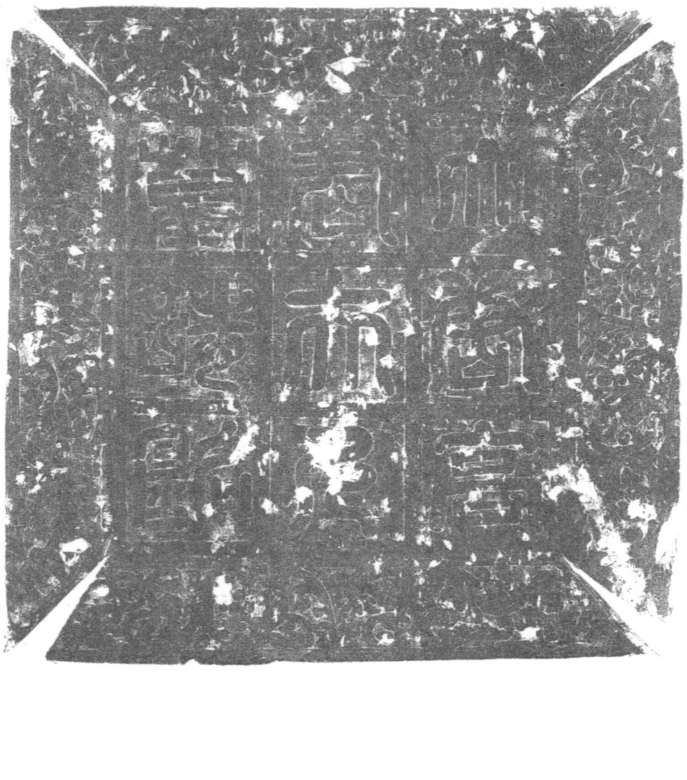

唐故楊君墓誌銘并序
君諱信字亮弘農華陰人也昔道協佐周降四履而懷宇
功高之勳府五侯以疇庸玄龜燭珪組之榮白馬拯山河
之壽故得金軒驚水光蓋轂於千乘玉鉉臨槐照白環於
累葉豈止學高魯國西關杏壇故亦勳重漢朝東移函
五代祖任司州中正因為紙氏縣人焉祖達魏行臺
丞開國公父穆襲爵開國公海州刺史實惟布政露冕
宣條去三歲以知仁植西知之懿烈君起家左親侍晉
王府兵曹出陪飛蓋八奉桂宫齋託乘於梁園侍鳴笳
苑至德不泯遺惠慈芳春秋五十有五以大業十三年十
一月十一日卒於私第夫人扶風馬氏知教鄉君從龍翔
元年六月廿六日薨今咸亨四年二月十六日葬於維氏
之平原禮也鄰瞻嵩嶺王子控鶴之遊正背洛濱帝女攀
鴻之地蕭蕭郊甸鬱鬱佳城愴泉塗之已晦欽餘風而播
聲故憑芳翰雕茲翠貞其詞曰
靈源洑逸懿祚攸長白環貽慶黃鳥□祥啓心淚帝謁為
勤王分珪裂玉玉鉉金章
邈哉華胄猗歟令望鴻騫必斬龍絡舉驤韋金韞筍鄴王
檣光佐維城而布政翊磐石以知方
燈傑英彥福履攸將寘昧与善悽愴殲良桂巖銷馥蘭畹
凝霜泉扃永秘雅道恒芳

〇七八 楊信墓誌

唐咸亨四年（六七三）二月十六日

〇七九　竇師綸墓誌

唐咸亨四年（六七三）八月二日

大唐秦府諮議太府少卿銀邛坊三州刺史上柱國陵陽郡開國公竇府君墓誌銘并序
公諱師綸字希言扶風平陵人也若夫凝功玄塞銜珠贊彤雲之業鐘慶青墳濯龍啓黃扉之美是以曾基三襲谷石
胄以淩霞昌源九派演金潢而決景至若羽儀十紀貂蟬七葉分台應昴之任清風愛日之客可略而談也曾祖溫善
魏散騎常侍驃騎大將軍侍中永富郡開國公榮標左馭佩衛叶天機之道位切中台登槐變玄鑪之化祖榮定隨右
武候大將軍上柱國左武衛大將軍右武衛大將軍封陳國公贈冀趙滄瀛定五州諸軍事冀州刺史謚懿公□風輿
壞樹羽名區坐棠闡分陝之儀封茅啓承家之業文抗隨開府儀同三司使持節梁冀幽易□檀□□州諸軍事六州
刺史 皇朝左右武候大將軍左右領軍大將軍將作大匠納言上柱國陳國公贈司空謚容公黃陂萬頃起白鷺之
仙濤埒嶽千尋聳青牛之逸幹輪臺亮彩光暎紫樓兵欄耀德參彰綴騎公凝姿黃澤早擅名於籥雲巖質青田風甄
儀於警露調諧金石九變成其逸響思緣煙霞千里煥其餘奨既而遊心藝圃浪跡儒津武庫成博物之資衆輯表多
能之譽金樓王鈐之略扃牖靈臺迴鸞吐鳳之奇發揮神府逮逯季葉君子道消伏龍舒芒飛鴻縱影豺狼爲顧喧汲
噬之聲梟鏡成羣起挺妖之跡 大唐義舉晉陽 皇弟五子楚哀王遂遭塗炭公旗高結款秀寒桂之貞心玄壚遠
成輕秋荼之審網及鄭丘錫祀碣山建業卷攙搶而清天步蕩河嶽而紐地維平京城日即蒙授上柱國金紫光祿大
夫 太祖謂公曰知汝少好長生之道仙經有陵陽子令因汝功封陵陽郡開國公旌所好也毛玠有古人之美儀獻
扉風程立業感夢之詣恩加捧日亦何以過焉又詔公曰汝收我愛子遠宜事我愛兒授公秦府諮議參軍龍山峻
融蔽巖日月之華鷹沼清瀾舒卷煙霞之色自非魏珠合月趙璧霏虹方可驂駕平臺曳裾淄館公芳襟湛露暎蘭坂
以舒儀逸韻漸風入梧宮而振響既而王充作梗東夏徹擾中區縱餘慝於桐園肆妖氛於桂里 太宗親迴天眺駐
踈轅門月豁北極之精冥符神契白猿南林之術風驚燕機提蓋掖翰駢華於後乘運籌獻策疊武於前驅命公爲
時府錄事參軍公進善以忠掎六奇而馳算見義爲參百戰以先鳴萬鋼飛楚水之華桂旗落皋門之影豈只驅
羽扇綮以長纓若斯而已屬國步初夷妖徒宜息衣冠盛列雖傳司隸之儀環佩餘聲猶傳侍中之鑒武德四季
公爲益州大使制造輿服器械公思窮繫表識洞機初演東觀之新儀辯南宮之故事章施五綵藻星圖而絢色許謨

局部一

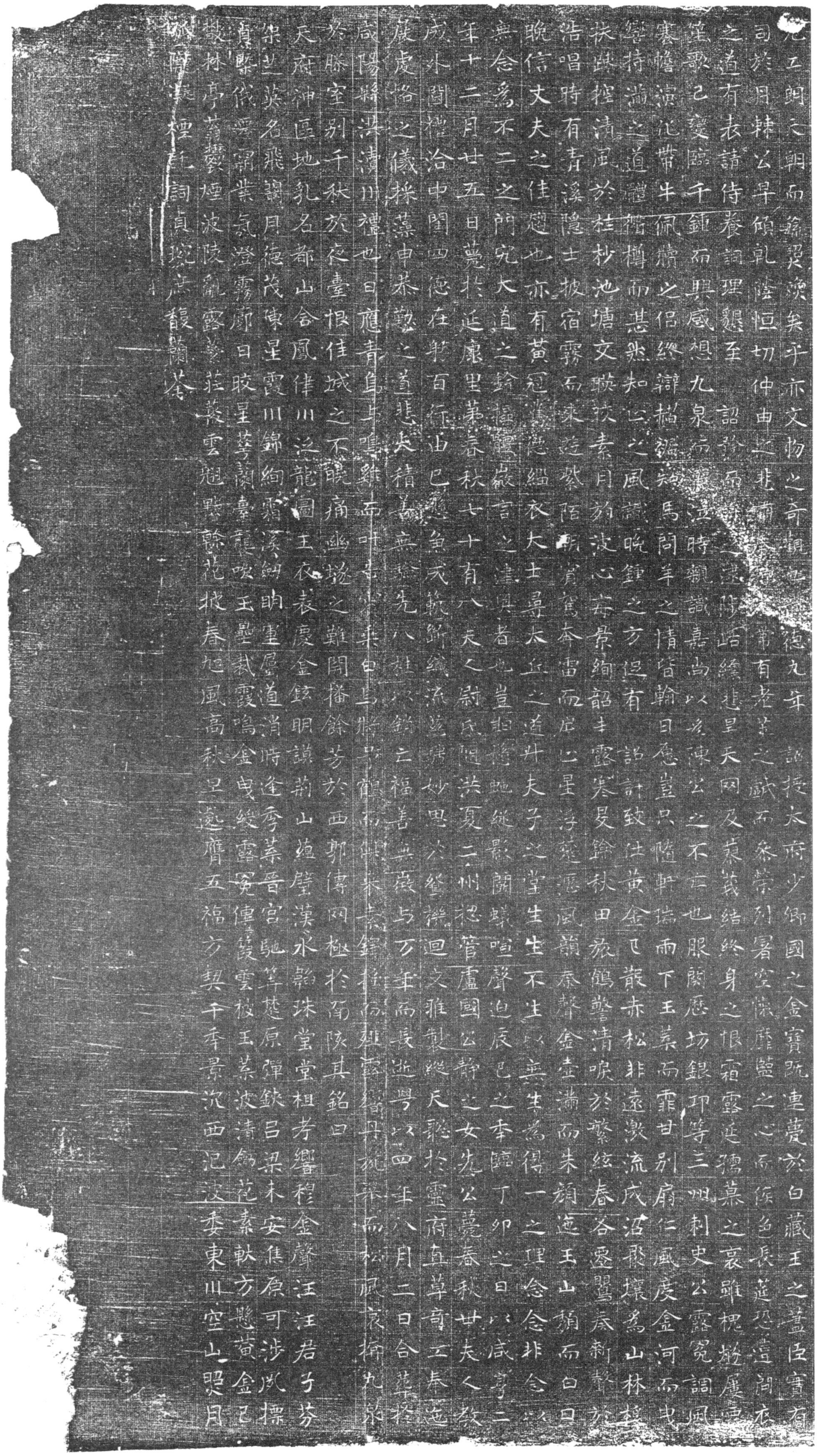

九工與之與而翰翌煥矣于亦文物之奇觀也德九年詔授太府少卿國之金寶既連費於白藏王之蓋臣實有
司於月輪公早傾乳陰恒切仲由之悲[illegible]常有老[illegible]之獻而參榮列署空懷歷覽之心而侯色長蓮恐豈聞衣
之道有表請侍養詞理懇至詔於而[illegible]逸陟岵纔進星天罔及蒸莪結終身之恨霜露延禮慕之哀雖槐燧屢
筐歌己變臨千鍾而興感想九泉而[illegible]洎時觀識嘉尚以為陳公之不忘也服闋歷坊銀印等三州刺史公露冕詞風
褰帷演化帶牛佩犢之侶終辯橘狐[illegible]馬問年之情皆翰日愈豈只軺軒瑞雨下玉慕而霏甘別府仁風度金河而史
譽持滿之道禮招樽而甚然知止之風識晚鍾之方促有詔許致仕黃金已散赤松非遠激流成沼飛壤為山林樹
扶疏控清寓於杉池塘文映於素月游波心寄景絢韶丰露寒旻餘秋田旅鶴警清唳於繁絃春谷遷鶯奏新聲於
浩唱時有青溪隱士披宿霧而來遊紫陌[illegible]賓駕夲雷而居止星浮[illegible]風韻泰聲金壺滿而朱顏遠玉山頹而白日
晚信丈夫之佳趣也亦有黃冠[illegible]德緇衣大士尋太丘之道升夫子之堂生生不生以無生為得一之理念念非念以
無念為不二之門究大道之玲[illegible]嚴言之津涯者也豈相[illegible]蜘蛛縱影閱蛛喧聲迫辰巳之季臨丁卯之日以咸亨二
年十二月廿五日薨於延康里第春秋七十有八夫人尉氏隨洪夏二州總管盧國公靜之女先公薨春秋廿夫人教
成外閫禮洽中閨四德在躬百行由己[illegible]魚戎軒節纖流[illegible]妙思[illegible]璣迴文雅製縱天聰於靈府真草奇工奉迤
屣虔恪之儀採藻申恭懃之道悲[illegible]積善無[illegible]先八[illegible]六鈞六福善無徵与万年而長逝粤以四年八月二日合葬於
咸陽縣洪瀆川禮也日慘青烏[illegible]鳴雞而叶[illegible]來白[illegible]羽觀而[illegible]鐘[illegible]挺霧[illegible]丹旐[illegible]而松風哀挽九泉
於勝室別千秋於夜臺恨佳城之不曉痛幽隧之難開播餘芳於西鄂傳冈極於南陔其銘曰
天府神區地孔名都山含鳳律川泛龍圖玉衣表慶金鉉明謨荊山縕璧漢水韜珠堂堂相考響程金聲汪汪君子芬
乘芝英名飛謁月德茂陳星霞川錦絢霜溪綺明重層道消時逢季葉晉宮馳筭楚原彈鋏呂梁未安焦原可涉風標
貞緊代[illegible]羽業氣澄霧廓日皎星[illegible]蘭臺龍吹玉璧裁霞鳴金曳綬露冕傳旌雲披玉慕波清飾范素軌方懸黃金已
散林亭[illegible]嬰煙波陂亂露[illegible]莊[illegible]雲翹[illegible]榦花披春旭風高秋旦邈齊五福方契千季景沉西汜波委東川空山照月
[illegible]隴[illegible]煙[illegible]詞貞琰[illegible]馥蘭蓀

局部二

〇八〇　呂惡墓誌

唐咸亨四年（六七三）十一月九日

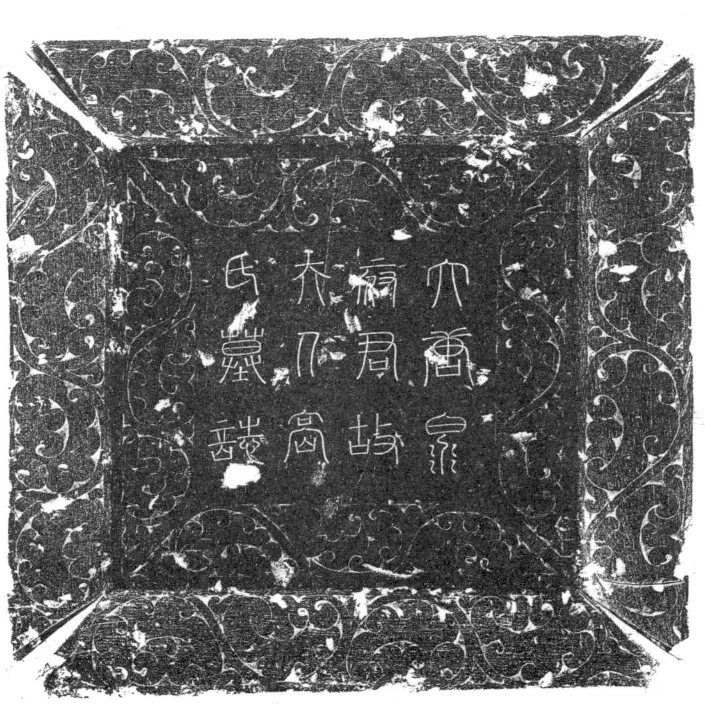

〇八一　泉府君夫人高提墓誌

唐上元元年（六七四）八月二十五日

大唐故隱太子妃鄭氏墓誌銘并序

大唐故隱太子妃鄭氏墓誌銘

○八二 隱太子李建成妃鄭觀音墓誌
唐上元三年（六七六）七月七日

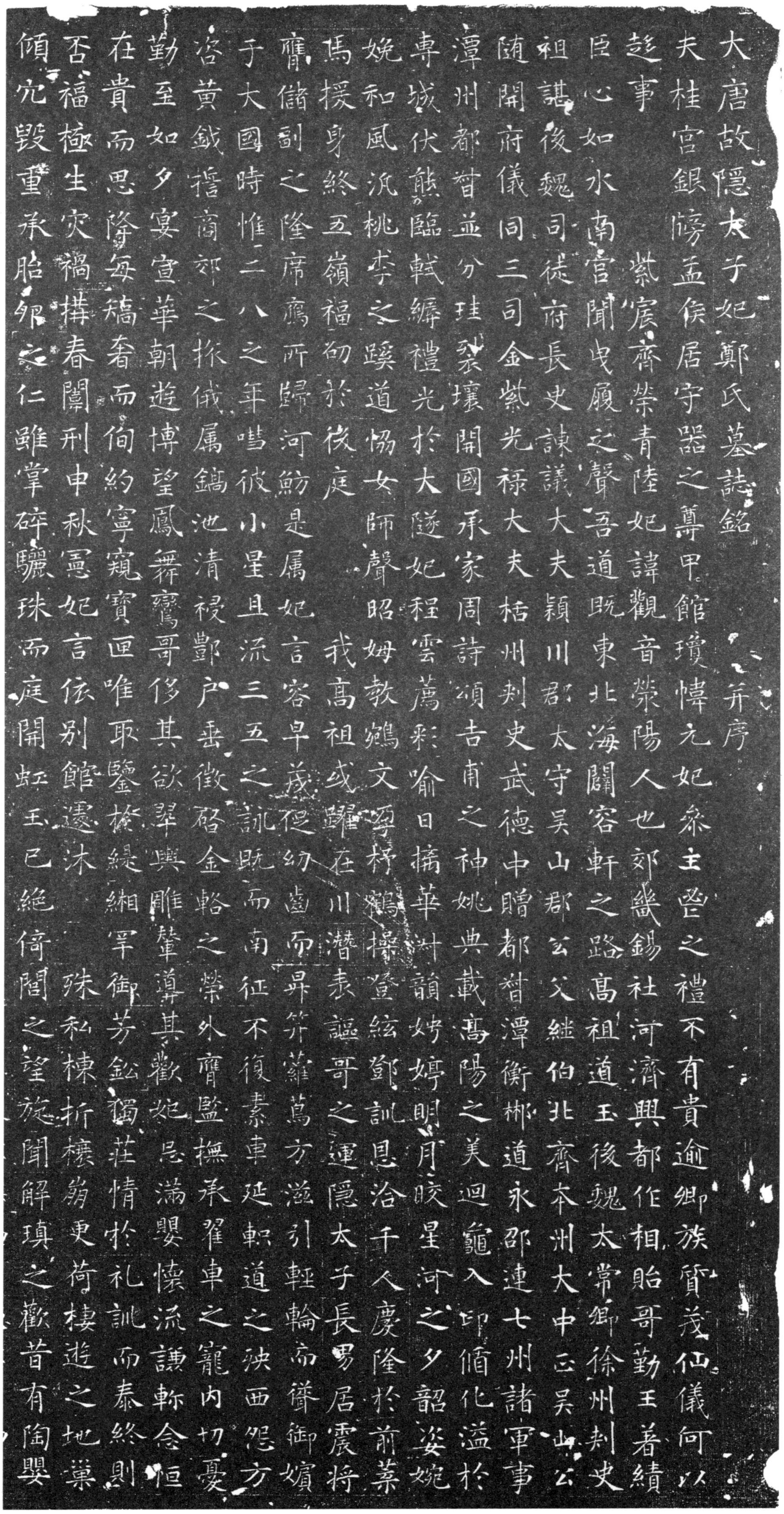
大唐故隱太子妃鄭氏墓誌銘并序
夫桂宮銀牓孟侯居守器之尊甲館環幃元妃叅主鬯之禮不有貴逾卿族質茂仙儀何以
彭事　紫宸齊榮青陸妃諱觀音滎陽人也郊畿錫社河濟興都作相貽哥勤王著績
臣心如水南宮聞曳履之聲吾道既東北海闢容軒之路高祖道玉後魏太常卿徐州刺史
祖諶後魏司徒府長史諫議大夫潁川郡太守吴山郡公父繼伯北齊本州大中正吴山公
隨開府儀同三司金紫光禄大夫梧州刺史武德中贈都督潭衡郴道永邵連七州諸軍事
潭州都督並分珪裂壤開國承家周詩頌吉甫之神姚典載嬀陽之美迴龜入印循化溢於
專城伏熊臨軾縟禮光於大隧妃程雲薦彩喻日摛華對韻姱婷明月皎星河之夕韶姿婉
娩和風泛桃李之蹊道協女師聲昭姆教鵷文孕梓鶴操登絃鄧訓息洽千人慶隆於前蕖
馬援身終五嶺福劬於後庭　我高祖感躍在川潛表謳哥之運隱太子長男居震將
膺儲副之隆席薦所歸河魴是屬妃言容早歲從幼齒而昇笄蘿蔦方滋引輕輪而聳御嬪
于大國時惟二八之年嘒彼小星且流三五之詠既而南征不復素車延軑道之决西怨方
咨黄鉞禮商郊之拆俄屬鎬池清祲酆戶垂徵啓金輅之榮外膺監撫承翟車之寵内切憂
勤至如夕宴宣華朝遊博望鳳舞鸞哥侈其欲翠輿雕輦導其歡妃忌滿嬰懷流讓軒念恒
在貴而思降每矯奢而徇約寧窺寶匣唯取鑒於緹緗罕御芳鈆獨莊情於礼訓而泰終則
否福極生灾禍搆春闈刑申秋憲妃言依别館遷沐　殊私棟折榱崩更荷棲遊之地巢
傾穴毀重承胎卵之仁雖掌碎驪珠而庭開虹玉已絶倚閭之望旋聞解瑱之歡昔有陶嬰

局部一

愐孤資於紡績緬惟梁宜勵節在於衡泌豈如出自膏腴長乎宮掖不謀而同德不習而生
知以為伯也孰受則飛蓬在鬢君之出矣則明鏡生塵況乎萬古長辭三泉永隔故以兒隨
心痒形逐魂銷是知綺羅為悅己之資琴瑟乃歡娛之用驟駒一逝取悅之理奚從黃鵠單
棲邀歡之路斯絕於是捐飾玩屏珎華耳無絲竹之音身有縗繐之服桑榆遲暮湯沐優隆
猶執敬姜之勤不懈母師之禮古人遺烈何以加焉而五運交馳三微手及慶環瀛之內始
盛期乎未亷禀誕填之功有形歸於卑化雖復金天錫壽罕遇百齡丹竈祈仙不逢三鳥以
上元三年正月卅日寢疾薨於長樂門內春秋七十八 皇情軫悼禮有加隆喪葬所須
務令優厚仍使太府少卿梁務儉太子洗馬蕭沉監護喪事殯於第五女歸德縣主之宅禀
朝恩也妃稽融物表識掩幾先綜群言於素冊包衆藝於彤管仁為己任七子均愛於桑鳩
禮以持身六義飛聲於河鳥孀閨鸞室五十餘年複歔崇垣九重清峻芳蘭有馥在幽林而
不渝翠篠含貞凌暮序而彌勁可謂令儀令德不騫不亡者歟俄而殯從櫕宮帷帚奠俎謀
龜獻兆候鴈開塋粵以其年七月七日祔葬隱陵之側南分御宿永絕清笳東望杜陵空驚
哀挽雖樵蘇有禁節婦之隴長存而星琯亟周神姑之海行變立言不朽將在斯文其銘曰
震坊東闢嵬野西垂良人佇俶淑媛來儀彩涵珠浦色挨瓊枝融情班識鷚禮奉延其一展養
椒庭承歡桂宇少陽中饋重離內主四德順規三從叶矩麟趾興詠螽斯振羽其二鶴關流賞
龍闈促宴轂響侵雷壺嫣聳電玉臺既毀金觴不薦哀怨悼閨雜拔飈霰其三六寢晦明九泉
幽阻屬纊 嚴掩歸魂幼女兆登居蔡塋開宿楚縞騎[illegible]斯來蒼峻舉其四周原古隧漢邑
荒櫬東望吾兮西望吾夫風吟拱木鳥思平蕪悲哥一奏[illegible]雙[illegible]

局部二

〇八三　蘭陵公夫人虞秀姚墓誌

唐上元三年（六七六）十月三日

大唐故游擊將軍劉府君墓誌

君諱少卿字□□中山人也昂漢景帝之子中山靖王之後矣京兆大□百東
井基寶儀於乾坤紫柯於□□都秀柯於支景承大降祉曇叫蘭關地開圖
載縟綢祠珪之寵秘彼美畫野茲山疎枝枚四溟爭濬苍棣□
尊綿市而聯暉芬頴蘭籍綠青編而顯慧祖飛桂齊芳洪緒共四溟爭濬苍棣
驍衛布帝而□□將軍雲州慈箕襲爵戴彭國公椈德同謝馬三司岳□
耳之功父隨東宮首襲爵戴彭當朝塩周翊馬都尉開府儀同三司岳□
難談瀛之異鳳死花開城信之奇□慧祖飛鴻鷲動實兌薰行近刺隆隆表室列
仁之深沈蘊珠玉之量迂鳳玉之明臨嶺狼□巧鷲風雲之潤淺家江海東□
性惟孝義疑結植□□□欽頴寧愍在運窅玄術超百臨白累轚軒於南山惟□晉夕
公資攬國爾其廓衡錫類楊義名群彌千城□德七德廉清三略而御聲六御四滇而協
大□之村乃楀擘將性孝義寧糕包爾出身無犯之議入侍昆晏侍之榮光□轉千尋佛□
報怨復竪而建衡錫類楊義名群彌従身無犯之議入侍之榮光轉千尋佛寺開□
□楀竪而建衡錫類微言恥師交鏡萱謂陽宣室献誠强敢顏爭尚無□□
芳維揸掉坤坼千古以金典義楊規弭万葉吹而龜鏡萱謂陽宣室献誠誼勇□□□
摸韄迢九原而翰轍千古萬葉吹而龜鏡萱陽宣室献成聽管鈜勾以遷復染庵理病於□
聿之歲十一月乙丑朔八日壬申葬京城東南高原九逝之魂宇宙無施廉觀薛塵之大
堯於松柏悲風而增慟露千用之壽俄終京城東南高原九退鳳篆蒙之大
隆迢九原而翰轍千古萬葉吹而龜□□□□□蹈征徊四序於□□元三年十□
孰進露千用之壽俄葬京城東南高原九逝之魂宇宙無施廉觀薛塵之大
由其罷相嗣子文逝之魂宇宙無施廉觀薛塵之
族所以鍾忠衛士而增慟四隣由其罷相嗣子文獻成之禮也遂使悲雲蔓邑微烈
以縷懷忠之是城刊玄石武恐籠津息浪空聞陵谷之遷鳳篆蒙之
於是城刊玄石武恐籠津息浪空聞陵谷之遷鳳篆蒙之
子之歲十一月乙丑朔八日壬申葬京城東南高原九逝之魂宇宙無施
綿之芳鵶疏之肥泉連濟万頃捿地捺婆暉天分珪錫壤樹德標賢著耜代襲軒冕家
於綿之芳鵶疏之肥泉連濟万頃捿地捺婆暉天分珪錫壤樹德標賢著祺代襲英圖道蔯天
緒鳳鵝統之蕶丹莘嗇螢丹普萬頃捿地澄價重魏乘光浮丹塈忠誠啟論孝義主特慎
是城刊玄石武恐籠地澄價重魏乘光珠蕶用蕶秘雄圖道蔯天
傖照弓冶箈萃遂苍暉分珪錫壤樹德標少偖丹塈忠誠啟論孝義主特慎
光故烈其蝉鵶統地捺婆暉天議分絶桂引珠菟蘭牧珮戴拒英圖道蔯天
牧事聞人謀逾四知不□斯賴鋒頴儀往灰管難留忠良一逝風雲四悲霜濃草徵吹咽塵
銘庶彌歷户遒永樹風猷陰斯賴鋒頴儀往灰管難留忠良一逝風雲四悲霜濃草徵吹咽塵
泉壞遙人謀逾四知不牙圭陰易往灰管難留忠良一逝風雲四悲霜濃草徵吹咽塵

〇八五　禰軍墓誌

唐儀鳳三年（六七八）十月二日

大唐故右威衛將軍上柱國祢公墓誌銘并序
公諱軍字溫熊津嵎夷人也其先与華同祖永嘉末避亂適東因遂家焉若夫
巍巍鯨山跨青丘以東峙淼淼熊水臨丹渚以南流浸煙雲以摛英降之於蕩
沃照日月而榳悊秀之於蔣蔚靈文逸文高前芳於七子汗馬雄武擅後異於
三韓華構增輝英材繼響綿圖不絕奕代有聲曾祖福祖譽父善皆是本藩一
品官号佐平並緝地義以光身佩天爵而懃國忠侔鐵石操埒松筠範物者道
德有成則士者文武不墜公狼輝襲祉鷁頷生姿涯濬澄陂裕光愛日干牛斗
之逸氣芒照星中搏羊角之英風影征雲外去顯慶五年官軍平本藩日見機
識變杖劍知歸似由余之出戎如金磾之入漢　聖上嘉歎擢以榮班授右
武衛滻川府折衝都尉于時日本餘噍據扶桑以逋誅風谷遺甿負盤桃而阻
固萬騎亘野与蓋馬以驚塵千艘橫波援原虵而縱沴以公格謨海左龜鏡瀛
東特在簡帝往尸招慰公侚臣節而投命歌　皇華以載馳飛汎海之蒼鷹
翥凌山之赤雀決河眥而天吳靜鑒風隧而雲路通驚鳧失侶濟不終夕遂能
說暢天威喻以禍福千秋僭帝一旦稱臣仍領大首望數十人將入朝謁
特蒙　恩詔授左戎衛郎將少選遷右領軍衛中郎將兼檢校熊津都督府
司馬材光千里之足仁副百城之心舉燭靈臺器標於芃棫懸月神府芳掩於
桂符衣錦晝行富貴無革雚蒲夜寢字育有方去咸亨三年十一月廿一日
詔授右威衛將軍局影彤闕飾躬紫陛亟蒙榮晉驟歷便繁方謂克壯清
猷永綏多祐豈啚曦馳易往霜凋馬陵之樹川閱難留風驚龍驤之水以儀鳳
三年歲在戊寅二月朔戊子十九日景午遘疾薨於雍州長安縣之延壽里第
春秋六十有六　皇情念功惟舊傷悼者久之贈絹布三百段粟三百升葬
事所須並令官給仍使弘文館學士兼檢校本衛長史王行本監護惟公雅識
淹通溫儀韶峻明珠不類白珪無玷十步之芳蘭室欽其臭味四鄰之彩桂嶺
尚其英華奄墜扶搖之翼遽輟連春之景粵以其年十月甲申朔二日乙酉葬
於雍州乾封縣之高陽里禮也駟馬悲鳴九原長往月輪夕駕星精夜上日落
山兮草色寒風度原兮松聲響陟文榭兮可通隨武山兮安仰愴清風之歇滅
樹芳名於壽像其詞曰
胄胤青丘芳基華麗脈遠遐邈會逢時濟茂族淳秀奕葉相繼獻欵夙彰隆恩
無替其一惟公苗裔桂馥蘭芬緒榮七貴乃子傳孫流芳後代播美來昆英聲雖
歇令範猶存其二牖箭驚秋隙駒遄暮名將日遠德隨年故慘松吟於夜風悲薤
哥於朝露靈轜兮遽轉嘶驂兮躕顧嗟陵谷之貿遷覬音徽之靡蠹其三

局部

大唐故神府君墓誌銘并序

君諱曜字二朗洛口人也後漢河南府君為之後夫
聞國承家既紹隆於士玥貂紛戴連蟬脫於公往故
能世濟弥岩肅家聲於末齋故英聯卻曲藝前衒
曾祖歡祖天益性柏衷蕳居油竇不以乾坤歳
駕彩情直置命酌丹霞橋琛明貝缺遷書侯遊平歳
公凤藹仁明治凤鵲女色媒别不里受自涌松蹓
既然有西山之志每以月昃良泉小仔花花明
犭戸偶羽容兮黔津涯落風廮幺廉軒蓋或顯或睃矯
涧莫窥兮諧飛黙澤灑廮宛宣其拓人儀謝泷木斯而
遠歎存云旋悲令右奄以上之三半其月十九日奎教疾而
終春秋七十有九即以其年九月三日寝相影回
北對楹書而茹泣懼丘藝之逪訛情徵歔之永載故勒
銘作貞琬庶芳永家稷枝布菜謫夢疏范名檩時譽道
其剖符建國錫壤立詞曰
蘿是檳山泉是抱得怡芝絶俗晦不明浮沈在巳數
鳴呼夫子獨檀時英貞不絶俗
譽何仑一倫兮岁千秋窈窕夫人王氏望出太原春秋
七十六儀鳳四年二月七日卆廿一日同合玄宫永記

○八六　神曜墓誌
唐儀鳳四年（六七九）二月二十一日

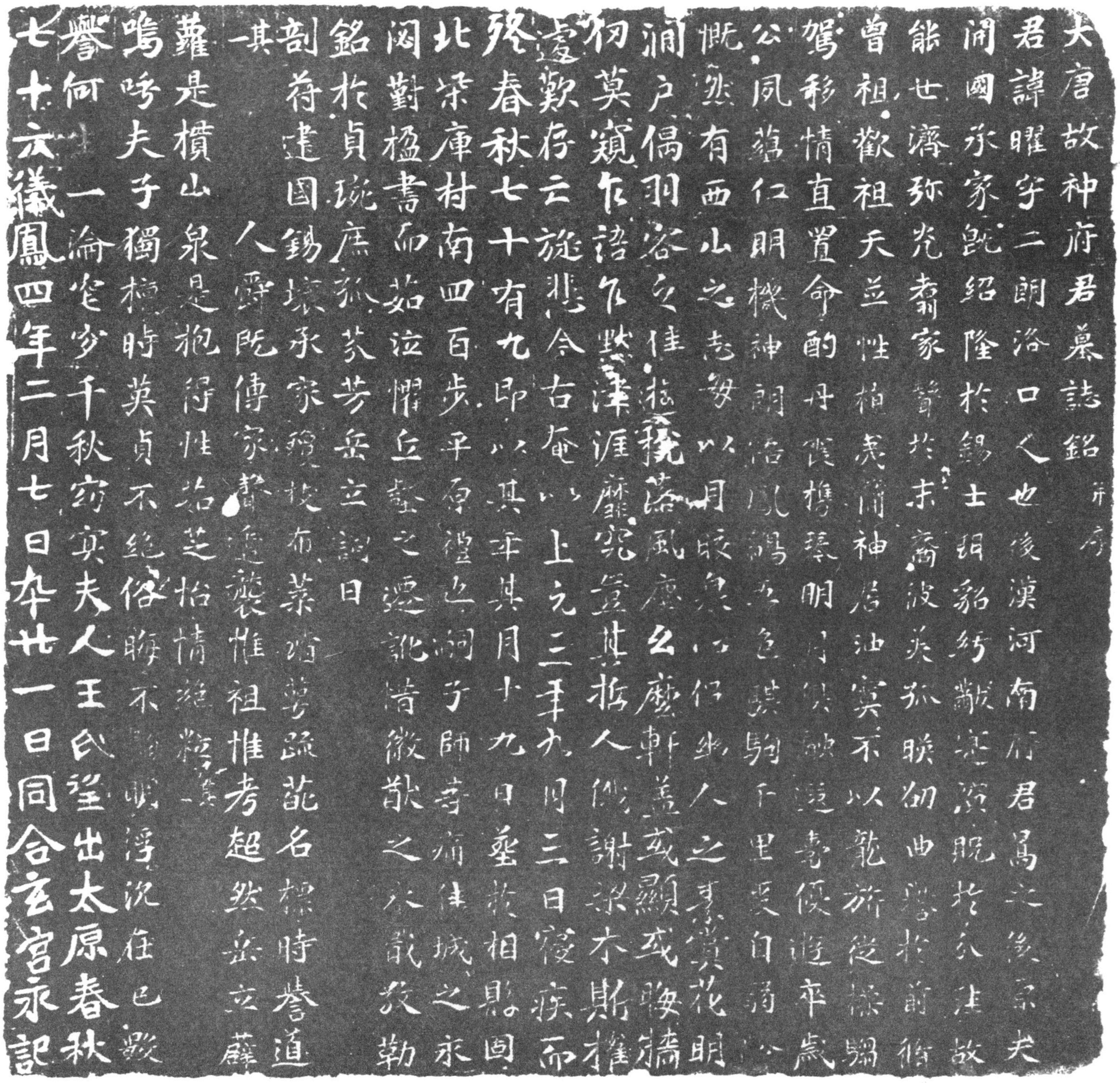

〇八七　姚信墓誌

唐調露二年（六八〇）三月二十七日

○八八　蘭武敵墓誌

唐調露二年（六八〇）四月五日

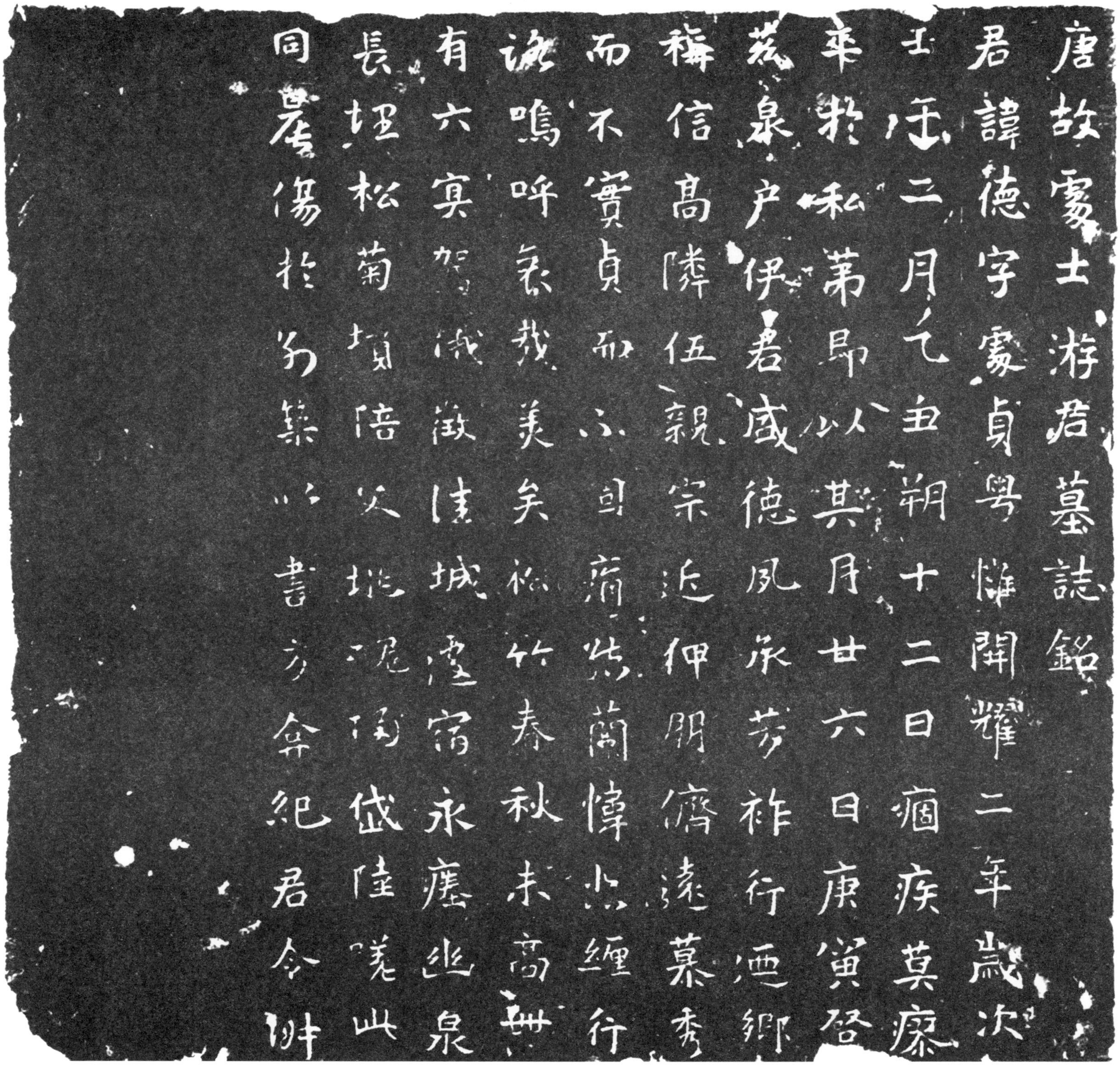

〇八九　游德墓誌

唐開耀二年（六八二）二月二十六日

〇九〇　元昭墓誌

唐永淳二年（六八三）正月十八日

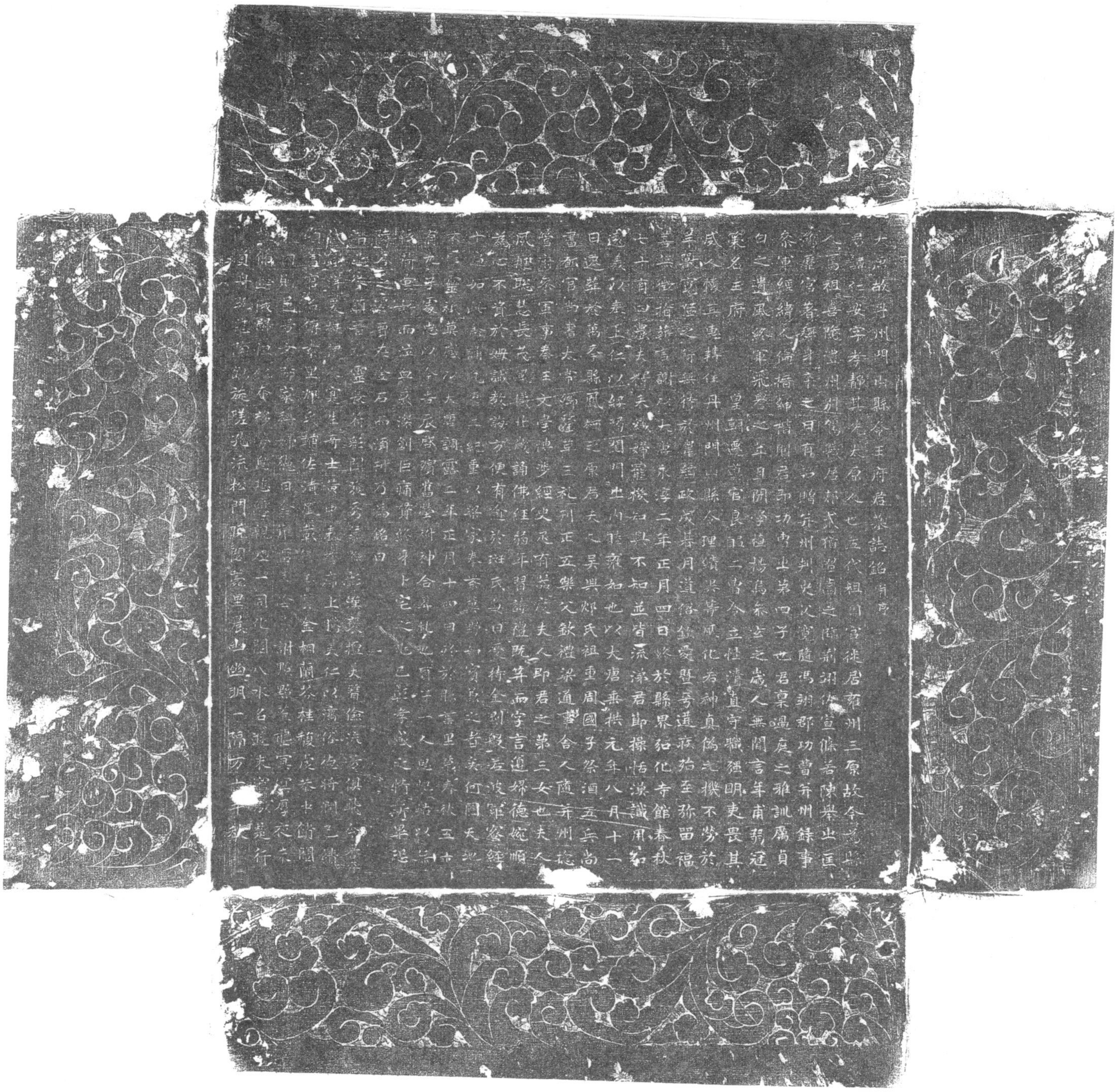

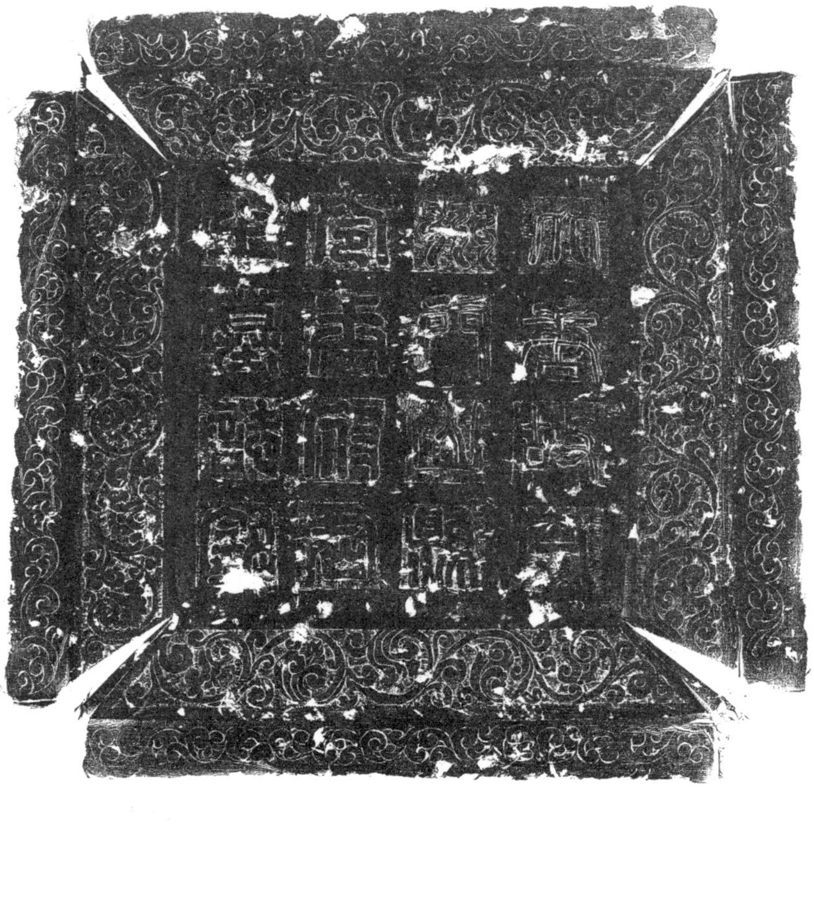

〇九一　王仁安墓誌

武周垂拱元年（六八五）八月十一日

大唐故斗州明山縣令王府君墓誌銘并序

君諱仁安字考靜其先太原人也五代祖因徒居雍州三原故今為縣
人焉高祖曇隨禮居郡式衛曾祖陳舉業匡
祖曇官著譽身卒之日有司贈弁州刺史父
祭審經綸之偉操揚名弁州錄事
參軍飛攀芳於之日則有幽閑學業之子世
全高祖因禮官良政理績興畢風化之
為之遺風綿氏儔朝郎功曹業焉矣

茉名主府皇朝澤遵官於良政道績興畢風
羊歎人寬瑨之蘇轉任丹州明山縣令俗欽
咸善無官指薜夫謝夫減於大唐永淳二年
七十有二以農差王仁輝於二原本縣知之不也並皆流涕於縣界貂犯化寺
十有三以書尚太常王文鄉肇草詔諭
都邁官尚書泰太常王文鄉肇草
遠義以莪於姆誠莫九於母三礼重便誦有
日聰慧如卒以今辰歲創造碧令卜宅之

為風振聰於姆誠莫九日於母三礼重便誦
心起如此不資於始長芝尚誦經史既年習論日
六石九子豪忠以令辰歲創造碧重資料神合葬
道靈長眷禮聞張喬弥家科神合葬卜宅之

代道石靈長眷禮聞張喬弥家科佐清匡載
貞軍夫慶根伊里里妻堪夫婦德婉順
母氏關朗旦為分寵鶴旌陸孔流松門低閻
貞母氏關朗旦為分寵鶴旌陸孔流松門低閻
備母旦足號分寵鶴旌陸孔流松門低閻嘉里晨山幽
明一隔万年秋

局部

○九二　奚道墓誌

武周垂拱元年（六八五）十月十三日

唐故州皇化縣主簿宋府君夫人楊氏銘并序
夫人諱滿弘農郡人也昔火運膺期先揖山河
之金行表德遂隆龜鼎之榮勳績依仁重規
將軍佐命亘八水以飛聲太尉經邦奄三
以論道祖元隨任司僕寺卿父雲今朝任綿
州万安縣令夫人早含貞淑發蘭桂之清芬先
叶溫柔工紃組之餘彩孟隣先擇四德琭光班
誡華脩三從有裕溫習禮進退所以由儀表
順會貞釁塵早以無點如何不淑奄凋松竹之
年讚銷魂俄悲霜露之晚以垂拱三年歲
次丁亥十二月辛卯朔丁酉殯于昆明鄉之原
禮也所奉之夫襲州皇化縣主簿宋府君嗣子
等號旻振野聽風樹以摧心觸地纏哀循階
踐以兩血乃為銘曰　三台發譽玉潤金聲
四承緒飄組飛纓展如邦媛含章曜貞孟隣
先擇班誡匪寧樹花散須柳絮申情如何不淑
不閱泉扃此辰之易阻歎長夜之幽冥庶傳
芳蘭馥長宣歲於筆精

〇九三　宋府君夫人楊滿墓誌

武周垂拱三年（六八七）十二月七日

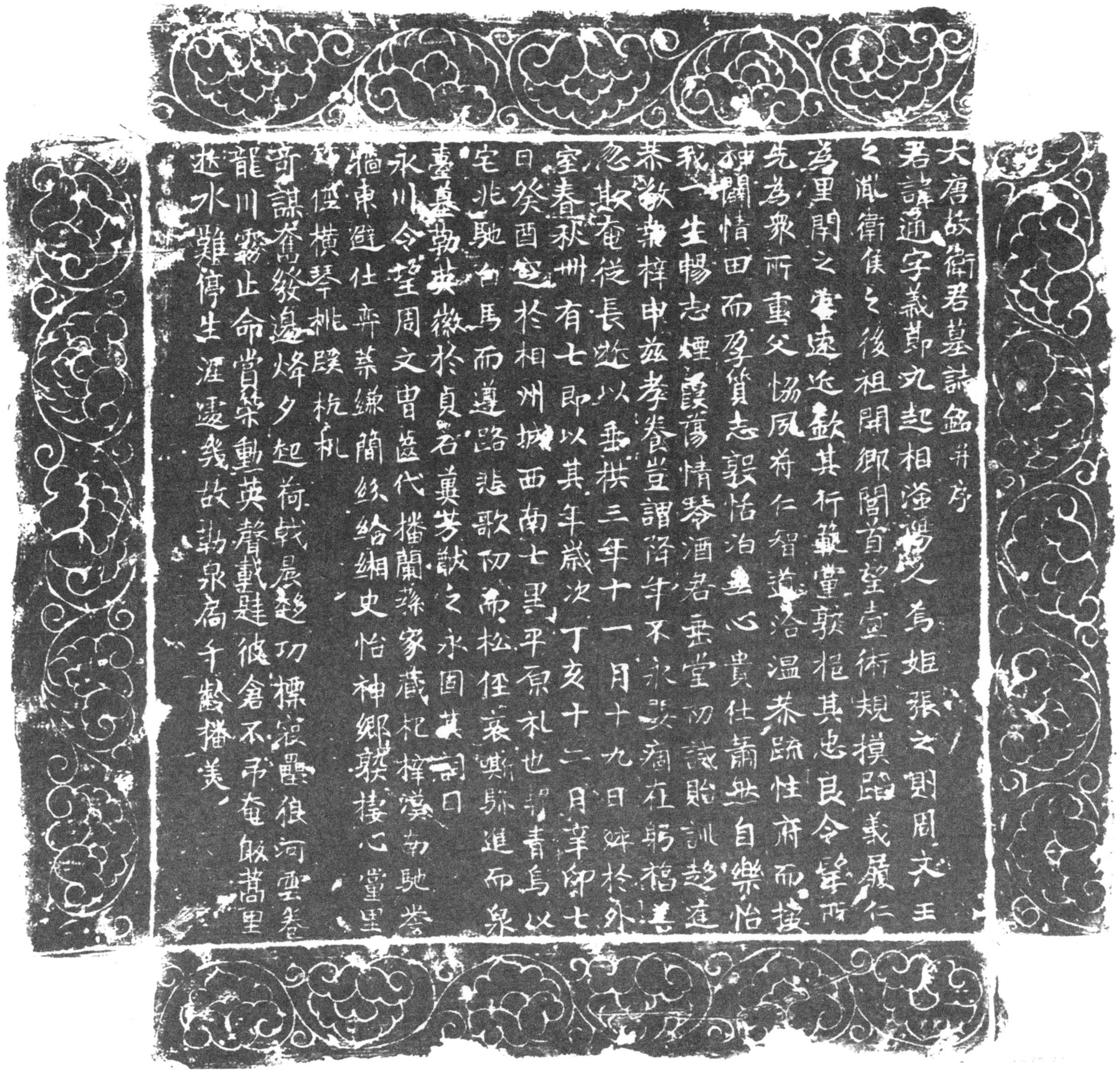

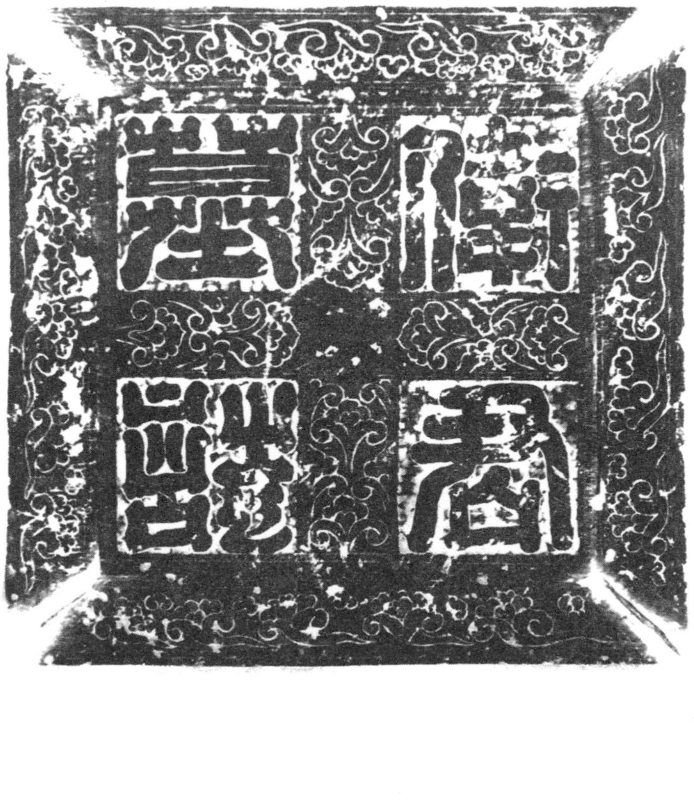

〇九四　衛通墓誌

武周垂拱三年（六八七）十二月七日

〇九五　樊禎墓誌

武周天授二年（六九一）十月十二日

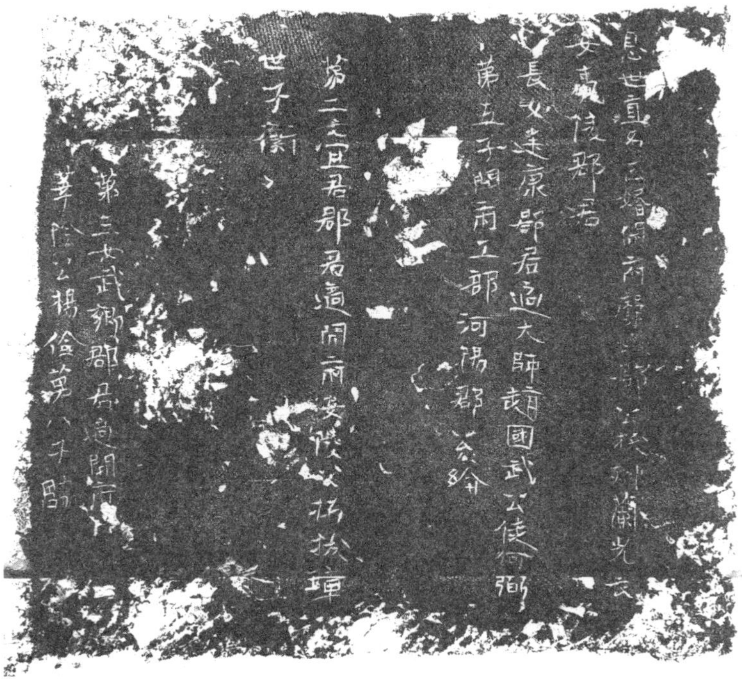

〇九六　蕭珪墓誌

武周天授二年（六九一）十月十二日

唐故朝散大夫濮州長史蘭陵蕭府君墓誌銘并序　第二子欽暉撰　弟三子令忠書
君諱珪字行璪南蘭陵蘭陵人也帝而乙之靈苗齊高皇之令緒白玄禽濱毗祚瑤筐而
配而白狼表瑞握寶圖而受籙及三仁去國析茅社以寶周三傑佐時电劍履而注漢凝
旒高視垂衣跨牛廿之郊蕃屏維城分符隆盤石之固盛德由其必及令嗣所以克昌曾
祖巋梁闈入魏拜龍驤撫軍二將軍中書黄門二侍郎七兵尚書侍中中書監驃騎大將
軍開府儀同三司盧縣公周少保揚光桂華等州刺史特進齊郡公謚曰貞祖亨周繼丹
陽王封高平郡公左銀青光禄大夫輔國將軍隨持節西南道安撫大使昌州刺史沛郡
公父儼隨鷹揚郎將唐驃騎將軍洵虞二州刺史江陰公並望重人英材高王佐槐庭論
道六符於是光輝棠樹宣風九牧攝具儀表君以積德累仁重規疊矩稟〇辰之秀粹體
河岳之奇精恭儉溫良得之於而梳鞅御書數匪由於外習屬以良家子徵爲左親衛性
符仁智調逸林泉雖俛就朝章而志非所好屬朝鮮作梗王師問罪貞觀十八季親行吊
伐君時扈從首啓元戎雖頻摧兇醜而累締勳賞及鑾輿凱入方從泛勳稜武騎尉隨班
例也雖司馬之淪晉亦飛鴻之漸陸俄擢延州司户坐迹王畿務兼機事雄詞遺劇溢智
推姦遷寧金州黄土不言而化白鳩巢於廳梁尋改洋州黄金鳴琴而理赤雀來於廳事
蝗亟去於縣境明珠湧於漢水州表尤異良史書焉俱以化洽神祇誠通幽顯景髙陵
之在職祉抑祥鳩黄山陽之蒞官禎符神雀珠還表異陋合浦而非工蝗去稱奇鄙茂陵

局部一

其何福舉清介以方轉利州葭萌縣令鵷首踰疆龍川硌崖俗黎剽悍化漸廉平儀鳳二
乘拜朝散大夫濮州長史穀林舊壤姚墟前迹上則營室寓精下則宣房作鎮排肩擊轄
是曰殷繁贊務佳條歸乎貳席君偃仰廳事從容蕃服龐士元挹其風流王休徵欽其藉
甚既而道光半刺已茁英於百城化美全樹佇昇榮於三事而鳳池澹淡未攄橫海之鱗
馬首徘佪遽登佳城之兆以開耀元年十二月十四日終於官舍春秋六十有七惟君沐
浴仁義緝紳友悌既入孝而出忠亦自家而形國知以鳴謙勵性溫慎矜懷負廊廟之材
從州縣之職剖雞不辭於遊刃絆驥無妨於騁迹既礪之於清白復著之以循良不以風
雨輟其音不以霜雪渝其色是知陶彭澤之高視道在稱尊陳太丘之先鳴德隆斯貴雖
其嗣美君實有之棘路之高未遷萬里之魂先往輔仁與善何其爽歟夫人譙郡能氏隨
南定總管武強公燧之孫唐左衛率嬀通永三州刺史延陵公瑜之長女也蓮花毓彩桂
魄涵禎備德齔早有行笄日婉娩之質九族仰其清規貞順之風二門資其懿範未備小
君之禮俄先岱嶺之遊粵以天授二年歲次辛卯十月戊戌朔十二日己酉合葬於雍州
明堂縣洪原鄉之少陵原嗚呼白楸壓掩青松遽列痛寒泉之罔及泣霜露以纏哀謹撰
遺芳刊諸貞琬詞曰　天乙成湯皇齊高祖允恭克讓垂衣御宇剪萊開疆分符宅土忠為
標平蟬冕陸離龜組英靈襲祉蘭誕吾君如玉斯潔似蘭斯芬愔愔其範郁郁乎文
今從近寶釋業始自　濯纓終於辰驥謇愕深稱廉能表異蝗飛楚郊珠還漢浦遷高大
邃臧良懿婉矣貞婣作嬪君子四德推能亡門標美媛範流譽母儀垂祉蕣景遽秋芳姿
成已原悲駟馬兮塵雙棺荒兮霧合宰樹颯寒悲纏霜露燧草槐煙唯餘不朽芳規是刊

局部二

大周故豪士張君墓誌銘并序

君諱式字善慈南陽白水人也祖諱峯大善相府
朝散大夫又任播州錄事參軍資瑚璉之貞□柜
材之清材輔鄉專城佐臨蕃□父生經明大成之
松退近欲仁俯合儀楊召俊代而已弍君宰性之
忠謹志懷謙約雅容有清雅之潤汪洋□士之奮
風賞山水而道逸豫壹謂隊光俄乃第二
電影時消未終千□之□條盡百季之軍庸乃
深於不相悲情緒於鄉當春秋五十有八而殂二
粵歲次辛卯臘□笑卯朔十九□辛酉殂於斯第
嗚呼哀弍夫人王氏儀芳薛采賀抱蘭省榾十
□之光燦洞聲星之珠堂謂景眛朝人椎特将榾
之悲命祈於相州城西北四里平原禮之束瞻楢
九日合祔於相州城西北南星橫尚北臨洹水忍祊壞冷盡應
君不獨化必貲良輔青
為泉之梁感乃夫子悲鎮冲和學談六
藝材樹紉曷集每一頴免夫人既城六
留本形焉十二何東逡夫天人永安

○九七　張式墓誌

武周天授二年（六九一）十二月十九日

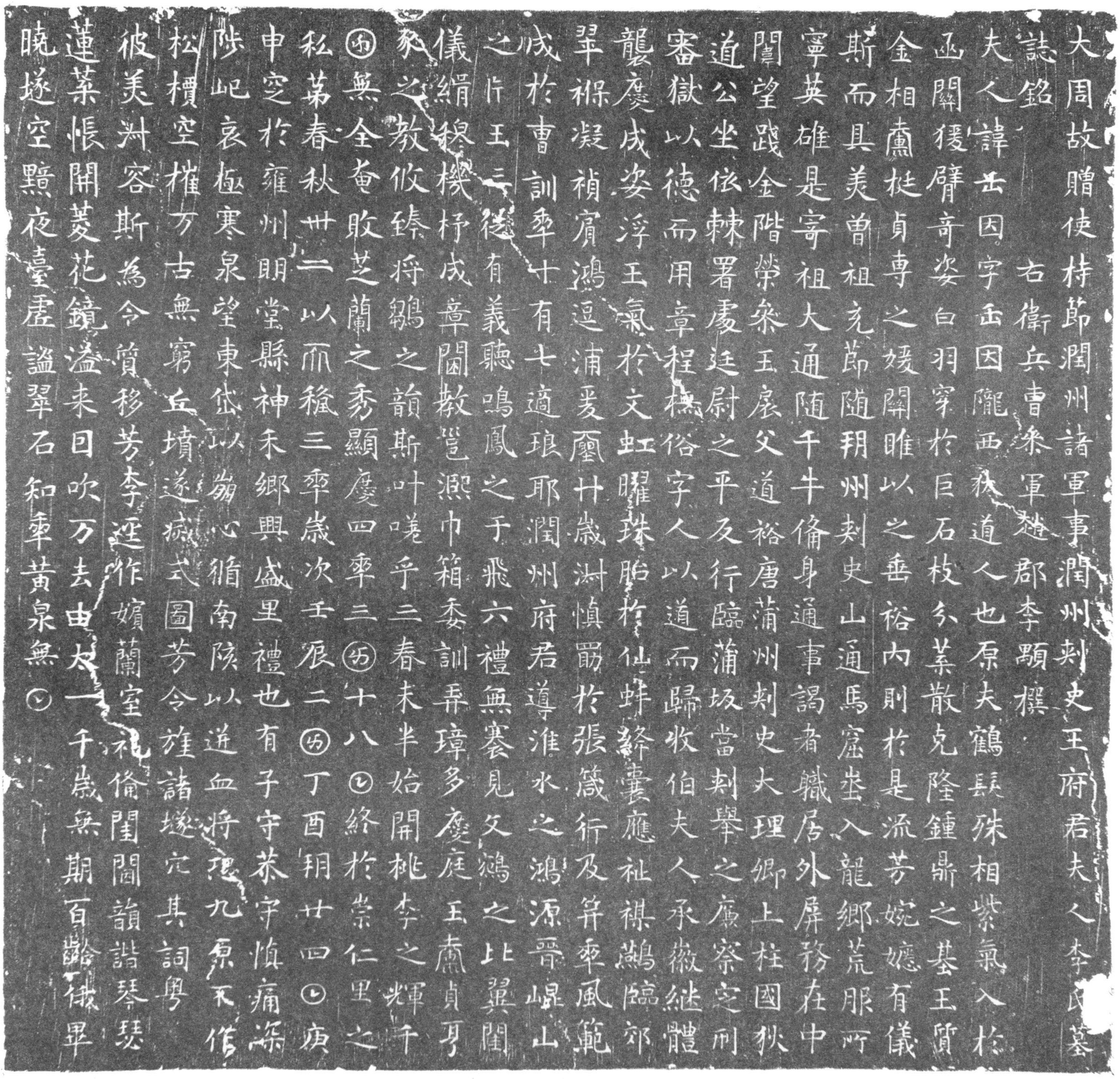
大周故贈使持節潤州諸軍事潤州刺史王府君夫人李氏墓
誌銘　右衛兵曹參軍趙郡李顒撰
夫人諱正因字正因隴西狄道人也原夫鶴駐殊相紫氣入於
函關猨臂奇姿白羽穿於巨石枝分葉散克隆鍾鼎之基玉質
金相禀挺貞專之媛關雎以之垂裕內則於是流芳婉嫕有儀
斯而具美曾祖充節隨翔州刺史山通馬窟崟入龍鄉荒服所
寧英雄是寄祖大通隨千牛備身通事謁者職居外屏務在中
闈望踐金階榮參玉扆父道裕唐蒲州刺史大理卿上柱國狄
道公坐依棘署處廷尉之平及行臨蒲坂當剌舉之廣察定刑
審獄以德而用章程樹俗字人以道而歸牧伯夫人承徽繼體
襲慶成姿浮玉氣於文虹曜珠胎於仙蚌綷囊應祉褵鵲臨郊
翚祿凝禎賓鴻逗浦爰暨廿歲洲慎罰於張箴衍及笄秊風範
成於曹訓秊十有七適琅耶潤州府君導淮水之鴻源晉崿山
之片玉三從有義聽鳴鳳之于飛六禮無褰見文鴛之比翼閨
儀緝穆機杼成章閫教覺濯巾箱委訓弄璋多慶庭玉禀貞夙
象之教攸臻將鶵之韻斯叶嗟乎三春未半始開桃李之輝千
月無全奄敗芝蘭之秀顯慶四秊三月十八日終於崇仁里之
私第春秋卌二以天授三秊歲次壬辰二月丁酉朔廿四日庚
申窆於雍州明堂縣神禾鄉興盛里禮也有子守恭字慎痛深
陟屺哀極寒泉望東岱以崩心循南陔以迸血將恐九原不作
松檟空權万古無窮丘墳遂掩式圖芳令旌諸燧定其詞粵
彼美淑容斯為令質移芳李逕作嬪蘭室禮備閨閫韻諧琴瑟
蓮葉帳開菱花鏡澄来回吹万去由大一千歲無期百齡俄畢
曉燧空黯夜臺虛謐翠石知秊黃泉無日

大周贈潤
州刺史王
府君夫人
李氏墓誌

○九八　王府君夫人李正因墓誌

武周天授三年（六九二）二月二十四日

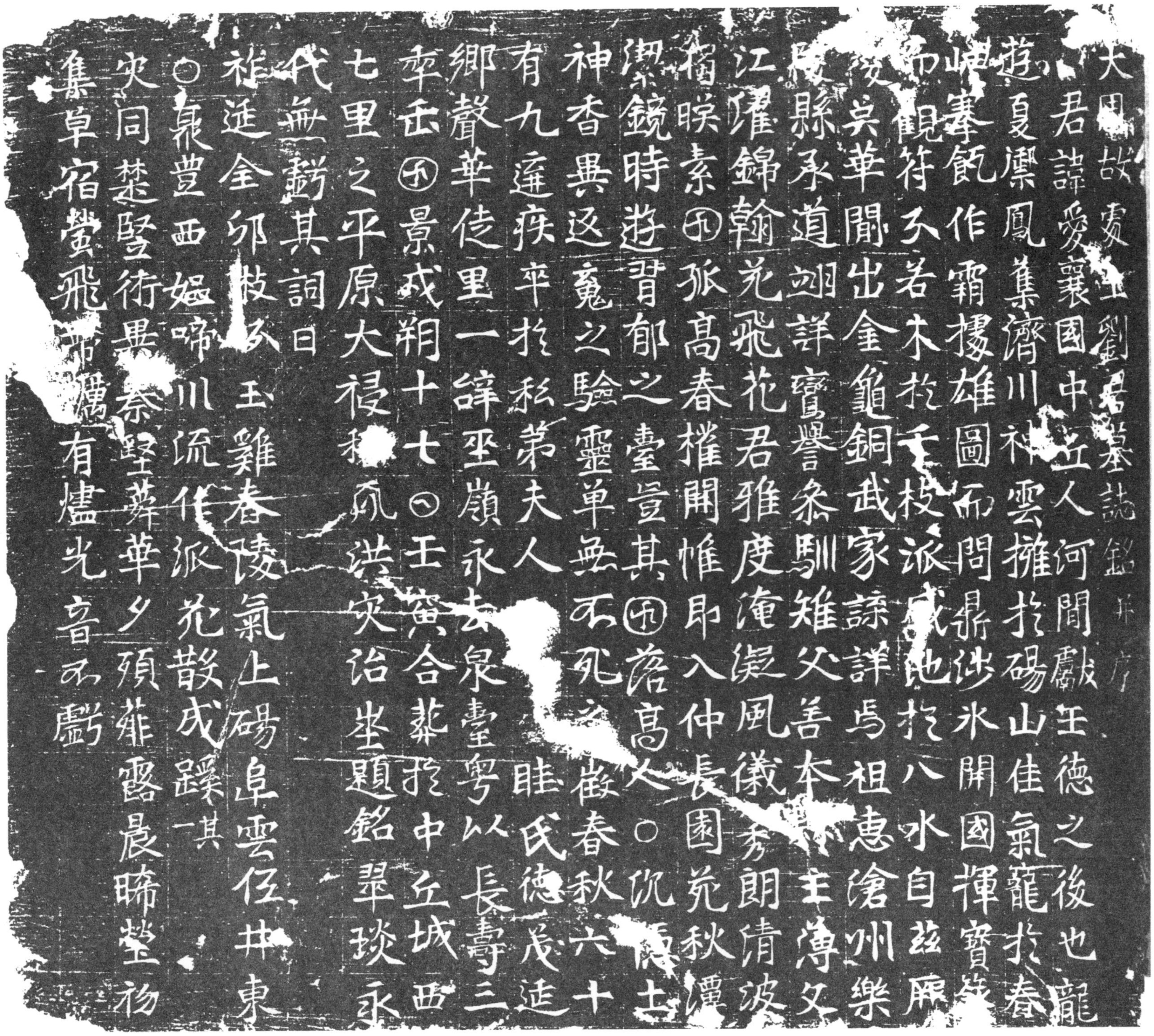

〇九九　劉愛墓誌

武周長壽三年（六九四）正月十七日

一〇〇 鄧鸞方墓誌

武周長壽三年（六九四）正月二十一日

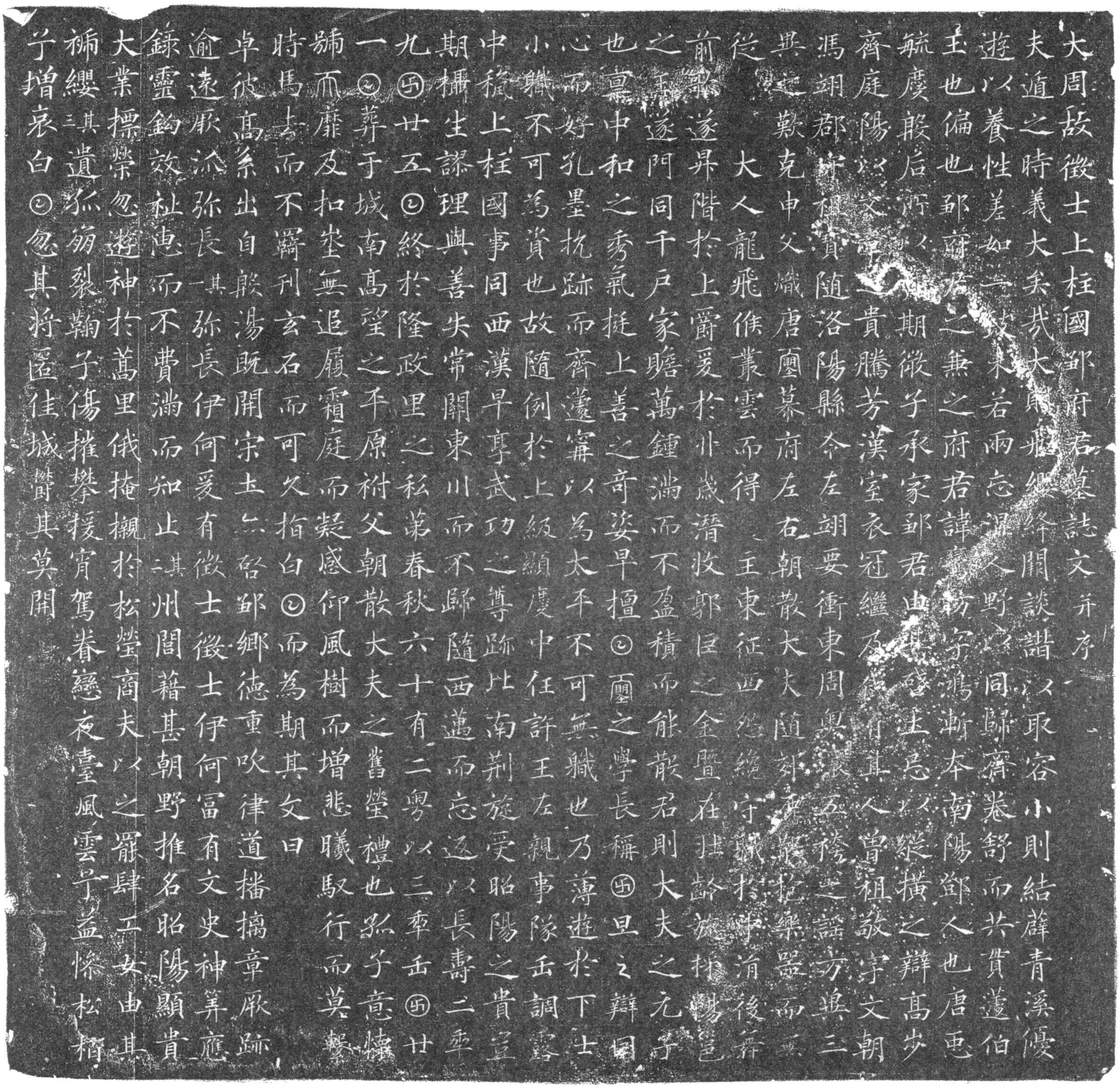

大周故徵士上柱國鄧府君墓誌文并序
夫道之時義大矣哉大[illegible]飛纓絳關談諧以取容小則結薜青溪優
遊以養性差如一[illegible]東若兩忘渭人野以同歸齊卷舒而共貫蘧伯
玉也偏也鄧府君之無之府君諱[illegible]方字鴻漸本南陽鄧人也唐虞
毓慶殷后爾以[illegible]期徵子承家鄧君由[illegible]啓土忌以縱橫之辯高步
齊庭陽以文[illegible]之貴騰芳漢室衣冠繼及[illegible]有其人曾祖敬淳文朝
馮翊郡[illegible]祖寶隨洛陽縣令左翊要衝東周與[illegible]五稜之謠芳冀三
異之歎克申父纖唐國慕府左右朝散大夫隨郊[illegible]樂器而[illegible]
從[illegible]大人龍飛侔叢雲而得[illegible]王東征西怨總守職於[illegible]消後羿
前[illegible]遂昇階於上爵爰於卝歲濟收郭巨之金豎在扗齡旃拊陽邑
之[illegible]遂門同千戶家贍萬鍾滿而不盈積而能散君則大夫之元子
也禀中和之秀氣挺上善之奇姿早擅日國之學長稱月旦之辯同
心而好孔墨抗跡而齊蘧寗以為太平不可無職也乃薄遊於下士
小職不可為貲也故隨例於上級顯慶中任許王左親事隊正調露
中稱上柱國事同西漢早亭武功之尊跡比南荊旋受昭陽之貴
期播生謀理與善失常關東川而不歸隨西邁而忘返以長壽二年
九月廿五日終於隆政里之私第春秋六十有二粵以三年正月廿
一日葬于城南高望之平原祔父朝散大夫之舊塋禮也孤子意[illegible]
號而靡及扣地無追履霜庭而疑感仰風樹而增悲騰駟行而莫[illegible]
時馬去而不留刊玄石而可久指白日而為期其文曰
卓彼高系出自殷湯既開宗土亦啓鄧鄉德重吹律道播摛章厥跡
逾遠厥流弥長其一弥長伊何爰有徵士徵士伊何富有文史神算應
錄靈鈞效祉惠而不費滿而知止其二州閭藉甚朝野推名昭陽顯貴
大業標榮忽遊神於蒿里俄掩櫬於松塋商夫以之罷肆工女由其
輟縷其三遺孤崩裂鞠子傷摧攀援宵駕眷戀夜臺風雲兮益慘松楸
兮增哀白日忽其將匿佳城鬱其莫開

一〇一　竇孝壽墓誌

武周延載元年（六九四）六月

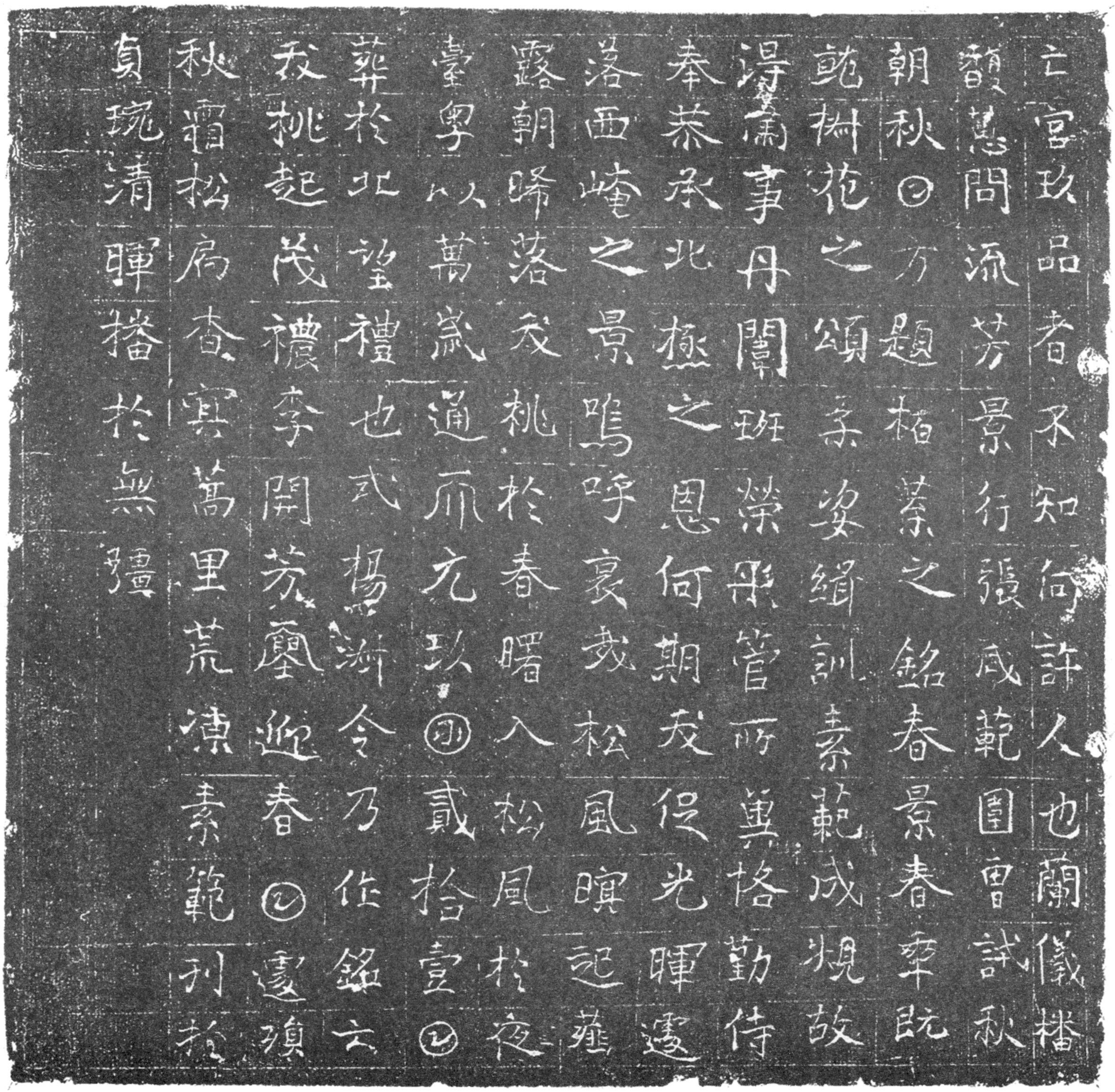
亡宮玖品者不知何許人也蘭儀播
馥蕙問流芳景行張風範圖曾試秋
朝秋日方題栢葉之銘春景春[illegible]既
[illegible]樹花之頌柔姿緝訓素範成規故
得[illegible]事丹闈班榮彤管所冀恪勤侍
奉恭承北極之恩何期奄促光暉遽
落西崦之景嗚呼哀哉松風暝起薤
露朝晞落夭桃於春曙入松風於夜
臺粤以萬歲通天元玖月貳拾壹日
葬於北望禮也式揚[illegible]令乃作銘云
夭桃起茂穠李開芳[illegible]迎春之遽殞
秋霜松扃杳寞萬里荒涼素範刊於
貞琬清暉播於無疆

一〇二　亡宮九品墓誌

武周萬歲通天元年（六九六）
九月二十一日

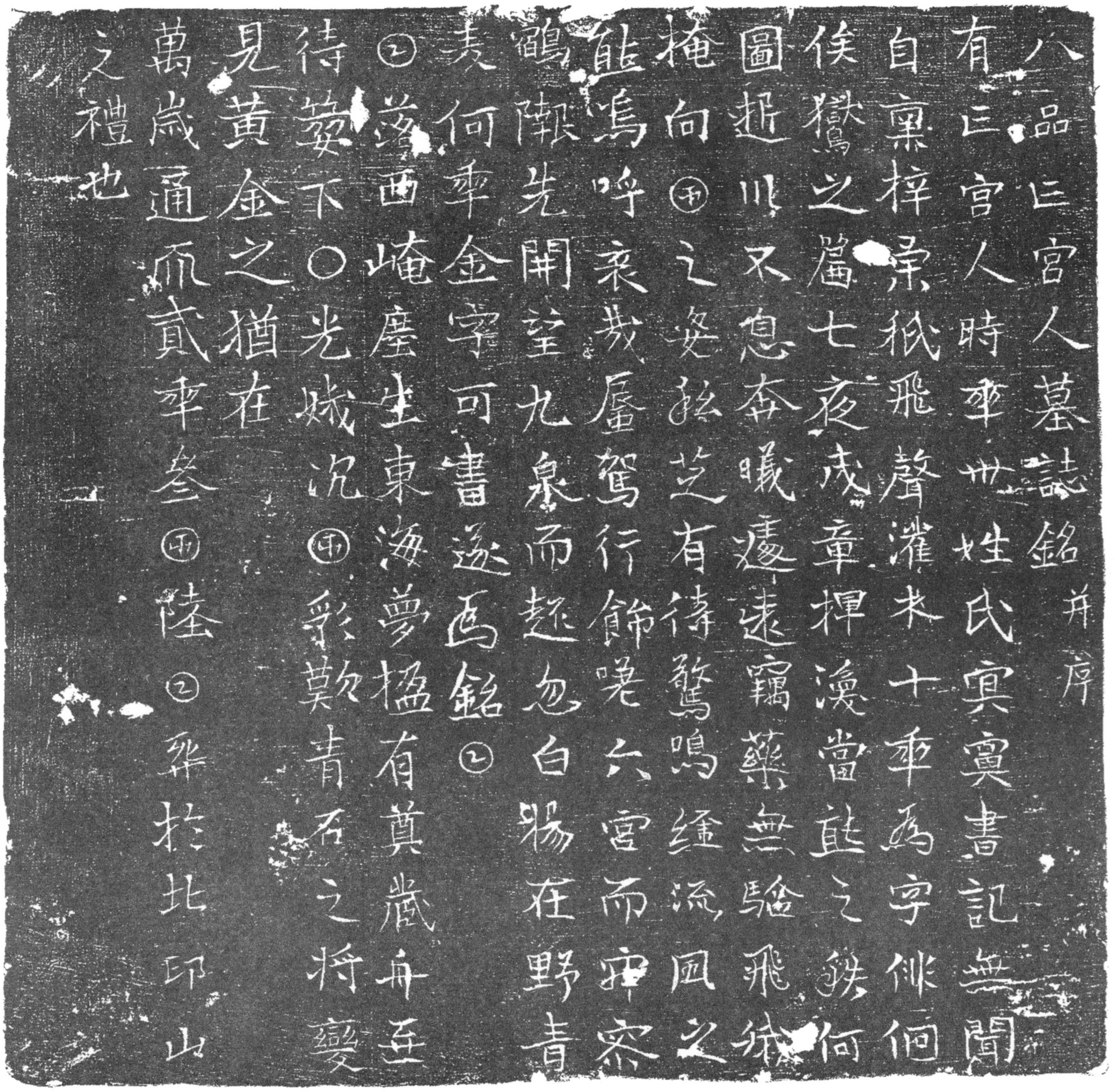
八品亡宮人墓誌銘并序
有亡宮人時年卅姓氏冥寞書記無聞
自稟梓桑祇飛聲灌木十年爲字徘徊
俟鸞之篇七夜成章捍澳當筵之鉄何
圖逝川不息奔曦遽遠竊藥無驗飛纖
掩向月之姿絲芝有待鸞鳴絳流風之
能焉嗚呼哀哉屬駕行飾嗟六宮而寂寥
鷁陬先開望九泉而超忽白楊在野青
春何年金字可書遂爲銘曰
日落西崦塵生東海夢楹有奠藏舟匪
待蓺下星光娥沉月彩歎青石之將變
見黃金之猶在
萬歲通天貳年叁月陸日葬於北邙山
之禮也

一〇三　八品亡宮人墓誌

武周萬歲通天二年（六九七）三月六日

一〇四　樊君妻竇氏墓誌

武周聖曆元年（六九八）一月十二日

一〇五　長孫斌墓誌

武周聖曆二年（六九九）二月十七日

大周故朝請大夫行湖州烏程縣令長孫公墓誌
公諱斌字[illegible]河南[illegible]曾祖儁後魏尚書左僕
射儀同三司[illegible]郡開國公兼尚書令行司州
牧雍州刺史驃騎大將軍太子太傅雍州牧贈
使持節光祿大夫雍州刺史謚曰武祖兕周中
大夫使持節開府儀同三司襄國縣開國公[illegible]
代[illegible]州諸軍事二州刺史蘭州總管汲郡開國
公[illegible]開府儀同三司[illegible]刺史父仲[illegible]隋太子
[illegible]豐寧縣開國男公[illegible]左千牛[illegible]府倉曹參
[illegible]州羅[illegible]縣令[illegible]州司馬渭州長史文州長史
皇朝上柱國朝請大夫行湖州烏程縣令[illegible]萬歲
通天元年[illegible]寢疾其年七月十[illegible]日終於烏程縣
之公館春秋七十以聖曆二年二月十七日遷
窆於雍州明堂縣[illegible]原之[illegible]禮也長子徵
[illegible]嫡孫[illegible]聖曆二年歲次己亥二月[illegible]景
戊朔十七日壬寅[illegible]

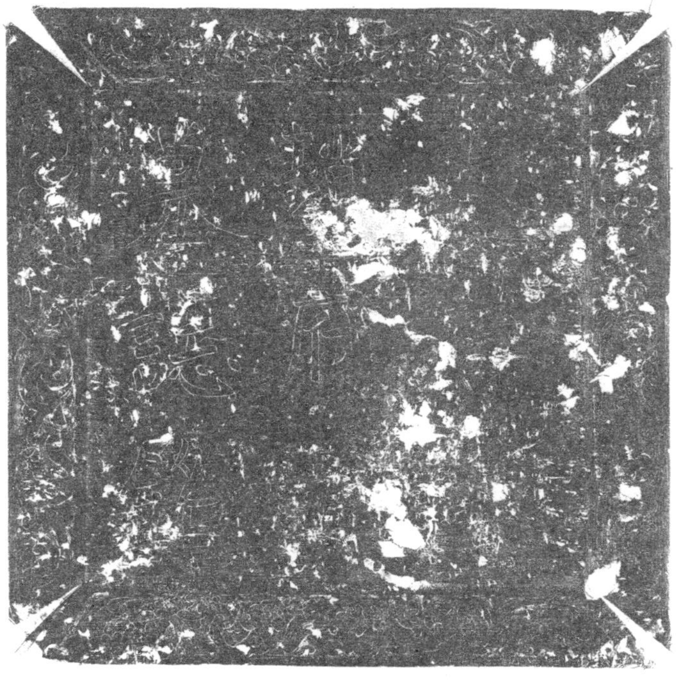

一〇六　趙本道墓誌

武周聖曆二年（六九九）八月九日

一〇七　楊弘嗣墓誌

武周聖曆三年（七〇〇）三月二十三日

一〇八 王德徹墓誌

武周久視元年（七〇〇）十月五日

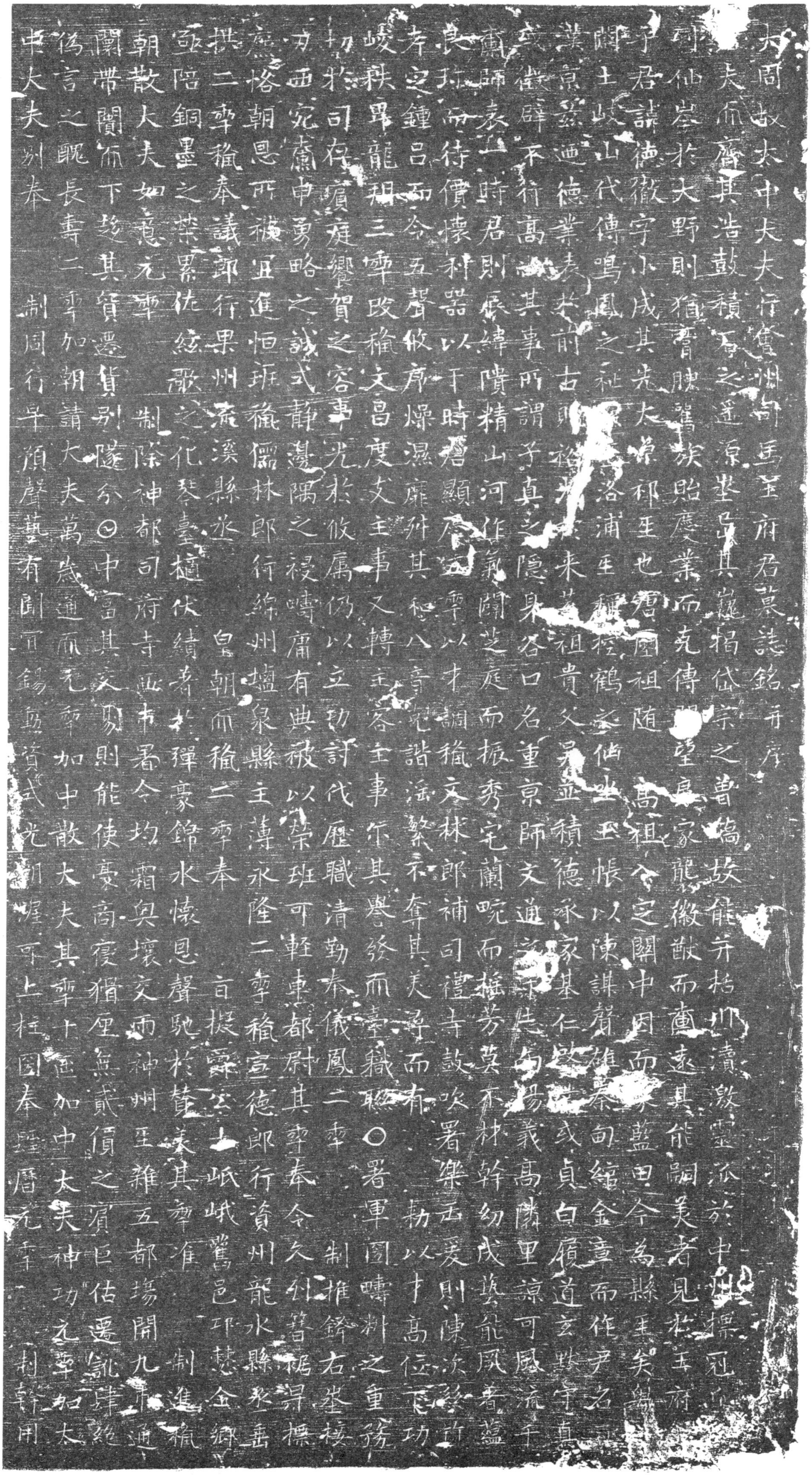
大周故大中大夫行費州司馬王府君墓誌銘并序

局部一

局部二

一〇九　范府君夫人蔣安兒墓誌

武周久視元年（七〇〇）十一月二十日

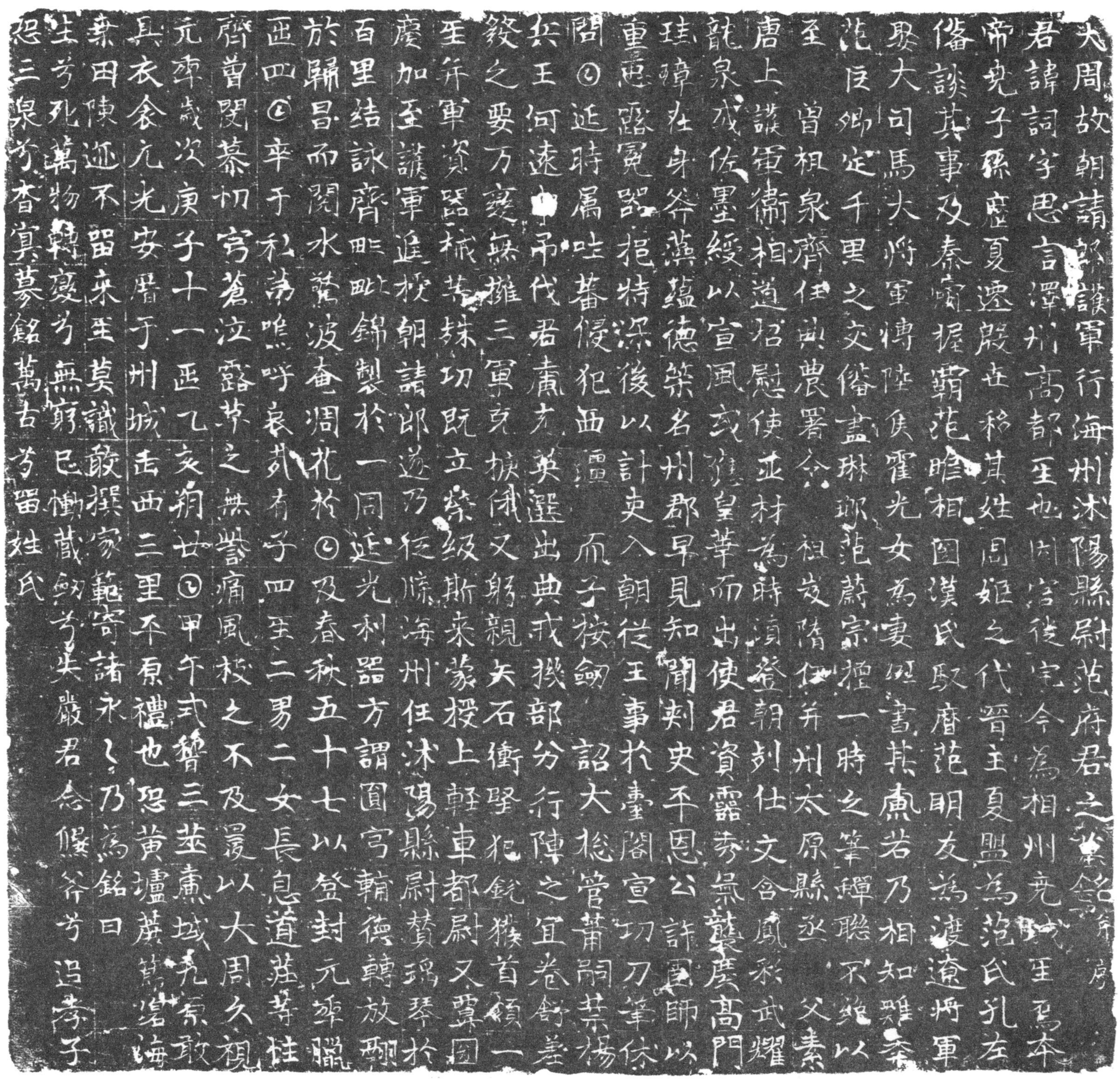

大周故朝請郎護軍行海州沭陽縣尉范府君之墓銘并序
君諱詞字思言澤州高都人也因官徙宅今為相州堯城人焉本
帝堯子孫歷夏遷殷在稱其姓周姬之代晉主夏盟為范氏孔左
備談其事及秦寧握霸范睢相國漢氏馭曆范明友為渡遼將軍
娶大司馬大將軍博陸侯霍光女為妻經書其廉若乃相知難奏
范巨卿定千里之交僑盡琳瑯范蔚宗擅一時之筆蟬聯不絕以
至曾祖泉齊任典農署令祖岌隋任并州太原縣丞父素
唐上護軍衛相道招慰使並材為時須登朝剋仕文含鳳彩武耀
龍泉戍佐墨綬以宣風或擁皇華而出使君資靈秀氣襲慶高門
珪璋在身斧藻蘊德榮名州郡早見知聞刺史平恩公許圉師以
重惠露冕器抱特深後以計吏入朝從王事於臺閣宣功刀筆依
聞日延時屬吐蕃侵犯西疆　天子按劍　詔大總管蕭嗣業揚
兵王何遠□予代君肅方英選出典戎機部分行陣之宜卷舒差
發之要乃變無擁三軍克捷俄又躬親矢石衝堅犯銳獲首領一
至并軍資器械等殊功既立榮級斯來蒙授上輕車都尉又蒙國
慶加至護軍進授朝請郎遂乃從除海州任沭陽縣尉贊鳴琴於
百里結詠齊毗毗錦製於一同延光利器方謂圓穹輔德轉放翮
於歸昌而閱水驚波奄凋花於日及春秋五十七以登封元年臘
月四日卒于私第嗚呼哀哉有子四人二男二女長息道莊壽桂
儕曾閔慕切穹蒼泣露莘之無譽痛風枝之不及以大周久視
元年歲次庚子十一月乙亥朔廿日甲午式營三莖肅域允□敢
具衣衾允光安厝于州城□西三里平原禮也恐黃壚□□□海
棄田陳迹不留來人莫識敢撰家範寄諸永永乃為銘曰
生兮死萬物轉變兮無窮已慟哉斂兮失嚴君念偃仰兮追孝子
恩三泉兮杳冥墓銘萬古兮留姓氏

一一〇　范詞墓誌
武周久視元年（七〇〇）十一月二十日

一一一　蔣英墓誌

武周長安二年（七〇二）四月二十九日

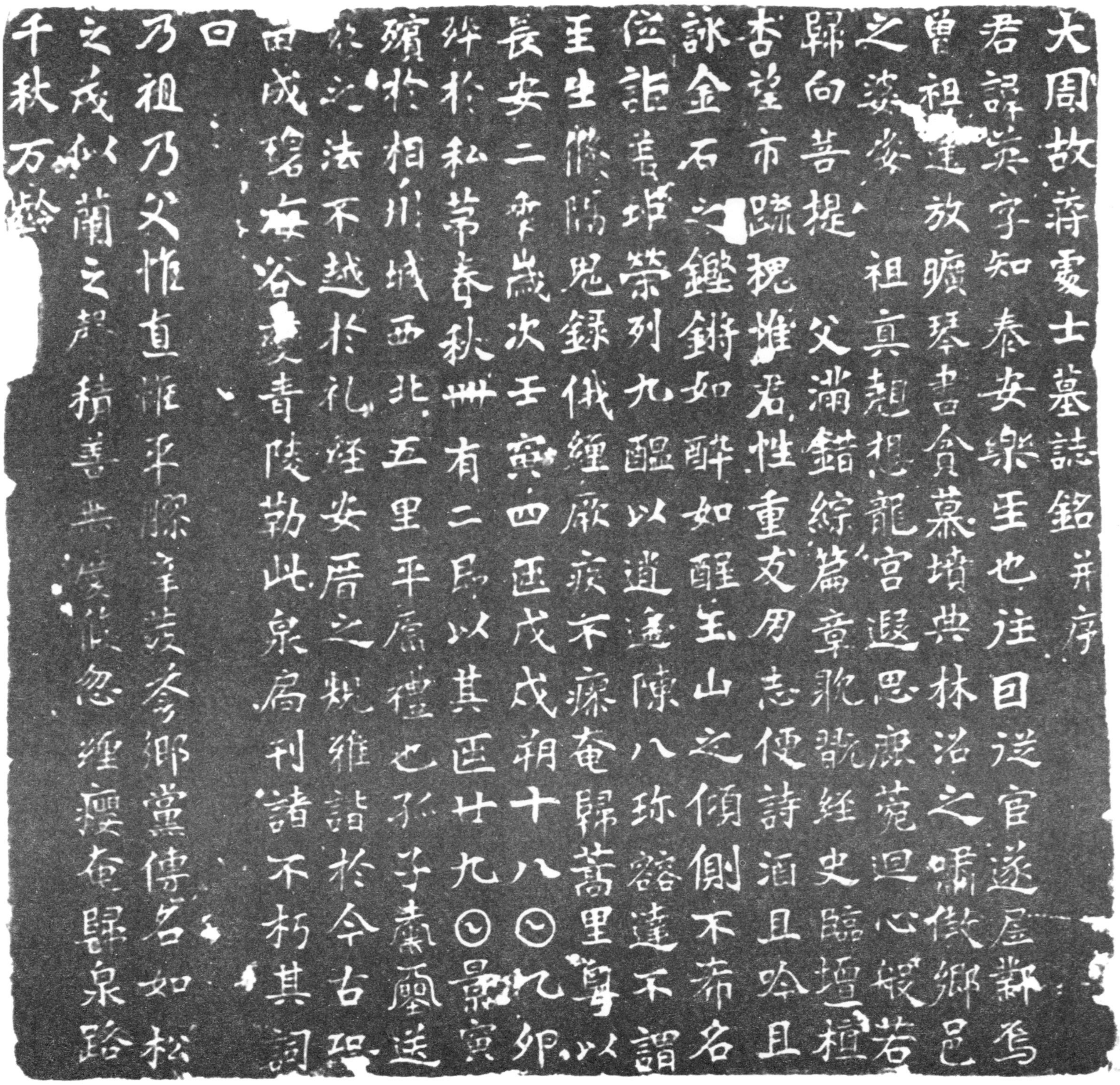

大周故蔣處士墓誌銘并序
君諱英字知泰安樂王也往曰從官遂居鄴爲
曾祖達放曠琴書貪慕墳典林沼之嘯傲鄉邑
之姿　祖真翹想龍宮遐思鹿菀迴心般若
歸向菩提　父㴽錯綜篇章歌詠經史臨壇植
杏望市蹤槐惟君性重文用志便詩酒且吟且
詠金石之鏗鏘如醉如醒玉山之傾側不希名
位詎養埤榮列九醖以遣遙陳八珎豁達不謂
王生徹腸鬼錄俄纏膏疾不瘳奄歸蒿里粤以
長安二年歲次壬寅四月戊戌朔十八日乙卯
卒於私第春秋卌有二即以其月廿九日景寅
殯於相州城西北五里平原禮也孤子肅㥾送
終之法不越於禮經安厝之規雖諧於今古恐
田成碧海谷變青陵勒此泉扃刊諸不朽其詞
曰
乃祖乃父惟直惟平懸華藝參鄉黨傳名如松
之茂似蘭之馨積善無徵依忽纏瘵奄歸泉路
千秋万齡

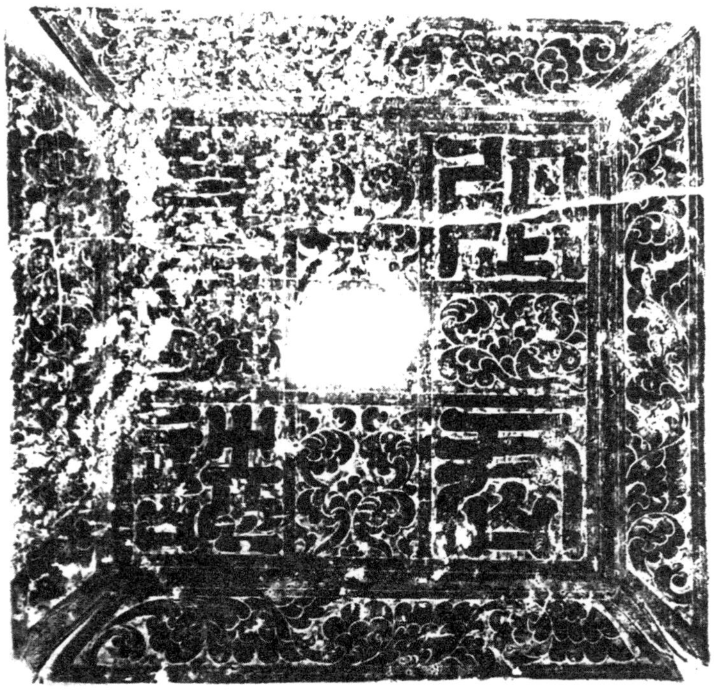

一一二　張陁墓誌
武周長安三年（七〇三）四月十八日

大周故張君墓誌銘并序

君諱柱字貫子其先南陽定也因官在相遂

往此焉祖父寶並東南恨嚮西北鄙閭

匪下之才峻若荊岑之嶺君而遠自然長資

忠德聰聽明察懆理和通方誉弯敏遊齡臂

茲屆福不評川龍逝水□菩馳光顔不熱遺

早服千盧以長安三率九匪一□卒於私第

春秋宗□有七以其率歲次癸卯其匪巳旦

湖水□□巳酉殯殯於相州城地四里平原

禮也東望長洛之城西聰峰岫南希禍日尋

喬之高峻北詣洹水而深流澹嗆嗣子進惡忌愴

波海造山谷嶋嶼勒石銘養廢傳不朽乃昌

銘曰

長漾瀲之華緒綿之代畫其美玉歸慈賢州

金蘭蘂朽芳家俱摧來刻期□長入幽厭良

門一樞畫忘無開填

嗚呼哀哉

一一三　張柱墓誌
武周長安三年（七〇三）九月二十一日

一一四 翟奴子墓誌

唐神龍元年（七〇五）十一月九日

大唐冠軍大將軍行左領軍衛將軍上柱國威化郡開國公
翟公之墓誌銘并序
公諱字娍子望本燕郡遼西人也自肅慎開家桂盃源於[illegible]
水桂[illegible]疏族嗣芳曹於高楊祖敬上柱國公父懷上柱國公
惟岳降神自天生德聲雄六郡勇冠三軍殲醜類於雲中立
功於塞表高謀三略秘策六奇杖鉞霧於南邊掃胡塵於
北塞君幼標異節長負奇材君習為風雲作氣東西屏難
早申首戟之功南北除兇定三邊之冠賞曰勳厚秩以功
遷職在副軍時逢強陣奮身不顧殞命寇場授君冠軍大將
軍行左屯衛翊府中郎將贈左領軍衛將軍上柱國威化郡

局部一

開國公竇[illegible]侯之禎幹任
天子之爪牙奈期莫保百年威吞衛霍誰謂奄殂三命略盡
孫矣蓮疾弥流俄歸大夜粤以神龍元年十二月九日權葬
於洛邑平樂鄉之原禮也遂使桐枯鳳去劍沒龍沉國靡安
邊之臣家曾基堂之又爰暨百禮式[illegible]松阡僕也不才乃為
銘曰
蟠木踈橫下野鬧彊占蹄孕踞[illegible]年傳芳公侯必[illegible]枝葉其
昌其一顯允祖考家聲遠振直而不屈磨而不磷玉葉千重金
柯万仞惟公檀義逸足不羣雄情漲日壯志淩雲捐軀赴難
報國酬恩其三崇基翼翼洛陽之北大塋蕩蕩孝父之[illegible]哥悽
薤露悲起楊風一列貞石万代銘功其四
維神龍九年[illegible]一月九日乙酉建

局部二

一一五　崔可墓誌

唐景龍三年（七〇九）十月十七日

大唐故濰州舍城縣主簿何府君墓誌

君諱基字孝仁其先陳郡陽夏亂也晉太尉曾孫朗陵侯袤專
城之壐葆天陝之職晉帝美其求貴如封錫田循是子孫遂宅
誠遠度隨任益州蜀縣水祖亮少而攺焉有
士曾祖璹隨任益州蜀縣水祖亮少而攺焉有
尉阮詮善績譽滿藩隅朗吟該通智悶有宦寶衝
鄉黨仰慕鳳嚴郡邑庶高宦欽取高宦山河俊氣瑚璉連戎姿
貢白不渝言行無玷釋褐任橋州司戶參軍遷任琅州含城縣
主簿阮詮善績譽滿藩隅朗吟該通智悶有宦寶衝
王神山水遂忘于孫之心槃道琴善邷金衡鄃校丘塋
依善天道輔誠嘗謂衣裳更冊駒卻過隊
廿二日終于私第秋六十有二鳴呼哀武夫人河內常氏夐故
琴變蘭郁惠貞蘭溫敬和如賓逾慈案玉樹方氷廣故之忍
儀蘭郁惠貞蘭溫敬和如賓逾慈案玉樹方氷廣故之忍
長為薦官載通安唐之禮猶恐高岸為谷巨壑成田俔遷烈烋
廿六日丁酉合莖于先塋東北二百步禮也有子二
卜宅封墳貞茫水附還為詞曰平川監主薄慎終追遠已崇晨
黃壟紀因絡令氏祚神諠秀金相玉理代有賢馬斯之翔夫一其
忘爾祭叶泰吾與琴瑟輔德院表福昔謝鄙城共理胖
原望岑嵸字道去岑山水長玉心袖二君子有徵英媛彼
室璀平原坦陝循鄧鄂岂峧危松引愛列慣今翩遠思日坦哀
武略一刊貞遠水塔芳瑤其禮

一一七　上官婉兒墓誌

唐景雲元年（七一〇）八月二十四日

大唐故婕妤上官氏墓誌銘并序

夫道之妙者乾坤得之而為形識氣之精者造化取之而為識用掘埴陶鑄合散消息

不可備之於人矣則光前絕後千載其一婕妤姓上官隴西上邽人也其先

高陽氏之後子為楚上官大夫因生得姓之相繼女為漢昭帝皇后富貴勳庸之不絕其先

曾祖弘隨滕王府記室泰州長史會稽郡弘文館學士給事中太

穀城公食邑三千戶秦州都督上柱國楚國公食邑三千戶皇朝晉府諮議大夫行中書舍人弘文館學士兼

高祖敏剛鯁忠烈淩利鍛操彈射精於射綜極於煙霞載筆螭頭記言烏署載筆記言至於跨躡簉於窮

子洗馬中書舍人祕書監銀青光祿大夫皇太子中書令太

礪成利鍛操彈於石拔水而高視以梅和羹而獨步交章於穹

蕩謀歡勩堂以石拔水而高視以梅和羹而獨步交章於窮

泉庭芝左右牛周王府屬人本源七流冠以侍奉為重道在腹心王

迹以吐納為先事道唯有令名本源七流冠冕宸極以侍奉為重道在腹心王

天書滿於華屋後有遺愛及於窮閭望相趨闥龍樓輝燦

公敷奇運苦解卿賽裳近霹卽金闕文前冠國風昂昂千里之駒始光望屬楚國黃

門侍郎天水郡開國公食邑三千戶訪以荒陳無復藤城之椒藏之祕府空餘竹簡之

書建好懿淵天資賢明神助詩書為苑囿拾星火弄圈掃得其菁華翰墨擒組織成其錦綺

季春十三為才人詠通備於龍星火昆弄圈搖動賊臣極忠讜而獲罪懷彰恕以烏號

女子紹天明命神龍元年冊為昭容以纁昭容以忠讜獲罪懷彰恕以烏號

苦節季為備愛女婾為掌誥昭容以忠讜容止為黨昭容以恕氏資於

先帝潛以存宗社皇太子冲規翥昺智足以安危愛屬在腹心

請辟位而下用愍以堅貞疾昭之節貞廣求入膝之醫綬救懸

為婕妤三方許暨宗社皇太子冲規翥昺智上衛伐謀誠亡身於

霜先帝之制未之許冊次之請落幾而出卒天不遂亦後天斯

為婕妤三方許暨制末之許落幾而出卒天不遂亦後天斯

於傾覆安於徵會卒之際時春秋四十七

聞遠冒鋒亡身於徵會卒之際春秋四十七

制命禮葬贈絹五百匹遣使弔祭詞百綢纋以大唐景雲二季

八月二十四日窆於雍州咸陽縣茂道鄉洪瀆原禮也龜龍八卦與紅顏而並銷金石

五聲隨白骨而俱腐其詞曰

巨閭鴻勩源長遠系冠昆玉交襄公侯相繼愛誰賢朗是光銓綬官闥以得若合符契契其一

瀟湘水斷宛委山頹珠沈圓折玉碎連城甫瞻松櫝靜聽墉堂千年萬歲樹花頌聲其二

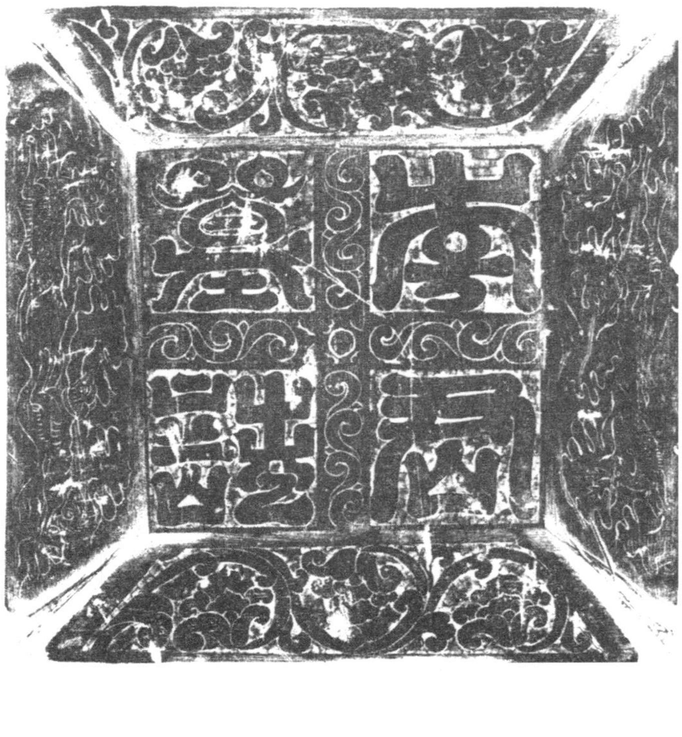

一一八　李五墓誌

唐太極元年（七一二）五月二十二日

一一九 鄭偁妻崔氏墓誌

唐開元三年（七一五）五月十六日

大唐故朝議郎上騎都尉行沁州司馬杜公墓誌銘并序

公諱表政字政則京兆杜陵人也其先在周由唐杜氏自漢至晉閒

得子夏延年佰俟兀凱明兀忠懿實命代之賢其餘奏宓沸騰衣冠

禮樂絲舊手圖史矣展轉碩茂以至于公公之祖諱懿有隨陳

留太守乘氏縣開國公食邑二千戶公之祖諱兀祖諱琬之有隨同州邵陽縣

令魯州司馬乘氏縣開國子皇朝太中大夫使持節郎

芳州諸軍事芳州刺史上柱國房子縣開國子故其子孫蒙世祿之

祚蔭崇高之班預宿儒孝滿調補藤王府記室參軍五遷陝州長史

縣令秩滿又除沁州司馬公幼勒授苑南面監朝議郎上騎都尉又授平州長史

鳳草其鴉誼下車甚月厭化壞凶邪相師書夜額額浸以滋蔓至于今思之在郡三年以有周

沁部風化壞凶邪相師書夜額額浸以滋蔓至于今思之在郡三年以有周

孝庵德不鑠有密君子之道也故能遠蘇黔川丕變羌俗以仁

縣之別業始公常謂其子吾為吏三十年不至二千石昨暮童子聞喜

之聖二年辭滿春秋以七十二矣其年四月廿一日終于絳州聞喜

休朝大夫宣非命歟及寢疾不告靈額人到于今為孝之終也當練期

皆烈休環休泰休茾斬心居後氏以洪水之患陂塘之事故有朝死而暮葬

卜宅而安厝之昔夏后氏以洪水之患陂塘之事故有朝死而暮葬

今兹歲在鶉首月貞于胃龜相叶是謂大同迺奉遷神靈千里需吉辰

也非百代常行之道也即以其年月廿五日擺殯于縣之近郊需吉展

于邁行輜軺泳祠挽歌方相筮旗旐莫不光備前後森如之樹西北見先

人之廬前橫二山終南太一却帶四水瀟灞汪渭于塋杜公千載宅

歸葬于雍州長安之少陵原本也東南近里社之樹西北見先

之矣其銘曰

暗公林賢繄公命遷奉卿謫去司馬終為沁上辭滿去云山年百齡

生事化為東川歸葬京北城南之阡賈土成塚崔嵬道邊

開元三年歲次乙卯十月丁酉朔十五日癸酉葬

西南大學新藏石刻拓本匯釋　一六八

一二〇　杜表政墓誌
唐開元三年（七一五）十月二十五日

一二一　趙琮墓誌

唐開元三年（七一五）十一月二十八日

大唐故涼府都督竇府君夫人顔氏墓誌銘并序
夫人諱字琅耶臨沂人也銑精素績凝念緗典縻偏胄以銓
懿空德門而選矣遥清風我顔氏得之矣故道延千載譽
華九師光輝爍然緗譜圖史曾祖　隨集州刺史新野郡
公祖　皇朝益州德陽縣令父　皇朝洛州録事
參軍司農丞人稱邦翰地標國華騫昂羽儀砥礪名實夫人
婉孌淑德雍容雅肇握桂林之芬芳弄珠浦之光潔中規合
矩已寘荇於蔵試閲禮敦詩亦不忘於儀則竇府君以寄重
列徽榮昇禁館俄而絳河秋逝寶魄宵沉詔許爲婚遂歸乎
竇氏德以柔下謙而收弱理琴瑟於中閨徽音不昧采蘋繁
於南澗宗廟聿脩君無何而府君即世夫人悲纏晝哭措結
宵訓孀閨淚盡始歎舞於孤鸞巫峽雲飛遠嗟沈於雙劍以
載初元年二月十六日終於河南府所亭春秋六十有一越
開元五年秋八月五日遷厝於咸陽縣泰川鄉石安原禮也
也風吟萬籟列列秋聲雨霽三泰暉隙落照平原之蕪没
見飛旐之搖揚逶迤長阡寘寞幽隧長子綏州刺史承孝等
泣血終天擗家爲禮撫瑩而潰魄聽哀挽而長歸鳴呼哀
哉敢爲銘曰
與温柔以章蘭菊在御一其肅肅鳴鴈集于汀沙睆睆淑女嬪
于貴家中閨静穆外庶光華紛綸規範夙夜無差二其歡不再
來歲以暮亡福未臻極禍斯所奇悍悍疾疹哀哀罔已始歎
孀閨旋悲逝水三其歲月遷謝墳塋啓闢前瞻渭流俯控秦陌
新挽風悲旌輪煙分千秋万年空此堅石四其

一二二　竇府君夫人顔氏墓誌

唐開元五年（七一七）八月五日

大唐故涼府都督竇府君夫人顏氏墓誌銘 并序

夫人諱字琅耶臨沂人也銳精素積疑念緗典蹈偶冑以銓

懿空德門而選三逕遙清風我顏氏得之矣故道冠千載譽

華九師光輝爍然錦舊圖史曾祖 隨集州刺史新野郡

公祖 皇朝益州德陽縣令父 皇朝洛州錄事

參軍司農丞人稱邦翰地標國華鸞昂羽儀砥礪名實夫人

婉孌淑德雍容雅肇握桂林之芬芳弄珠浦之光潔中規合

矩已宾荐於蔵試閑禮敦詩亦不忘於儀則竇府君以寄重

列嶽榮昇桑館儀而絳河秋邀寶魄宵沉詔許為婚遂歸于

竇氏德以柔下謙而以躬理琴瑟於中聞徽音不昧禾蘋繁

於南澗宗廟聿脩居無何而府君即世夫人悲纏書哭攢結

宵訊孀閨淚盡始歎舞於孤鸞巫峽雲飛遽嗟沉於雙劍以

局部一

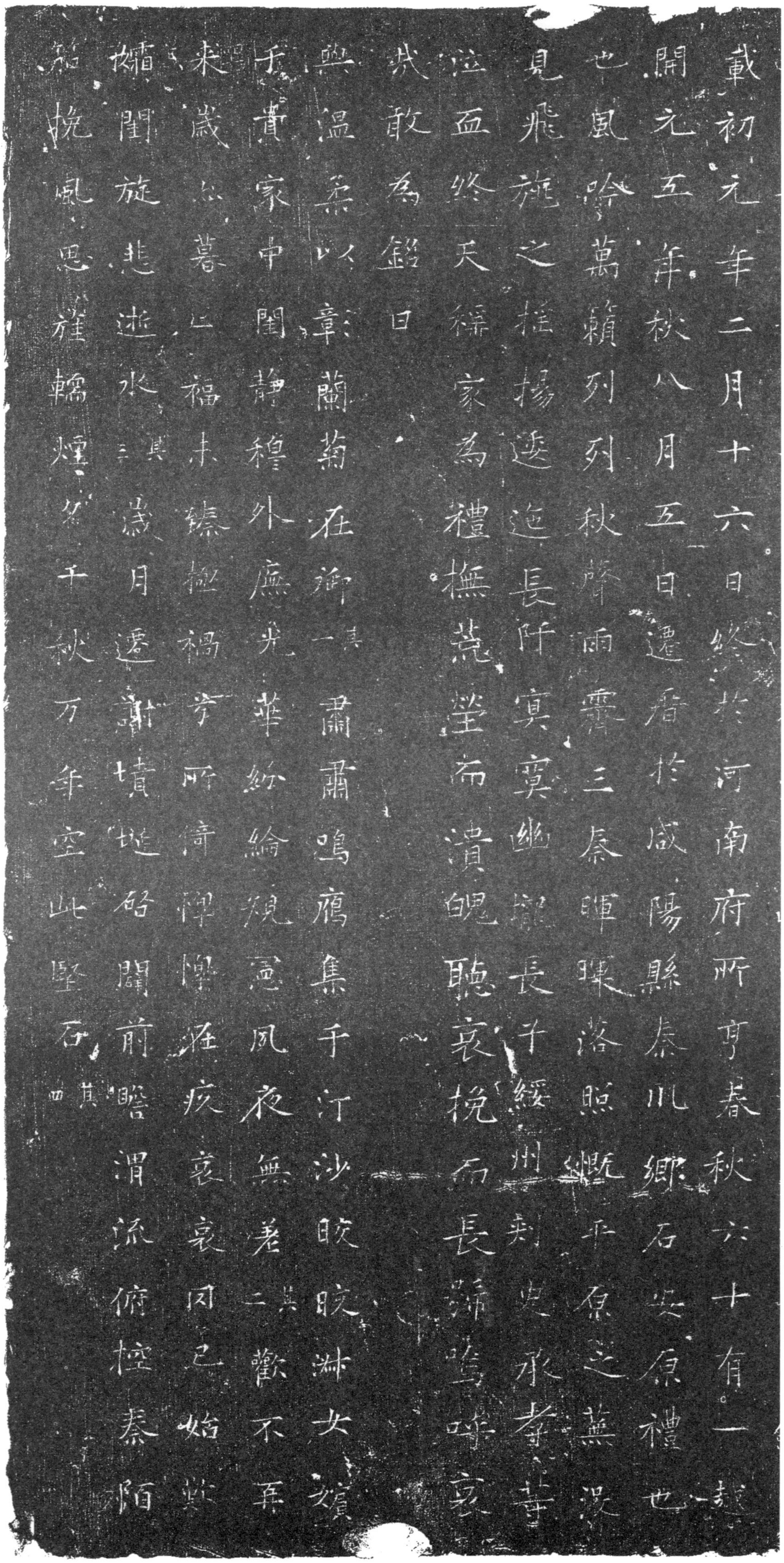
載初元年二月十六日終於河南府所亨春秋六十有一越
開元五年秋八月五日遷厝於咸陽縣泰川鄉石安原禮也
也嵐吟萬籟列列秋聲雨霽三秦暉暉落照慨平原之蕪沒
見飛旐之搖揚逝迤長阡寘寘幽擲長子綏州刺史承孝普
泣血終天操家為禮撫荒塋而潰魄聽哀挽而長號嗚呼哀
哉敢為銘曰
與温柔以彰蘭菊在御一其肅肅鳴鴈集于汀沙皎皎淑女嬪
于貴家中閨靜穆外廡光華紛綸規範夙夜無差二其歡不再
來歲忽暮亡福未臻極禍斯所倚惸惸罹疾哀哀罔已始與
嬪閨旋悲逝水三其歲月遷謝墳壟石闕前瞻渭流俯控秦陌
茄挽風悲雁轄煙含千秋万年空此堅石四其

局部二

一一三　趙慎微墓誌

唐開元五年（七一七）八月二十三日

局部一

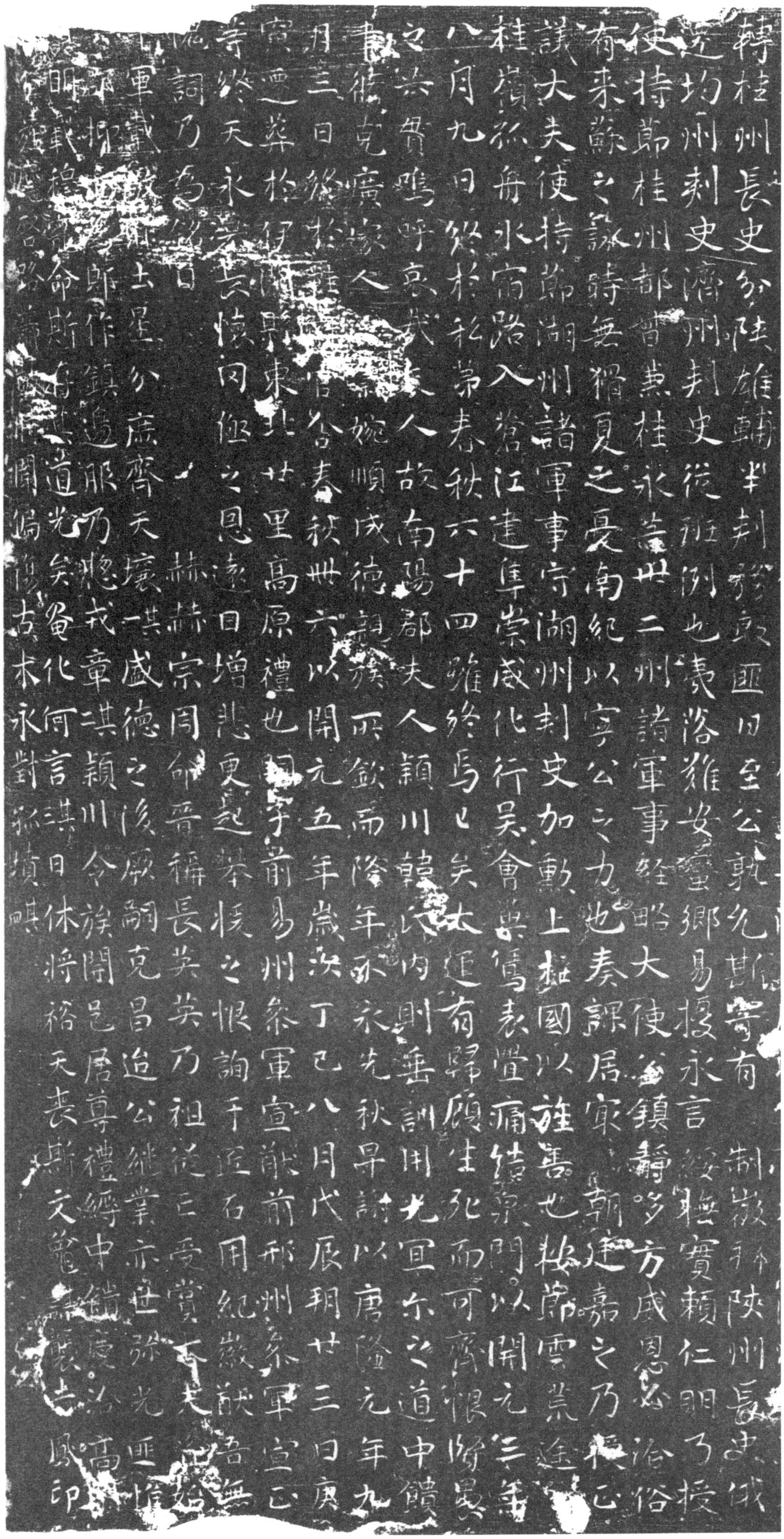
轉桂州長史。分陝雄藩，半刺務殷，匪曰至公，孰允斯寄？有制徵拜陝州長史。俄
遷均州刺史、滑州刺史，從班例也。是洛維安，鄉易擾，永言綏撫，實賴仁明，乃授
使持節桂州都督，兼桂永等卅二州諸軍事、經略大使。公鎮靜遐方，威恩洽俗，
有來蘇之詠，時無猾夏之憂。南紀以寧，公之力也。奏課居最，朝廷嘉之，乃授正
議大夫、使持節湖州諸軍事、守湖州刺史，加勳上柱國，以旌善也。按節雲霄，途[illegible]
桂嶺，孤舟水宿，路入蒼江。建隼崇威，化行吳會。興言暨表，痛結棨門，以開元三年
八月九日終於私第，春秋六十四。雖終焉已矣，大運有歸，顧生死而可齊，恨[illegible]
之共貫。嗚呼哀哉！夫人故南陽郡夫人潁川韓氏，內則垂訓，用光宜家之道；中饋
事[illegible]克廣，嫁人[illegible]婉順成德，親族所欽。而降年不永，先秋早謝，以唐隆元年九
月三日終於[illegible]官舍，春秋卌六。以開元五年歲次丁巳八月戊辰朔廿三日庚
寅遷葬於[illegible]東北廿里高原，禮也。嗣子前易州參軍宣敬、前邢州參軍宣已
等終天永[illegible]長懷罔極之恩，遼日增悲，更起[illegible]之恨。詢于近石，用紀歲獻，吾無
愧詞，乃為銘曰：赫赫宗周，命晉稱長。英英乃祖，從已受賞。[illegible]
[illegible]軍[illegible]土是分。庶齊天壤，共盛德之後，厥嗣克昌，追公繼業，亦世[illegible]光。匪[illegible]
[illegible]郎，作鎮邊服，乃總戎章，淇潁川令，族開邑居，尊禮縟中，[illegible]
[illegible]命斯[illegible]道光矣。[illegible]化何言，淇日休將，裕天長斯文，[illegible]
[illegible]偏傷古木，永對孤墳，[illegible]

局部二

一二四　趙敬仁墓誌

唐開元六年（七一八）七月十四日

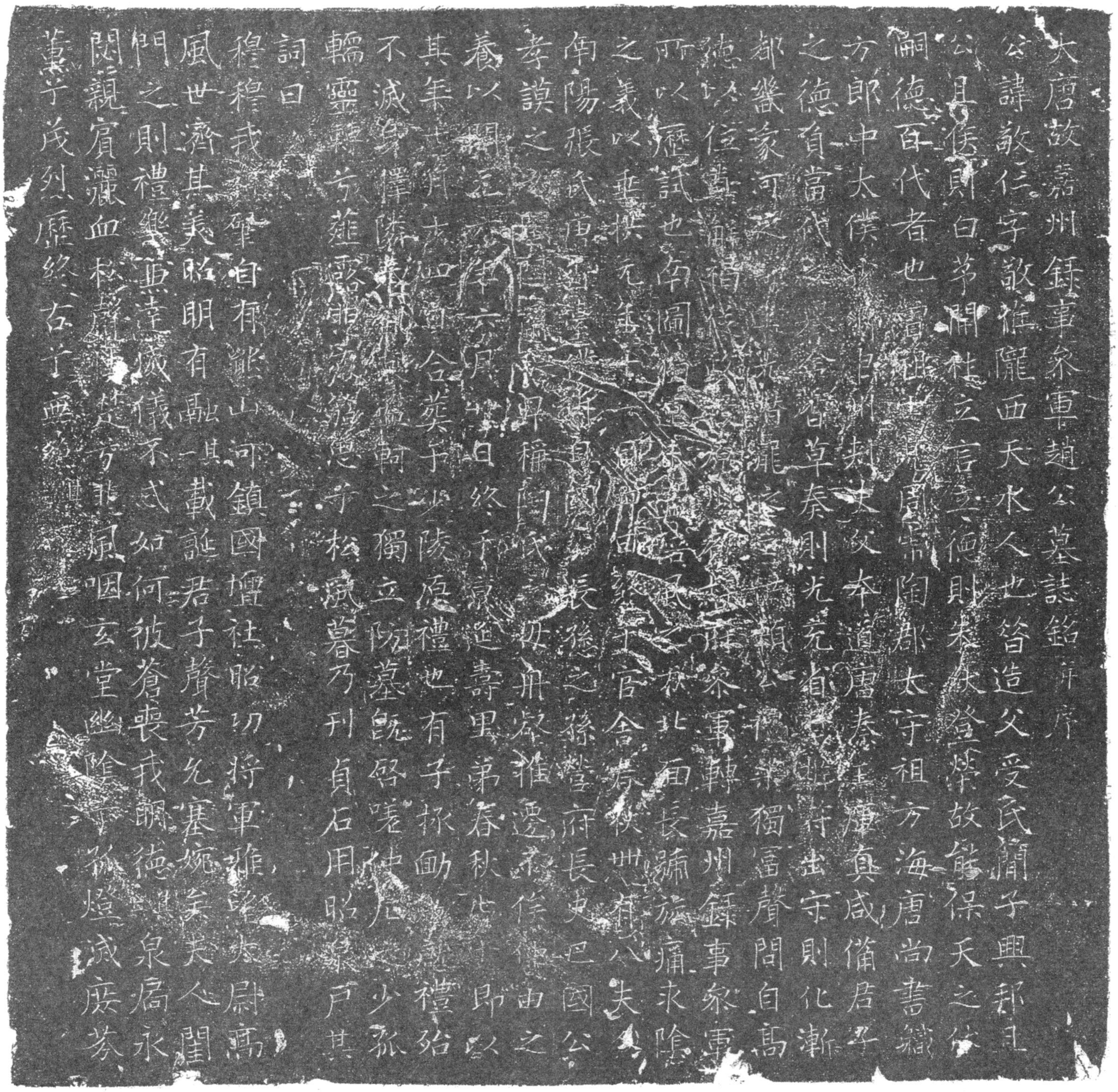

大唐滎陽鄭處士妻孔氏墓誌銘并序
夫人字果魯國人也自鵷孕聿郊系洪流於
終古麟祥魯澤懋華族以滋今曾祖志玄贈
懷州刺史祖惠元春官侍郎父沓言蒲州解
縣令並道邁中寓翰飛上京振金諫之嘉聲
蓊玉壺之絲譽夫人幼摹閨範長富韶姿克
令地於陳龜作芳嬪於鄭族雖德昭六列而
不禽二毛天施之生假壽何爽以開元七年
四月六日遘疾終于解縣官舍春秋卌有三
八年歲次庚申二月甲申朔十四日丁酉窆
于京兆萬年縣龍首鄉鳳棲原權殯也嗚呼
屛湮寶瑟匣碎珠鈿泉幌無春幽堂滅照東
門之動念斯焉取斯荀奉蒨之傷神復嬰茲
日銘曰泒肇商丘懿騰郢闕陸離門慶綿
聯代閥珠嬪瑩起瓊華秀發鳳地迴天娥姿
下月鸞飆遽落蒨露遄侵鏡鸞孤逝匣劍偏
沉中泉沓沓大夜陰陰千齡萬古茲恨滋深

大唐夫人孔氏墓誌銘

一二五　鄭處士妻孔果墓誌

唐開元八年（七二〇）二月十四日

一二六　丁元裕墓誌

唐開元九年（七二一）二月二十五日

大唐故使持節集州諸軍事集州刺史上柱國清河丁公誌石文并序　男羽客撰序
公諱元裕字倫清河人也曰官從居京兆自非能入鎡鼎業雲張儁鶴來儀瓊柯霞
贊仲金中葉門多章綬之榮士德前昌家盛文儒之價孝侯之德永感明祇太守之
議實接皇眷代濟其美莫之與京佳傳備書此不乇舉曾祖夔隨冀州別駕驥足纔
琛河朔是康祖信皇朝建州刺史恒安公仁風載扇黎庶多慰父仁靜皇朝海州懷
仁縣令錦美能製鮮徽解褐去歟翔鸞寧祇古人而已公應期間出名流之冠碩材
不器雅量弘深翰逸文遒得泉雲之墨妙龍鱗鳳翥致鍾王之筆精冠歲　勑白直
中書省正言纔屬綵翰行揮　帝欽其佳[illegible]有錫賚無何授朝議郎行左內率府錄
事參軍滿調右衛兵曹　孝和中興孝王冊留內安仍賜絹百匹諸王冊文　勳臣及
卿相吉身多是公書時人以為妙絕景雲中詠詳有功加朝散大夫上柱國今
上在春宮賦詩欲聞　太上知公擅書名於　殿下繕寫攬而褒美賜讌并賚緋紬
緣十六開元首歲氛祲初廓功臣將拜又命於　禁內敘錄王特進等三千餘人皆
委公注擬　上　帝嘉其績進中散大夫行司農寺丞此司錢穀是出奸為孔熾公設法
禁杜朝廷難之三年轉廬州別駕上黨大藩　至尊任題輿被郡每雖優複猶恐隸
康康之惟賢四年遂授公中大夫行長史累年不拜千石歸政於公公之為邦甚副
天寶七年陞集州刺史公被之以寬簡示之以清平未勸而群物欽風不嚴而不人

一二六　丁元裕墓誌

局部一

知懼澤及枯肆惠覃早苗比旂為災族行他境户口逃者絡歸舊廬云初之官至

于利州傳舍題絶句云閬道巳貢地由表罷獸多徐余為政曰方遣渡江河遠乎下

車果如所述巴蜀之地到今稱之八年上計京師中途遘疾卆有一月一日薨于臧下

州苗花縣根次春遷二百世一甲子縣官閭之咨悼者欠焉衣冠延迄之士咸借歔隨

吹儀仗給事葬於鳳楼原禮也惟公積德玄通於神明惠勤易其憙怒詛形於色代之難所謂吉人為善

官所在遺愛孤孝之至通於神明惠勤易其憙怒詛形於色中外雖伍倫撫延韓康養娌

恩勅給迄至京令六品官一人弔祭時物七十既藥七十石九年二月卄五日給畝養

以尚也道人之矢又拊浮圖而㪍而蚤馬每請禄倦拾其十八書賒嗣子朝議郎行深州

所不堪公堪之物以情榮辱因勉故有集雨軸以貽於後嗣子朝議郎行深州詞㪍

曰不足者耶公雖能文鄙次方雲容等酷哥作鍾獅窩樂絶以為有道名跡寶假中郎之詞㪍

絹曰軍上桎國朋客次方雲容等尚書詛國公武切蘇頠文儒之秀題目甘世不興壽筆二千

君為佳獸遠憑光禄之詠禮部尚書詛許曾丼洲光若明晉之禮邦寶資斡玄不興壽筆二千

託為銘日嚴天之和克誠崔鴜情曾丼洲光若明晉之禮虛往實歸歟獻孔堪良二千

至昇叶帝俞載筆孤蹇采榘昭季魚崦而立貞石半操輼帳郇馬竟侁隨

餘烈暎袁獬碩舆朽吁真恣遺徒政何有甫竈既庾貞石半操輼帳郇馬翔淒壽

邕戡烈袁震闈閣夜臺斯稿明月長孫丹陽甘思齊書亭

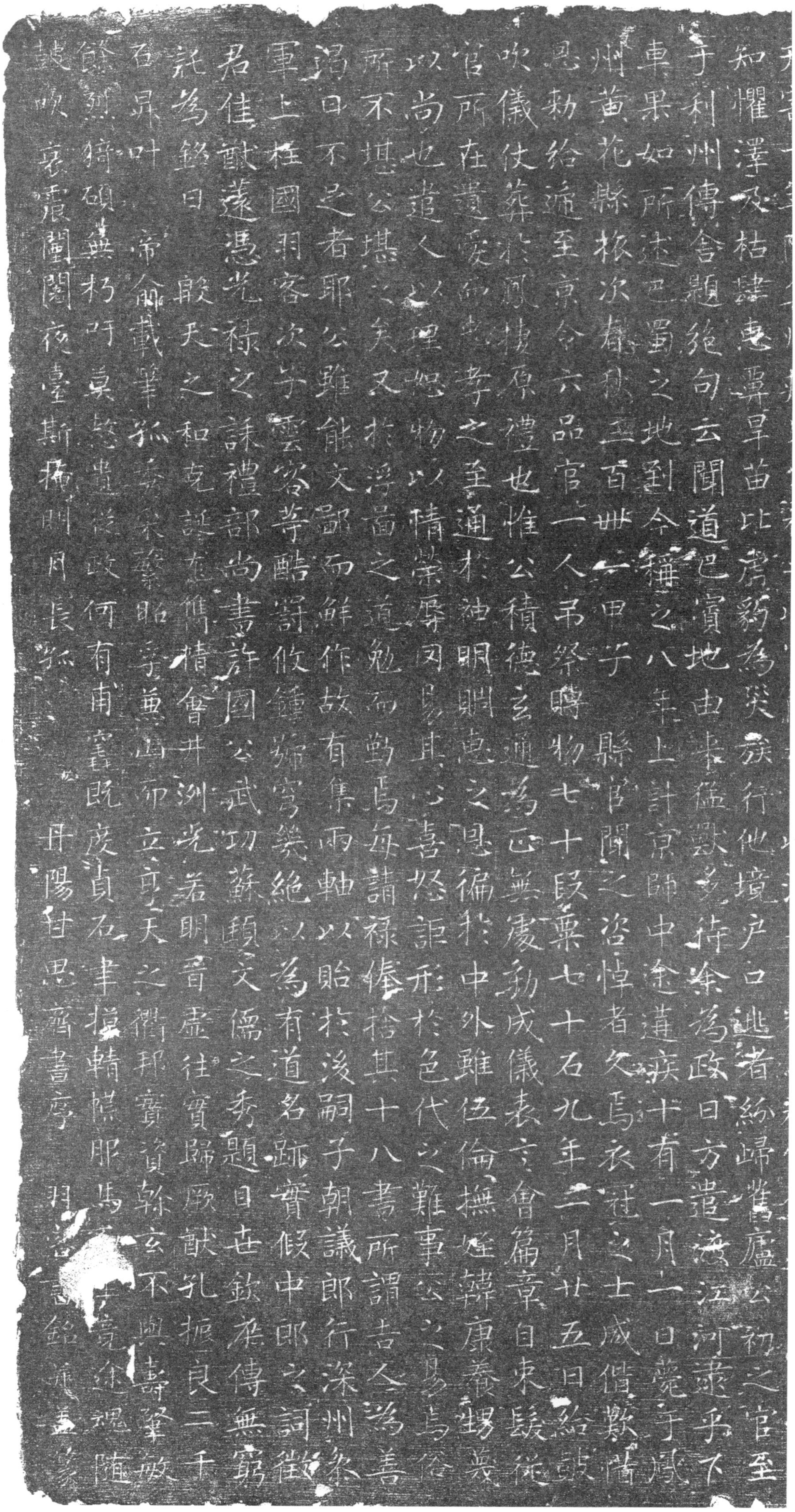

大唐嗣趙王故妃竇氏墓誌銘并序
妃諱舜舜字□自在京兆扶風人也西京冠蓋本號外家之尊東漢軒
裳繼蹤中宮之盛代葉齊棟梁之秀門慶納川瀆之祉遠光史冊近被
虬謠餘烈遺風可略而述曾祖少府監右武衛大將軍莘國公誕綜文
武之業爲邦家之光大父禮部尚書尚書右僕射孝慈以稀代之材運
佳時之略皇考益州什邡令平陵公希瓛式播休風聿弘門祚貴乃由
禮賢而多則妃淳曜降靈英華積祉珪璋而表質𦀚藻繡而爲文柔
順之姿蘭芳蕣映幽閑之美雪白氷清動合禮儀之典訓藝窮聲律
薄而弗存文奪績組時然屬意允所謂儀形德門摽映□族者矣趙王
明德懿親高才雅望義惟齊耦選窮秦匹應斯仇好備禮言歸宜其室
家嬪我藩國粤開元九年十月有詔拜爲嗣趙王妃光被曲冊欽崇璽
命娣媵去序宗姻以睦盥漱之節無替夙興户牖之閒畢虔中饋孝敬
之至資母事姑人倫之序自家形國方冀考終不福永錫遐期那西王
之靈秘同南山之固壽而平分遂奭與善徒欺遽告寢壖奄從捐館不
其悲夫以開元十年歲次壬戌十月己亥朔十二日庚戌遘疾薨于長
安延福里之私第春秋卌三即以其年十一月戊辰朔廿九日景申窆
于長安城南高陽原之禮也悲歲律之窮紀傷逝川之日度趣荒隧於
太陰背叢臺於雲路野帳寂其虛敞寒郊黯焉將暮視褕翟之披披想
珩璜於步步嗚呼哀哉何言永夕非復生春蘭閨虛掩翠帳還新輿行
而而俱絕豈微波之可因託黄絹於遺範寄彤管於芳塵乃爲銘曰
彩發騰精輪娥降靈姻高東漢戚重西京公侯接軫台牧連衡潛祉昭
慶貽華集榮其一是生嬡德傳芳載美行充閨壼言合圖史歸我大國式
佐君子緝諧内政勤勞中饋其二寵章既集縟禮攸歸翟褕式序車服有
輝宜其永錫作範藩闈一嗟歲盡長怨春非其三陽精下闇陰溝上涌宿
草方滋荒榛自拱生涯促兮死路長曷爲壽兮曷爲殤帷簾夜月兮總
戶晨光嗟嗟□矣兮物在人亡其四
開元十年十一月廿九日

一二七　竇舜舜墓誌

唐開元十年（七二二）十一月二十九日

一二八　崔元弈墓誌

唐開元十一年（七二三）十月五日

故刑部郎中崔公墓誌銘并序　將仕郎行晉州襄陵縣尉杜鈒撰

公諱元弈字光弈京□人也自系姓受氏設官分職生而知之沒而不朽列

于伯之末也僕高六葉季□之□也道冀當垂其後豔駕朱輪聯輝奕芝誕

敷邦謀克濟家猷代生賢佐□略論也曾□茂風聯襄□州刺史祖士意

皇兵部尚書晉安公父仁貴皇右千牛贈銀青光祿大夫並以才生於代

代實須才尊官歷祿象賢接武故侍日宣綸轄化其惟二千石於掌邦誥藝

旦惟□□篤孝於友愛□惟濬國華增寵其孰能預於此哉公解褐右千牛

備身蒲州司戶侍□玉階而膺選入備心腹憂啟圖而受寄出佐股肱□□

獨立霜雪長鳴風雨遷益州大都督府錄事參軍西南奧區是多黠吏□□

□具新化必亂□其衍□故能□循潔白名徹皇□以清幹聞除京兆府

法曹參軍換大理丞而造其倫片言折獄削嬴政之疑暗啓毅朝之疎網達

□無苛慘人不齎息囹圄生蕪繫公是賴矣出守汾州司馬尋轉趙州長史

入拜刑部郎中□西城之半類與述美應列宿之輝含香有裕常謂慕□皐

之仁恕不頗于法行季路之嚴明必也無訟豈獨始生韶耽字以弃卿教□

高門稱為待封而已也嗚呼陰德陽報何見欺於從齡積善無徵奄先淪於

局部一

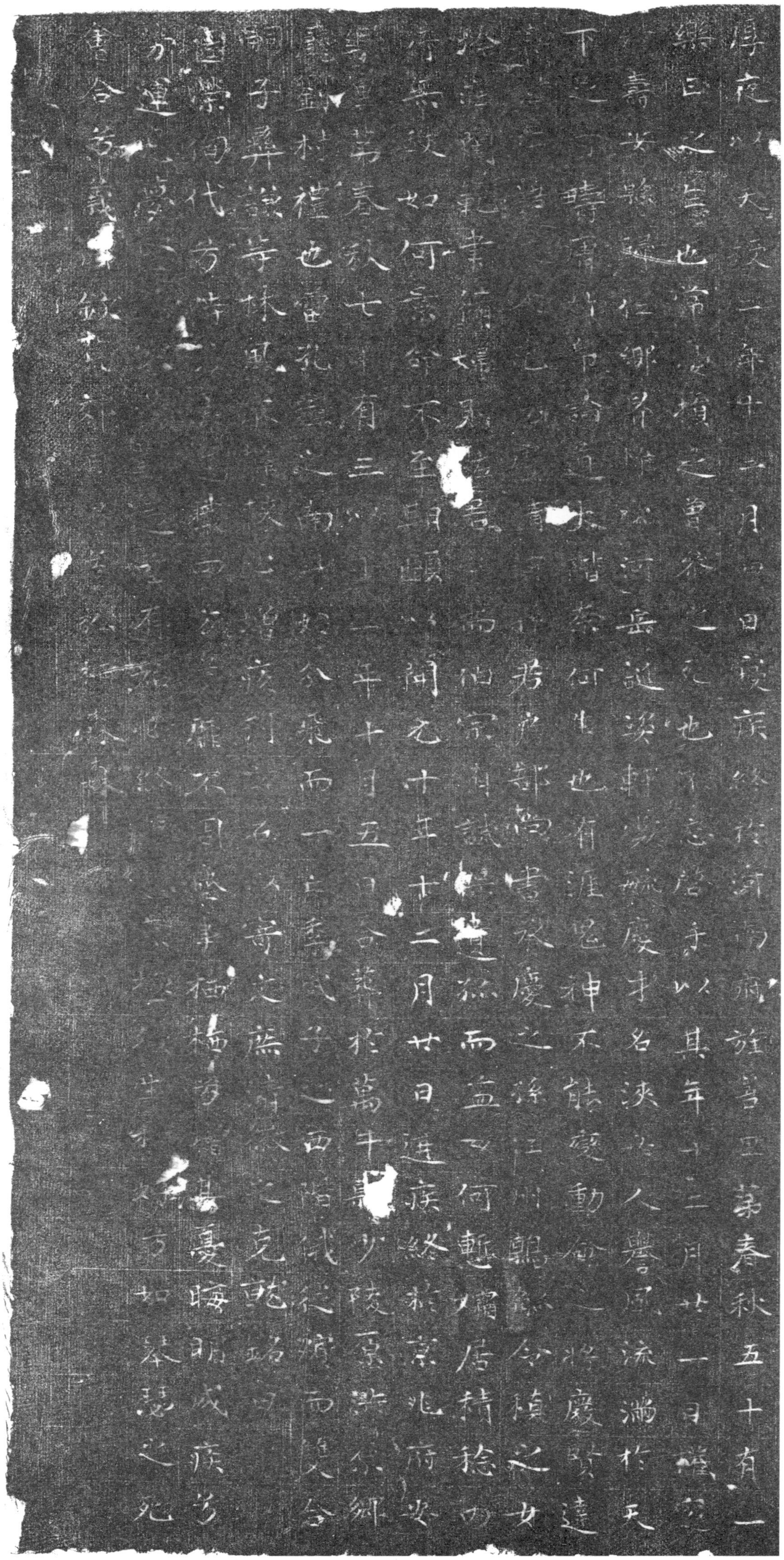
厚莊以大□二年十二月□日寢疾終於河南府旌善里第春秋五十有一
嗚呼□之生也常安植之曾孫之子也□志居子以其年十二月廿一日權□
壽安縣延仁鄉界□河岳誕淡軒□廢才名淡人譽風流滿於天
下之□時甫□節詩道大皆參何生也有涯鬼神不能變動命□將慶賢達
□□□□□□□□□□□□君戶部尚書祐慶之孫江州觀察□令植之女
於□□乾業□婦□□□尚伯宗有誠□□遊孫而益□何甦孀居精稔四
□無□如何□命不至期頤□開元十年十二月廿日遘疾終於京兆府安
□□第春秋七十有三以□□一年十月五日合葬於萬年縣少陵原洪□鄉
□□□禮也□孔□之南□□分飛而一□□□子之西階代從嬪而□合
□子彝識等林□□□□□□□□□□□□□□之□□□□□□□□
□□□代□時□□□□□□□□□□□□□□□□□□□□□□□
□運□□□□□□□□□□□□□□□□□□□□□□□如□□之死

局部二

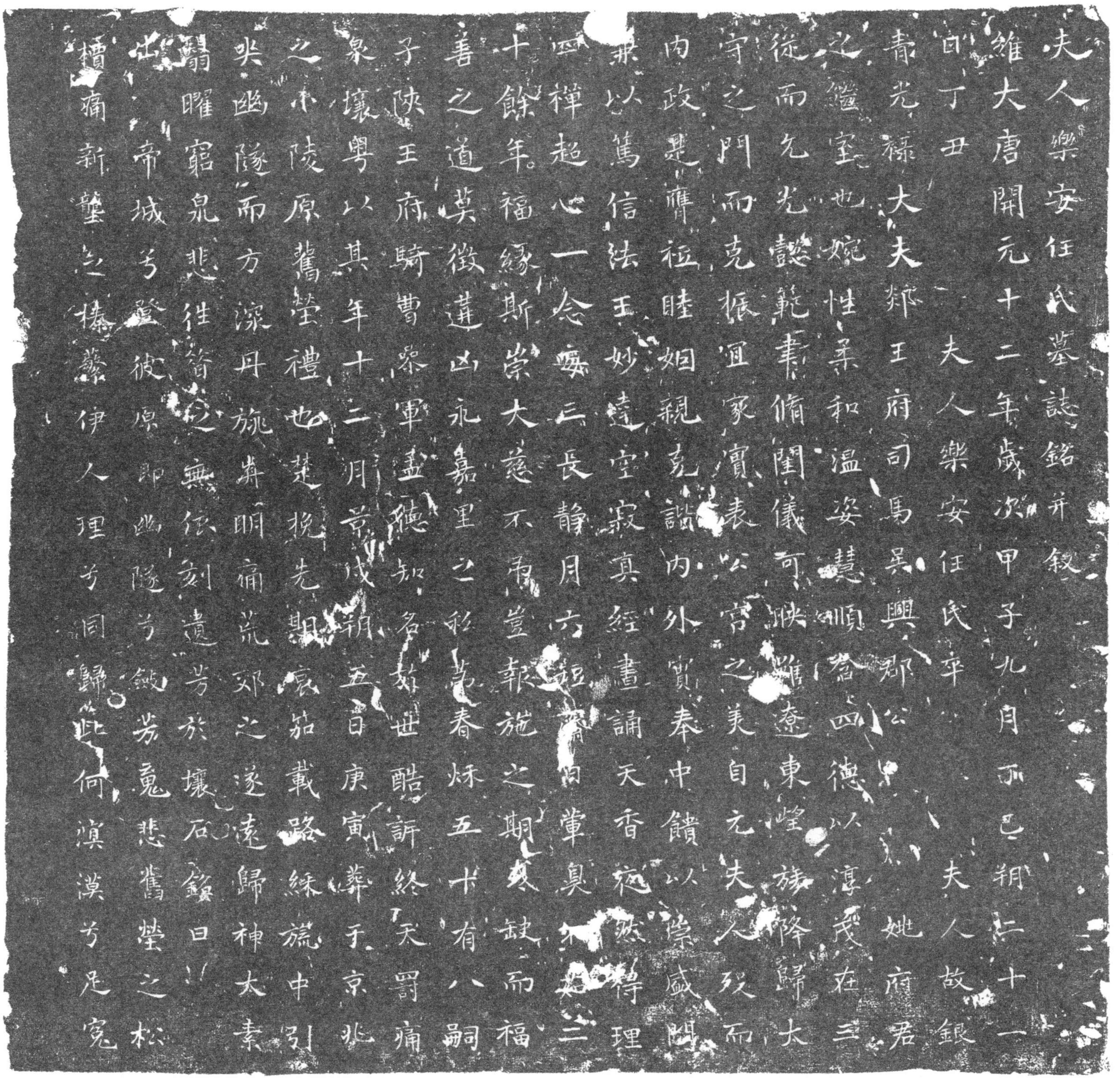

夫人樂安任氏墓誌銘并敘
維大唐開元十二年歲次甲子九月丁巳朔二十一
日丁丑　夫人樂安任氏卒　夫人故銀
青光祿大夫鄭王府司馬吳興郡公　姚府君
之繼室也婉性柔和溫姿慧順备四德以淳茂在三
從而允光懿範素脩閨儀可映雖遼東峻族降歸太
守之門而克振恒家實表公宮之美自元夫人歿而
內政是膺祗睦姻親克諧內外實奉中饋以崇盛門
兼以篤信法王妙達空寂真經晝誦天香夜爇得理
四禪起心一念每三長靜月六短齋日葷臭□□三
十餘年福緣斯崇大慈不爽豈報施之期或缺而福
善之道莫徵遘凶永嘉里之私第春秋五十有八嗣
子陝王府騎曹參軍孟□知名於世酷訴終天罔痛
象壤粤以其年十二月景戌朔五日庚寅葬于京兆
之小陵原舊塋禮也楚挽先期宸笳載路綵旒中引
哭幽隧而方深丹旐并明痛荒郊之遂遠歸神太素
翳　曜窮泉悲往篛之無依刻遺芳於壤石銘曰
出　帝城兮登彼原　即幽隧兮歛芳魂　悲舊塋之松
檟痛新壟之榛蓁　伊人理兮同歸　此何漠漠兮是寃

大唐故
任夫人
墓誌銘

一二九　姚府君夫人任氏墓誌

唐開元十二年（七二四）十二月五日

一三〇　梁義墓誌

唐開元十四年（七二六）九月二十八日

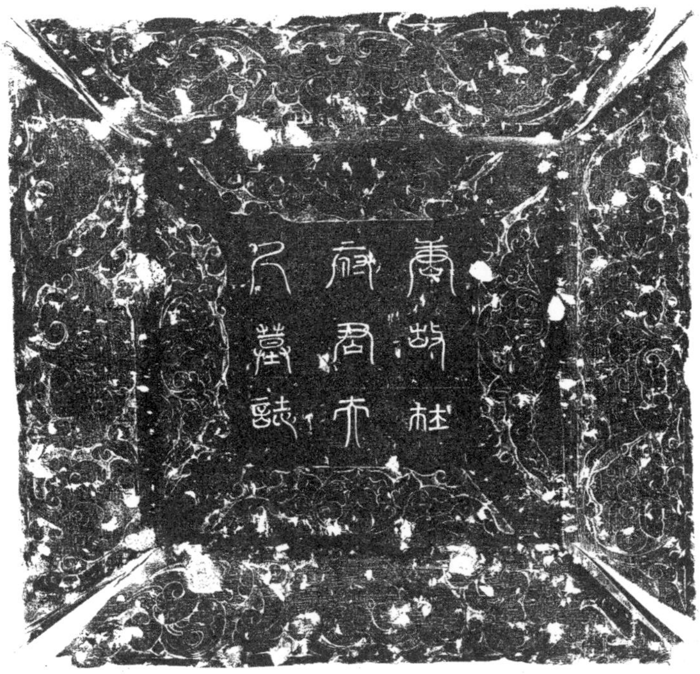

一三一

杜府君夫人裴氏墓誌

唐開元十五年（七二七）九月三日

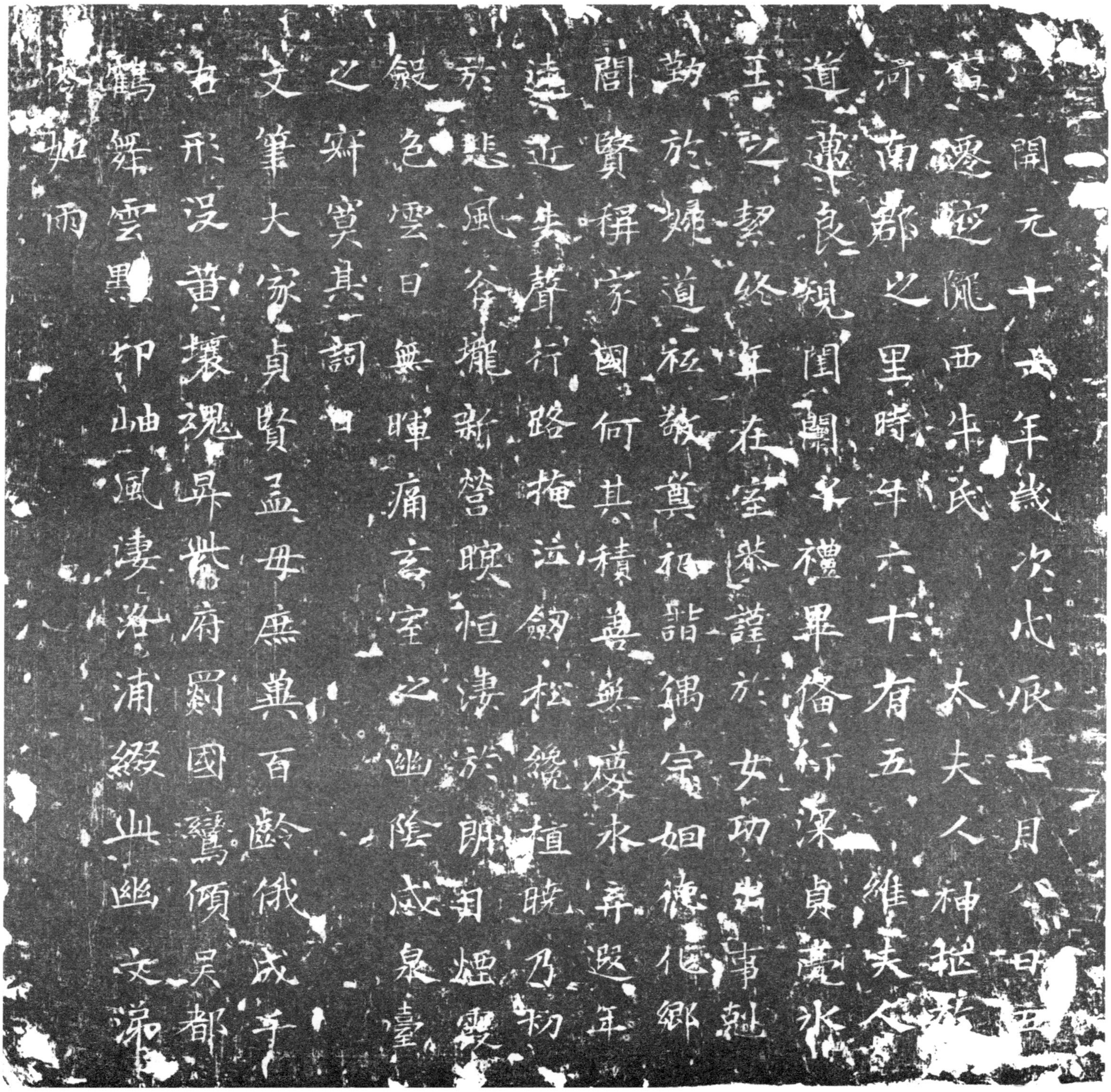

一三二　牛氏墓誌

唐開元十六年（七二八）七月八日

大唐故忠武將軍行右清道率府副率員外置同正員上柱國李君墓誌銘并序
公諱承宗字承宗趙郡人也曾祖休寧州之安主簿
祖相中大夫行簡州長史并理官肅給持政有聲父
同體道閑居傲睨林壑公幼鵄聰敏戎立俊茂博涉
羣藝鑿德尤長出入九門祗奉　五主夙夜匪
懈　渥恩浸深解褐直太醫尋補太醫正亦既
芳績又補太醫丞俄而秩終拜藥藏監功効優最遷
藥藏郎朝散大夫詔拜尚藥奉御上柱國累進階拜
忠武將軍右清道副率前後歷職有七經卅六考俯
僶從事周慎飭躬王公貴人莫不藉甚門多長者室
無姬姜孝聞于家忠則徇國宜其享齡有永寵佩金
章嗚呼哀哉開元十七年十一月九日遘疾終于延
壽里第春秋六十有一中外傴柳寮佐失聲即以開
元十八年五月十九日遷窆于高陽原禮也孝子光
遠哀毀倍常攀擗罔逮庶銘石以撰德俾芳聲于無
窮銘曰
寔天生德多材多藝白賁居貞褐衣謁
帝志高名遠宦成業麗傳忠良用移孝爍喬播美流
芳如松比桂子子孫孫謀猷罔替

一三三　李承宗墓誌

唐開元十八年（七三〇）五月十九日

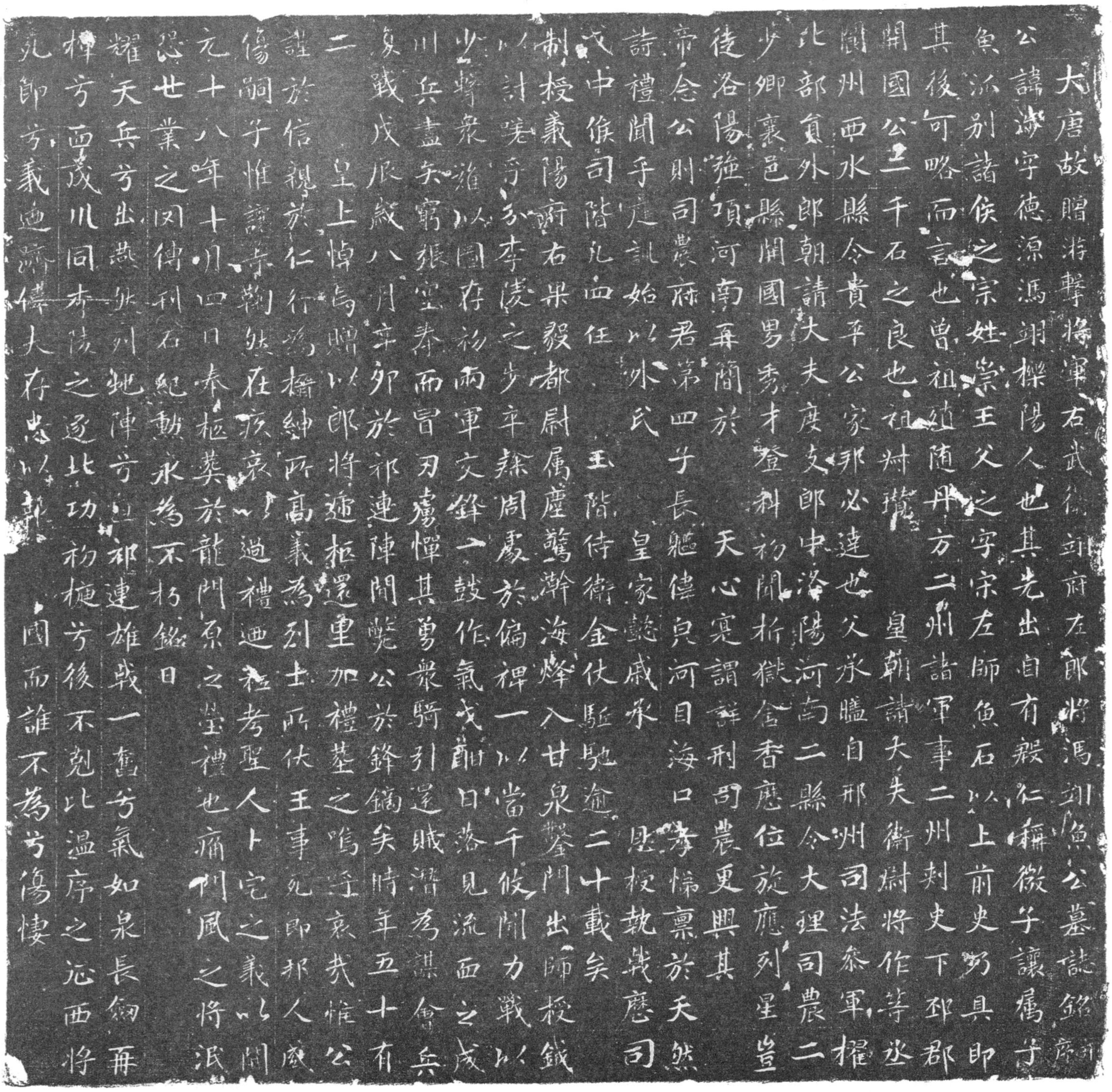

一三四　魚涉墓誌

唐開元十八年（七三〇）十月四日

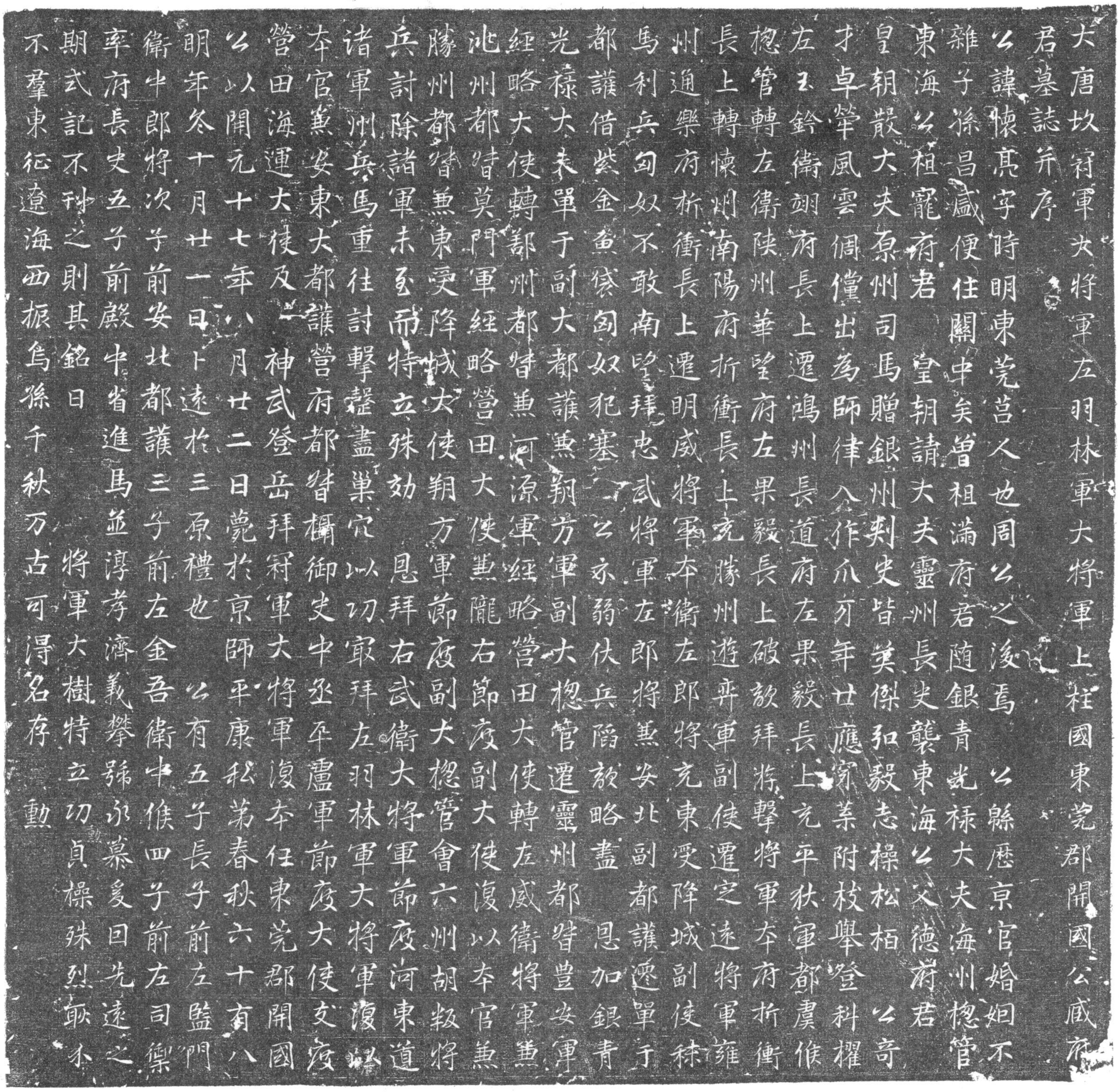
大唐故冠軍大將軍左羽林軍大將軍上柱國東莞郡開國公臧府
君墓誌并序
公諱懷亮字時明東莞莒人也周公之後焉 公縣歷京官婚姻不
雜子孫昌盛便住關中矣曾祖滿府君隨銀青光祿大夫海州總管
東海公祖寵府君 皇朝請大夫靈州長史襲東海公父德府君
皇朝散大夫原州司馬贈銀州刺史皆英傑知毅志操松柏 公奇
才卓犖風雲倜儻出爲師律入作爪牙年廿應寵募附枚舉登科擢
左玉鈐衛翊府長上遷鴻州長道府左果毅長上充平狄軍都虞候
總管轉左衛陜州華望府左果毅長上破敵拜游擊將軍本府折衝
長上轉懷州南陽府折衝長上充滕州遊弈軍副使遷定遠將軍雍
州通樂府折衝長上遷明威將軍本衛左郎將充東受降城副使秩
馬利兵匈奴不敢南望拜忠武將軍左郎將兼安北副都護遷單于
都護借紫金魚袋匈奴犯塞 公示弱伏兵陷敵略盡 恩加銀青
光祿大夫單于副大都護兼朔方軍副大總管遷靈州都督豐安軍
經略大使轉鄯州都督兼河源軍經略營田大使轉左威衛將軍兼
洮州都督莫門軍經略營田大使兼隴右節度副大使復以本官兼
勝州都督兼東受降城大使朔方軍節度副大總管會六州胡叛將
兵討除諸軍未至而特立殊効 恩拜右武衛大將軍節度河東道
諸軍州兵馬重往討擊盡巢穴以功寂拜左羽林軍大將軍復以
本官兼安東大都護營府都督攝御史中丞平盧軍節度大使支度
營田海運大使及 神武登岳拜冠軍大將軍復本任東莞郡開國
公以開元十七年八月廿二日薨於京師平康私第春秋六十有八
明年冬十月廿一日卜遠於三原禮也 公有五子長子前左監門
衛中郎將次子前安北都護三子前左金吾衛中候四子前左司禦
率府長史五子前殿中省進馬並淳孝濟義攀號永慕爰日先遠之
期式記不朽之則其銘曰 將軍大樹特立功勳貞操殊烈敢木
不羣東征遼海西振烏孫千秋万古可得名存 勳

大唐故羽
林大將軍
東莞公臧
府君墓誌

一三五　臧懷亮墓誌（其一）

唐開元十八年（七三〇）十月二十一日

一三六　臧懷亮墓誌（其二）

唐天寶十載（七五一）四月二十一日

大唐故冠軍將軍左羽林軍大將軍東莞郡開國公上柱國臧府君墓誌銘并序

朝議郎行侍御史顏真卿撰

君諱懷亮字懷亮東海東莞人其先寓居朔方今遂為之人也僉謂大賢之後有必復其始焉所
以二仲僖哀之胄箴彰厥紹者意以惣休鍾慶而生君之 王祖父隨驃騎大將軍寵焉弃誕君之
王父銀川郡太守善德焉惟祖惟父泌英派懿而生君於 聖朝焉君即銀川府君之少子也君
神与弘器骨植挺材居种而人殊其姿婕立而衆邈其度擅雄沙漠騰聲朔維顧獷醜蚑飛怒驕
猾亂竊叛乃 皇赫蠡乎邊虞君乃深其鈎以圖艱銳其武以禦敵遂慣習弦矢厲踰踰張控六
鈞而嘗選徹七札而摽特遂授始官焉由是而四為軍使三入將軍兼統都護之雄六綰惣管之
寄五攬偏裨之重一昇分閫之崇莫不智与事周力隨用盡執金循徼警肅八屯授鉞廟堂籌筭
光衛委鎮險右佐謀陷蕃寔寇而勒成肆庸以効職畫軍計而卒乘肥具圖方略而考度否臧書
勳青史鼓美洪緒是知 天子非私君而屢託以重恤然荷此休褒而不得不私也卒領冠軍
大將軍左羽林軍大將軍東莞郡開國公上柱國既而充國已老衛青休家以竭智傷神而乘衰
恙激年凶鄭夢天失將星以開元十六年八月廿一日薨于西京平康里之私第享壽七十六嗚
呼武經中絕國禦無虞 皇察競嗟 聖上衛悼薤曲歌露佳城見日開元十八年十月廿四日禮
厝于三原縣之長坳禮也夫人樂安郡太夫人任氏思可久之義力家鞠孤永訣齊眉之敬不復
如賓之禮志歸圓寂日閉薰差遂得青蓮之味仍堅彤管之度勤求三從之道啓以萬石之榮豈
期与善無徵輔德斯爽以天寶二載八月廿七日薨于君之正寢嗚呼國喪素師邦亡淑媛奠輤
[illegible]驚象服徒尊才表雪詩德旌石窌夫人皇祖旻汧陽郡汧源縣令皇考善經靈武郡司馬皆克

局部一

孝於家藏用於物道不苟進器難苟容故名隱於俗仕微於世吁哉夫人顯乃祖考以禮自絢有
行于君舅姑之喪也而僅不自立泣血毁裂痛深身屠節高抱棺孝嗌癃子則知非夫人之德孰
能配於君非君之德孰能御於夫人福履所綏終踐崇貴誕君之嗣有五子焉訓以嚴慈導以禮
則克被茂業允膺詔謀列據班榮盛花萼之韡韡式瞻門慶見朱紫之焜煌或寄重剖符或聲雄
入幕因知臧武來葉之盛者必府君之胄也嗣子正議大夫榆林郡都督上柱國東莞郡開國公
貶永陽郡別駕敬廉第三子游擊將軍鄭鄘府折衝都尉仍充范陽經略副使上柱國賜紫金魚
袋敬之皆享年不永榮禄早世第二子正議大夫銀川郡都督仍押吐蕃党項使上柱國賜紫金
魚袋希莊第四子游擊將軍右威衛翊府中郎將右羽林上下上柱國賜紫金魚袋奉𢛳第五子
昭武校尉守黄石府折衝都尉上柱國賜紫金魚袋敬沚等顧而相謂曰余我不造夙鍾憫凶令
大事縈處者祔禮未經也瞻訴罔極稱毒重孤毁躬忘生擗地殆殞感甚禱棘昔弥茹荼卜乎今
期將告合祔歲月會吉龜眷協從以天寶十載四月廿一日祔窆于三原之故塋鹵部鉦鼓如儀
禮也痛哀送屆辰恐先烈遂搜考載撰誌刻休壤石於戲府君之志業畢勒於故北海郡太守江
夏李邕之碑述也故楊摧而爲之銘銘曰
富貴之禄凡百難之猗歟將軍晏然安之權度之用凡百張之猗歟將軍渊然藏之重鎮險寄
省慝之猗歟將軍一以貫之排寂攖厲凡百撓之猗歟將軍功斯効之三入鷹揚一系龍節警衛
八七長驅四蹴天庭効獲勳府書烈藏孫有後斯言不爽樂安夫人德協邦媛傳媪而成笄珈有
參如蓊增儀采蘋潔薦慶輔宜家昌貽洪蔓允和允懿克孝克恭克昭宗室範睦公宮感鯉給君
橙襯忘躬雖承薜伕之胤終沐大任之風嗚呼流歲汨余逝川閱水祔窆將臨徵寘奉旨夜光
原松門千祀盛容負椽簫鼓增悲笳哀楚挽萎翳靈轜重泉寞測營魄何之寂寂松檟哀哀孝思

局部二

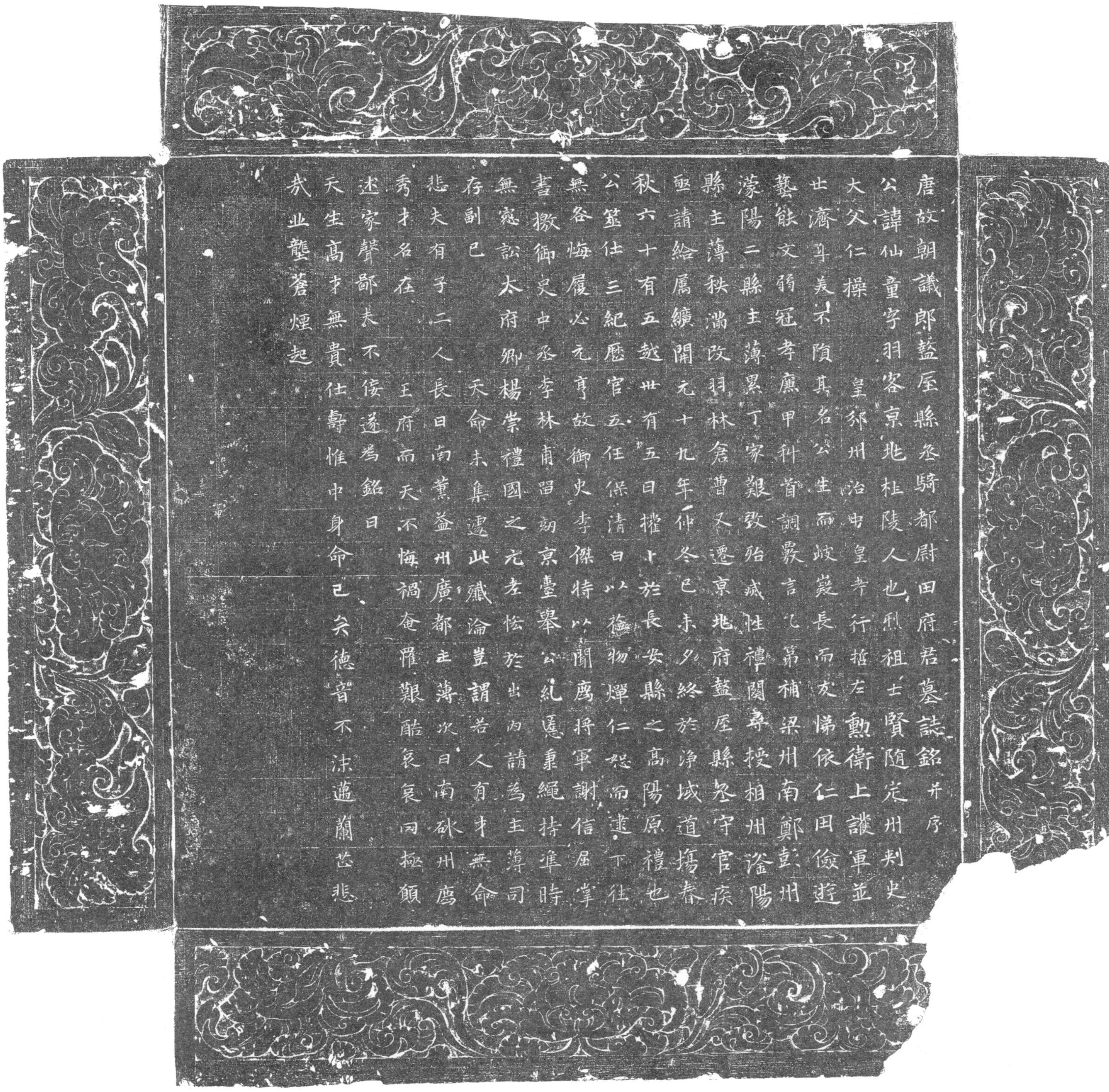
唐故朝議郎盩厔縣丞騎都尉田府君墓誌銘并序
公諱仙童字羽客京兆杜陵人也烈祖士賢隨定州刺史
大父仁操　皇邠州治中皇考行括左勳衛上護軍並
世濟其美不隕其名公生而岐嶷長而友悌依仁由儉遊
藝能文弱冠孝廉甲科首調叢言乙第補梁州南鄭彭州
濛陽二縣主簿累丁家艱致殆滅性禫闋尋授相州滏陽
縣主簿秩滿改羽林倉曹又遷京兆府盩厔縣丞守官疾
亟請給屬纊開元十九年仲冬己未夕終於淨域道揚春
秋六十有五越卅有五日權卜於長安縣之高陽原禮也
公筮仕三紀歷官五任保清白以檢物燀仁恕而逮下往
無咎悔屢必元亨故御史李傑特以聞鷹揚將軍謝信屈掌
書檄御史中丞李林甫留劾京臺舉公糾慝秉繩持準時
無寃訟太府卿楊崇禮國之元老惜於出內請為主簿司
存副己　天命未集遽此殲淪豈謂若人有才無命
悲夫有子二人長曰南薰益州廣都主簿次曰南砅州鷹
秀才名在　王府而天不悔禍奄罹艱酷哀哀罔極頓
述家聲鄙夫不佞遂為銘曰
天生高才無貴仕壽惟中身命已矣德音不沫遺蘭芷悲
哉丘壟蒼煙起

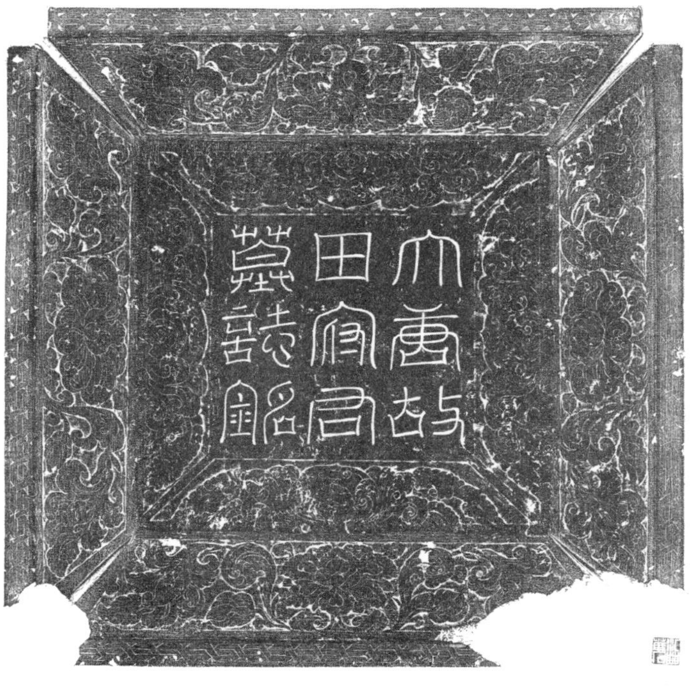
大唐故
田府君
墓誌銘

一三七

田仙童墓誌

唐開元十九年（七三一）十二月十六日

大唐故解夫人墓誌銘并序

夫人諱成妃其先扈邺的之甲族也此此士於魏遷邑焉
相州安陽縣人焉灌自高朝繁衮高冨貴夜纓替緻
光祖冊祖□並統德立園緯簪不仕蘭董生
白踕古陵今夫人緩資西施均明南里言成幼女則
行作毋濂仰朝雲以雙高布暮雨潤幼女則
度修葺契矽鍵荣長振金聲貞嶺詣於蔡琰將謂
禕嘉馨餘慶祥祐興記何期彼倉不手遠殁芳姿夔燮
媯長人忽青運澄篤言之任傻屆交邪遘疾弥矣
欵為大漸春秋有五十霸以閉元廿一年歲次癸月
酉二月已巳朔廿五日卒於私第即以其年二月
戊成秚九日景午權瘞於相州城西北五里平原
礼也尔其村西臨堤憬南眺路北迹高天萱
嗣子婆兒二郎三郎等悲尋地為長隱疬高天
之遠恐山川將變陵谷有遷刊石勒銘用傳不朽
其詞曰
金根盤鬱鈙菶苕敷夫人挺秀神清貞妹彼蒼不
諒瓤此貞軀儼儎獸芳靡驗彫琭珠芳幽逵

一三九　何恭墓誌

唐開元二十一年（七三三）十月十六日

一四〇　崔承暉墓誌

唐開元二十三年（七三五）三月二十九日

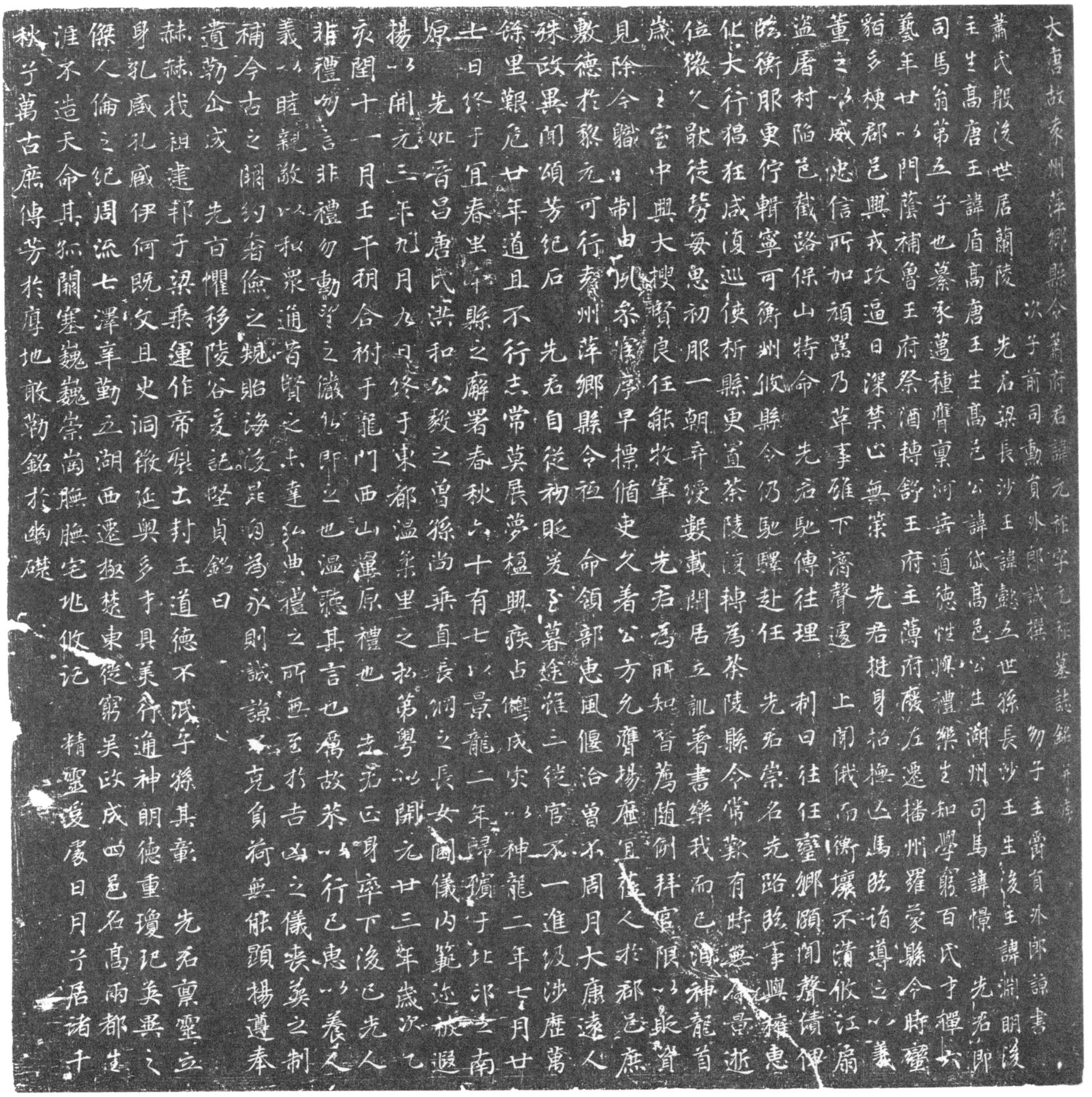

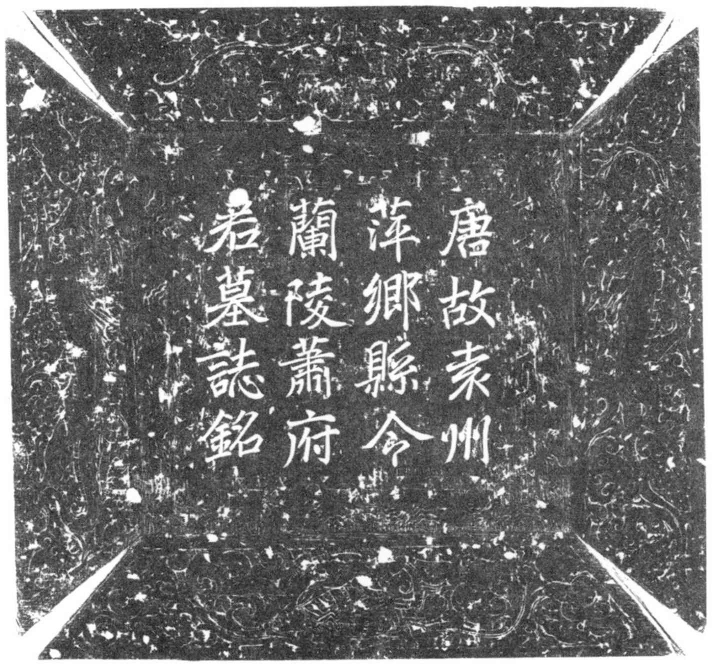

一四一 蕭元祚墓誌

唐開元二十三年（七三五）閏十一月一日

一四二　楊絳墓誌

唐開元二十三年（七三五）

閏十一月三日

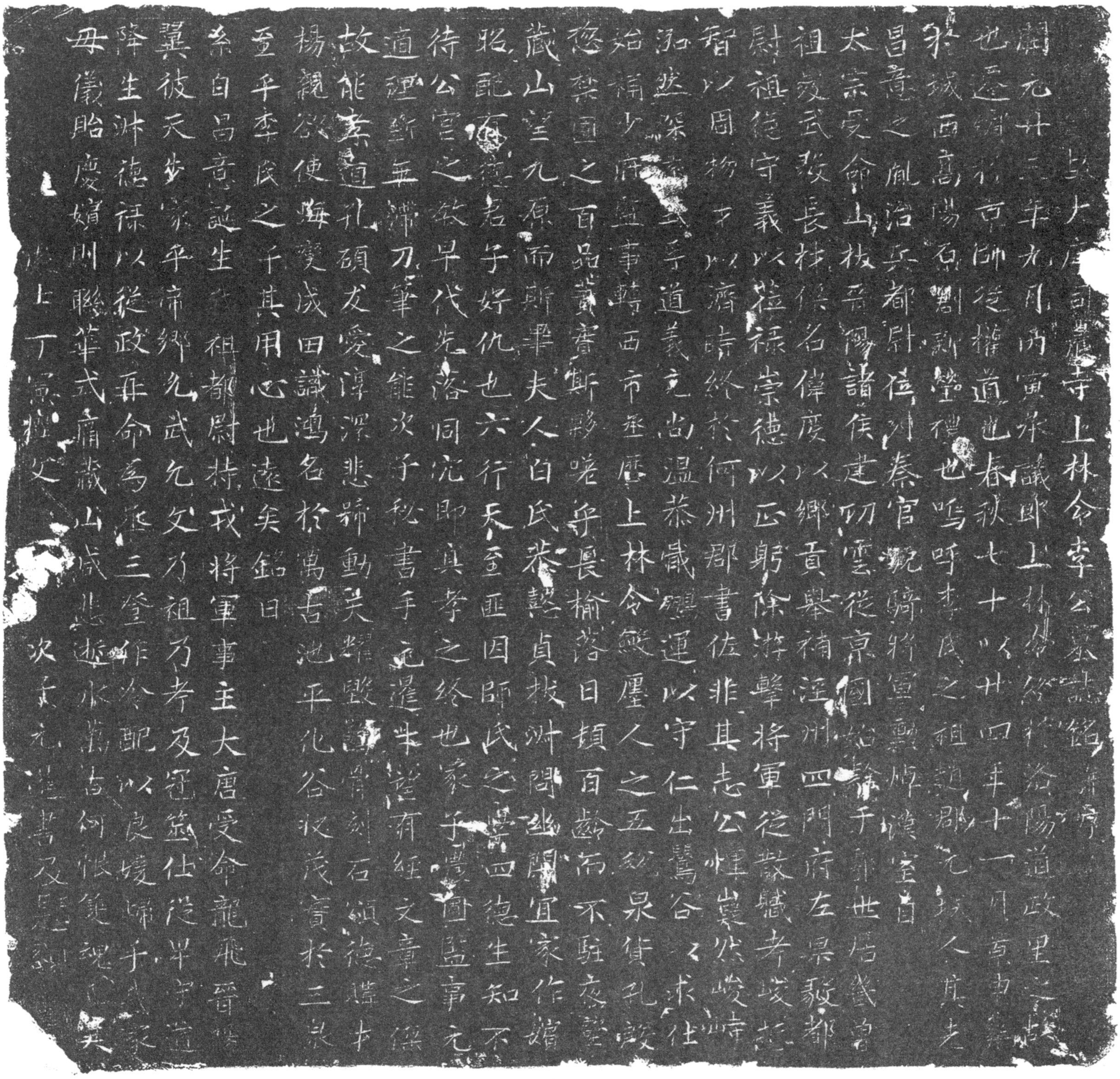

一四三　李惲墓誌

唐開元二十四年（七三六）十一月二十一日

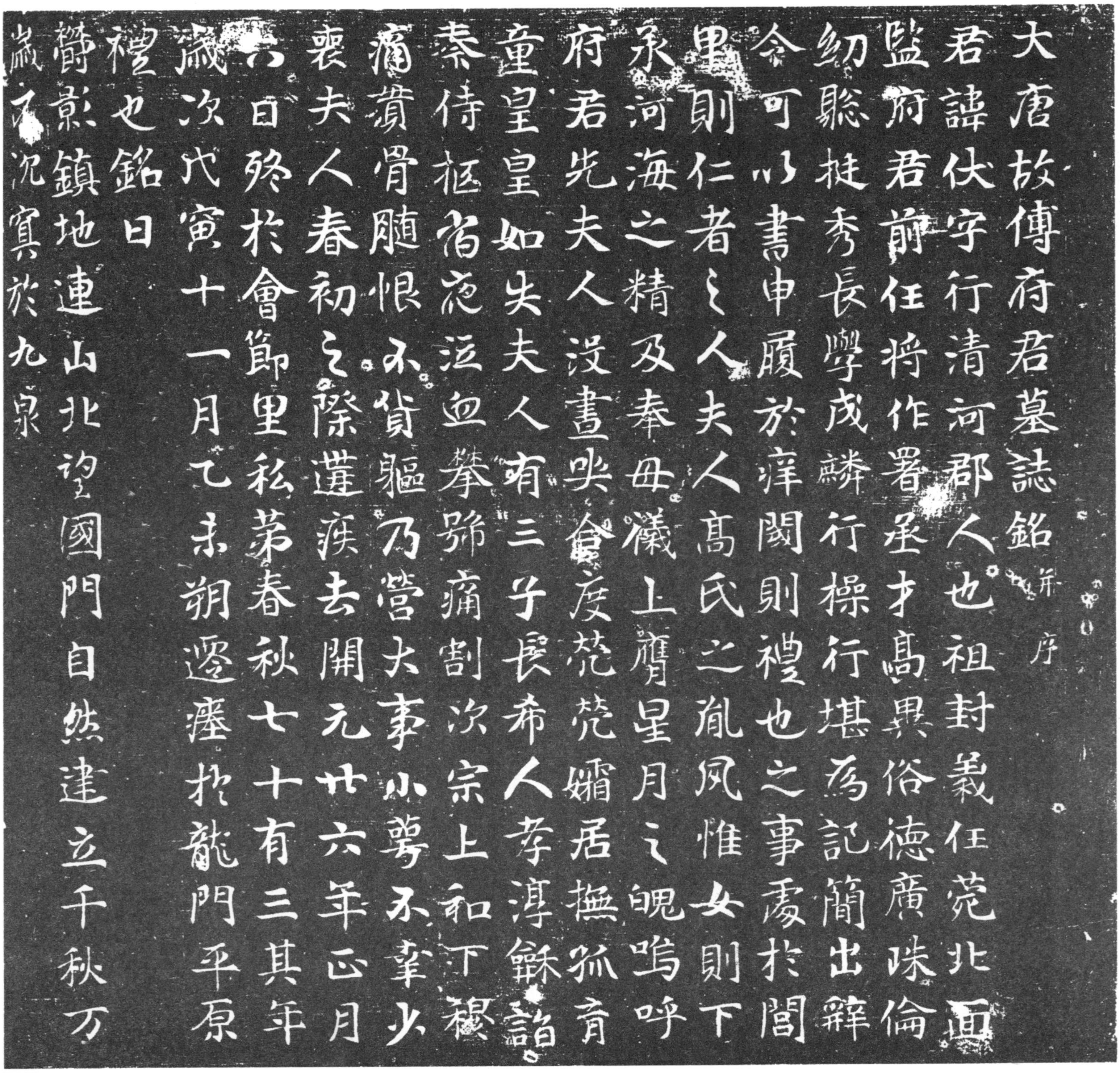
大唐故傅府君墓誌銘并序
君諱伏字行清河郡人也祖封義任莞北面
監府君前任將作署丞才高異俗德廣殊倫
幼聰挺秀長學成麟行操行堪為記簡出辭
令可以書申履於庠閫則禮也之事處於閭
里則仁者之人夫人高氏之胤夙惟女則下
承河海之精及奉母儀上膺星月之魄嗚呼
府君先夫人沒晝哭倉度茕茕孀居撫孤育
童皇皇如失夫人有三子長希人孝淳餘諂
秦侍柩啗淹泣血攀號痛割次宗上和下穆
痛貫骨髓恨不貲軀乃營大事小葬不華少
褱夫人春初之際遘疾去開元廿六年正月
六日殁於會節里私第春秋七十有三其年
歲次戊寅十一月乙未朔遷瘞於龍門平原
禮也銘曰
鬱彭鎮地連山北望國門自然建立千秋万
歲下沉冥於九泉

一四四　傅伏墓誌
唐開元二十六年（七三八）十一月一日

一四五　元遐觀墓誌

唐開元二十七年（七三九）十月十四日

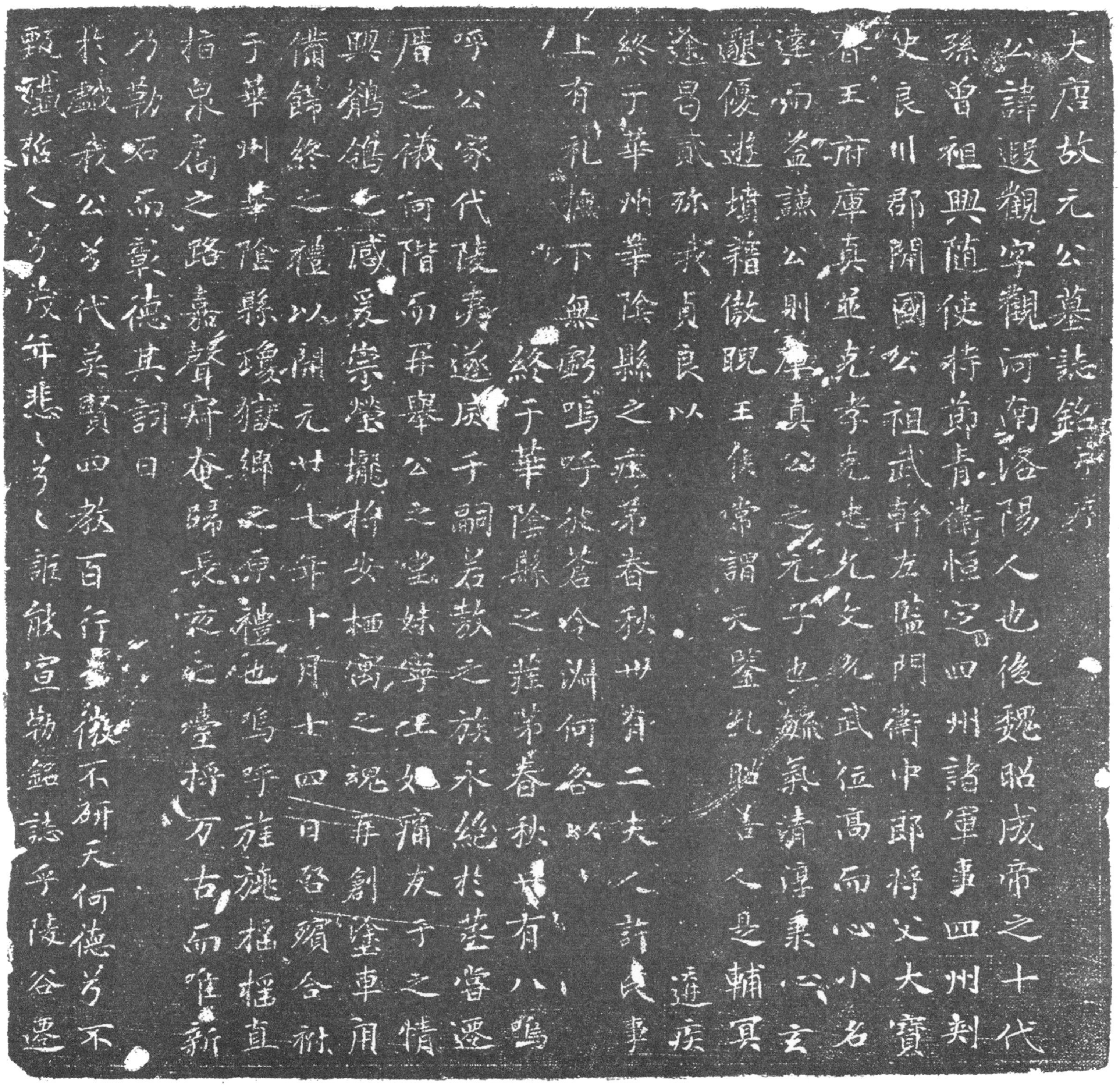
大唐故元公墓誌銘并序
公諱遐觀字觀河南洛陽人也後魏昭成帝之十代
孫曾祖興隨使持節青衛恒定四州諸軍事四州刺
史良川郡開國公祖武幹左監門衛中郎將父大寶
吞王府庫真並克孝克忠允文允武位高而心小名
達而益謙公則庫真公之元子也鍾氣清淳秉心玄
邈優遊墳籍傲睨王侯常謂天鑒孔昭善人是輔冥
途舛貳祢戕貞良以　遘疾
終于華州華陰縣之莊第春秋卌有二夫人許氏事
上有礼撫下無虧嗚呼彼蒼兮淵何咎以
終于華陰縣之莊第春秋廿有八嗚
呼公家代陵夷遂成千嗣若數之族永絕於塋當遷
厝之儀何階而再舉公之堂妹寧上処痛友于之情
興鶺鴒之感爰崇塋壠將安柩窩之䰟再創塗車用
備歸終之禮以開元廿七年十月十四日啓殯合祔
于華州華陰縣瓊嶽鄉之原禮也嗚呼旌旐搖搖直
指泉扃之路嘉聲籍奄歸長夜之臺將万古而唯新
乃勒石而彰德其詞曰
於戲哉公兮代英賢四教百行　微不研天何德兮不
甄殲哲人兮茂年悲兮兮誰敘宣勒銘誌乎陵谷遷

大唐故
元府君
墓誌銘

一四六　韋望墓誌

唐開元二十七年（七三九）十二月二十四日

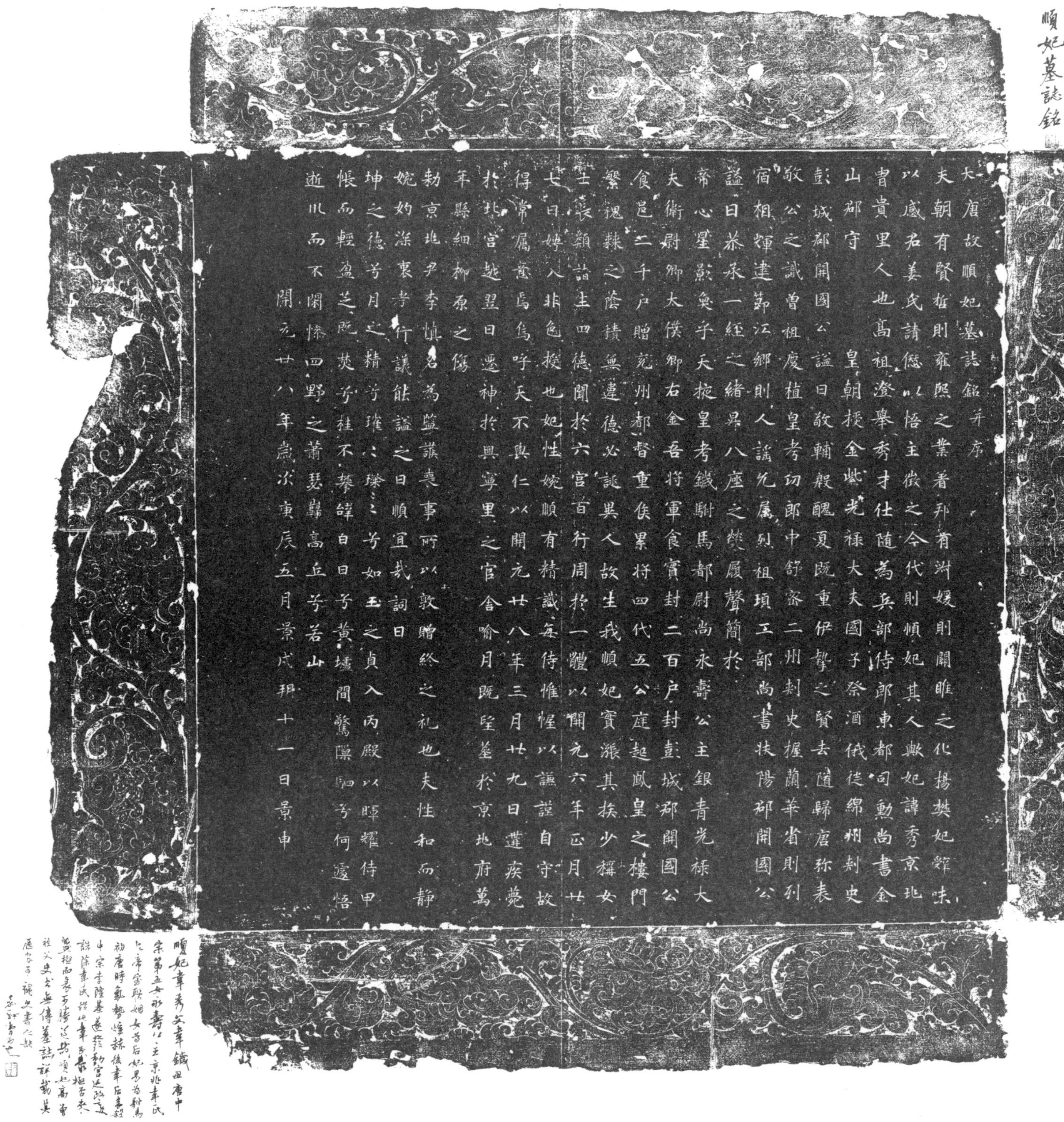

一四七　唐順妃韋秀墓誌

唐開元二十八年（七四〇）五月十一日

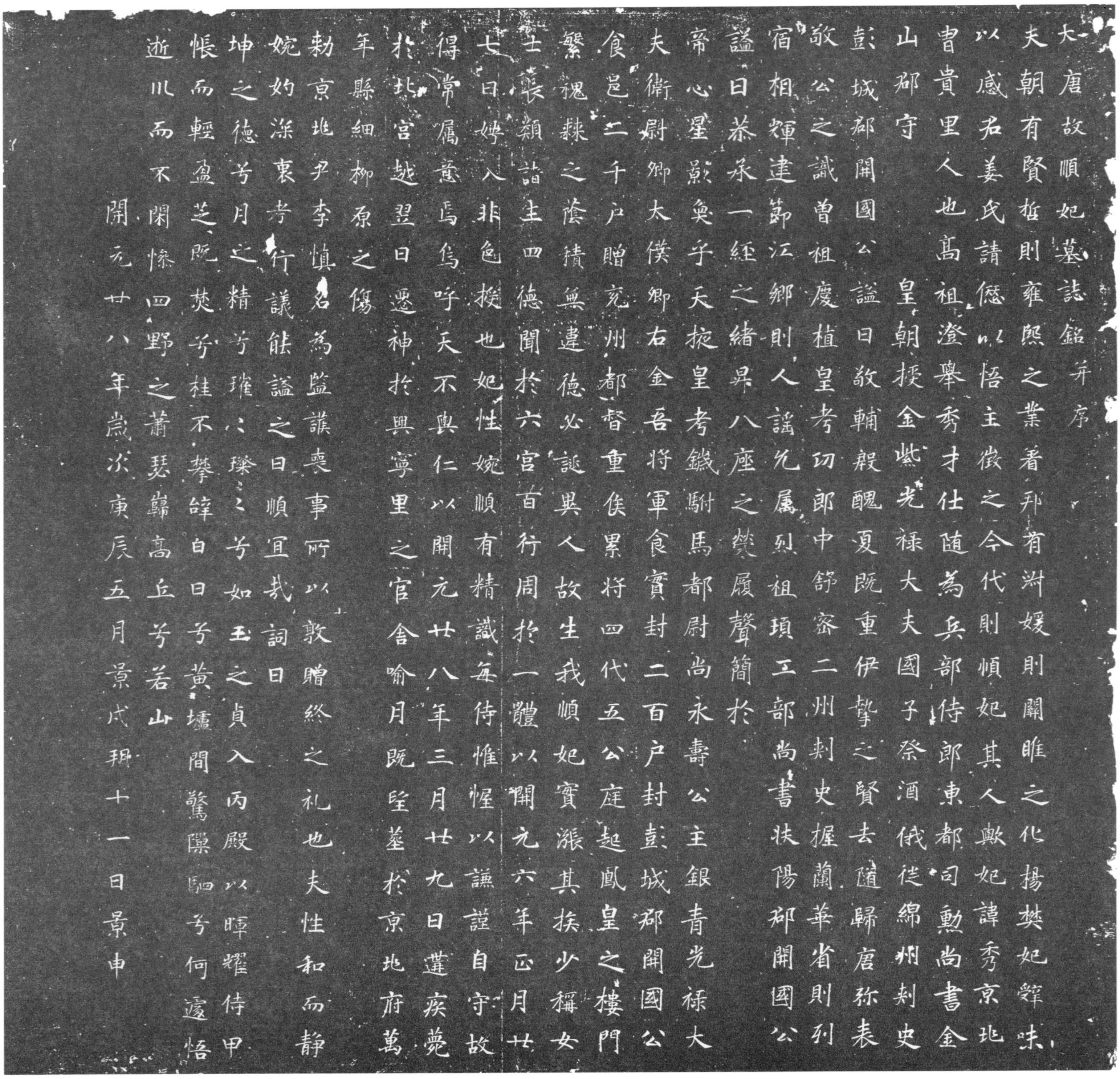
大唐故順妃墓誌銘并序
夫朝有賢哲則雍熙之業著邦有淑媛則關雎之化揚樊妃犨味
以感君姜氏請愬以悟主徵之令代則順妃其人歟妃諱秀京兆
冑貴里人也高祖澄舉秀才仕隨為兵部侍郎東都司勳尚書金
山郡守　　皇朝授金紫光祿大夫國子祭酒俄徙綿州刺史
彭城郡開國公謚曰敬輔殷醜夏既重伊摯之賢去隨歸唐祢表
敬公之識曾祖慶植皇考功郎中鄧密二州刺史握蘭華省則列
宿相輝建節江鄉則人謠允屬烈祖頊工部尚書扶陽郡開國公
謚曰恭承一經之緒昇八座之榮履聲簡於
帝心星歎奐乎天掞皇考鐵駙馬都尉尚永壽公主銀青光祿大
夫衛尉卿太僕卿右金吾将軍食實封二百户封彭城郡開國公
食邑二千户贈兖州都督重侯累将四代五公庭趨鳳皇之樓門
繁褢棘之蔭積無違德必誕異人故生我順妃實漲其挨少稱女
士裒類諧主四德聞於六宫百行周於一體以開元六年正月廿
七日娉入非色授也妃性婉順有精識每侍惟幄以謙謹自守故
得常屬意焉烏呼天不與仁以開元廿八年三月廿九日遘疾薨
於北宫越翌日遷神於興寧里之官舍喻月既塋葬於京兆府萬
年縣細柳原之傷
勅京兆尹李慎名為監護喪事所以敦贈終之礼也夫性和而静
婉妁深衷孝行議能謚之日順宜哉詞曰
坤之德兮月之精兮璀〻璨〻兮如玉之貞入丙殿以暉耀侍甲
帳而輕盈芝既焚兮桂不攀韡白日兮黄壚閭驚隟駟兮何遽悟
逝川而不閑慘四野之蕭瑟歸高丘兮若山
開元廿八年歲次庚辰五月景戌朔十一日景申

局部

一四八　韓休墓誌

唐開元二十八年（七四〇）八月十八日

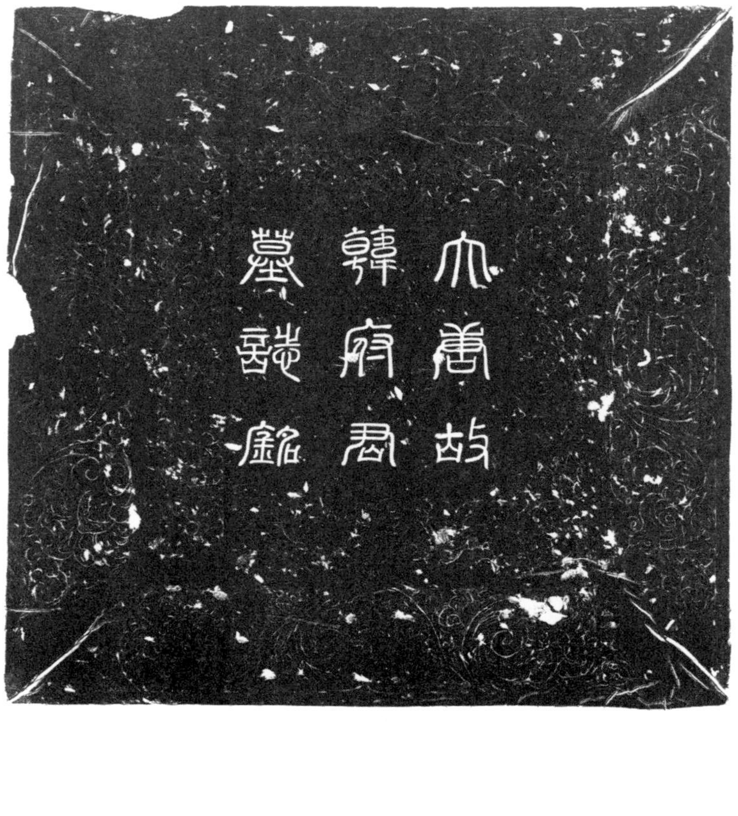

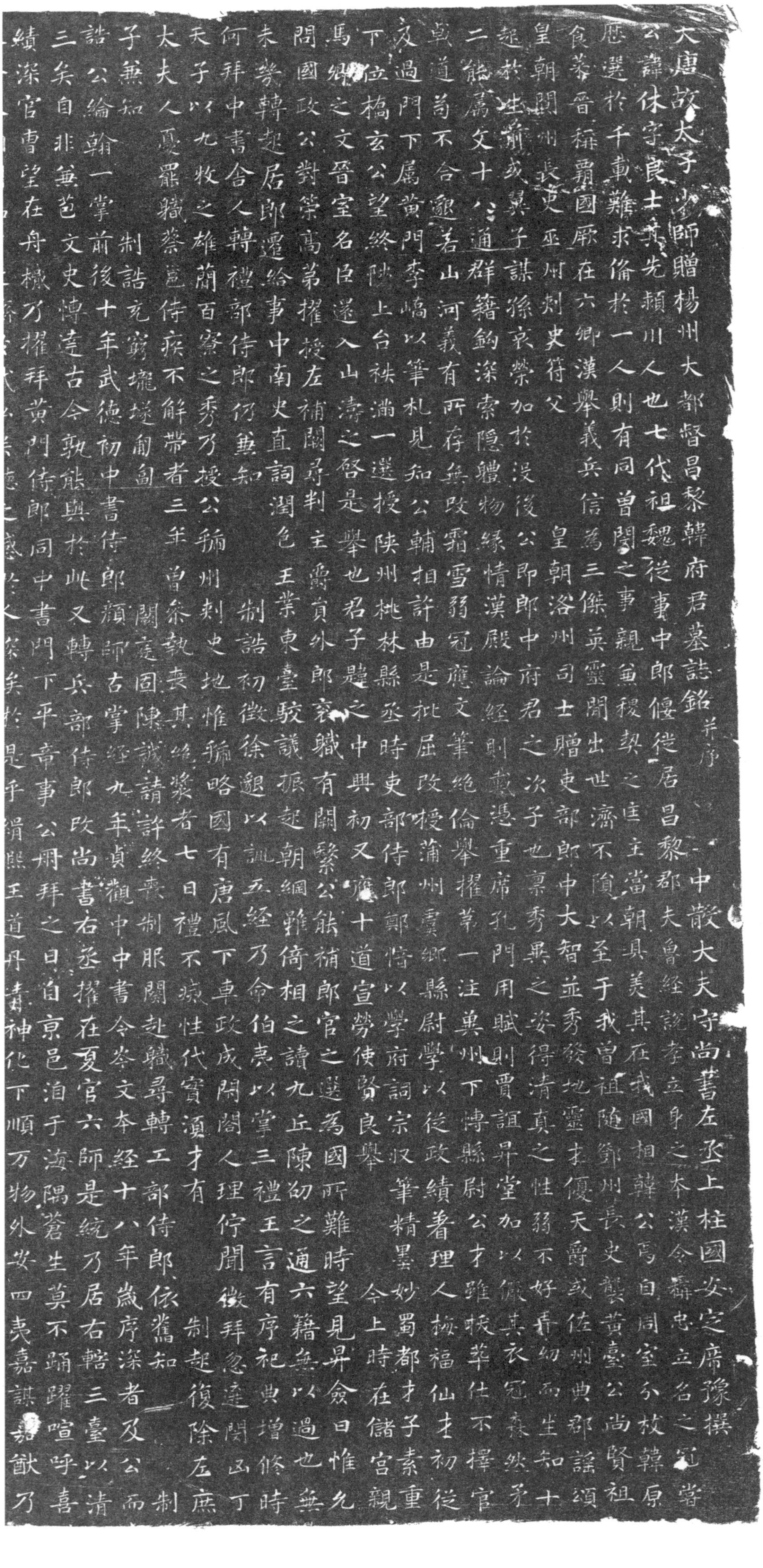
大唐故太子少師贈楊州大都督昌黎韓府君墓誌銘并序 中散大夫守尚書左丞上柱國安定席豫撰
公諱休字良士其先潁川人也七代祖魏從事中郎僾從居昌黎郡夫魯經說孝立身之本漢令稱忠立名之冠嘗
歷選於千載難求備於一人則有同曾閔之事親兼稷契之匡主當朝具美其在我國相韓公焉自周室分枝韓原
食菜晉稱霸國厥在六卿漢舉義兵信為三傑英靈閒出世濟不隕以至于我曾祖隨鄧州長史襲黃臺公尚賢祖
皇朝閬州長史巫州刺史符父 皇朝洛州司士贈吏部郎中大智並秀發地靈未優天爵或佐州典郡謠頌
起於生前或異子謀孫哀榮加於沒後公即郎中府君之次子也稟秀異之姿得清真之性弱不好弄幼而生知十
二能屬文十八通群籍鈎深索隱體物緣情漢殿論經則戴憑重席孔門用賦則賈誼昇堂加以儼其衣冠森然矛
豈道苟不合邈若山河義有所存無改霜雪弱冠應文筆絶倫舉擢第一注冀州下博縣尉公才雖抜萃仕不擇官
及過門下屬黃門李嶠以筆札見知公輔相許由是拙屈改授蒲州虞鄉縣尉學以從政績著理人梅福仙去初從
下位橋玄公望終陟上台秩滿一選授陝州桃林縣丞時吏部侍郎鄭愔以學府詞宗叔筆精墨妙蜀都才子素重
馬卿之文晉室名臣遂入山濤之啓是舉也君子韙之中興初又應十道宣勞使賢良舉 今上時在儲宮親
問國政公對策高第擢授左補闕尋判主爵員外郎衮職有闕黎公能補郎官之選為國所難時望見昇僉曰惟允
未幾轉起居郎還給事中南史直詞潤色 王業東臺駮議振起朝綱雖倚相之讀九丘陳幼之通六籍無以過也無
何拜中書舍人轉禮部侍郎仍兼知 制誥初徵徐邈以誦五經乃命伯夷以掌三禮王言有序祀典增修時
天子以九牧之雄簡百寮之秀乃授公虢州刺史地惟虢略國有唐風下車政成閭閻人理佇聞徵拜忽遘閔凶丁
太夫人憂罷職蔡邕侍疾不解帶者三年曾參執喪其絶漿者七日禮不滅性代實須才有 制起復除左庶
子兼知 制誥充窮壠埏甫甸 闕庭固陳誠請許終喪制服闋起職尋轉工部侍郎依舊知 制
誥公綸翰一掌前後十年武德初中書侍郎顏師古掌經九年貞觀中中書令岑文本經十八年歲序深者及公而
三矣自非無苞文史博達古今孰能與於此又轉兵部侍郎改尚書右丞擢在夏官六師是統乃居右轄三臺以清
績深官曹望在舟檝乃擢拜黃門侍郎同中書門下平章事公冊拜之日自京邑泊于海隅蒼生莫不踊躍喧呼喜
……矣於是乎緝熙王道丹青神化下順万物外安四夷嘉謀嘉猷乃

局部一

績滐宮曹望在舟檝乃擢拜黃門侍郎同中書門下平章事
大賢入相則知才之濟於代弘矣德之感於人深矣於是乎緝熙王道丹青神化下順万物外安四夷嘉謀嘉猷乃
告尔后同心同德是謂乱臣進忠良黜邪佞簪紱震踈朝廷肅清而高行不離直躬多忤未幾轉工部尚書遷太子
少師名列八座官成兩宮運屬唐虞方侍登封之禮年逢辰巳儀典下代之悲以開元廿八年五月十日遘疾薨于
安興里之私第春秋六十有八有 制曰存為名臣殁有褒贈旌德悼往義無於斯故銀青光祿大夫守太
子少師上柱國冝陽縣開國子韓休時之良材特稟和氣體正居厚外柔內剛文學富贍而見稱識度沈詳而見用
往當大任嘗効訏謨爰輔元良奉由直道孰云与善而不永年奄此淪喪情深□惜瞻言懿範冝被寵章俾承加等
之榮叶飾終之典可贈揚州大都督賜米粟一百五十石絹一百五十疋葬日量借手力賜幕以其年八月十八
日還窆于少陵原禮也惟公峻標拔俗弘量過人與□大巫詞稱雄伯飾躬由禮從政有經其在補闕也每有舉人
嘗預考第屬太平公主以婦人干政竇懷貞以宰相持權相與為人固執不第將謀危宮還自誅夷此公之正直神
道所祐矣其蒞虢州也帶河拒陝百姓居山西幸東巡兩都納秸險陸相半轉輸為勞曰抗表極言至誠動
聽特免茲侵以安厥人此公之惻隱毗心所賴矣其理兵部也有戴鶡之勇□龜之獻精簡得材請託無路君子曰
若使韓公掌吏部選必能變風俗清流品權貴失圖寒素得志此公之蘭要衆望所歸矣其居宰衡也言必獻替事
多弘益在公盡節為 上所知每顧謂公曰卿是朕社稷臣可比風力此公之忠貞 聖懷所重矣應官
着稱當代推賢而子產云亡空存遺愛底孫不朽所謂立言迹雖浸於丘山名方傳於竹帛公所著文集凡廿卷有
子九人長子浩京兆府富平縣尉次子洽蒲州永樂縣主簿次子洪河南府洛陽縣尉次子滂右金吾衛騎曹參軍
次子汯左金吾衛兵曹參軍次子洞京兆府參軍早亡次子滉右威衛騎曹參軍次子渾左監門錄事參軍次子洄
未仕並業紹箕裘禮遵卜宅長安東道少陵南陌始植松楸思鏤金石豫對掌綸紱□應屬諸義感知己文懃課盡
四海交遊空挂延州之劍千年陵谷誰刊汲冢之書銘曰
星象磊硌山河氤氳感降才子緝諧 聖君惟公挺生當代傑出無乃忠孝半於文貢從學稱敏屬詞尤工宦
歷中外名成始終厚祿尊官清心直行玉堅有體松寒其性愛自郡邑于公卿所樂名教不渝忠貞方侍登封俄
嗟閱世少陵原野太常容衛笳斷山月旐飛郊雲哀哀孝子負土成墳

局部二

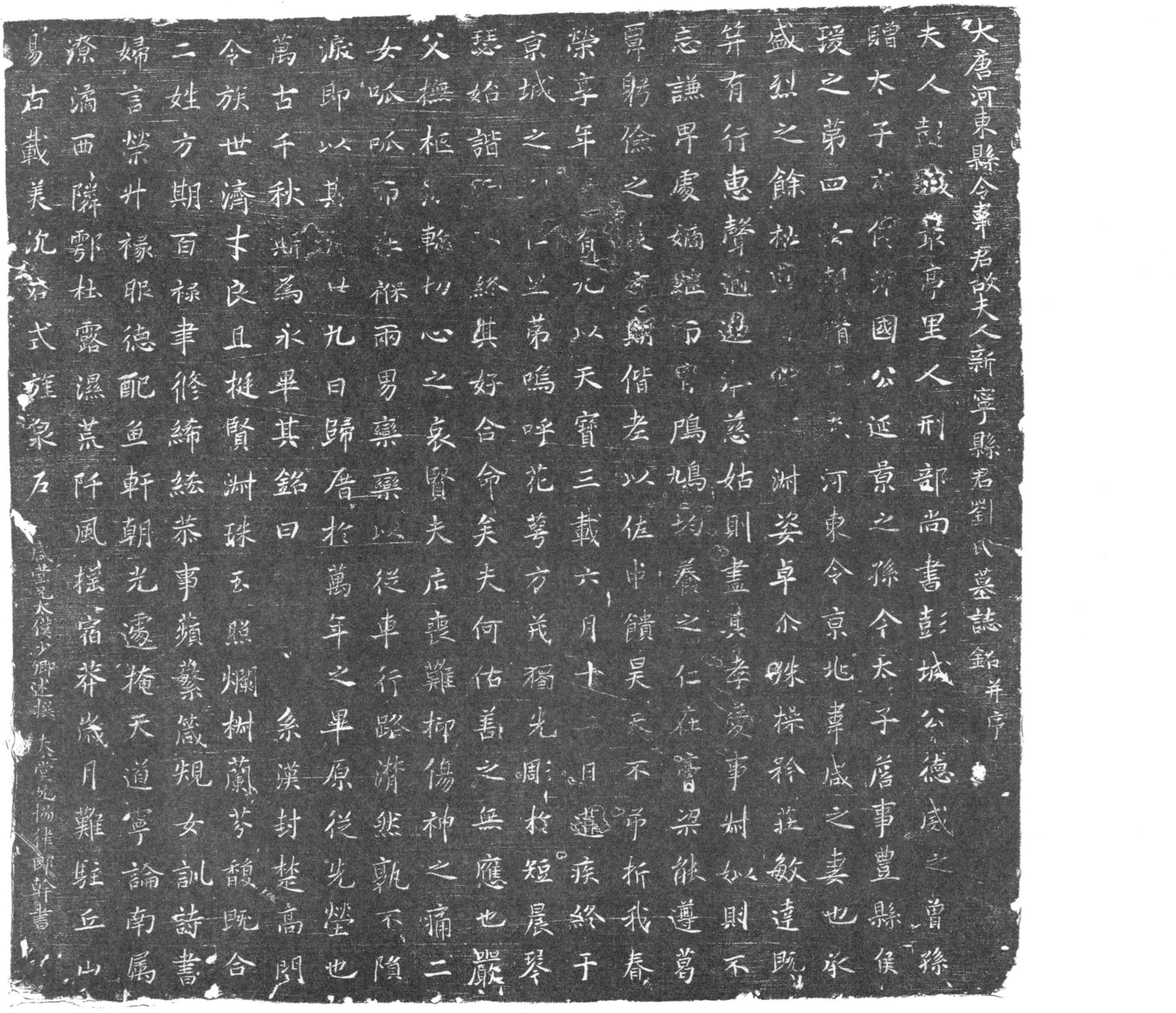
大唐河東縣令韋君故夫人新寧縣君劉氏墓誌銘并序

大唐故
劉夫人
墓誌銘

一四九　韋咸夫人劉氏墓誌

唐天寶三載（七四四）六月二十九日

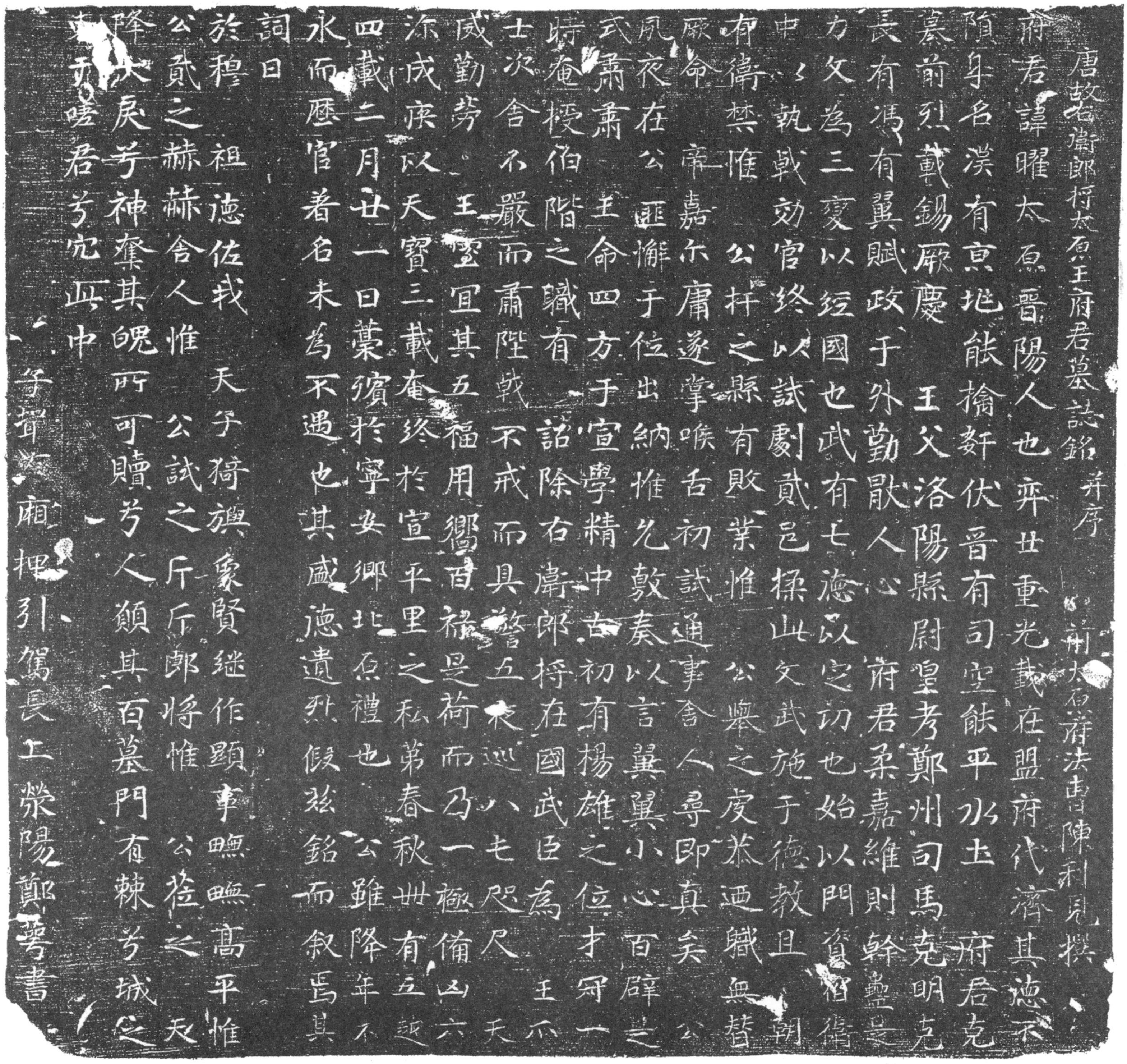
唐故右衛郎將太原王府君墓誌銘并序

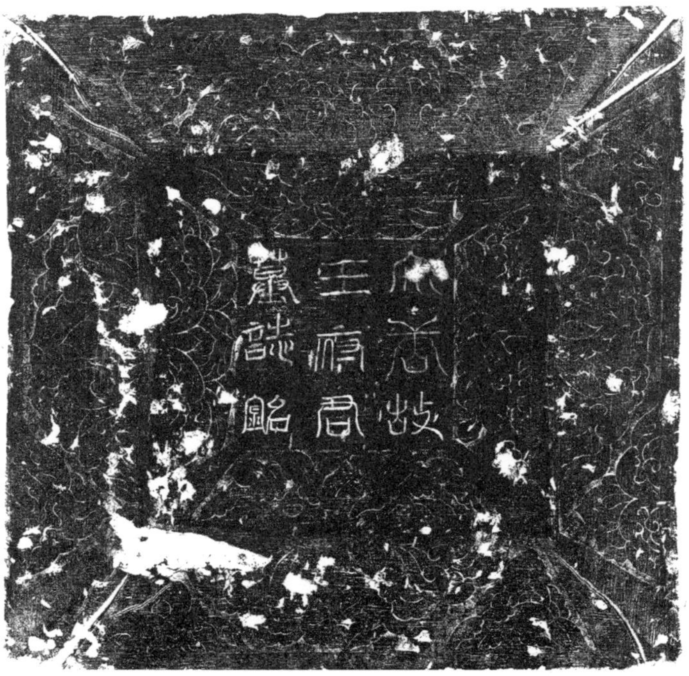
唐故
王府君
墓誌銘

一五〇　王曜墓誌

唐天寶四載（七四五）二月二十一日

一五一　廬江郡司倉參軍王府君墓誌

唐天寶四載（七四五）八月十七日

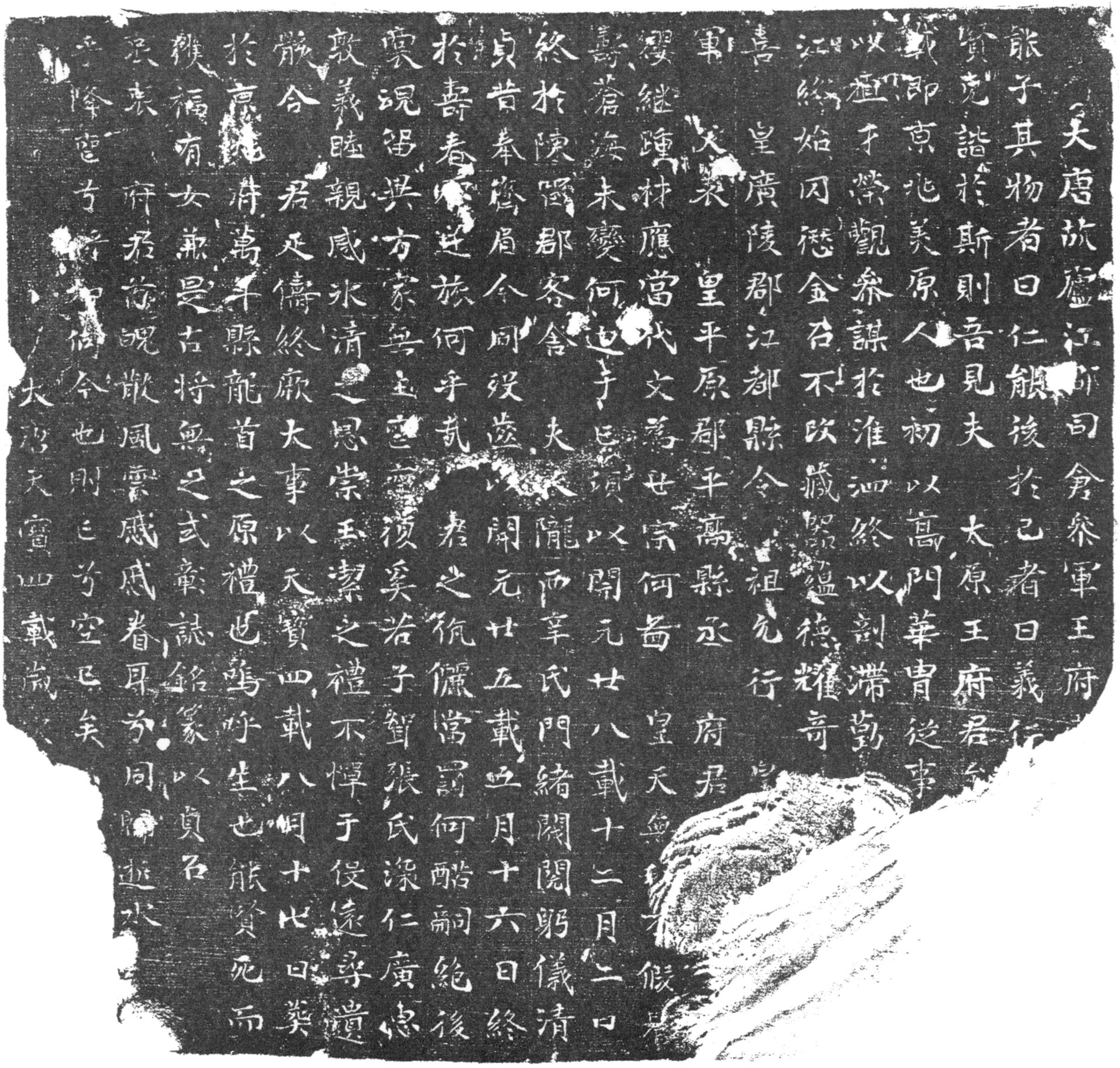

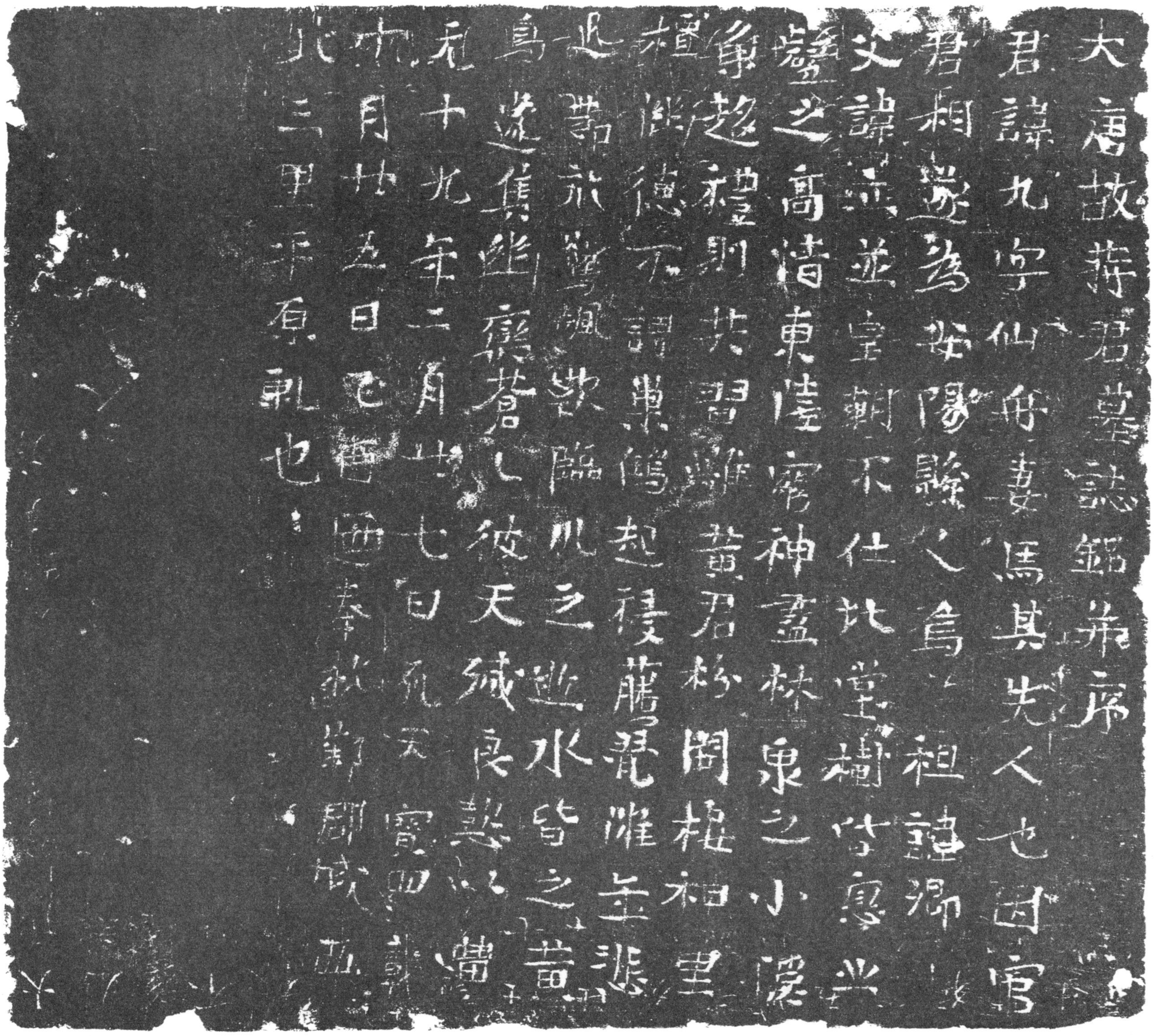

一五二　蔣九墓誌

唐天寶四載（七四五）十月二十五日

大唐故宣德郎行左内率府長史楊府君墓誌銘并序

大唐故
楊府君
墓誌銘

一五三　楊曉墓誌

唐天寶五載（七四六）四月二十七日

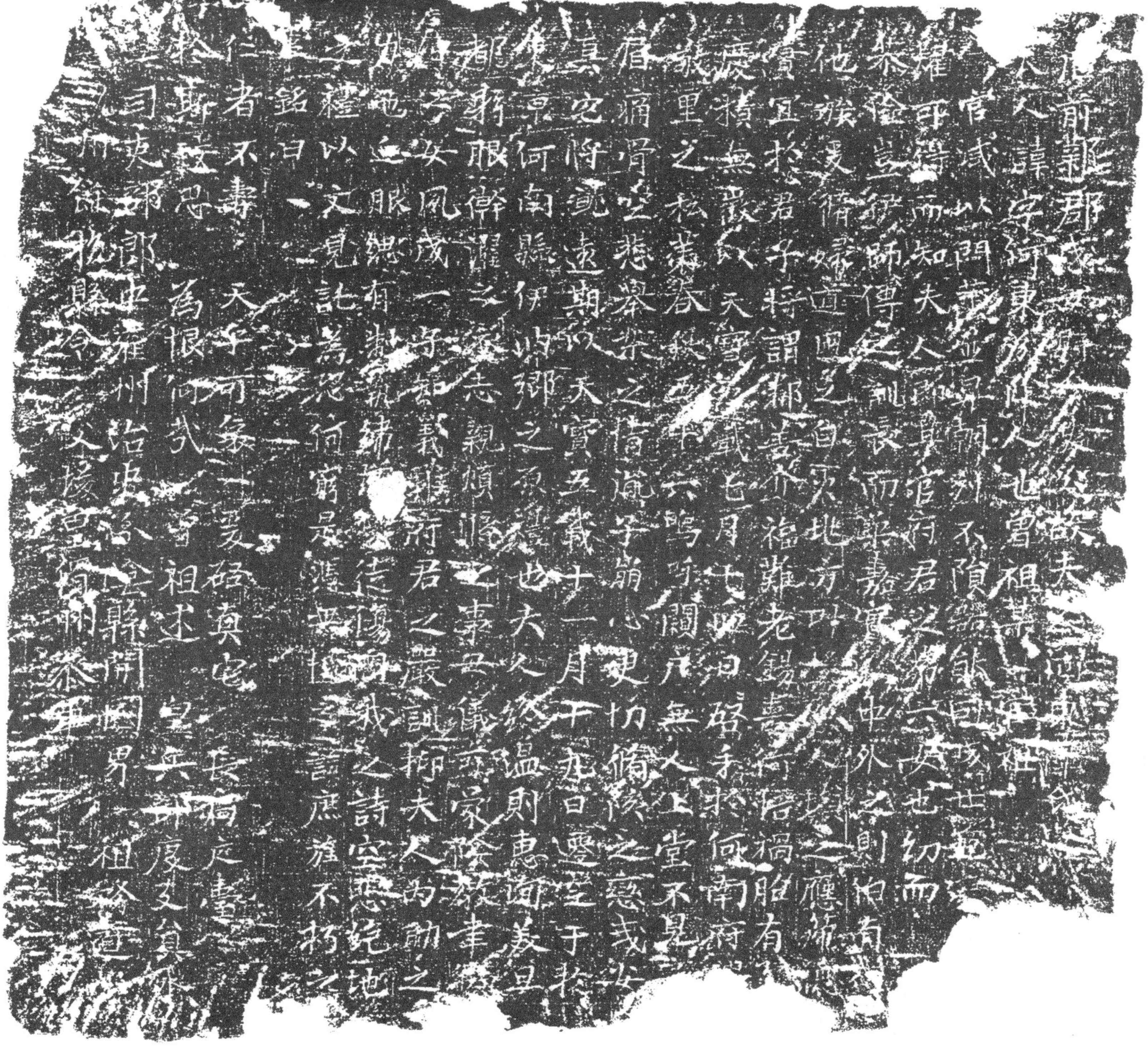

一五四　史公夫人薛氏墓誌

唐天寶五載（七四六）十一月十九日

一五五　辛到年墓誌

唐天寶六載（七四七）四月二十一日

唐文林郎王府君墓誌銘并序

大福先寺沙門湛然撰

君子用晦，至人存誠，則居巽體和，蘊真冲默，日新日裕，不淄不磷者有矣。夫君諱承宗，太原祁人也。維后周之與，王啓仙儲，以命族光貴之後，賢豪克昌，故奕世載德，滿乎前史。曾祖相才，皇朝左屯衛將軍、幽州刺史，保定元勳，翼戴之良也。祖義，明威將軍、左武衛中郎將、瓜州刺史，忠勇嗣德，捍城之傑也。父逸，寧遠將軍、右豹韜衛梁川府折衝，惟懌令謨，韜鈐之勝也。君光彼武烈，秀于文明，資於仁孝，於德敏，於義深，於禮事，父母孝盡，則有方與朋友交，言而必信，周此大量，鬱乎長材，寶若虛且不鳴，於豫動知悔，又能安於靜，故不諂不黷，無競無逑，貴于丘園，傲彼簪紱，埋蹟也樂而無涯，優遊乎聊以卒歲。以天寶五載四月廿六日委化於洛陽臨闤里之盡館，春秋六十有七。嗚呼！適來時也，適去順也，安時處順，其樂天知命歟。維六年十月七日葬於邙山西麓金谷鄉焦古之原，從宅地也。夫人滎陽鄭氏，梓州司法參軍珎之令女，閑於德，婉于儀，褧衣襲明，瑤佩有節，莫逐偕老，先府君而亡者十有四年，今紲首雙棺，合爲齊之道，同穴之義，禮也。嗣子巽，歸天靡訴，泣血增哀，顧叙徽烈，誌于泉壤。其詞曰：

風摧秀木兮月犯少微，處士云亡兮哲人其萎。瓊瓌入夢兮珠淚霑衣，遺奠忽行兮親賓永違。高崗獻地兮精靈是依，金鷄玉犬兮警護泉扉。曉来棄户乎已合天機，死而可作兮吾誰與歸。

一五六　王承宗墓誌

唐天寶六載（七四七）十月七日

一五七　高明俊墓誌

唐天寶七載（七四八）十月二十四日

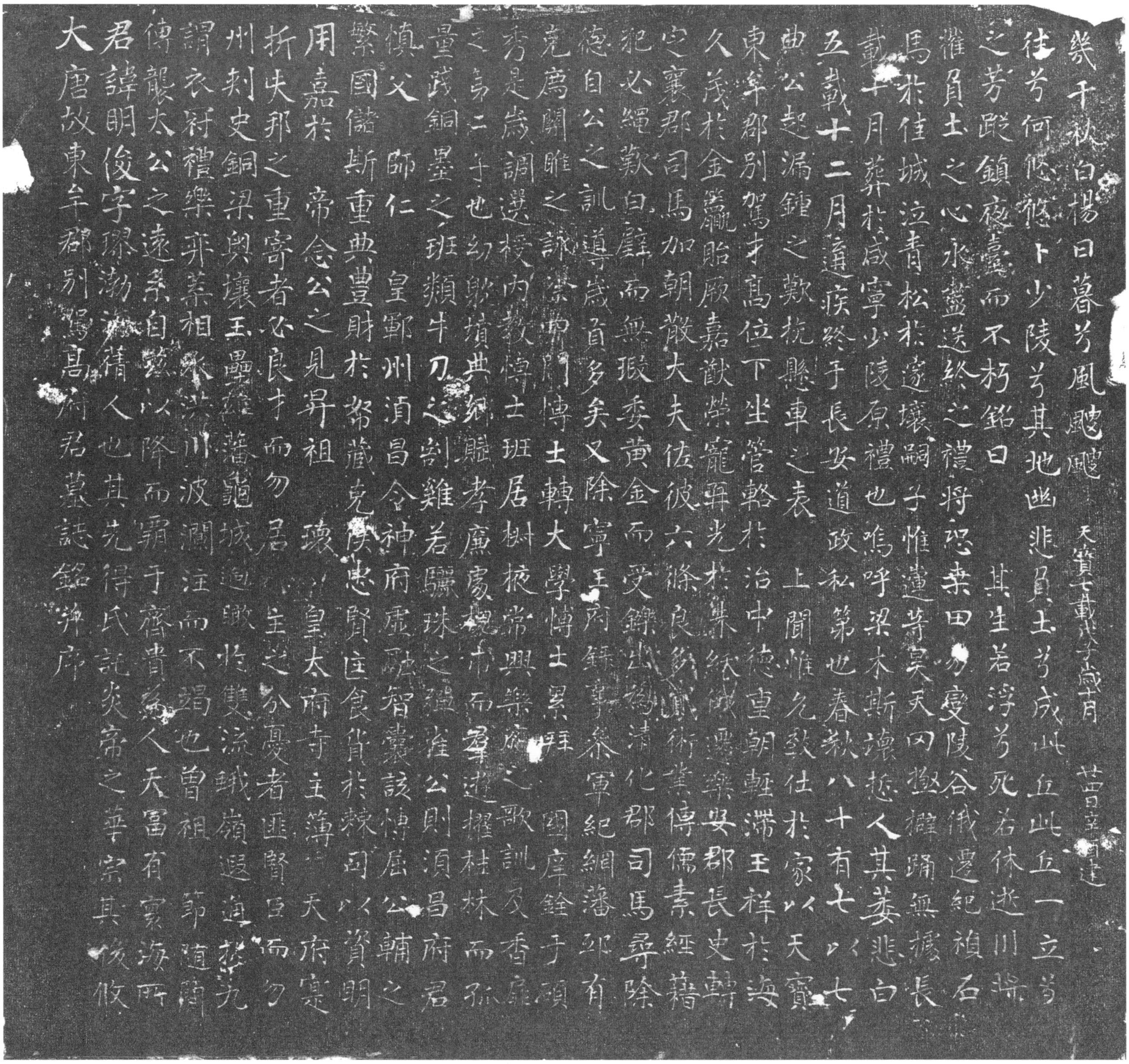
幾千秋白楊曰暮兮風颼颼　天寶七載戊子歲十月廿四日辛酉建
往兮何悠悠卜少陵兮其地幽悲貞土兮成此丘此丘一立兮
之芳躅鎮穢蠹而不朽銘曰　其生若浮兮死若休逝川斯
灌貞土之心永盡送終之禮將恐桑田勿變陵谷儀遷紀禎石
馬於佳城泣青松於遂壞嗣子惟蓮等昊天罔極擗踊無據長
載十月葬於咸寧少陵原禮也嗚呼梁木斯壞哲人其萎悲白
五載十二月遘疾終于長安道政私第也春秋八十有七以七
曲公起漏鐘之歎抗懸車之表　上聞惟允致仕於家以天寶
東牟郡別駕才高位下坐管轄於治中德重朝輕滯王祥於海
久茂於金鑾貽厥嘉猷榮寵再光於集紙纖還樂安郡長史轉
宅襄郡司馬加朝散大夫佐彼六條良能術業傳儒素經籍
犯必繩歎白璧而無瑕委黃金而受鑠出為清化郡司馬尋除
德自公之訓導歲首多矣又除寧王府錄事參軍紀綱藩邸有
克膺關雎之詠門博士轉大學博士累拜　國庠銓于頎
秀是歲調選授內教博士班居樹掖常興樂府之歌訓及香庭
之弟二子也幼躭墳典孝廉而君擢桂林而孫
疊跡銅墨之班類牛刀之割雖若驪珠之穎惟公則須昌府君
慎父師仁　皇鄆州須昌令神府虛融智囊該博居公輔之
繁國儲斯重典豐財於帑藏克奏忠賢匡食貨於棘司以資明
用嘉於　帝念公之見昇祖瓌　皇太府寺主簿　天府寔
折夫邦之重寄者必良才而勿居　主之分憂者匪賢臣而勿
州刺史銅梁與壞玉疊雄藩龜城迥瞰於雙流蛾嶺遐通於九
謂衣冠禮樂弈葉相承洪川波瀾注而不竭也曾祖　節隨簡
傳襲太公之遠系自茲以降而霸于齊貴為人天冨有寰海所
君諱明俊字璟渤海蓨人也其先得氏誌炎帝之華宗其後攸
大唐故東牟郡別駕高府君墓誌銘并序
局部

一五七　高明俊墓誌

唐故相韓公夫人河東郡夫人柳氏墓誌文

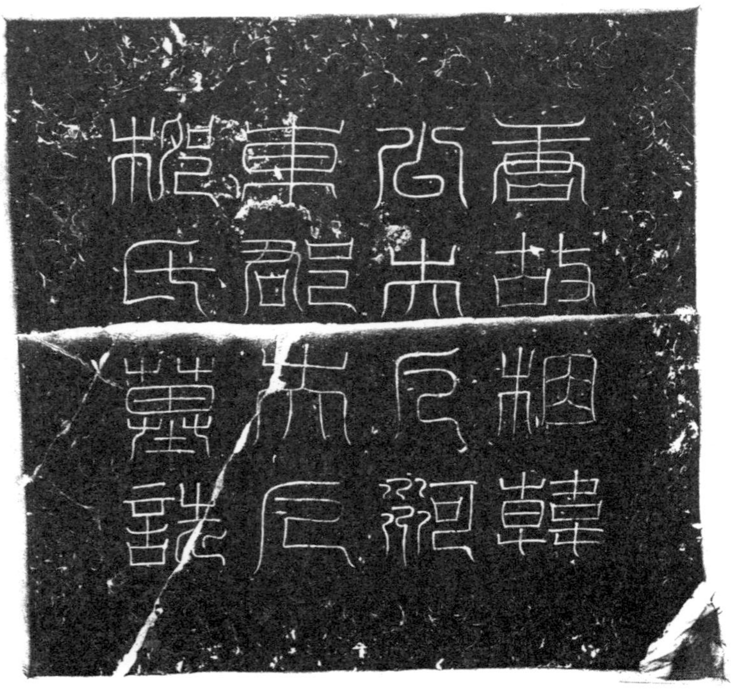

一五八　韓休夫人柳義墓誌

唐天寶七載（七四八）十一月四日

唐故相韓公夫人河東郡夫人柳氏墓誌文

國子祭酒趙冬曦撰

皇唐天寶七載□□□□十三日五年故□文忠公韓公夫人柳氏終于安
興里第春秋□□十□二矣粤以其十一月四日庚午合祔于少陵原之墳
依閑則光失□□□□□□遁非荊司馬□之曾孫鄧州別駕客居之孫□
州南溪縣令□□□一女慶系紳華者為輩族回生賜姓之系封魯居解
之本士林仰□故可□也夫人性與道合自然明悟事非師訓動循儀
矩惠心內敏□□□禮既笄而歸于韓氏事姑以孝□婦以睦娌君子
以從一誨諸□□存三可謂仁之方也已矣韓公諱休字良士昌黎人
世茂衣冠家擅□史治以秀才入仕累踐中外自尚書右丞拜黃門侍
郎同中書門下三品改工部尚書太子少師臨長百寮孫綸庶績以貞
諒為珮而不□□絃以清白為寶而不藏金璧榮貴數十載室無私積
可□謂忠乎□□將順其美幽贊其事豐賞厚祿必散於姻戚重錦□

局部一

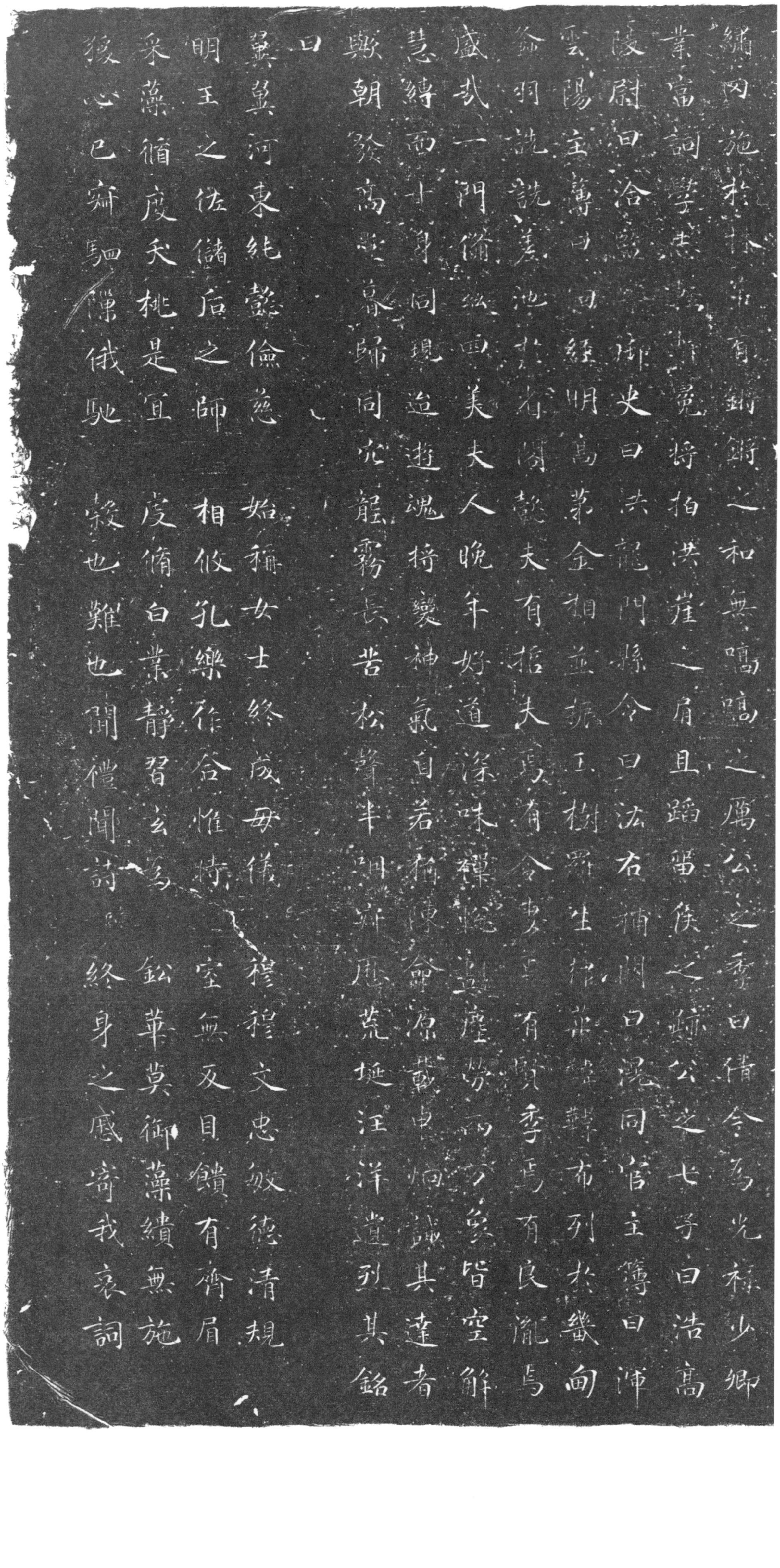
緇囚施於林第有鏘鏘之和無嗚嗚之厲公之季曰倩令爲光祿少卿
業富詞學[illegible][illegible]覓將拍洪崖之肩且蹈留侯之跡公之七子曰浩高
陵尉曰洽監[illegible]御史曰共龍門縣令曰法右補闕曰混同官主簿曰渾
雲陽主簿曰[illegible]曰經明高第金相並振玉樹羅生[illegible]華[illegible]韡布列於繼面
[illegible]羽詵詵[illegible]也於[illegible]者閨懿夫有哲夫焉有令[illegible][illegible]有賢季焉有良亂焉
盛哉一門備[illegible][illegible]美大人晚年好道深味禪悅與塵勞而[illegible]參皆空解
慧縛而十身同現道遊魂將變神氣自若猶陳命源戴東[illegible]識其達者
歟朝發高世暮歸同穴龍霧長昔松聲半[illegible][illegible]風荒埏汪洋遺烈其銘
曰
翼翼河東紈懿倫慈　始稱女士終成母儀　穆穆文忠敏德清規
明王之佐儲后之師　相攸孔樂作合惟特　室無反目饋有齊眉
采藻循度夭桃是宜　度循白業靜習玄[illegible]　鉛華莫御藻績無施
綏心已寂驅隙俄馳　毅也難也聞禮聞詩　終身之感寄我哀詞

局部二

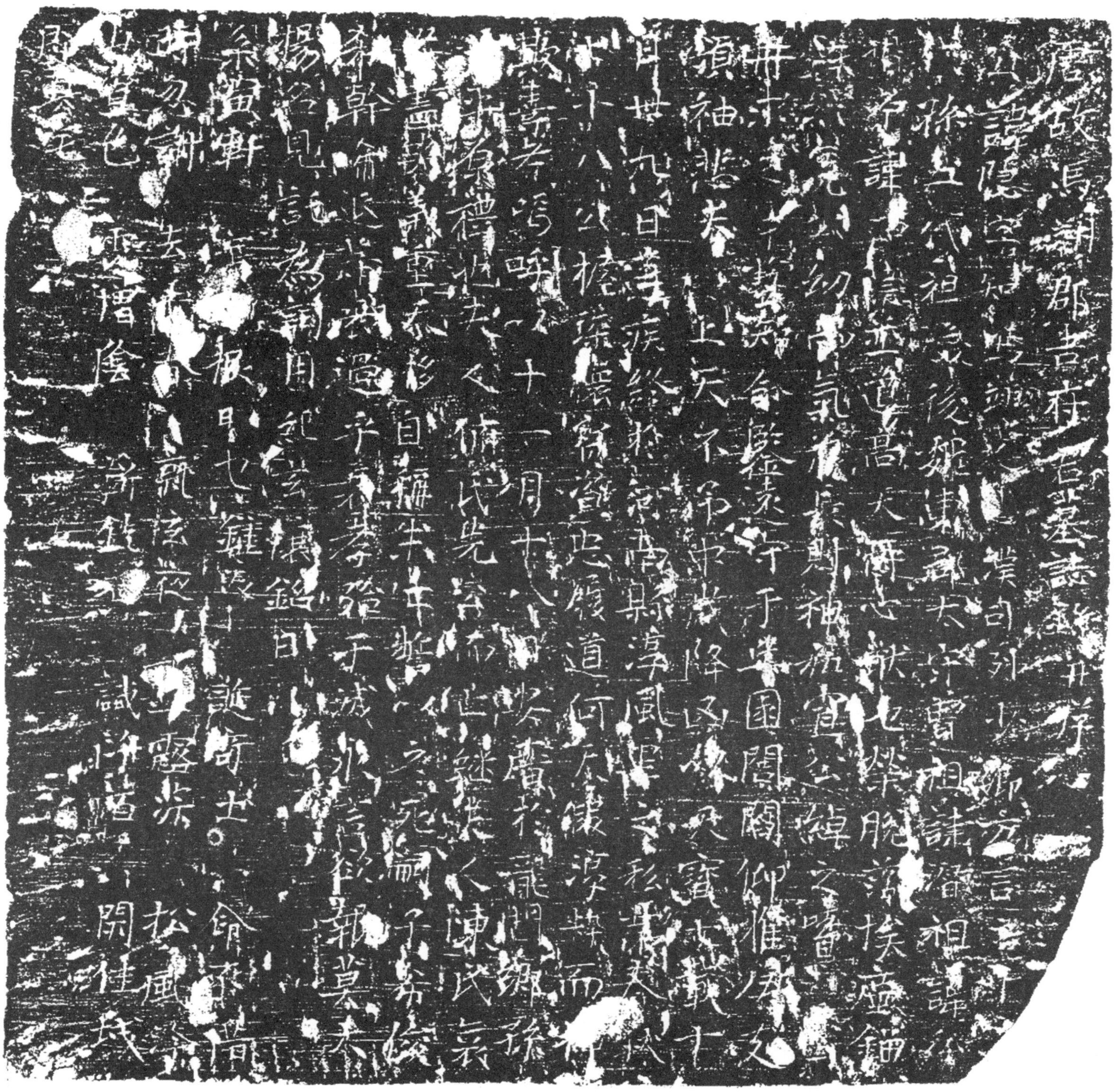

一五九　吉隱墓誌

唐天寶七載（七四八）十一月十八日

唐故華陰郡錄事參軍韋府君墓誌銘并序

棣王府□□參軍令狐潮撰

公諱獻字獻杜陵人也其先帝高陽之裔自唐已上為陶唐氏莊夏為御龍氏在商為豕韋氏三代祚土五伯迭興世不絕祀祿之大者其後楚傳挺生是稱詩伯漢相繼位弊為儒宗始以列侯得芳掌舍賞傳家公即尚舍居之第二子也幼而孤弱不好居遂為京地冠族曾大父思前烈皇榆林郡司馬王又遷光祿卿弃行無苟渡必有方績歲以門子轉鄴□功切終秩調華陰郡錄政縣到立之政闕之以茲闕必肎远親滿歲雖無留使者亦□身許直則有米頜來溫之戚隨可□天官署行陽□難無怨毒當廳隼之發山縣刻□六縣寵容儒緗□有戶□守藏橘以王諸使事名鑾二千石守氣一心人事庄難庭□陽公分以身先北關仕非擇祿琴不遠親滿歲轉鄴□身穌南陽皆異行無苟渡必有方績歲以門子

時閒不容緗肎遠迢闕必肎有餘地政郡守藏橘以王諸使傳鸞而傳諢琅□止范隆而傳寶南陽不是過也与萬人神祐予寶正直將年祿辭琅□瑤芳棘冰骨集棄裏感共知夫人天大也以迁唐天寶七載次戊申化之必弟以其十一月丁卯朔十八日戌之終于開化里之私弟也戌午六月庚子潤十□申歸辞如□鳳棲原衣冠之慟英之喪別身石郵告世萬宗身韶呻帝門悲絕倚門悲峽哀黃壤歸菜裏感綿綿徇徂復國圓瑤哭珥仕娥陽繼相鄧國闕圻一曾子之檦裒戟箕式刊貞石斯菩人世宇舜族陽繼經遺百代可知德檀奐珠人其□玉子雲莖仕少遊從祿清則限人貪無絕俗茶居二郡山立一區彼著者天識戈仁賢摧勞九夏埋人賞三泉新學封樹故岡雲煙子孫下億松栢萬年

一六一 陽承訓墓誌

唐天寶七載（七四八）十二月六日

一六二　靈泉寺玄林禪師碑

唐天寶八載（七四九）二月十五日

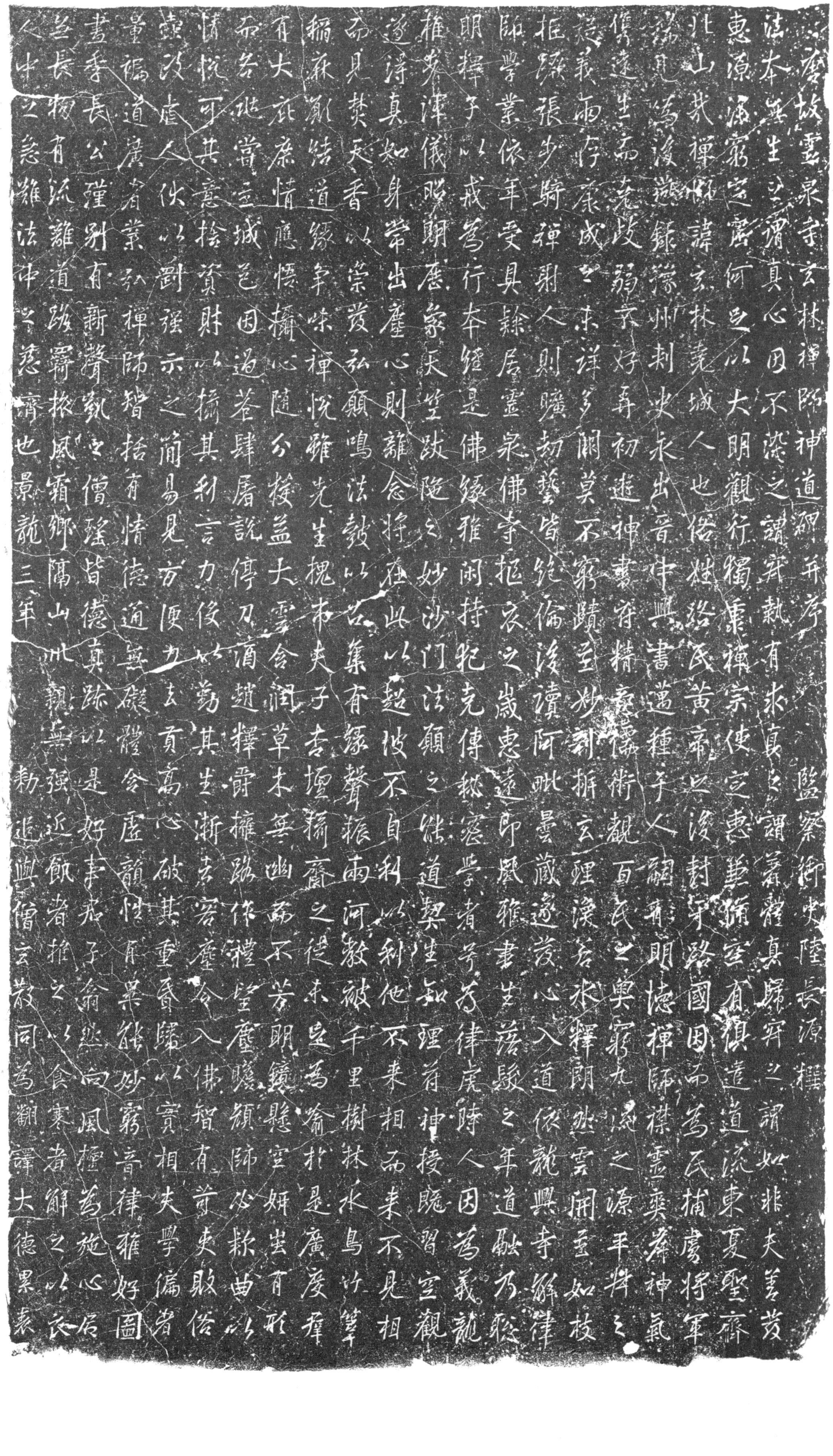

碑陽

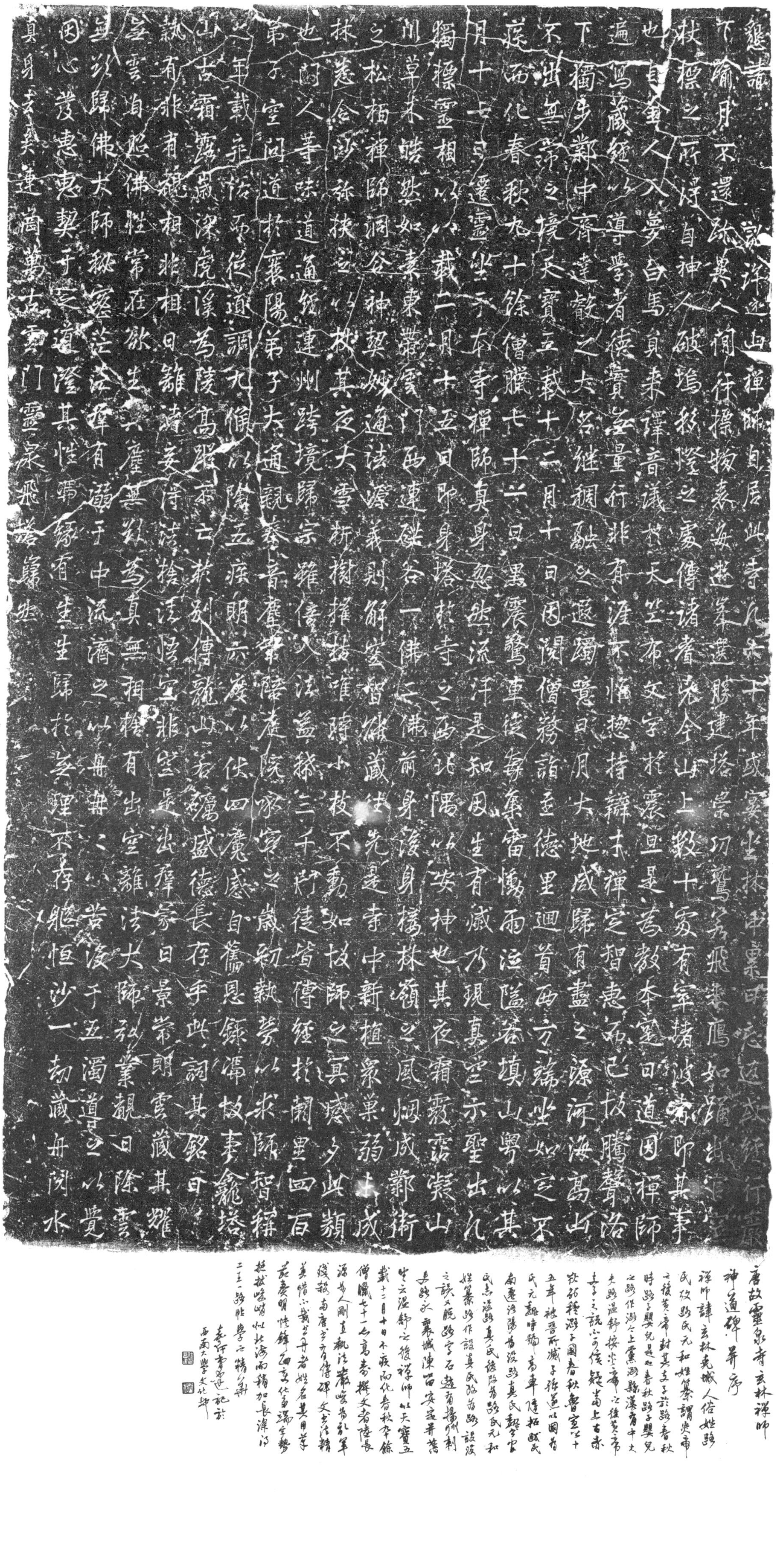
戀盡[illegible]說洋[illegible]山禪師自居此寺凡六十年成實生林[illegible]業悉通[illegible]經行[illegible]
下喻月不還跡異人間何標擬嘉海遊業選勝建塔崇仞鷲[illegible]飛[illegible]鴈如踊出[illegible]
杖標之所得自神人破鵠殺隆之處傳諸耆老令[illegible]山上數十處有窣堵波[illegible]即其事
也自金人入夢白馬負來譯音議於天竺布文字於震旦是爲教本寔曰道因禪師
遍寫藏經以導學者德實無量行非有涯不[illegible]惣持辯才禪定智惠[illegible]已超騰聲洛
下獨步鄴中齊達[illegible]之大名繼綱[illegible]融之遐躅[illegible]覽日月大地咸歸有盡之源河海高山
不出無常之境天寶五載十二月十日因閱僧務詣[illegible]德里迴首西方端坐如定不
從而化春秋九十餘僧臘七十一[illegible]日[illegible]墨震驚車徒[illegible]集雷慟雨泣隘巷填山[illegible]以其
月十七日還靈坐于本寺禪師真身[illegible]然流汗是知風生有感乃現真容示聖出凡
獨標靈相以[illegible]載二月十五日即身塔於寺之西北陽[illegible]安神也其夜霜霰[illegible]凝山
川草木皓然如素東[illegible]靈[illegible]門西連[illegible]各一佛二佛前身後身[illegible]林巖之風烟咸鄴衛
之松栢禪師洞谷神契[illegible]通法源義則解空智[illegible]藏往先[illegible]寺中新植衆巢弱未成
林慈念沙弥挾之以枝其夜大雪折樹摧枝唯[illegible]時小枝不動如故師之冥感多此類
也聞人等味道通經連州跨境歸宗羅僧入法蓋[illegible]三千門徒皆傳經於闡里四百
弟子空[illegible]問道於襄陽弟子大通觀秦普[illegible]常[illegible]庭院家[illegible]之歲勒執勞以求師智釋
之年載弁[illegible]恰而從道調九[illegible]以陰五[illegible]朗六度以伏四魔感自[illegible]恩錄源故事龕塔
山古霜露歲深虎溪爲陵高殿[illegible]云於別傳龍山若[illegible]盛德長存乎此詞其銘曰
執有非有[illegible]相非相日離諸妄得法捨[illegible]空非空是出[illegible]家日景常朗雲藏其耀
空雲自然佛性常在欲生[illegible]塵無[illegible]爲真無相[illegible]有出空離法大師[illegible]業[illegible]日除雲
且[illegible]歸佛大師[illegible]慈[illegible]揮有[illegible]于中流濟之以舟[illegible]普[illegible]于五濁道之以覺
因心發惠[illegible]契于[illegible]道[illegible]其性[illegible]緣有生生歸於[illegible]理[illegible]存[illegible]恒沙一劫藏舟閱水
真身[illegible]遷[illegible]萬古[illegible]靈泉飛[illegible]然

唐故靈泉寺玄林禪師神道碑并序
禪師諱玄林，堯城人，俗姓路氏。故路氏元和姓纂謂炎帝之後黄帝封其支子於路，春秋時路子嬰兒是也。春秋路子嬰兒之路作潞，今上黨潞縣，漢有中大夫路温舒。按炎帝之後黄帝之說亦可信，疑當上古赤狄别種潞子國，春秋魯宣公十五年被晉所滅，子孫遂以國為氏。元魏時獨孤車隨拓跋氏南遷洛陽者改路為真氏，魏志謂路真氏後改為路氏。元和姓纂路作設，真氏改為路設之誤，又脱路字。石遺有揚州刺史路永，襄城陳留安定并舊望云温舒之後。禪師以天寶五載十二月十日不疾而化，春秋九十餘，僧臘七十一。今高壽撰文者陸長源，其人剛直，執法嚴峻，為亂軍殘殺，兩唐書有傳。碑文書法精美，惜不載書丹者姓名，其用筆蒼勁明快，鋒芒化爲端，字勢挺拔峻峭，似北海而精加長淋，乃二王一路帖學之精品。
春圻青世記於西南大學文化邨

碑陰

一六三　趙君夫人鄭氏墓誌

唐天寶九載（七五〇）五月九日

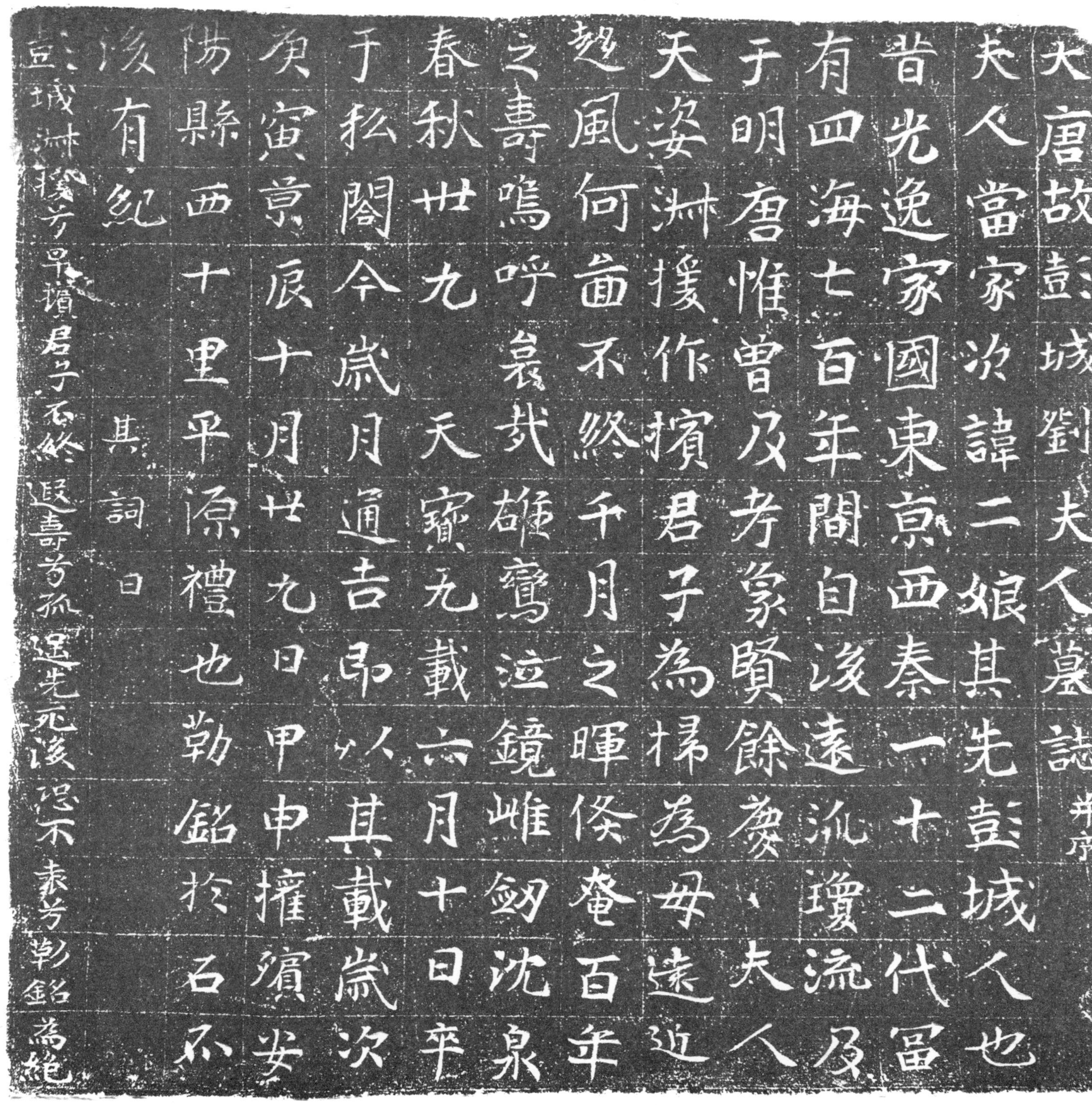
大唐故彭城劉夫人墓誌并序
夫人當家次諱二娘其先彭城人也
昔先逸家國東京西秦一十二代留
有四海七百年間自後遠流瓊流及
于明唐惟曾及考象賢餘慶夫人
天姿淑援作嬪君子為掃為毋遠近
超風何齒不終千月之暉倏奄百年
之壽嗚呼哀哉雄鸞泣鏡雌劒沈泉
春秋卅九天寶九載六月十日卒
于私閣今歲月通吉昂以其載歲次
庚寅景辰十月廿九日甲申權殯安
陽縣西十里平原禮也勒銘於石不
後有紀 其詞曰
彭城淑援兮早嬪君子不終遐壽兮孤遲先亮後思不衰兮彰銘爲絶

一六四　劉二娘墓誌
唐天寶九載（七五〇）十月二十九日

一六五　李府君夫人杜持行墓誌

唐天寶十載（七五一）四月九日

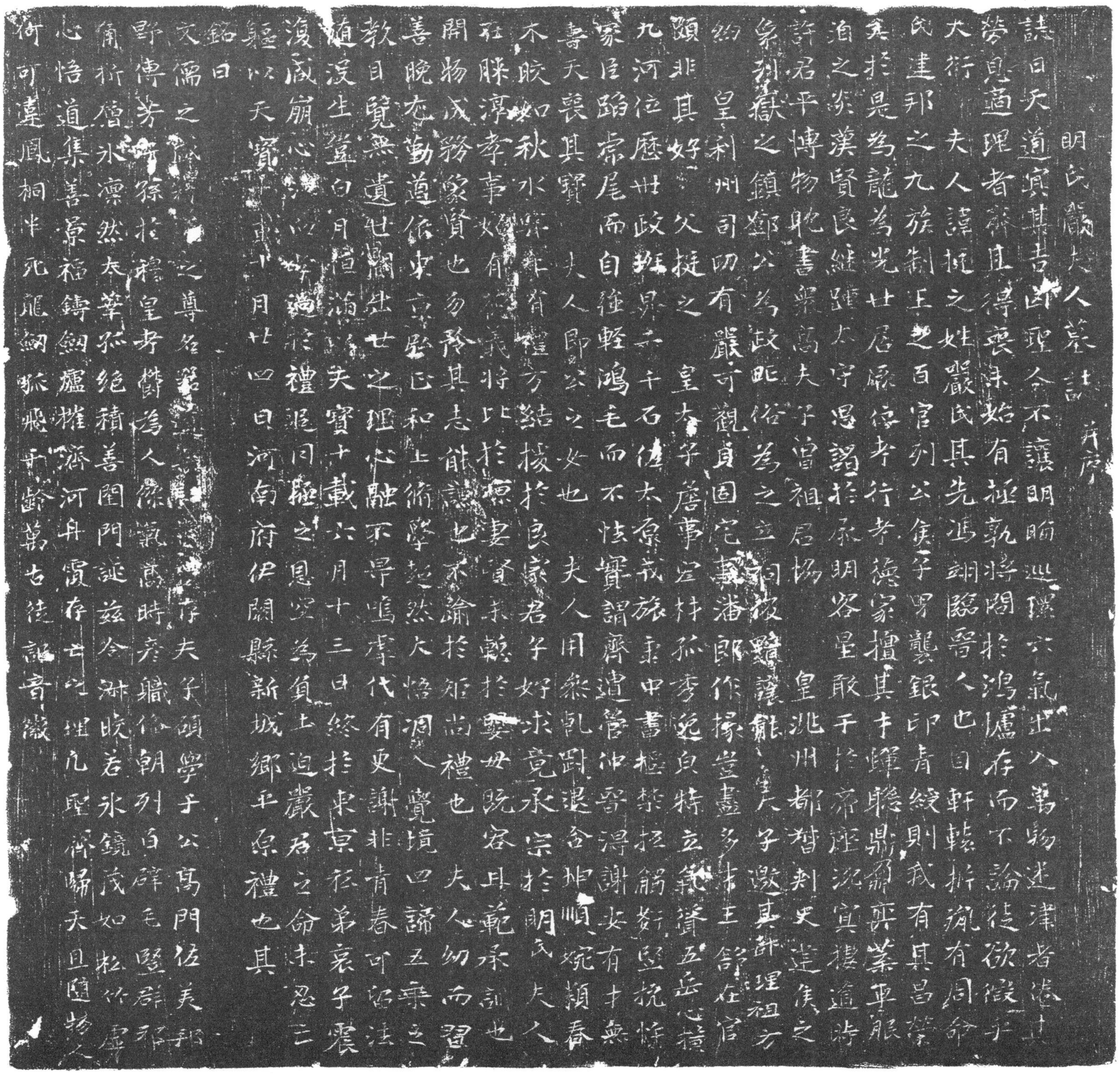

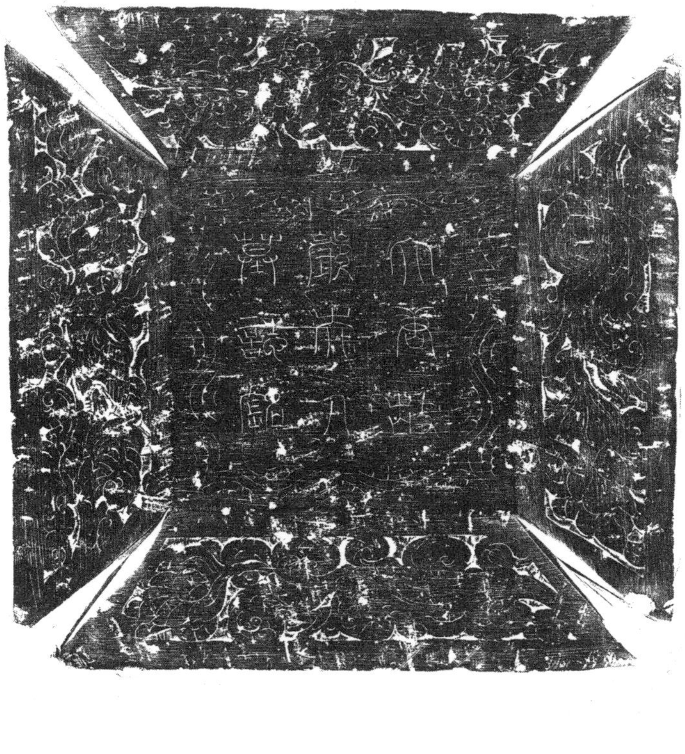

一六六　明氏嚴夫人墓誌

唐天寶十載（七五一）十月二十四日

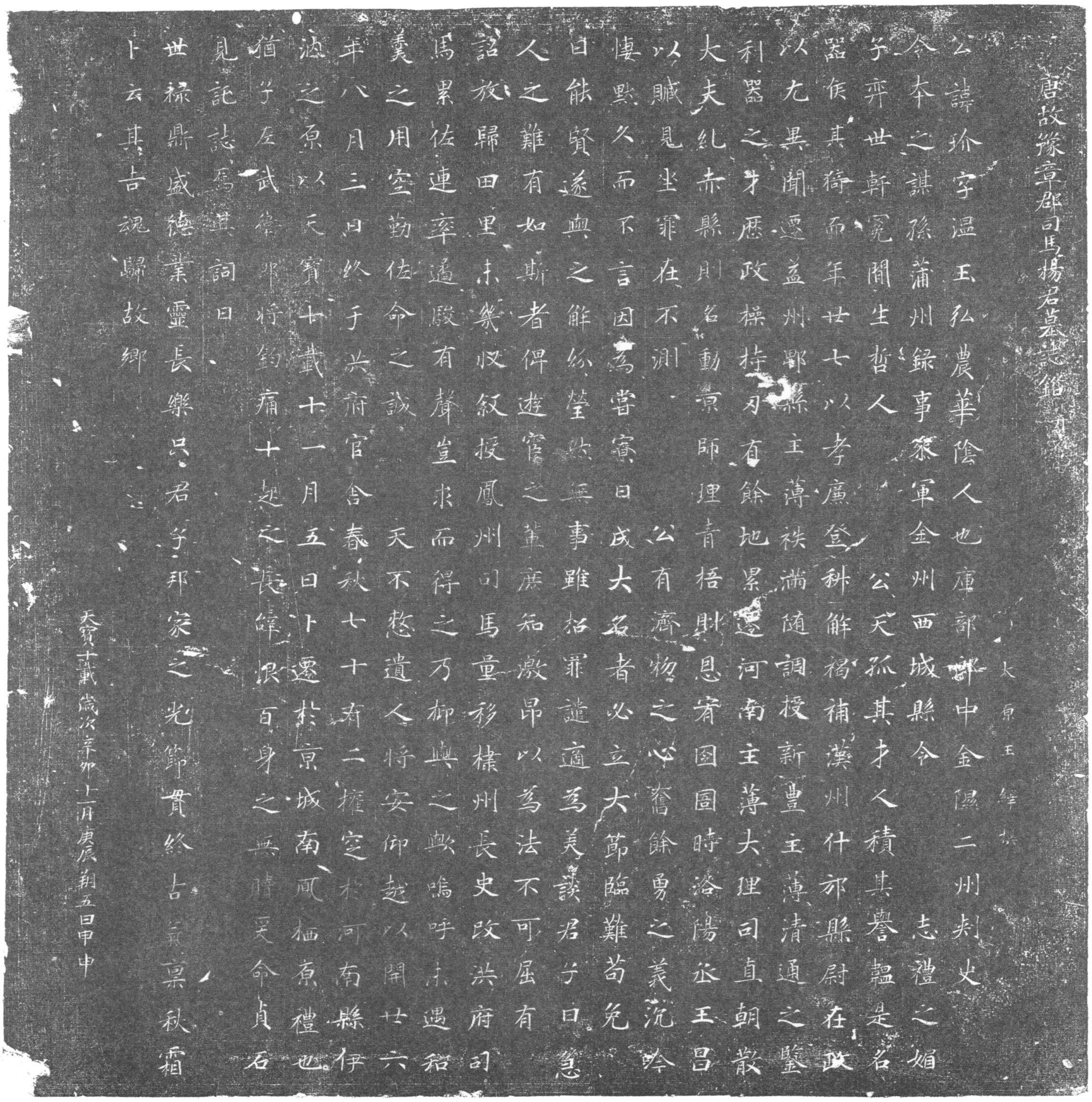
唐故豫章郡司馬楊君墓誌銘并序
大原王綽撰
公諱玠字温玉弘農華陰人也虞部郎中金陽二州刺史
令本之謀孫蒲州録事參軍金州西城縣令　志禮之媚
子弈世軒冕聞生哲人　公天孤其才人積其譽韞是名
器候其待而年廿七以孝廉登科解褐補漢州什邡縣尉在政
以尤異聞遷益州郫縣主薄秩滿随調授新豐主薄清通之鑒
利器之才歷政操持刃有餘地累遷河南主薄大理司直朝散
大夫紀赤縣則名動京師理青梧財恩宥囹圄時洛陽丞王昌
以贓見坐罪在不測　公有濟物之心奮餘勇之義沉吟
悽默久而不言因爲嘗竊曰成大名者必立大節臨難苟免
曰能賢遂與之解紛瑩然無事雖招罪譴適爲美談君子曰急
人之難有如斯者俾遊宦之堇庶知激昂以爲法不可屈有
詔放歸田里未幾收叙授鳳州司馬量移棣州長史改洪府司
馬累佐連率遍歷有聲豈求而得之乃柳與之歟嗚呼未遇稻
羲之用空勤佐命之誠　天不慭遺人將安仰起以開廿六
年八月三日終于洪府官舍春秋七十有二權窆於河南縣伊
汭之原以天寶十載十一月五日卜遷於京城南鳳栖原禮也
猶子左武衛郎將鈞痛十起之長韓恨百身之無贖爰命貞石
見託誌焉其詞曰
世禄鼎盛德業靈長樂只君子邦家之光節貫終古氣稟秋霜
卜云其吉魂歸故鄉
天寶十載歲次辛卯十一月庚辰朔五日甲申

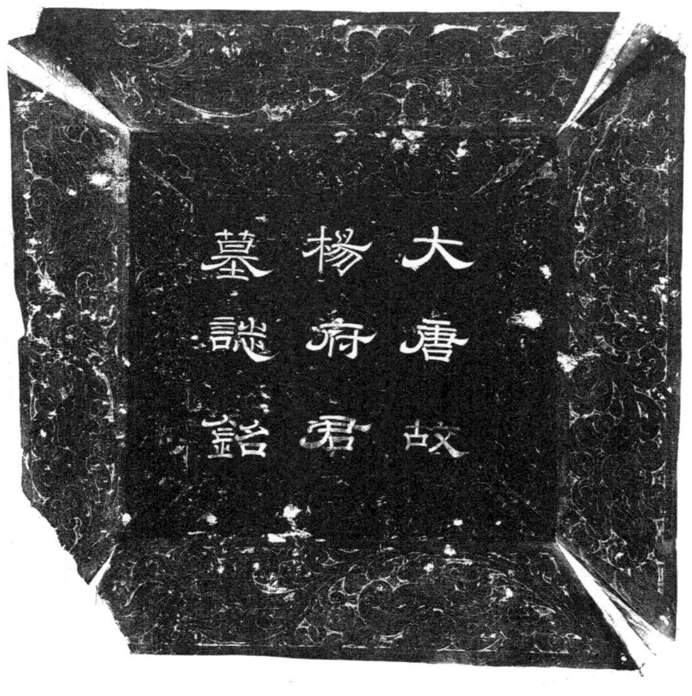
大唐故
楊府君
墓誌銘

一六七　楊玠墓誌

唐天寶十載（七五一）十一月五日

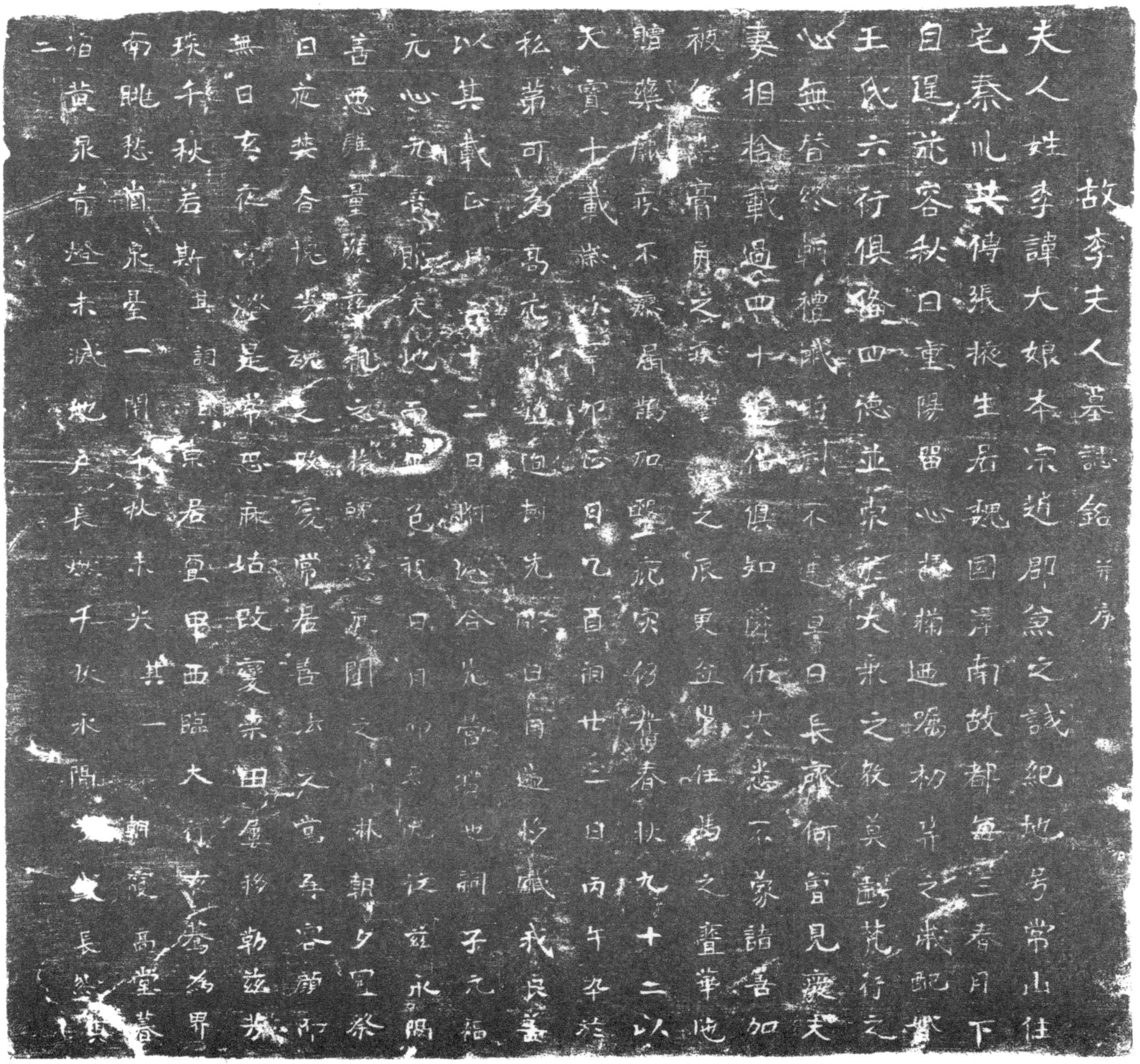

一六八　李大娘墓誌

唐天寶十一載（七五二）正月二十二日

大唐故國子監丞李君墓誌銘并序
君諱己字省躬其先隴西人也玄宗立極伯陽為得姓之初
皇葉肇興神堯啓巨唐之運曾祖蔣王惲太宗文武皇帝
之子也本枝天潢齊耀星繁祖六安公珙少府監克構洪緒
丕承景胤父思絢光祿卿剛健中正發揮旁通維城盤石自
家刑國君帝族一枝王臣千里不以貴干祿不以賢尚人繹
恭敬而溫文葆沖和以繕性於是舉孝廉擢高第纂金檀美
琢玉成功崇臺將極於九層累土先資乎一簣乃調補都水
監主簿巨川之濟於是為濫觴焉居無何以宅憂去職杖而
起毀而全泣血三年齊名二連及外除授左清道率府倉曹
參軍儲衛典式出納明允臻滿歲拜都水監丞虞衡是守贊
理惟職以資進國子監丞風清國庠學洞儒業朝稱一德人
望三台俄而以公務告行乃馳車蜀門去國秦塞以時而往
遂轉其沍何皇天之不仁殲我良士以天寶辛卯歲孟冬疾
終于巴西之旅館悲夫鳳凰不地命嗣子於他人鶺鴒其傷
鍛友于於行鷹厥明年春壬二月朔歸于京兆咸寧乾陂之
𪧐禮也夫名以正事事以踐迹迹不可朽名其在焉有墨客
之外姻勒而為銘曰
帝唐洪胄公族芳枝赤舄傳美清風照時榮貫國庠聲華戚
里斯焉取斯君子之子流水為川閱人成世星落翠微霜凋
丹桂旐出鳳城封崇馬鬣千齡万祀式覩徽業

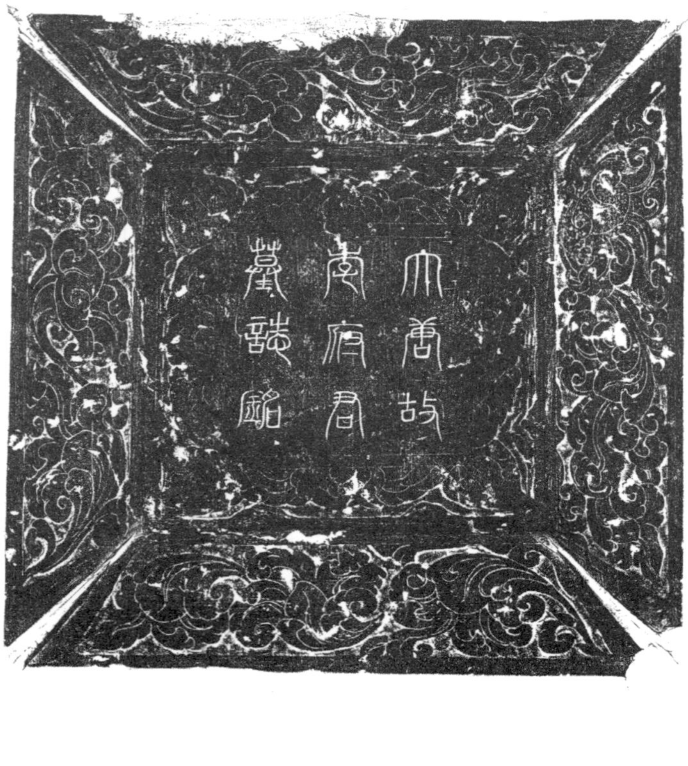
大唐故
李府君
墓誌銘

一六九　李己墓誌

唐天寶十一載（七五二）二月一日

一七〇 王大隱墓誌

唐天寶十二載（七五三）正月二十日

一七一　雲遂墓誌

唐天寶十二載（七五三）八月四日

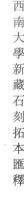

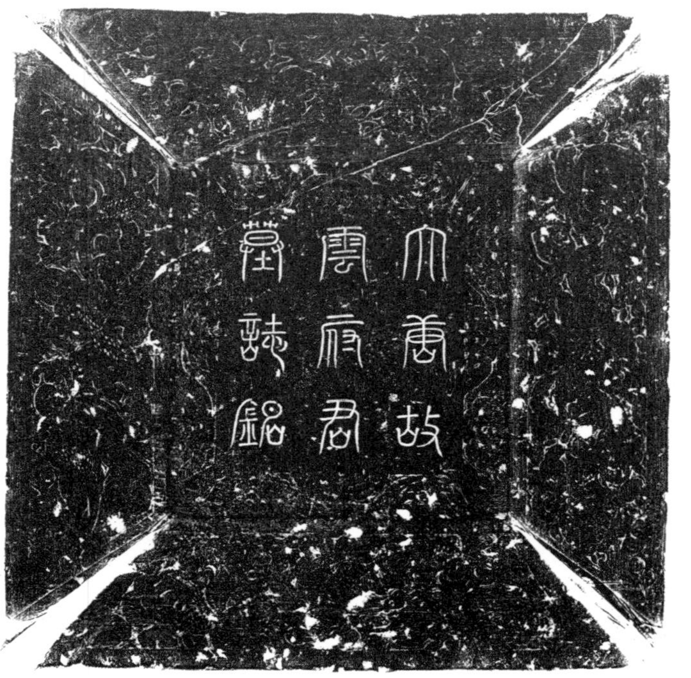

唐故朝議大夫泉州刺史上柱國鄱陽縣開國男雲府君墓誌銘并序
茅土襲貴光大族也河山畜氣冑大賢也羁業中圯名公嗣興公諱遂字勗河南人
其先夏后流裔赫連承緒奄有羁國武烈開其帝圖蔚為宗臣都尉傳其官族赫弈
千祀聲騰雲天高祖北齊儀同三司雲岐八州刺史中書監廣陽公諱光曾祖周□
府監衛尉卿歸德公諱定興大父皇涂州彭城縣令贈代州長史諱師泰皇考
漢州刺史少府監右金吾大將軍隴西公諱昌袞衣桓圭諸侯之貴金革緹騎將軍
之雄荀池躍鳳中書之榮蒸縣飛鳧子男之美鈿戟彪炳簪紱焜煌世濟純嘏一門
有光公貞明撿身純壹用道體坤元行簡以鎮物法謙光受益以律人聖曆初年甫
弱冠詔書以一子宿衛授左衛長上俄轉洛州轘轅府別將恭主命也公以文
學者四科之首馴致之射馭者六藝之先慕脩之久視中對沈謀秘策舉授洛州永
嘉府果毅無何應武藝絕倫舉授溫王府右帳典軍謀洞十精初則對敭天闕藝通
七札旋乃翊贊王門景龍初有制以父執金吾子難同衛除太子洗馬俄轉洛州
長史封鄱陽縣開國男侍銅龍樓下名重陸機坐屏星車中位光仲舉不經孝丁金
吾憂飲水枕草喪禮過數服闋除絳州長史河東按察使齊景冑奏云清貞導俗勤
恪當官一孝除石州刺史 制賜銀印赤紱光 天寵也公勵心泉清立節緹直貧
者煦之以德暖如陽春宿者擊之以刑逐如鷙鳥初察使畢公搆以佳政舉後廉使
程公謐以清白聞兩孝丁太夫人憂創巨之容過於初禮尋除金州刺史河歎纔渡
江珠俗還又降辰州都督公用巽行令象震作威未剪五溪之夷旋迁中台之盲貶
永州別駕加朝散大夫化海沂而王祥有經謫長沙而賈誼多憤開元中移睦州別
駕又轉歙州別駕加朝請大夫又移台州別駕加朝議大夫祠汾陰制除泉州刺
史雷雨作解承 天子之渥恩軒蓋以肅纘諸侯之舊服未幾奉賜告之詔移疾洛
師以開元廿六年正月五日終于東京永豐里私第春秋六十有五其年八月厝於
河南縣萬安山南原公論純粹精端潔矩操敦詩書以正性閱禮樂以潤身筮仕□
名十有四位三典環列一入承華展驥六邦建旟四國內蘊曾史之行外張龔黄之
政未調鼎飪遄奄窀穸 夫人隴西李氏隨太保申公穆之曾孫 皇亳州別駕行
正之女慶流華冑德配高室禮事蘋藻功脩組紃夫惟堂惠子廣被六姻之內咸
稱女師天寶七祀奄然即世洎十有二載八月四日合葬于舊塋從周禮也嗣子前
成武縣尉滇次子鄉貢進士漸雲龍並譽衛杜齊薰手植霜栢日號泉戶塋卑夏引
殊開京兆之阡甫寔斯占卜知合防山之墓銘曰
赫赫鼎貴英英間氣夏纘羁王魏承鄱尉挺生懿德匡賛 王國屏節班條隼旟弗
軾爰謫江徼頻移海嶠山陰贈錢九真立廟大夜無晨俄萎梧人鳳歸丹穴劍合平
津鬱鬱松檟萬安山下千載泉扃唯留名焉
天寶十二載歲次癸巳八月己巳朔四日壬申 洛陽縣主簿程浩文

局部

大唐故處士郭府君墓誌銘并叙　河東柳欽撰并書
府君諱皓字善甯其先太原人也高祖令詢後周上黨太守
壽城授寄名實彰於剖符下車未幾毗庶賴其二天曾祖世
静隨蒲州桑泉令懸魚之化既被留犢之念何懿祖欽仁皇
齊王府祭酒兼王幕府妙選時英精擇禮官才當不讓父敦
一皇河南府澠池縣令雒壇可仰梟鳴難瞻高步河陽咄嗟
彭澤君則澠池府君之第五子也幼而剛長而正見邪能撤
曾不避於綱羅府君必伸豈復憚於坑穽既忠且信好義輕
仁貧則獨竭其身富則兼濟知己勢忌趍附財無苟求方之
古人寧傳今矣以門蔭補相王府執杖處乖世業非其志懶
竟弃而不仕每優遊任性不欲二柳其天真放志沖融非復措
心名宦抗獎英之大節樂榮啓之琴歌年耳順之餘預修日
制之事墳生宿草塋列白楊居安慮危可謂知命嗚呼
昊天不予爰降鞠凶以天寶十二載八月六日寢疾終於洛
陽臨闤坊之私第嗟夫逝波不息頹光難駐幽扃永閟長夜
無晨粤以大唐天寶十二載八月廿二日歸窆乎洛陽邙山
杜郭之原禮也嗣子綰哀哀擗慕因極　昊天卜擇棲神刊
銘述德銘曰　門承餘慶代襲縉紳惟賢不絶惟德
有隣其一高視王侯曠心不仕古稱失隱必迹朝市其二刻復于
志琢磨兮躬存亡嘯傲預修知終其三鄉帶神京地連邙壠白
楊悲韻綠柏孤貧其四芒芒大野壘壘荒墳千秋万古孤兔悲
君其五

一七二　**郭皓墓誌**

唐天寶十二載（七五三）八月二十二日

大唐故將陵縣丞崔公神道銘

咸有洪城域神靈廚降監之明吉以同流天壤夫
財成之契觀太運之紛詭常名之踌駁永高人
事良可悲本君諱□本博陵人也昌祖季詡廡中
書侍郎□部常書左右二僕射下博縣開國公合
邑五百戶曾祖到皇羲豐縣男鍾離郡太守食邑
三百戶父觀汝陽郡司戶參軍事其祖宗自晉魏
茲識宜資神用故此略述前史故此略起家殺典周縣廩氏有
繁盛載之前史故此略起家殺典周縣廩氏有
能聲累登課最無何轉將陵縣承部幾折斯宜熟寶興
嶷嶷朗月挺賢懷散清風枪樑情而此宜魚化未
才橫之鱗而南岳鴻飛奮落摩寶之翰春秋六北
目五以天寶十二載八月廿二日終於平原郡將
陵官舍以其載三月十日權殯於郡城西北十五
里平原禮也嗣子等慕忉亜義衰經集黎瞻孤馬
而銜庚期匍西咸之事仍訪鄙本式旌遺列詞
遠日有期匍道不可貞志不可苦萬乃石芳得聲
□□□□□奇有道美名無名紀圓石芳得聲

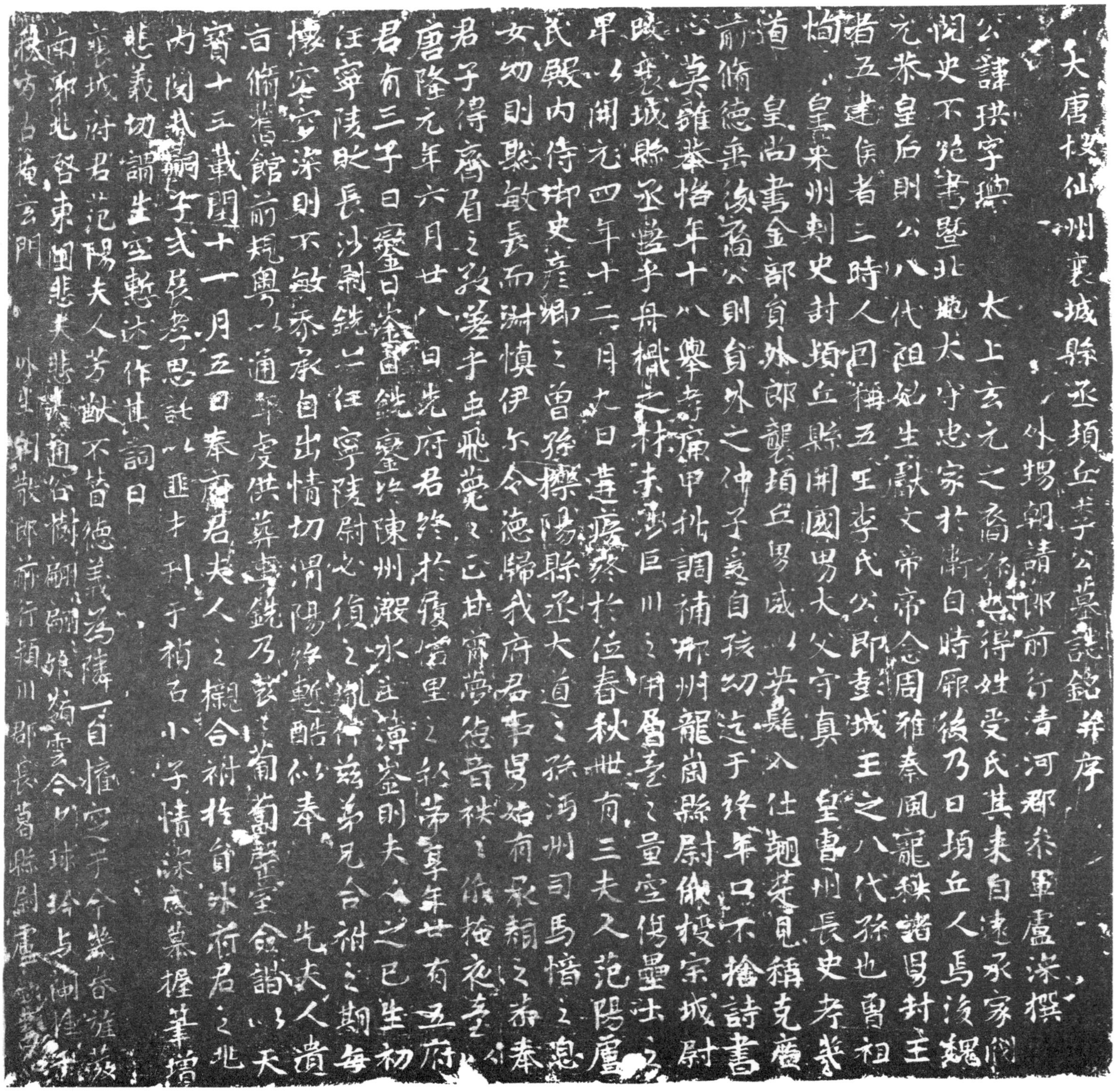

大唐故仙州襄城縣丞頓丘李公墓誌銘并序
外甥朝請郎前行清河郡參軍盧滌撰
公諱珙字璵　太上玄元之裔孫也得姓受氏其來自遠承家閥
閱史不絕書暨北魏太守忠家於衛自時厥後乃曰頓丘人焉後魏
元恭皇后則公八代祖姑生獻文帝帝念周雅秦風寵秩諸舅封王
者五建侯者三時人同稱五王李氏公即彭城王之八代孫也曾祖
恂　皇朝宋州刺史封頓丘縣開國男大父守真　皇朝晉州長史考義
道　皇尚書金部員外郎襲頓丘男咸以英髦入仕翹楚見稱克廣
前脩德垂後裔公則員外之仲子義自孩幼迄于終年口不捨詩書
之業雖攀悟年十八舉孝廉甲科調補邢州龍崗縣尉俄授宋城尉
遷襄城縣丞盤乎舟檝之材未涉巨川之用嗇惠之量空傷壘汰之
果以開元四年十二月九日遘疾終於位春秋卌有三夫人范陽盧
氏殿内侍御史彥卿之曾孫櫟陽縣丞大道之孫泗州司馬愔之息
女幼則聰敏長而淑慎伊尔令德歸我府君事舅姑有承顏之恭以奉
君子得齊眉之敬善乎飛鸞之匹甘寐夢德音袟袟依梅夜臺以府
唐隆元年六月廿八日先府君終於履信里之私第享年廿有五
君有三子曰鑾曰鎣曰銑鑾終陳州溵水主簿鎣明夫人之已生初
任寧陵尉長沙尉銑亦任寧陵尉必復之亂何茲弟兄合祔之期每
懷罔極之深則不敏忝承自出情切渭陽終軫酷似奉　先夫人遺
旨脩舊館前規輿以遇翠虔供葬事銑乃哉菊菊堅室僉謀以天
寶十三載閏十一月五日奉府君夫人之櫬合祔於員外府君之北
内閔兹嗣子式表孝思託以匪才刊于貞石小子情深感慕握筆增
悲義切謂生空軫述作其詞曰
襄城府君范陽夫人芳猷不昔德義爲隣一旦權空于今幾昔旋族
南郊北營東國悲夫悲夫通谷樹翩翩娘嫡雲合以珠拾與滴佳斜
殷方白龜玄門　外生朝散郎前行潁川郡長葛縣尉盧鉻書

一七四　李珙墓誌

唐天寶十三載（七五四）閏十一月五日

一七五　李府君夫人王高行墓誌

唐天寶十四載（七五五）二月十六日

一七六　韓損之墓誌

唐天寶十四載（七五五）十二月二十九日

一七七　李擇行墓誌

唐乾元三年（七六〇）四月六日

一七八　王弘及夫人郭氏墓誌

唐上元二年（七六一）三月二十八日

唐故上騎都尉王府君及夫人郭氏墓誌銘并序

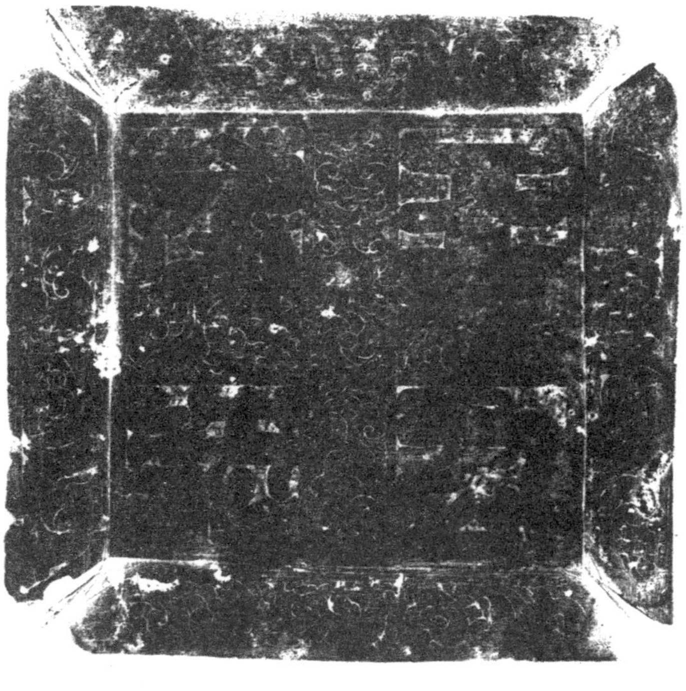

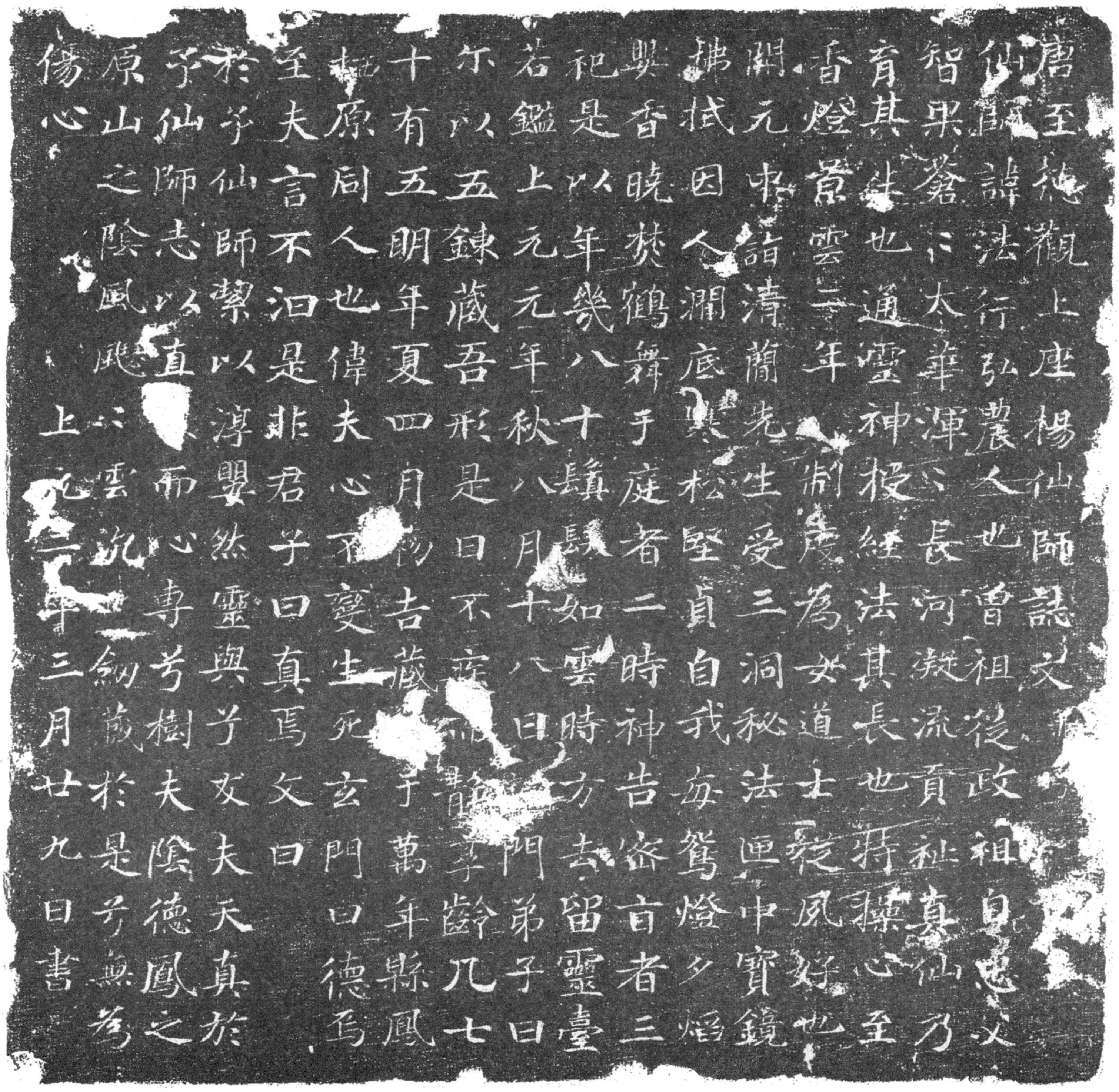
唐至德觀上座楊仙師誌文并[illegible]
仙師諱法行弘農人也曾祖從政祖[illegible]忠乂
智果叢〻太華渾〻長河凝流貢祉真仙乃
育其生也通靈神授經法其長也特操心至
香燈景雲二年制度為女道士發夙好也
開元中詣清簡先生受三洞秘法匣中寶鏡
拂拭因人淵底[illegible]松堅貞自我每駕燈夕焰
嬰香曉焚鶴舞于庭者二時神告[illegible]音者三
祀是以年幾八十鬚髮如雲時方去留靈臺
若鑑上元元年秋八月十八日[illegible]門弟子曰
尔以五鍊藏吾形是日不[illegible][illegible]靜享齡八七
十有五明年夏四月[illegible]吉藏于萬年縣鳳
棲原同人也偉夫心不變生死玄門曰德焉
至夫言不汩是非君子曰真焉文曰
於乎仙師絜以淳嬰然靈與乎友夫天真於
予仙師志以直[illegible]而心專兮樹夫陰德鳳之
原山之陰風飈[illegible]雲沉[illegible]劍藏於是兮無為
傷心　上元二年三月廿九日書

一七九　楊法行墓誌
唐上元二年（七六一）三月二十九日

一八〇　韋彭孫及夫人王氏墓誌

唐上元二年（七六一）八月八日

唐故朝散大夫太子中允薨殿中侍御史韋君并夫人王氏墓誌

公諱彭孫字繼嘉京兆人也曾祖志沖父守經並有
克明廉德體道復素祿代翔公早喪所生伏自成喪者
州故任尉集西郊授興聖轉左備率府兵曹顯節
後老倦糧監察御史遷西域信又殊方有封常清受命專
揆撫臧無何國子丞屬運虜亂常干犯伎谷御史大夫軍
潛送誠款及兩京檻密見衛邠寧判及高界惣戎伋任
制授大理中丞訓大大軍殿中寺御史公久在我於仏
克者軍賀遷功勳物無失阯以上元名於正月三日遘
使院大人娘耶君王氏中書侍郎王公之長女也風訓尊
者婦儀夏日隴右擀公棺櫬將歸鎬高五月十日行人隴
平遇賊既被拘奪迂行失之妻李阿一朝為賊所首言委
賊曰是宰相之女鄉史夫妻其志勵嚴霜賀白巳乃此
宮巾戲衰乎上元二年八月旬同襯于京城之南迎先塋世
神施引行青烏筮地天長地久不騫不朽志是貞石銘以藏
事詞曰
節彼南山迴環潤水保此真宅永貞廬壟其我有貞白身
又名揚我有節義能貫貝秋霜斯為不朽得死何傷於戲
斂我百代其昌其嗣子傑

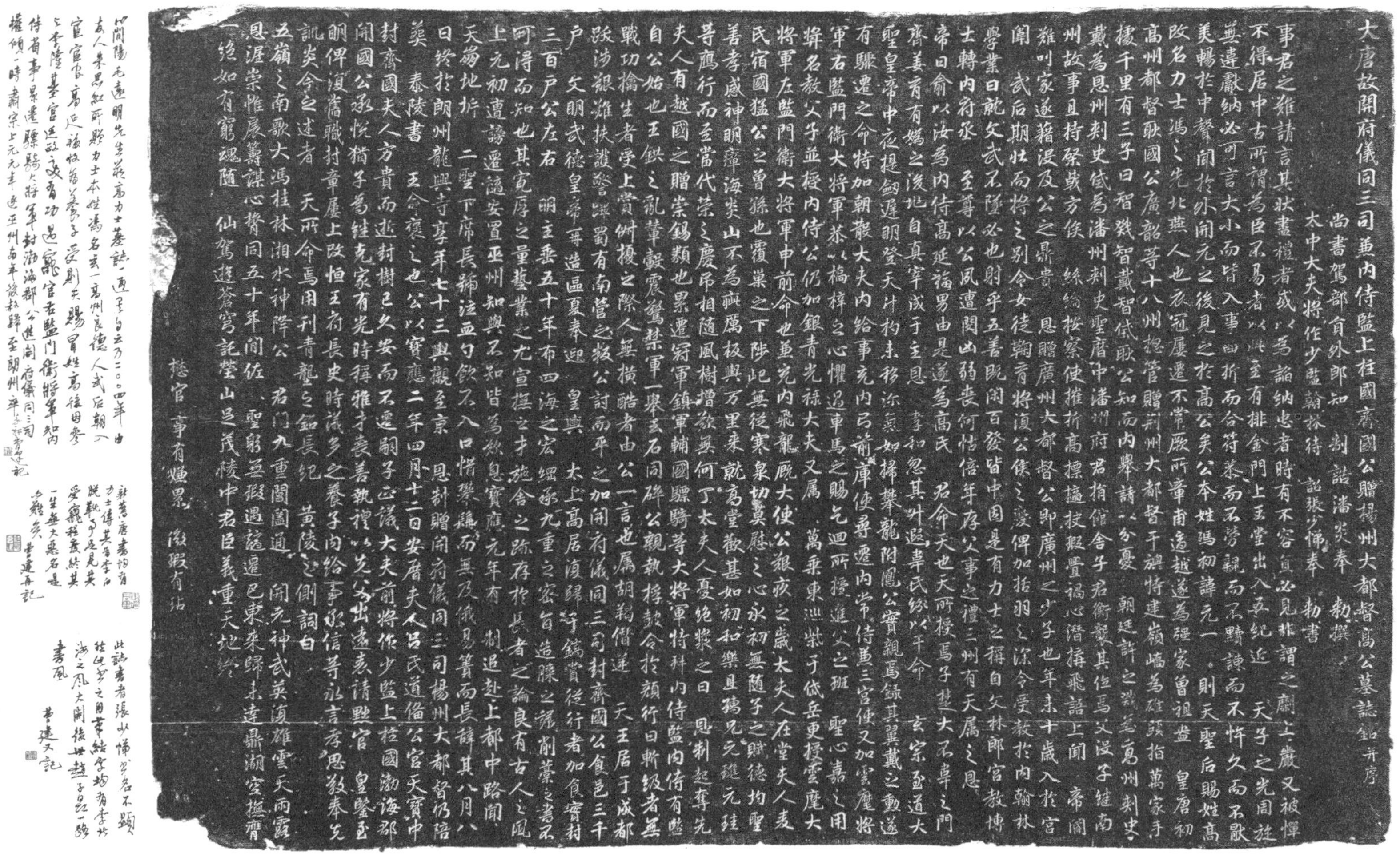

一八一　高力士墓誌

唐寶應二年（七六三）四月十二日

高力士墓誌銘

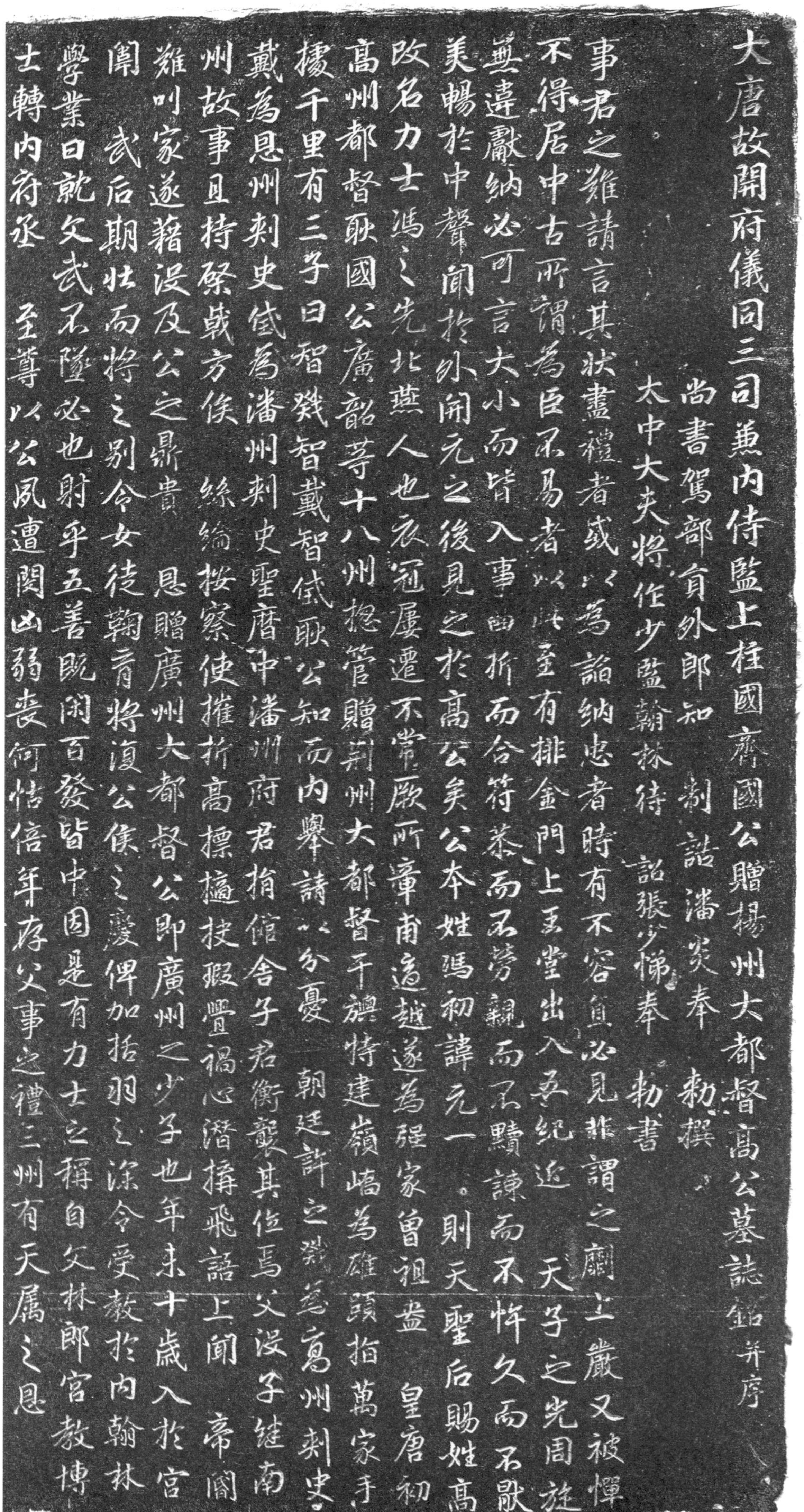
大唐故開府儀同三司兼内侍監上柱國齊國公贈揚州大都督高公墓誌銘并序
尚書駕部員外郎知　制誥潘炎奉　勅撰
太中大夫將作少監翰林待　詔張少悌奉　勅書
事君之難請言其狀盡禮者或以爲諂納忠者時有不容直必見非謂之訐上嚴又被憚
不得居中古所謂爲臣不易者以此至有排金門上玉堂出入五紀近　天子之光周旋
無違獻納必可言大小而皆入事曲折而合符恭而不勞親而不黷諫而不忤久而不猒
美暢於中聲聞於外開元之後見之於高公矣公本姓馮初諱元一　則天聖后賜姓高
改名力士馮之先北燕人也衣冠屢遷不常厥所章甫適越遂爲强家曾祖盎　皇唐初
高州都督耿國公廣韶等十八州總管贈荊州大都督千旟特建嶺嶠爲雄頭指萬家手
擾千里有三子曰智戣智戴智式耿公知而内舉請以分憂　朝廷許之戣爲高州刺史
戴爲恩州刺史式爲潘州刺史聖曆中潘州府君捐館舍子君衡襲其位焉父沒子繼南
州故事且持棨戟方俟　絲綸按察使摧折高標擿抉瑕疊禍心潛搆飛語上聞　帝閽
難叫家遂籍沒及公之鼎貴　恩贈廣州大都督公即廣州之少子也年未十歲入於宮
闈　武后期壯而將之別令女徒鞠育將復公侯之慶俾加括羽之深令受教於内翰林
學業日就文武不墜必也射乎五善既閑百發皆中因是有力士之稱自文林郎宮教博
士轉内府丞　至尊以公夙遭閔凶弱喪何怙倍年存父事之禮三州有天屬之恩

局部一

局部二

帝曰俞以汝為内侍高延福男由是遂為高氏　君命天也天所授焉子楚大不韋之門
齊姜有有嬀之後地自真宰成于主恩　孝和忽其升遐韋氏繇以干命　玄宗至道大
聖皇帝中夜提劍遲明登天升构來移沴氣如掃攀龍附鳳公實親焉錄其翼戴之勳遂
有驟遷之命特加朝散大夫内給事充内弓箭庫使尋遷内常侍兼三宮使又加雲麾將
軍右監門衛大將軍恭以橋梓之心懼過車馬之賜乞迴所授進父之班　聖心嘉之用
獎名教父子並授内侍公仍加銀青光祿大夫又屬　萬乘東巡柴于岱岳更授雲麾大
將軍左監門衛大將軍申前命也兼充内飛龍廄大使公艱疚之歲太夫人在堂夫人麦
氏宿國猛公之曾孫也覆巢之下陟屺無從寒泉切莫慰之心永初無隨子之賦德均聖
善孝感神明瘴海炎山不為疵厲板輿万里來就高堂歡甚如初和樂且耽兄元璡元珪
等鳫行而至當代榮之慶吊相隨風樹增欷無何丁太夫人憂絶漿之日　恩制起奪先
夫人有越國之贈崇錫類也累遷冠軍鎮軍輔國驃騎等大將軍特拜内侍監内侍有監
自公始也王鉷之亂輦轂震驚禁軍一舉玉石同碎公親執桴鼓令於顏行日斬級者無
戰功擒生者受上賞俯據之際人無横酷者由公一言也屬胡羯僭逆　天王居于成都
跋涉艱難扶護警蹕蜀有南營之叛公討而平之加開府儀同三司封齊國公食邑三千
戶　文明武德皇帝冊造區夏奉迎　皇輿　太上高居復歸浮鎬賞從行者加食實封
三百戶公左右　明主垂五十年布四海之宏綱承九重之密旨造膝之議削藁之書不

可得而知也其寬厚之量藝業之尤宣撫之才施舍之跡存於長者之論良有古人之風
上元初遭謗遷謫安置巫州知與不知皆爲歎息寶應元年有 制追赴上都中路聞
天崩地圻 二聖下席長號泣血勺飲不入口惜攀鑾而無及俄易簀而長辭其八月八
日終於朗州龍興寺享年七十三輿櫬至京 恩制贈開府儀同三司揚州大都督仍陪
葬泰陵書 王命褒之也公以寶應二年四月十二日安厝夫人呂氏道備公宮天寶中
封齊國夫人方貴而逝封樹已久安而不遷嗣子正議大夫前將作少監上柱國渤海郡
開國公承悅猶子爲繼克家有光時稱雅才衰善執禮以先公出處請黜官 皇鑒丕
明俾復舊職封章屢上改恒王府長史時議多之養子内給事承信等永言孝思敬奉先
訓爰命之述者 天所命焉用刊青龜之銘長紀 黃陵之側詞曰
五嶺之南歌大禹桂林湘水神降公 君門九重閶闔通開元神武英復雄雲天雨露
恩渥崇惟宸籌謀心膂同五十年間佐 聖躬無瑕遇讒遷巴東來歸未達鼎湖空攀髯
一絶如有窮魂隨 仙駕遊蒼穹託塋山邑茂陵中君臣義重天地終
懋官 事有爐累 微瑕有玷

川簡陽毛遠明先生藏高力士墓誌一通是自云乃二〇〇四年由友人朱思紅所贈 力士本姓馮名元一 高州良德人 武后朝入宮 宦官高延福收爲養子 受則天賜冒姓高 後因參與李隆基宮廷政變有功 遂寵官右監門衛將軍知内侍省事 累遷驃騎大將軍 封渤海郡公 進開府儀同三司 權傾一時 肅宗上元元年遂巫州 而年後赦歸 至朗州卒 [illegible]曹建記

新舊唐書均有力士傳 其爲李白脱靴事只見其受寵程度 終其一生無大惡名 是亦難矣 曹建再記

此誌書者張少悌 少悌名不顯於世 其書之用筆結字均有李北海之風 大開後世趙子昂一路書風 曹建又記

局部三

一八二　宇文弁才墓誌

唐永泰元年（七六五）十月十三日

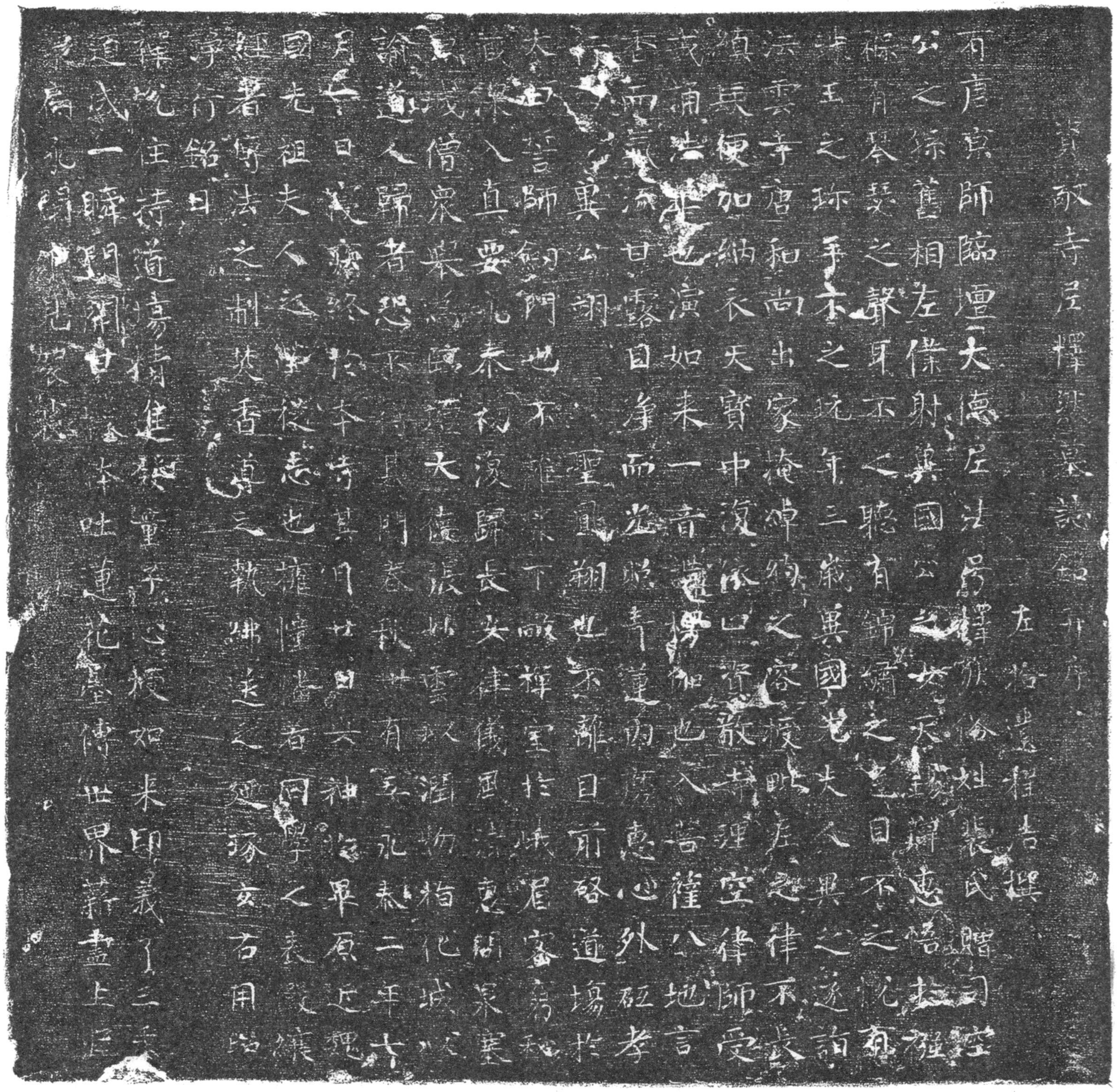

一八三　釋然法師墓誌

唐永泰二年（七六六）七月二十日

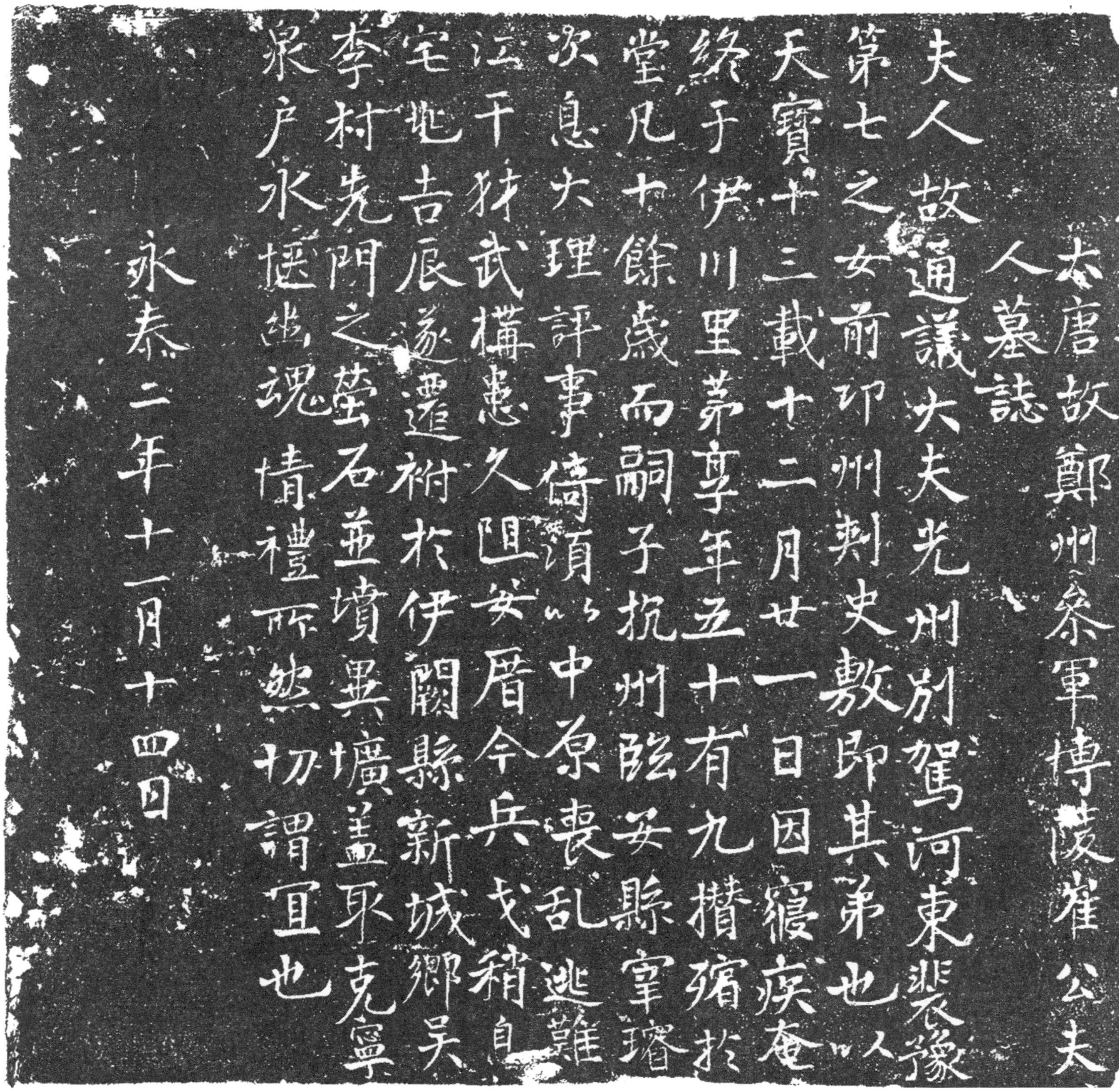
大唐故鄭州參軍博陵崔公夫
人墓誌
夫人故通議大夫光州別駕河東裴豫
第七之女前邛州刺史敷即其弟也以
天寶十三載十二月廿一日因寢疾奄
終于伊川里第享年五十有九權殯於
堂凡十餘歲而嗣子抗州臨安縣宰璿
次息大理評事倚須以中原喪乱逃難
江干狩武構患久阻安厝今兵戈稍息
宅兆吉辰遂遷祔於伊闕縣新城鄉吳
李村先門之塋石並墳異壙蓋取克寧
泉戶永埏幽魂情禮所然切謂宜也
永泰二年十一月十四日

一八四　崔公夫人裴氏墓誌

唐永泰二年（七六六）十一月十四日

徐浩書李峴墓誌銘

乙未三月□□□□□敬題

唐故光祿大夫檢校兵部尚書兼衢州刺史充本州團練使贈太子少師上柱國梁國
公李公墓誌銘并序
銀青光祿大夫行尚書工部侍郎集賢殿學士上柱國會稽縣開國公徐浩撰
并書
嗚呼有唐良弼李公諱峴字延鑒　令上之三從姪也曾祖司空吳王諱恪大父
工部尚書贈吳王諱琨烈考兵部尚書翊方河東節度使太子太師贈太尉信安郡王
諱褘代濟盛德是生我公幼有殊量含粹秉哲學以觀略文以足言起家左驍衛兵曹
太子通事舍人鴻臚丞河府士曹高陵萬年河南令所蒞以尤異聞遷河南少尹左金
吾將軍將作監出守魏郡零陵長沙江陵鳳翔蜀通潤衢等郡再爲京兆江陵尹初以
涇陵兼御史中丞山嶺江南黔中四道都副大使採訪使入宗正卿及爲鳳翔太守又
兼中丞　鑾輿臨幸知側近兵馬糧料加尚書左丞知鳳翔事　車駕還京充知
頓使遷禮部尚書轉御史大夫兼京兆尹加光祿大夫封梁國公按三司獄
帝善其議遷吏部尚書同中書門下平章事貶蜀通潤復爲江陵兼御史大夫充荊南
節度觀察處置營田等使進禮部尚書兼宗正卿屬犬戎亂華西都失守旋旆京邑又
兼御史大夫充置頓使擢黃門侍郎同中書門下平章事左太子詹事居無何復檢校
禮部尚書兼大夫充江南西道勾當鑄錢使改吏部尚書兼大夫充江南東西福建等
道知選并勸農宣慰使尋檢校兵部尚書餘如故又以尚書兼衢州刺史景命不融以
永泰二年七月八日薨于官舍春秋五十五　皇上軫悼贈太子少師粵以來歲
二月十日歸葬于京兆長安縣高陽原禮也優　詔鹵簿威儀手力悽慕有加恒數以
飾終焉公凡處三縣典九州兩爲江陵再尹京兆五登亞相出拜尚書七擁使車再秉
鈞軸牧宰爲政也作人父母臺省持綱也爲國准繩皇華將命也澄汰風俗宰輔致理
也裁成景化公以間氣傑出膺期挺生忠孝代範親賢太名制物可以和義修詞可以
立誠夫其有犯無隱措枉舉直無形骸之私竭股肱之力權貴斂手姧回沮色是以當
可言而必言再入相而再去良有以也方將變和元氣弘濟生靈致　君唐虞合德周
邵嗚呼東陽出守南國無歸人之云亡吾將安仰公長兄峘故戶部尚書兼御史大夫
江淮南都統節度觀察處置使旅櫬雙旐遠自江鄉高墳兩壁同葬故國榮哀倏忽逝
路悲傷已焉哉嗣子大理司直孝孫等陟岵棘心寢苫血泣思綴遺烈以誌玄堂乃徵
詞於故人庶傳徽於樂石銘曰
蔚閒氣兮生哲人卓昭代兮羌良臣麟之趾兮何振振才濟時兮運遘屯家多難兮
經綸使宣風兮牧行春七持憲兮一徽巡六曳履兮二秉鈞亮　帝采兮敘彝倫
唐舊邦兮命惟新耿賢賢兮我親親立列戟兮十朱輪累勳業兮擐要津歎窀路兮悲
短辰彼穹蒼兮胡不仁如可贖兮百其身哀同氣兮墳相鄰迎千古兮流芳塵

徐浩書李峴墓誌十五年前出土於西安市長安
區郭杜鎮同出李峴妻獨孤峻墓誌現藏於長
安區博物館李峴墓誌刻於唐永泰三年徐浩撰
文並書李峴字延鑒太宗四世孫曾三登相位新舊

一八五　李峴墓誌

唐大曆二年（七六七）二月十日

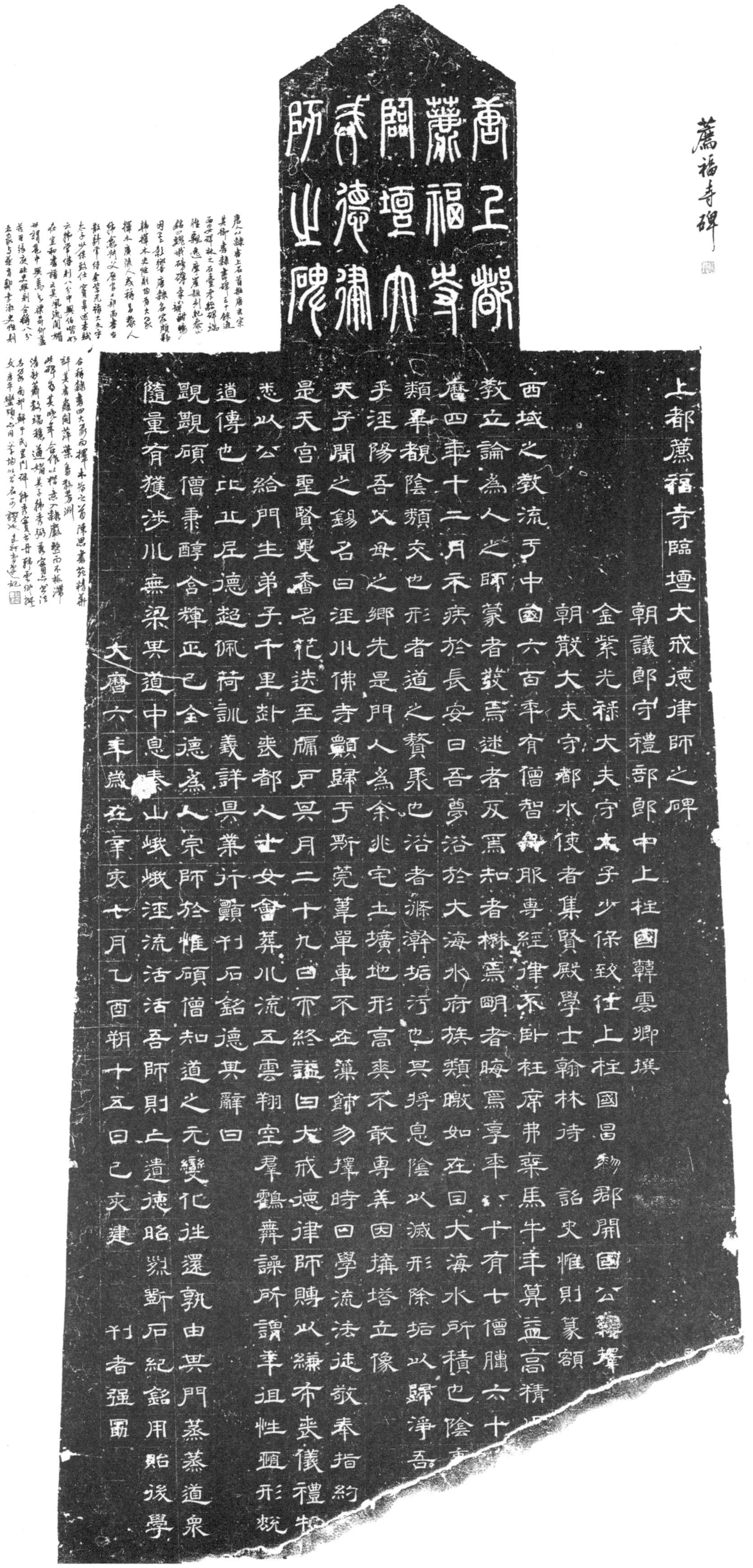
薦福寺碑
上都薦福寺臨壇大戒德律師之碑

一八六　臨壇大戒德律師碑
唐大曆六年（七七一）七月十五日

唐故安西大都護府長史瓜州刺史上柱國鉅鹿魏府君墓誌銘并序

公諱遠望，字雲期，益司之同姓，分珪祚茅，其來尚矣。曾祖利貞，
皇昌平縣令。祖賢，皇嬀州刺史。考操，皇幽州良鄉縣丞。
公生而惠和，幼則審敏，年纔志學，經史尤精，文可以濟時，武可以靜難。
長壽初，有詔旁求，時登科，授左執戟，從其志也。累遷營府別駕，
檀蓟砂瓜四州刺史，凡歷職一十八政，未嘗其乏也。三副節討，再秉戎旃，
九理軍使，十三政雖執兵權，恥在攻襲，伐謀以智，料敵未嘗勞師苦衆，
益聞政頌尤著。中年妄遭流謗，謫居嶺外，朝廷知其非罪，尋授安
西大都護府長史，轉沙瓜二州刺史。公以懸車之歲，屢乞骸骨，有
詔許留長安，惜其老也。其年遘疾，薨於長安勝業里之私第，春
秋七十有一，朝野感歎，羲胡慟哭。夫人安平郡君李氏、廣平
郡夫人程氏，令淑夙著，德行早聞。自公謫居，憂心成疾，郡
君先亡。李氏先公亡，亡時年五十。二夫人程氏後相次
世歿。合葬于定州恒陽縣之南原。以大曆九年夏五月四日壬寅卜
葬于洛陽邙山東原，禮也。息八人：盧之、敬瑞、一漢、岷、嶠、直、堅等，
其賢也，氣殞苴裳，悲纏荒屺，茶情休烈，咸願影銘，懼陵谷之遷
移，刊貞石而爲固。銘曰：
爲爲魏宗，侯王繼執。義洎府君，將復其始。且武且文，知足知止。
天不愸遺，永居蒿里。哀哀八子，令問不已。刻石銘勳，永存
厥美。

一八七　魏遠望墓誌

唐大曆九年（七七四）五月四日

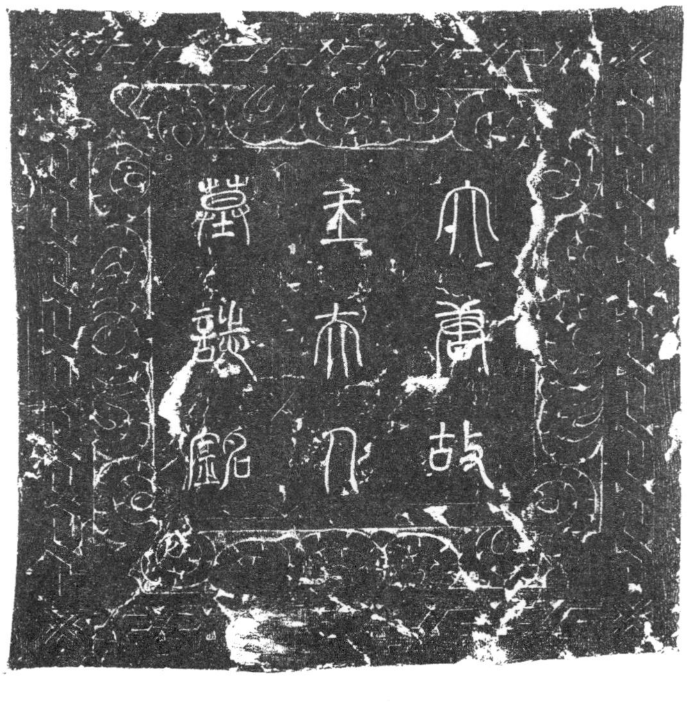

一八八　梁公夫人王縱墓誌

唐大曆十年（七七五）十月二十五日

大唐故中書侍郎同平章事贈司徒楊府君墓誌
吏部侍郎韋肇撰
水部郎中

一八九　楊綰墓誌

唐大曆十二年（七七七）十月七日

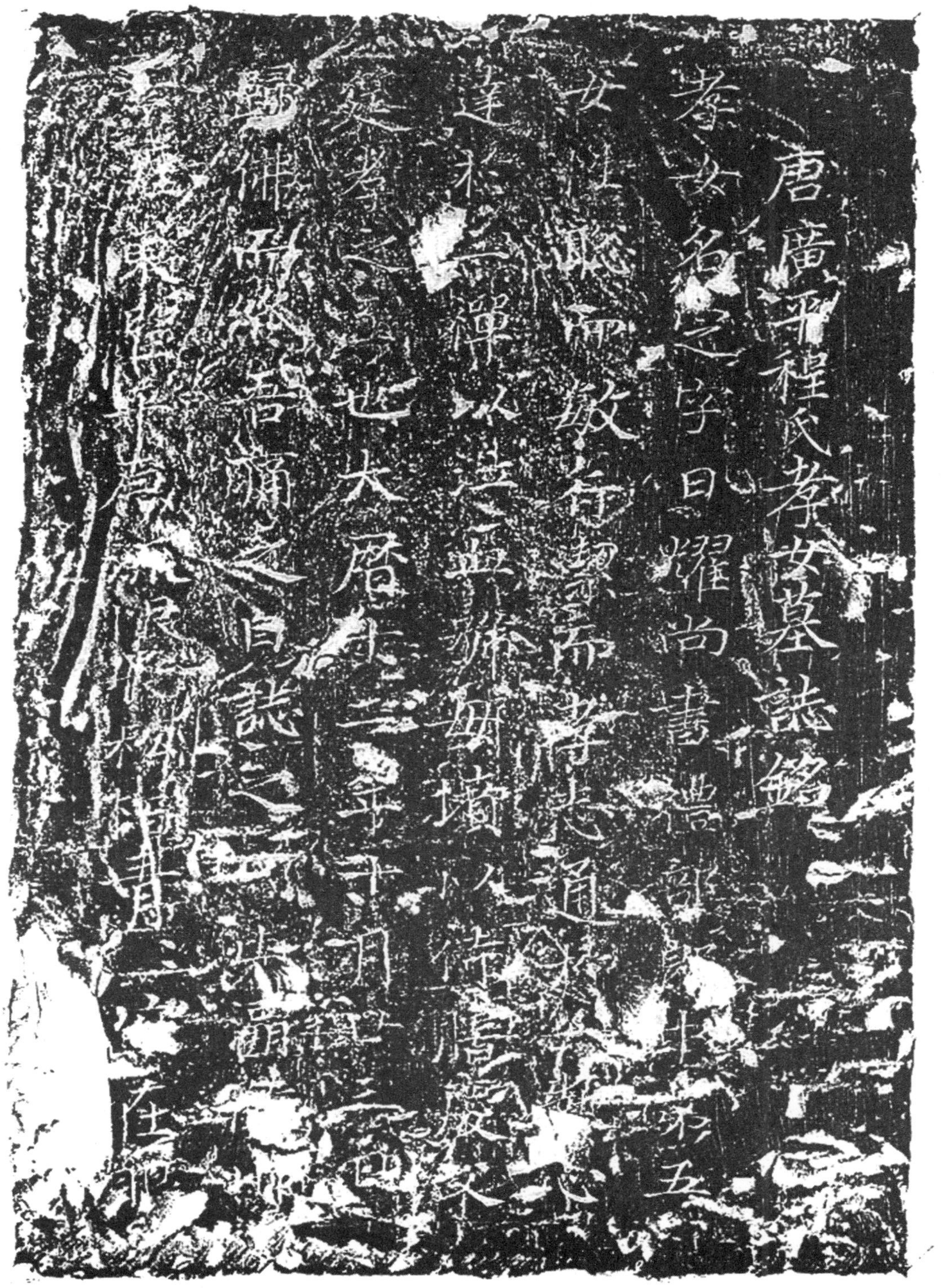

一九〇　程定墓誌

唐大曆十二年（七七七）十月二十三日

資州班使君

夫人杜氏墓誌銘并序

撿校二部員外郎兼國子博士張佽撰

夫人其先京兆杜陵人也

父皇考曰佐父雅之士

累在墓府終於太儕寺主簿與僕同娶于韓韓之風

夫人之幼時天滋和柔而沉成長之後也飽聞

淼之諷於義又見慈氏之睦於六親遲訓

先父得不冝于斑氏之室矣于襄州官舍春

有州侯有五曆十二年六月三日寢疾終

何保得嗚呼哀哉幼女三人顏然偏露

秋州侯有撫存牖往俾歸厝於長安於三年正月二日

遠于選安鄉高陽原禮也夫人尤加顧使君前娶博陵崔氏

有二男三女均養之德長曰崇父生楚等哀隱之至衡

之心首均矣使君之季為尚書郎與僕雖非同舍

且是同別見託蔿誌誌其所知銘曰

恒何恃而同于儒門阮闕詩而知禮期翼子謀孫

凶問詞客于儒門阮闕詩而知禮期翼子謀孫半死戲盆之意難論

天何木婦道室存傾鳳之桐

顏然孩雜猶慰於魂哀哉洲媛已矣荒原

姪汴州參軍班過書

一九一 斑使君夫人杜氏墓誌

唐大曆十三年（七七八）正月二日

大唐故

杜夫人

墓誌銘

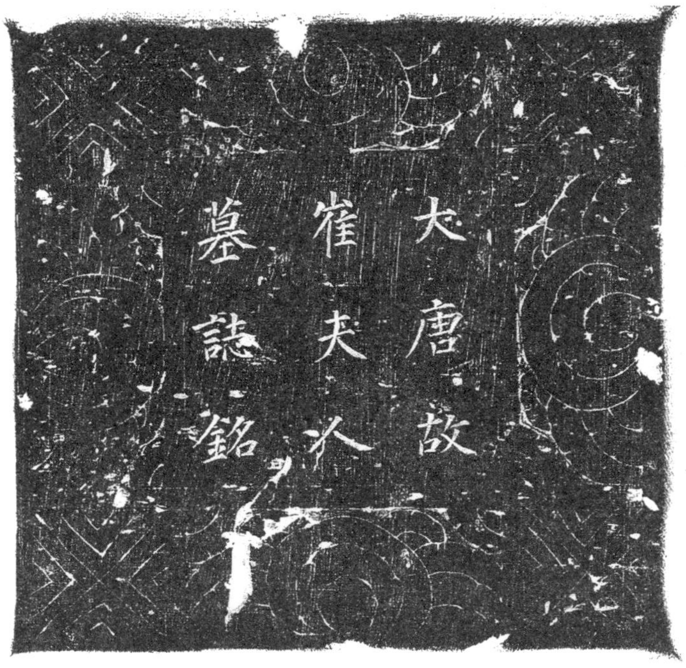

一九二　斑公夫人崔氏墓誌

唐大曆十三年（七七八）正月二日

一九三　辛公妻李氏墓誌

唐大曆十三年（七七八）七月二十四日

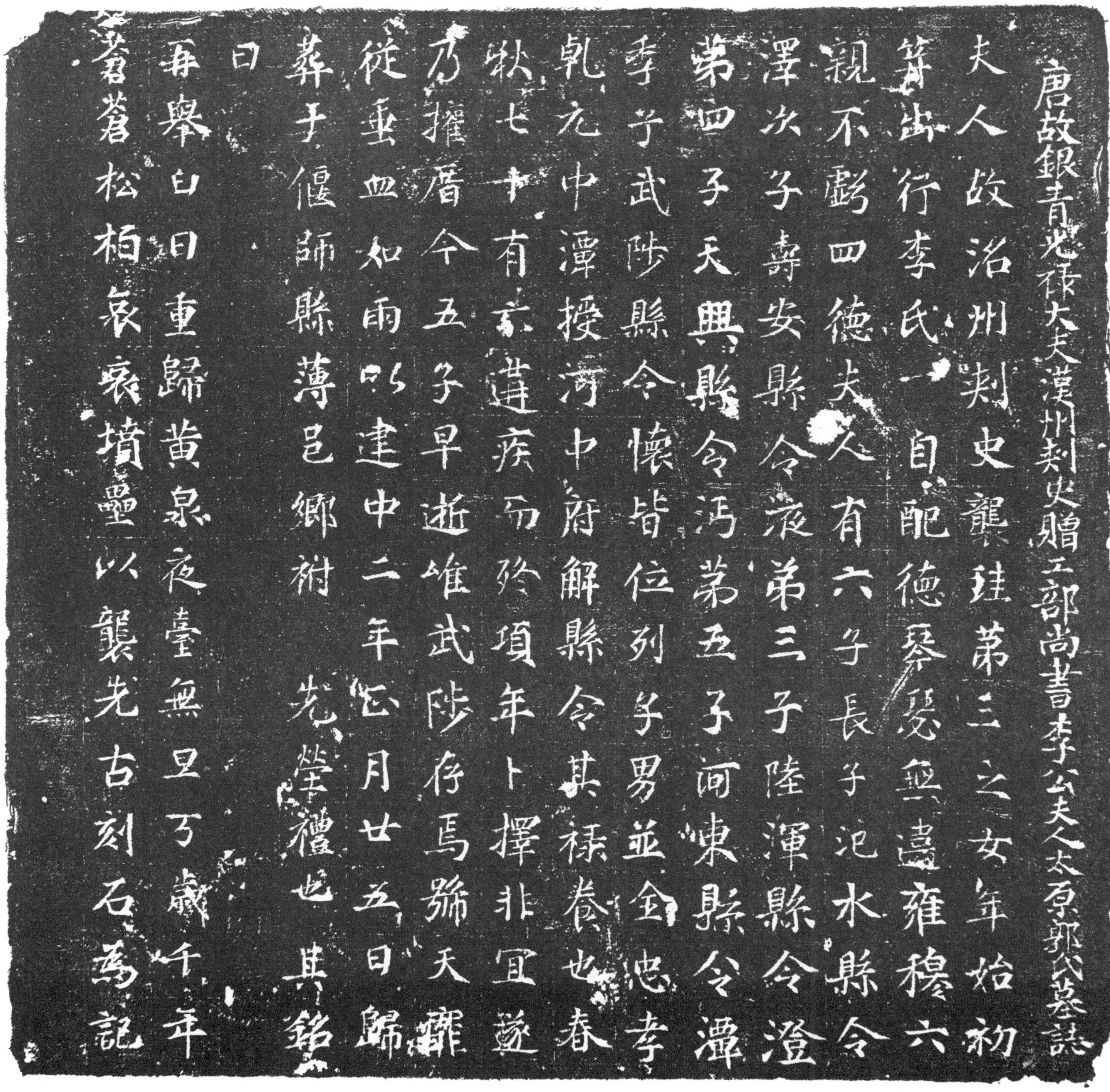
唐故銀青光祿大夫漢州刺史贈工部尚書李公夫人太原郭氏墓誌
夫人故治州刺史襲珪第三之女年始初
笄出行李氏 自配德琴瑟無違雍穆六
親不虧四德夫人有六子長子汜水縣令
澤次子壽安縣令液第三子陸渾縣令澄
第四子天興縣令沔第五子河東縣令潭
季子武陟縣令懷皆位列子男並全忠孝
乾元中潭授河中府解縣令其祿養也春
秋七十有六遘疾而終頃年卜擇非宜遂
乃權厝今五子早逝唯武陟存焉號天靡
從垂血如雨以建中二年正月廿五日歸
葬于偃師縣薄邑鄉祔 先塋禮也其銘
曰
再舉白日重歸黃泉夜臺無旦万歲千年
蒼蒼松栢哀哀墳壟以襲先古刻石爲記

一九四　李公夫人郭氏墓誌

唐建中二年（七八一）正月二十五日

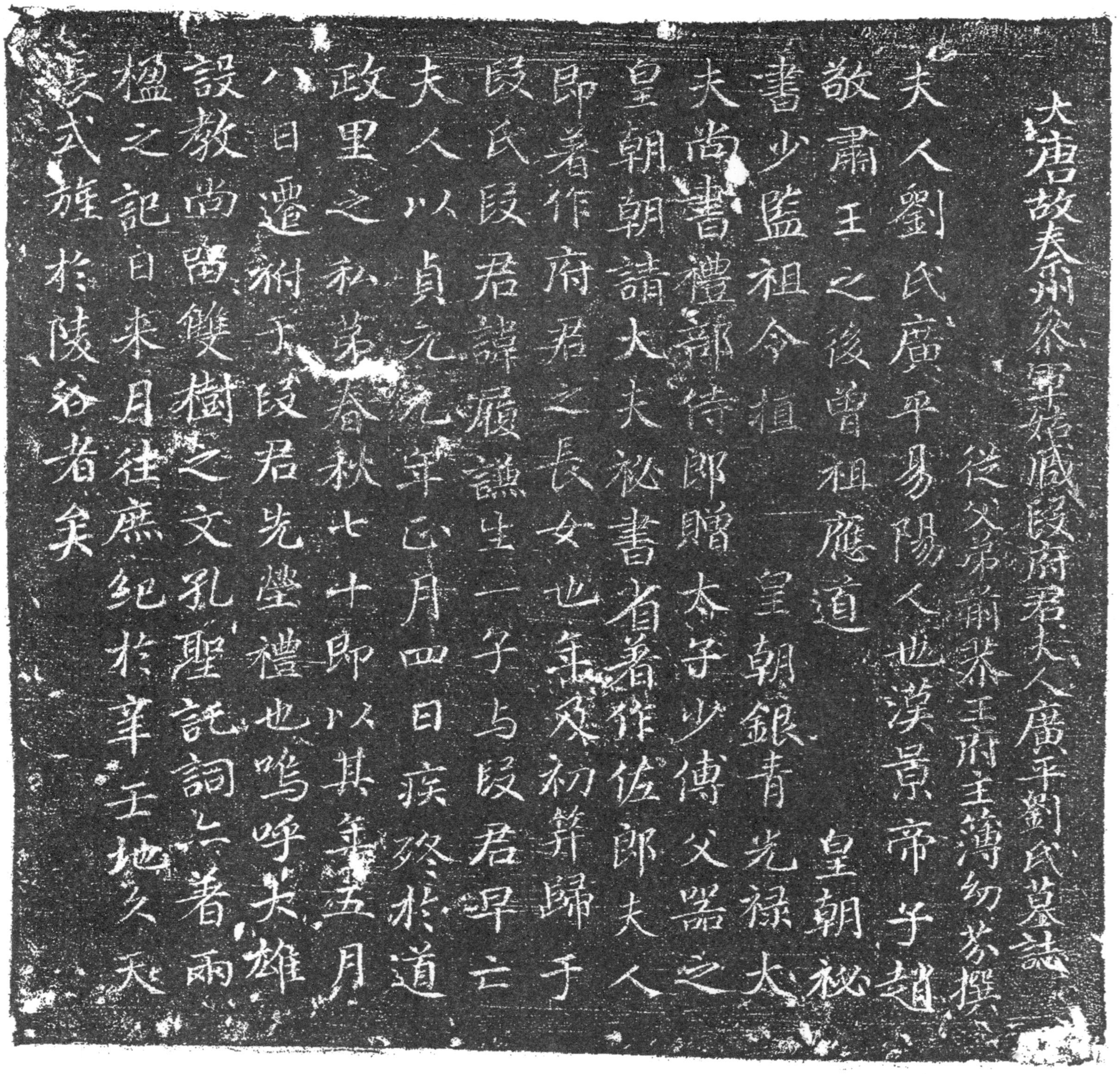
大唐故秦州參軍姑臧段府君夫人廣平劉氏墓誌
從父弟前蔡王府主簿幼芬撰
夫人劉氏廣平易陽人也漢景帝子趙
敬肅王之後曾祖應道　皇朝秘
書少監祖令植　皇朝銀青光禄大
夫尚書禮部侍郎贈太子少傅父器之
皇朝朝請大夫秘書省著作佐郎夫人
郎著作府君之長女也年及初笄歸于
段氏段君諱履謙生一子与段君早亡
夫人以貞元元年正月四日疾殁於道
政里之私第春秋七十即以其年五月
八日遷祔于段君先塋禮也嗚呼夫雄
設教尚留雙樹之文孔聖託詞亦著兩
楹之記日来月往庶紀於年壬地久天
長式旌於陵谷者矣

一九五　段履謙夫人劉氏墓誌

唐貞元元年（七八五）五月八日

唐故承議郎守嶲州刺史扶風斑公墓誌銘并序
國子博士楊著撰
府君諱孫字遜扶風安陵人楚相國子文之裔孫漢太史公叔皮之華胄也
曾祖元忌　皇朝蜀州晉原縣丞　祖思簡禮部員外郎贈許州刺史妣賈氏
河東郡太夫人考景倩秘書監贈尚書右僕射妣賈氏贈平陽郡太夫人弟宏
令戶部尚書充度支及天下鹽鐵租庸轉運副使皆茂績淳仁載光前古清風懿範
叶慶當今夫位以旌能百鍊乃登于霄漢賢惟象德三代克復於公侯況乎春闈
五守石渠八座玉堂鳳舉頻分竹使之符金友龍騰行曳尚書之履言惟不朽祿以
世榮稱于朝野冠于邦族哉　府君在家以忠讜聞入仕以幹蠱進釋褐右清道
率府兵曹參軍轉邠州司兵蜀州錄事參軍太府寺主簿荊府江陵縣令政皆尤異
名登　天聽丁　僕射艱杖而後起服闋劍南租庸鹽鐵使辟為從事改授成
都府新都縣令節度使鄭炎又奏授成都縣令聲實踰前山南劍南副元帥相國杜
公特薦除梓州刺史轉刺閬中尋遷澧硤二州居元累年理行課最昭于天下以
先僕射假殯梓州上踪請從遷引遂綿歷江峽　扶護岷嶓達于京師易星霜矣
尋拜嶲州刺史戎蠻之俗導化良難　府君清直素懷撫臨容易嗚呼慭遺或奕
鞠凶儀又以大曆十四年歲次丁巳正月甲寅朔四日丁巳薨于官舍春秋六十有
四　府君道契生知學能師古雖五步名藩之郡七參大府之劇掄材審官未究
量也　夫人博陵崔氏武功縣令晞之女　繼夫人京兆杜氏太僕寺主簿佐
之女咸雍容美質婉娩坤儀嘉命不融並先　府君而逝　府君頃以日時未
葬于長安縣之高陽原祔　前夫人也長子楚崇文館明經以哀毀過人沒於
地權厝長寧佛寺之園即以貞元六年歲次庚午十一月癸亥朔二十八日庚寅遷
府君暨紀之內次子贊前殿中省進馬有女八人長適鄠縣丞京兆韋博次適左金
吾倉曹滎陽鄭滯皆已亡焉次適故華原縣主簿京兆田滔次適宮門郎范陽盧古
餘猶未笄皆將慕充窮號天泣血感埏隧而將隔悲怙恃而無從聲哀哀而永思痛
溫湧於長夜懼遷陵谷憂資金石廣同旌識以表令名銘曰
扶林相國郄詵荊服仁德式敷華夷輯睦迎醫秦累累歸漢祿武　憯哉狄材昭簡牘
春闈草奏秘閣文郁源濬靈長慶其人而如玉兮終南山旁長安　帝鄉[illegible]運車
陌原帶高陽冥穸沉沉翳夫貞良德音明明千秋不忘寒泉白楊松栢蒼蒼慕息
悲感親賓而載傷
外生文林郎守京兆府咸陽縣尉孫榯武書

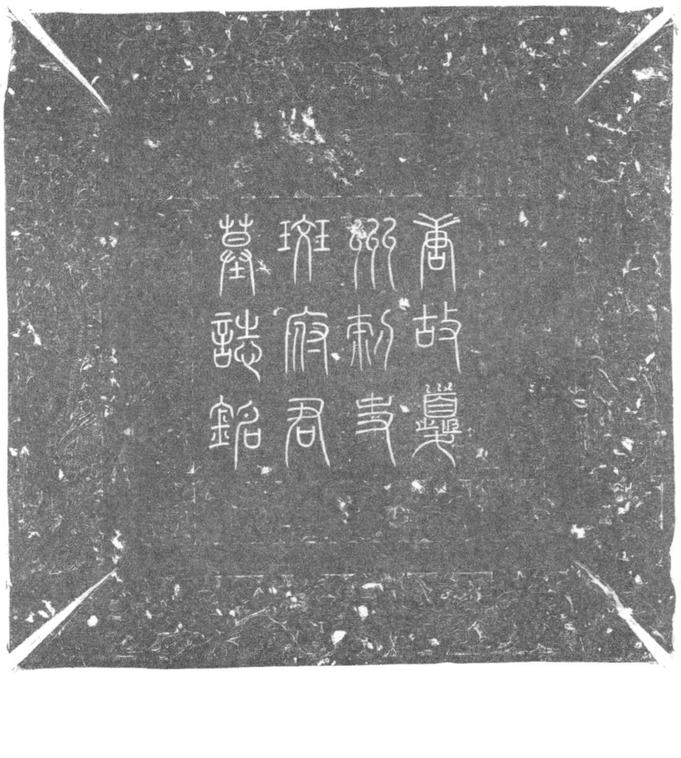
唐故嶲
州刺史
斑府君
墓誌銘

一九六　斑遜墓誌

唐貞元六年（七九〇）十一月二十八日

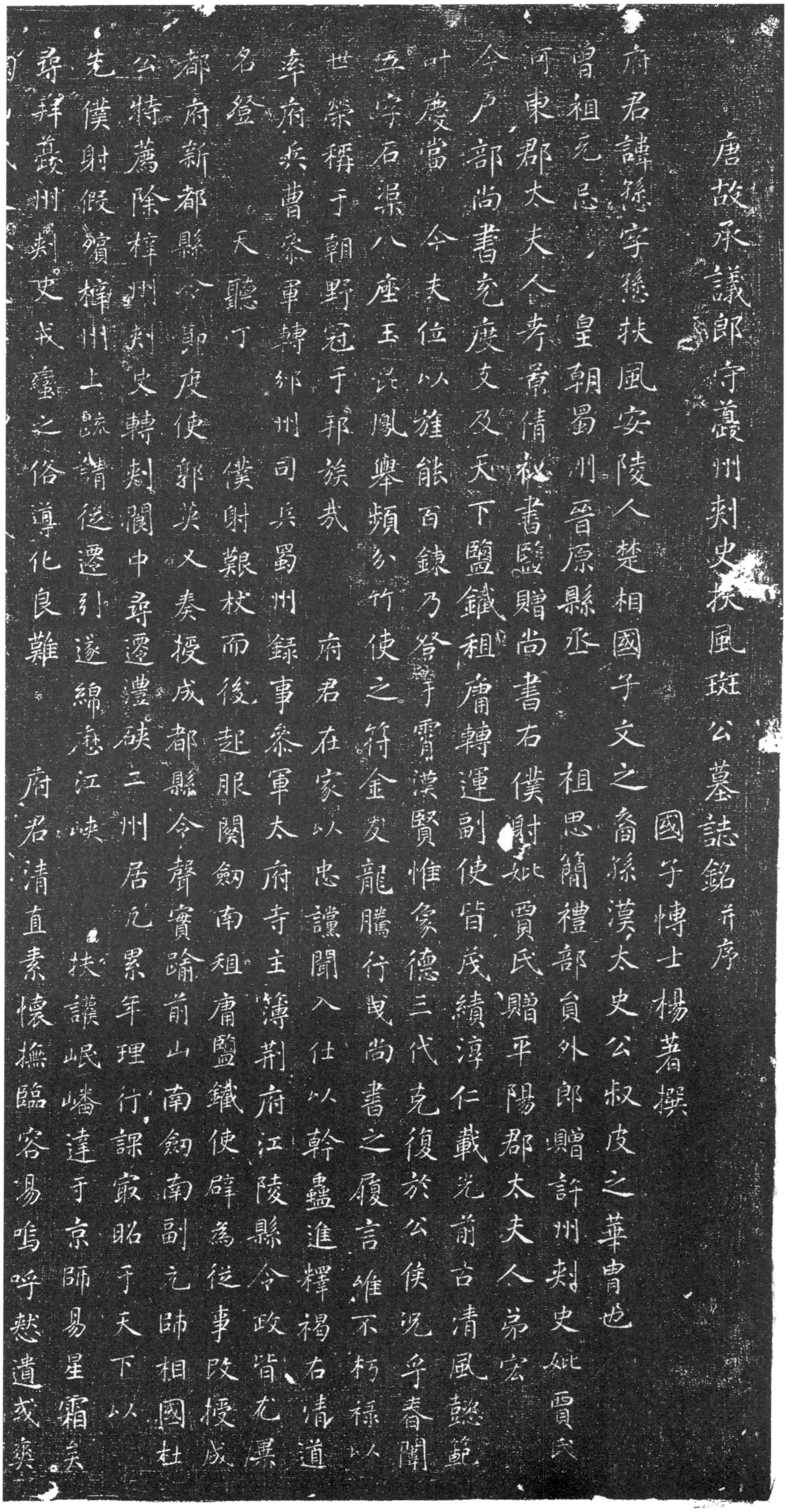
唐故承議郎守夔州刺史扶風斑公墓誌銘并序
國子博士楊著撰
府君諱遜字遜扶風安陵人楚相國子文之裔孫漢太史公叔皮之華胄也
曾祖元忌，皇朝蜀州晋原縣丞　祖思簡禮部員外郎贈許州刺史妣賈氏
河東郡太夫人考景倩秘書監贈尚書右僕射妣賈氏贈平陽郡太夫人弟宏
令戶部尚書充度支及天下鹽鐵租庸轉運副使皆茂績淳仁載光前古清風懿範
叶慶當今夫位以雄能百鍊乃登于霄漢賢惟象德三代克復於公侯況乎春闈
五字石渠八座玉詔鳳舉頻分竹使之符金章龍騰行曳尚書之履言雖不朽祿以
世榮稱于朝野冠于邦族哉　府君在家以忠讜聞入仕以幹蠱進釋褐右清道
率府兵曹參軍轉邠州司兵蜀州錄事參軍太府寺主簿荊府江陵縣令政皆尤異
名登　天聽丁　僕射艱杖而後起服闋劍南租庸鹽鐵使辟為從事改授成
都府新都縣令節度使郭英乂奏授成都縣令聲實踰前山南劍南副元帥相國杜
公特薦除梓州刺史轉刺閬中尋遷澧硤二州居元累年理行課最昭于天下以
先僕射假殯梓州上疏請從遷祔遂綿歷江峽　扶讓岷嶓達于京師易星霜矣
尋拜夔州刺史我蠻之俗導化良難　府君清直素懷撫臨容易嗚呼悲遺我爽

局部一

鞠凶儀叉以大曆十四年歲次丁巳正月甲寅朔四日丁巳薨于官舍春秋六十有
四　府君道契生知學能師古雖五步名藩之邱七叅大府之劇掄材審官未究
量也　夫人博陵崔氏武功縣令晞之女　繼夫人京兆杜氏太僕寺主簿佐
之女咸雍容異質婉娩坤儀嘉命不融並先　府君而逝　府君頃以日時未
兆擢曆長寧佛寺之園即以貞元六年歲次庚午十一月癸亥朔二十八日庚寅遷
葬于長安縣之高陽原祔　前夫人也長子楚崇文館明經以哀毀過人浸於
府君亶紀之內　次子贄前殿中省進馬有女八人長適鄠縣丞京兆韋博次適左金
吾衛曹滎陽鄭溥皆已亡焉次適故華原縣主簿京兆田滔次適宮門郎范陽盧右
餘猶未笄皆號慕充窮號天泣血感埏隧而將隔悲怙恃而無從聲哀哀而永思痛
湯湯於長夜懼遷陵谷爰資金石庶同旌識以表令名銘曰
林林相國獅諧荊服仁德式敷華夷輯睦迎監秦累爰歸漢祿武慴戎狄材昭簡牘
春闈草奏秘閣文郁源濬靈長慶其人而如玉其終南山旁長安　帝鄉地連畢
陌原帶高陽窆穸沉沉翳夫貞良德音明明千秋不忘寒泉白楊松栢蓊蓊景息形
悲感親賓而載傷
外生文林郎守京兆府咸陽縣尉孫埘武書

局部二

一九七　郭府君夫人劉氏墓誌

唐貞元八年（七九二）閏十二月二十六日

一九八　薛公夫人吴氏墓誌

唐貞元九年（七九三）八月十四日

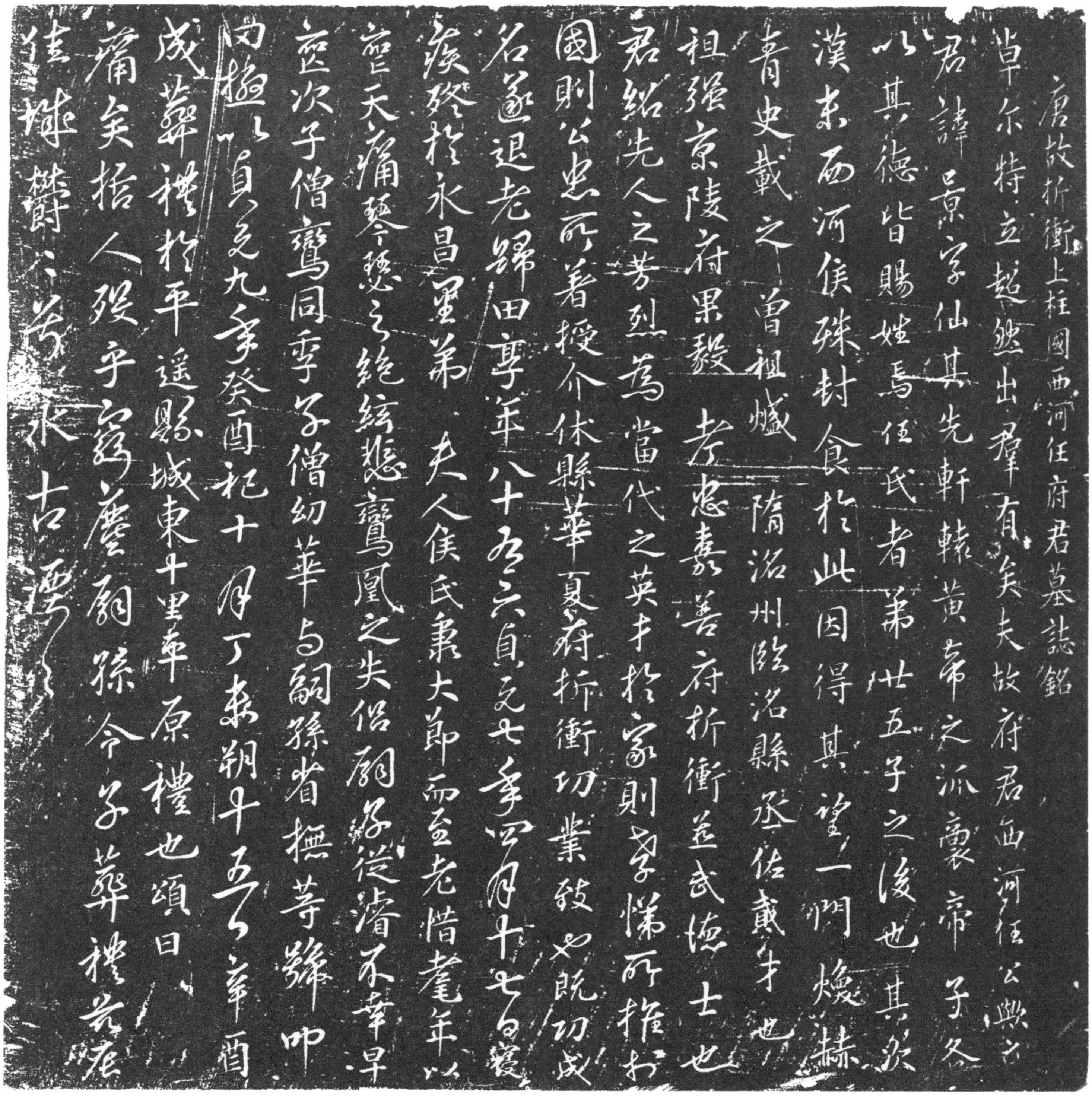

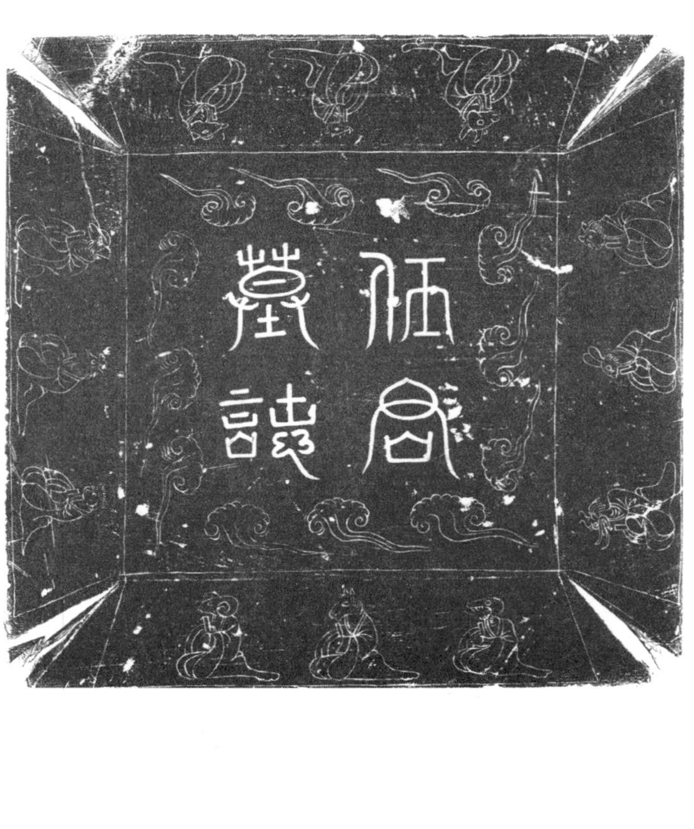

一九九　任景墓誌

唐貞元九年（七九三）十月十五日

二〇〇　安元光墓誌

唐貞元十年（七九四）十一月八日

唐故華州潼關鎮國軍隴右節度支度營田觀察處置臨洮軍等使開府儀同三司檢校尚書左僕射兼華州刺
史御史大夫武康郡王贈司空李公墓誌銘并序
朝議大夫守國子司業上輕車都尉杜確纂
公本安姓諱元光其先安息王之胄也軒轅氏廿五子在四裔者卌其一焉立國傳祚歷祀緜遠及歸中土猶宅西垂
家於涼州代為著姓三明盛族每聯姻媾五涼霸圖累分珪組曾祖羨 皇左驍衛將軍祖延左武衛翊府中郎將
贈代州都督考塞多易州遂城府折衝贈幽州大都督武習將門文得儒行戴德不賁貽慶無疆 公神爽氣
雄量弘識遠鶚立其峻鷹揚其威瓌奇拓落之才感激蹤橫之志燒牛縶馬之變沉船破釜之決動必合宜舉無遺
筭實惟天假焉 我王國少居幽薊歷職塞垣屬傾奉授方歸京邑以才幹見推列在環衛以將校是選爰副
戎昭遷太子詹事充潼關鎮國軍防禦副使元戎在州實摠留事訓練綏撫俾知向方凡十數歲矣建中末賊泚僞
署何望之等輕騎奄至陷 我郡城 公糺合師徒鼓行電擊撲滅收復曾不崇朝深惟遠圖莫若持久是用大蒐
卒乘創立城池被練盈於万人登陴踰於百雉 詔加御史中丞尋遷御史大夫華州刺史潼關防禦使鎮國軍
使又加工部尚書庸勳且使能也夏五月 詔公与副元帥李晟進收上都師次灞川壘培未設賊衆悉出以
逸待勞 公威烈先馳所向皆靡是日之捷獨冠諸軍進次苑東 公又前合淩峻巖隳繚垣驕翼舒步
雲會兕黨決死既精且堅 公以示刹陷之奇陣謀之鼓儳疾驅旗靡毒逐曾未晌息灕然奔潰元惡突走覆巢
降附 宮省已靜□□知清 帝座於 太階俟 皇輿於平道秋七月 大駕還宮
詔加尚書右僕射實封九百戶錫以甲第申之女樂旌殊効懷光携貳蒲津阻絕相府東討俾公副之累建
長策竟殲大憝□□之後實領後軍戎以惡來我以整待賊不敢躡全師以歸尋丁 內艱毀瘠過甚
詔旨頻降起視事累表陳乞 天心莫從加右金吾衛上將軍復領舊職尋又賜姓李氏同屬籍也改名
元諒昭載勳也四年春 詔加隴右節度支度營田觀察處置臨洮軍等使良原古城隴東要塞虜騎入寇未
焉中休 詔公移鎮以遏侵軼遷尚書左僕射諸侯戍兵爰俾摠統規李牧守邊之議擇充國屯田之謀驅狐
狸翦榛棘補殘堞濬舊隍築新臺轂連弩撲斷陶旐塱籤耕耘歲收甫田數十萬斛尋又進據便地更營新

局部一

狸蒯榛棘補殘埮濬舊隍築新臺轂連弩撲斷陶旗璽發耕耘歲收甫田數十萬斛尋又進據便地更營新
城闢土開疆曰引月長賊來寇抄師輒擊却由是函涇洊隴人獲按堵矣歲月逾邁霜露云侵美疢發於生瘍
凶災成於夢竪太醫 御藥頻降自 天有加無瘳嗚呼不淑貞元癸酉歲十有一月十五日薨于良
原鎮之公館享年六十七 詔贈司空褒有功也 聖情震悼廢朝追念爰命使臣宣
制臨吊賻贈粟帛加於常等歸于上都開化里之正寢其明年十一月廿八日 靈輴啓路 祔葬
于華陰縣潼鄉原之 新塋禮也笳簫鼓吹幾翟午鹵騎士大夫道衛轂哀榮之典於焉畢備
生惟徇節殁也歸全忠孝並矣油幢祭戟胙土命氏功業茂矣參佐皆當時之選偏裨亦百夫之特殊
俗讋其威聲部人懷其惠愛皆名臣之大節也周曰申甫漢惟耿賈異時共貫 我何謝焉
夫人河南阿史那氏北海郡夫人代北著姓也建國沙朔為漢藩輔言德工容克遵典禮蘋蘩治洽允
叶南風以大曆六年十月廿七日先 公早終 謀於蓍龜乃建兆域 遺命祔葬勿令改遷長
子朝散大夫前太子右贊善大夫平次子朝請郎前將作監主簿華令德孝恭有聞于代虔卜
遠日復啓 舊延爰命不朽式銘洪烈詞曰
天祚 聖代挺生良臣俾藩明略以康時屯建中之難狂寇竊發 天臨下都盜入
北闕能以衆正肅將推鋒決機既書亦克復都增修外城叶力渭汭進圖上京擊敗凶
黨前臨賊營壞垣突入敦陣斬衛氣席卷秦階砥平河東險澀制誅討勝在戰
前師臨電掃隴外猶梗授公擁旄東連析墟西盡臨洮增修保鄣芟薙蓬蒿戎馬遷迹輿
徒不勞在鎮累載休有成績董領衆軍師長百辟寒暑外侵勤勞中積遠圖未申大限俄迫
將星墜耀闕月復魄 聖心震悼邦人痛惜
天子三吏實惟 司空 優詔追贈以酬茂功鬱鬱佳城式昭 令終巍巍太華長與比崇頌我
遺烈凜然清風貞石不朽 嘉名無窮
狐子平書

局部二

二〇一　回鶻葛啜王子墓誌

唐貞元十一年（七九五）六月七日

故迴鶻葛啜王子守左領軍衛將軍
墓誌并序
給事郎守秘書省著作郎賜緋魚袋崔述撰
迴鶻葛啜王子則可汗之諸孫
我國家討平逆臣祿山之亂也王子車毗尸
特勤實統戎左右有功焉故接之優寵錫之
厚殊於他國王子以去年五月來
朝秩班禁衛賓籍鴻臚方冀享茲榮耀光于蕃
部嗟何不淑以貞元十一年五月廿日遘疾去
殞享年二十以其年六月七日葬於長安縣張
杜原兄王子阿波啜与諸部之屬銜哀奉喪送
終之節則有
詔所司備儀焉禮無其闕嗚呼脩短命也死者
生之終乃刻石誌墓云
蕃之王子兮　氣雄雄兮　生言始兮
死言終兮　魂神異兮　丘墓同

故迴鶻
葛啜王
子墓誌

唐□□□□□□□事□金□□衛大將軍□□國門閣

男良邑三百户故王府君墓誌銘并序

府君諱先奉字克奉其先太原人也隨

不仕琴書自樂未禄而世　　曾祖隱跡園林逍遥□□忠心春動

之遠畜書之吏冊　　公□惟崇勤

國勞秩咸名出則從師入特衛

歷命也何爲令以貞元十三年□月四日

終於京地府長安縣金城里之弟□夏洋七

十有一不終階老道疾而傾府君逝矣

嗚呼哀哉　　痛涤罔極無改於心師以

其年冬十月廿一日殯葬于長安縣高陽原

居安鄉卜其吉辰送終之禮也怨陵毅海霙

刊石銘　　日　　城南高陽原之古當有戒王公

淙興玄堂　　蓮涕　　有戒王公

無改之道　　地以天長　　曰能絶漿

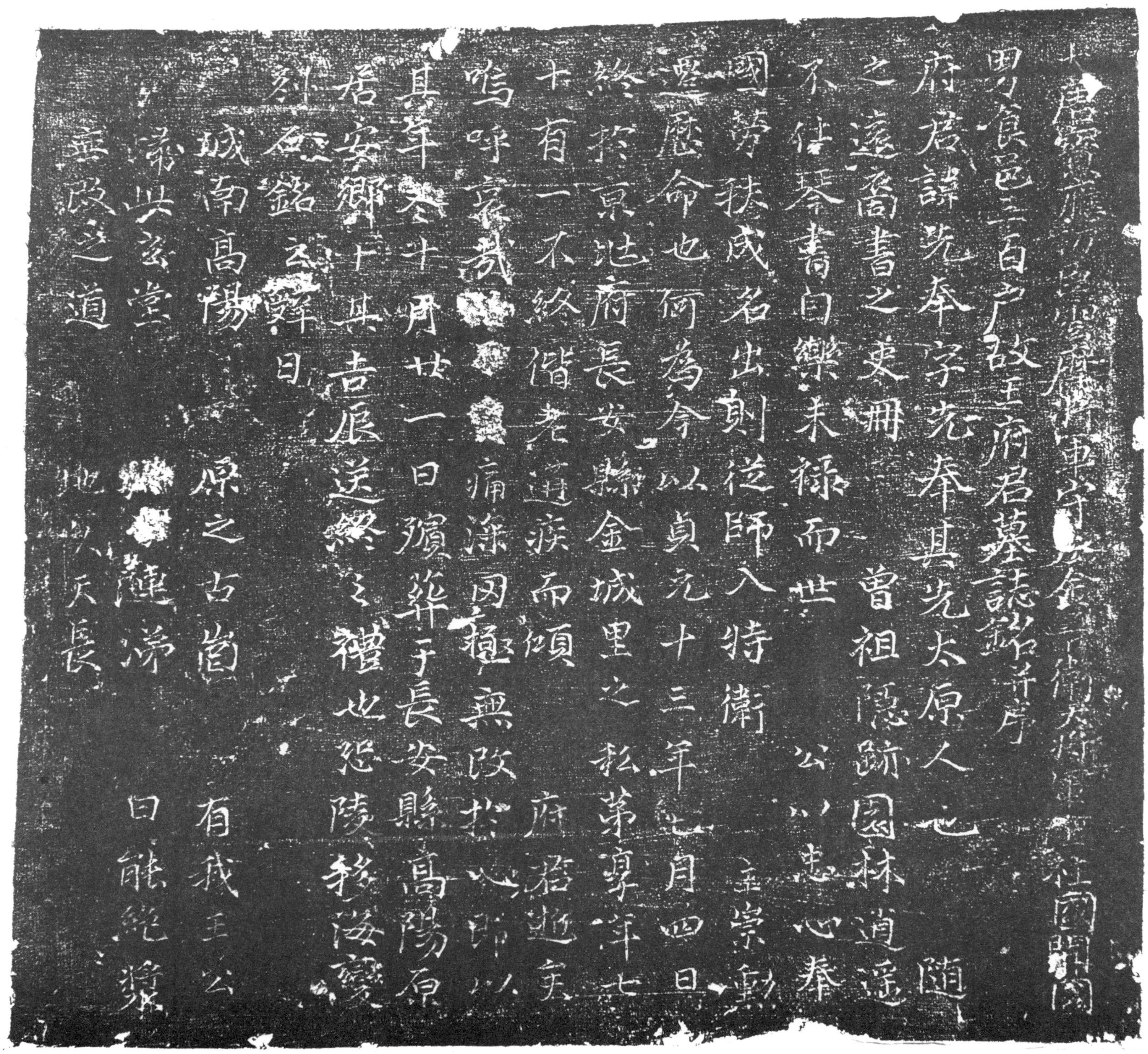

二〇二　王先奉墓誌

唐貞元十三年（七九七）十月二十一日

二〇三　崔府君夫人鄭恒墓誌

唐貞元十四年（七九八）十月二十六日

唐故使持節渠州諸軍事渠州刺史兗本州團練守捉使崔府君夫人滎陽鄭氏墓誌銘 幷序
表甥朝議郎守尚書工部侍郎知吏部選事輕車都尉賜緋魚袋鄭餘慶撰
夫人諱恒字同婉滎陽開封人也睿源盛烈國史家諜詳矣故不書烈祖杲
皇朝歷刑戶兵吏侍郎尚書右丞贈禮部尚書大父放　皇朝金吾將
軍東都副留守考毓　皇棣州刺史外祖朓　皇祕書郎炳然華
冑式是冠族宜哉　夫人天授淑姿凜然端肅玉潔而加潤霜明而益清洞
以表微識以知遠既笄有行歸于崔氏婦道全睦女儀盡閑惟　夫人之配
華而茂惟崔氏之族文而盛惟　夫人外族清而著高朗繁縟光華懿美薰
灼于百氏焜煌于四海有子七人曰照達勵能從揔憲照前試大理司直兼
監察御史達前閬州錄事參軍勵前郢州司馬能前侍御史內供奉從前試
大理評事揔前洋州興道縣主簿憲前慶州華池縣令　夫人撫訓諸子其
勤夙夜聚以文學紹于家聲吏才兼優公府交辟乘使軒居憲職者猶是舉
集其門矣有女五人長適范陽盧舒次適盧嵩次適廣平劉從一次適南陽
張獻甫次適天水趙需凡厥命壻斯為得人劉從一戶部尚書和台鼎張獻
甫左僕射掌旄鉞趙需以文學至兵部郎中和之至也故有繁衍之報焉義
莫重也故有福祿之厚焉每中外具來尊幼咸叙鋪筵席陳罇俎膳雖小而
必精器無微而不稱皆由　夫人鑒裁端一而然也子孫欣和而知類親戚
仰止而宗極可不謂之為盛歟　夫人以貞元十四年正月三十日寢疾終
于崇賢里之第享年七十四即以其年十月二十六日合祔從周禮也當
府君歸全于渠州羣盜盡起　夫人諸子時在閬中崎嶇逼側哀以堅決乃
命第三子勵間道歷險護帷裳歸于洛師以大曆七年祔于萬安山之南原
禮也感通神明義貫今昔此又人之難能也崔氏官閥備詳前志羣從左補
闕巨之文也　夫人以婦順宜家以母儀訓子仁愛廣博親疎敬慕小子忝
奉中外猥以銘石見託悲以從命庶無愧辭銘曰
渙渙滎水洋洋清河我族我歸如琢如磨欝然軒裳煥乎文章人物焜煌斯
為允臧恭惟　夫人天授淑姿皓曜明潔雪霜以之儀訓具舉周旋皆適動
致澄澈居為表的慶保繁衍厚居福祿姻娅將相階庭蘭玉有子七人半惟
朱紱乘軒冠采藻秀風骨榮貴未已驚飈不留奄忽無狀悠然若休衆子泣
血帷裳東訣萬安之南以啓同穴

唐故檢校秘書少監兼蘇州別駕弘農楊公墓誌銘并序
朝議郎守河南少尹張式撰　前太僕寺主簿史鎬書

大唐故
楊府君
墓誌銘

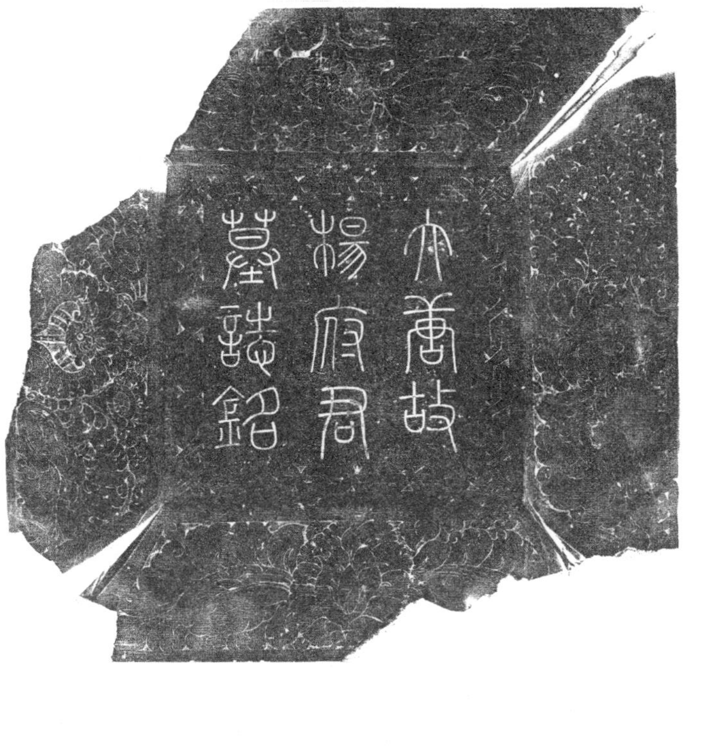

二〇四　楊鉷墓誌

唐貞元十四年（七九八）十一月四日

二〇五　恒王府杜府君墓誌

唐貞元十五年（七九九）十月十五日

二〇六　韋娩墓誌

唐貞元十七年（八〇一）二月十七日

二〇七　沈權墓誌

唐貞元二十年（八〇四）六月十八日

二〇八　羅公夫人米氏墓誌

唐貞元二十一年（八〇五）八月二十四日

唐故朝議郎試太子右贊善大夫長沙羅公夫人秦州米氏墓誌銘并序

大唐貞元廿一年歲在乙酉夏五月丁亥，夫人遘疾，還至沈綿，正辰終于□府安樂里之私第，春秋六十有三。嗚呼哀哉！節尚貞賢，道高姆傅，邊城悲，義仁里，擬春即以其年秋八月廿四日庚申，遷祔於□府北平縣西北廿里畐樂之原，得齊眉同穴之義，禮也。西域米國故長史貴芳，粟耶天寶初遠從賢王來朝上國。玄宗奇之，俾有司厚禮，每事加等，因遂願留不歸。夫人即長史之季女也，質同潔玉，行等芳蘭，多備閨儀，長弘禮教，聆音合雅，事操惟仁，內明道源，外達時要，懷寶謚日無掛於心，綺繡填室，匪能悅志，喜愠得喪，已見於形，亦慶叶齊陳，啟鳳凰之兆，體均秦晉，齊孫鳳之請，是以出適羅氏，室家攸宜，琴瑟詩韻，繁祉斯著，欽承族姻，端守靜恭，式崇孝享，洵移天謝世而年茲青春，雖首戚容，晝哭垂血，擇降識嗣，高蹤侔孟氏之規，誓節指冊，懿範並班家之美。諸孤成立，生涯博豐。貞元初，家在上谷，黠虜覩時變，審識危兆，尋約諸子從居博陵，既遂計而上谷，赦其凋幽鑒，微避地就拯也。以此昔括母免於坐累，嚴母歸而掃墓，雖先見其吝而不克早圖，其吉今古相並。夫人動無差爲，泛敬作空王，殷崇勝業，造幢鑄像，施供寫經，佛事良緣，精進不倦，憐貧濟乏，物無不周，食不味葷，體心不惜珍異。其贊善宗祖六西域名王，貴種具載前誌，略而不述。夫人有五子：孟曰惟謙，中大夫、試殿中監、上柱國；仲曰玄佐，義武節度驅使官、承務郎、試左龍武軍兵曹；次曰惟良，義武討擊副使、承奉郎、試右金吾衛兵曹；幼曰惟贍，童子出家，持佛戒，兼持法花經，明大演；季曰惟榮，專經應孝廉，雨上雖未擢，昂昂然長鳴之望非遠。咸紹贊善之風，服勤夫人之教，絕漿柴毀，蓬首棘心，援諸曾閔，今見其人矣。其資從器備，得不豐不儉之度，撫實刊石，永寘於隧。銘曰：

懿哉夫人，發源西域，降靈孕質，生我王國。冰霜潔行，仁惠蘊德，溫溫明道，冀冀贊賢，如彼瓊瑤，保此貞堅，審其事理，出於古先。相時避地，爭義家全，脩短有涯，音容已然，諸孫痛戀，隕血號天，永隔慈愛，空餘機筵。□閨禮，祔窆茲土，紀實刊珉，用銘泉戶，山月嵐煙，千秋万古。

二〇九　路景祥及夫人劉氏墓誌

唐元和元年（八〇六）十一月十一日

二一〇　杜佑夫人李氏墓誌

唐元和二年（八〇七）五月二十七日

大唐故密國夫人隴西李氏墓誌銘　并序
金紫光祿大夫守司徒同中書門下平章事岐國公杜佑撰
維元和二祀歲在丁亥四月戊午朔十七日甲戌司徒岐國公杜
佑妻密國夫人李氏終於上都務本里第享年五十有二以其年
五月戊子朔廿七日甲寅安厝於少陵原　先塋之次從宜也夫人
六代祖世壽交州都督遂安公五代祖仲遠光州刺史高祖道和
左清道率曾祖茂初河州刺史王父延安陪位出身無祿早世皇
考殺衡州衡陽縣尉雖
皇室枝屬而家代陵遲故相麟樂安太守少知並四從曾伯祖夫
人率性溫恭居家敬順六姻化其雍睦百口資其柔撫穎悟莫比
聰惠絕倫在弱歲則孤能備言其祖曰烈考遊宦鍾罰隨外氏流
寓南方大曆季年佑都督容府物論所屬遂歸于我以為繼室僅
三十年佑旋更歷中外累忝藩鎮上奉
高堂下修中饋承　顏順　色動心無違洎領淮南歲月滋久特
蒙　朝恩俯及遂有石窌之錫立身可謂積善享齡不登下壽
哀哉誕生四子一兒一女纔語夭枉今一子憲祥河南府參軍一
子紹孜國子監主簿撫存悼往哀慟何言音容宛在目前緬想遂
為陳迹誠世事已過如夢幻皆空然豈越常情難勝沉痛莊周放
達實則未能奉倩傷神亦將不可銜悲敘事聊寫素懷銘曰
猗歟密國聿脩四德性本惠和生知禮則閨門克敬姻戚用睦可
謂積善如何不淑二子歸毀皋宗酸惻世事如夢物理誠然追痛
奚補常情所纏杳冥莫究神道難詮荀子失中莊生太劇合度適
宜臨喪寧戚少陵非遠終天永隔援毫刻石用申平昔

二一一　田府君夫人斑氏墓誌

唐元和三年（八〇八）十一月十八日

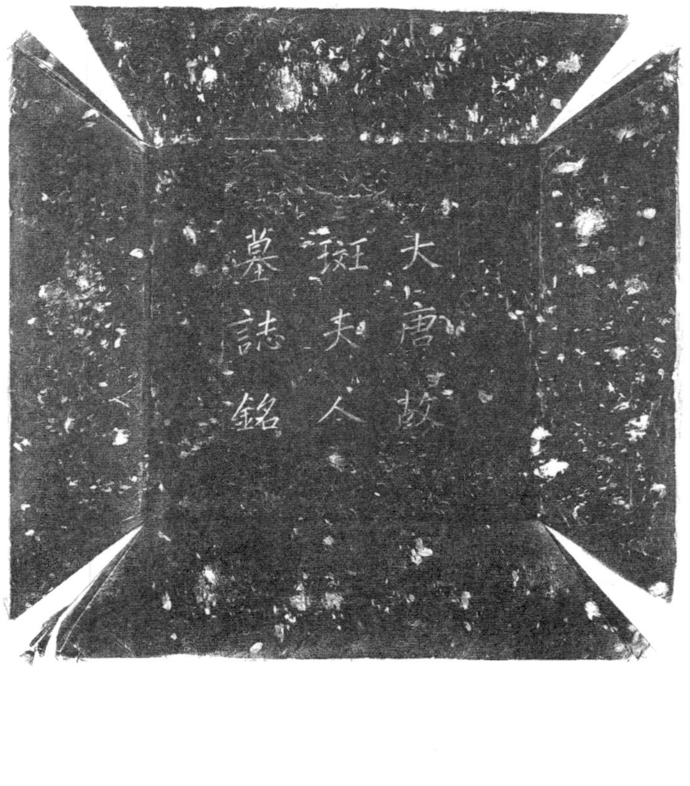

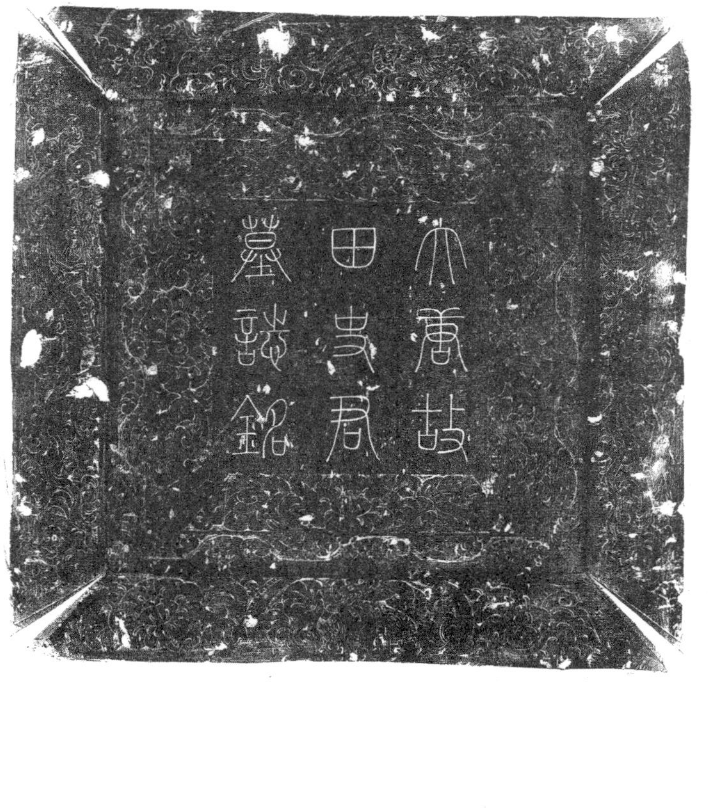

二一二　田濟墓誌
唐元和四年（八〇九）七月五日

尚書祠部郎中南陽張公夫人河東裴氏墓誌銘并序
姪鄉貢進士宗夫撰
蓋性命之理聖人之所罕言福善之徵經誥所以
垂教夫人河東裴氏毋族曰平昌孟氏外祖
諱檢校兵部尚書福建觀察使贈司空在
肅宗代宗兩朝有崇勲茂績享高名顯位源流詹
系遠而愈契曾祖諱巽國子祭酒封魏國公
祖諱齊丘右千牛衛大將軍駙馬都尉父諱
愼杭州於潛縣主簿式道濟于時式行成于家故
慶流澤及是生令德夫人幼失所怙毋師教
育既長質性柔順詞容恭順奉上不失孝撫下慈
矣慈至元和四年十七歸于我族閨門之內布
和如春歲未周星而德已茂與善福謙神理何昧
明年三月遘疾至六月十五日終于靖恭里第於
戲令聞所加無不痛者况五服之內皆情逾於禮
其年七月十一日葬于京兆府萬年縣畢原
高門先塋成婦道也猶子宗夫承父之命敬述
葺行飾是墓之感不敢以文為誌銘曰
嗟乎太造誰尸壽考善不必永惡不必夭同歸永
夜重泉閉曉古木空松風嫋嫋

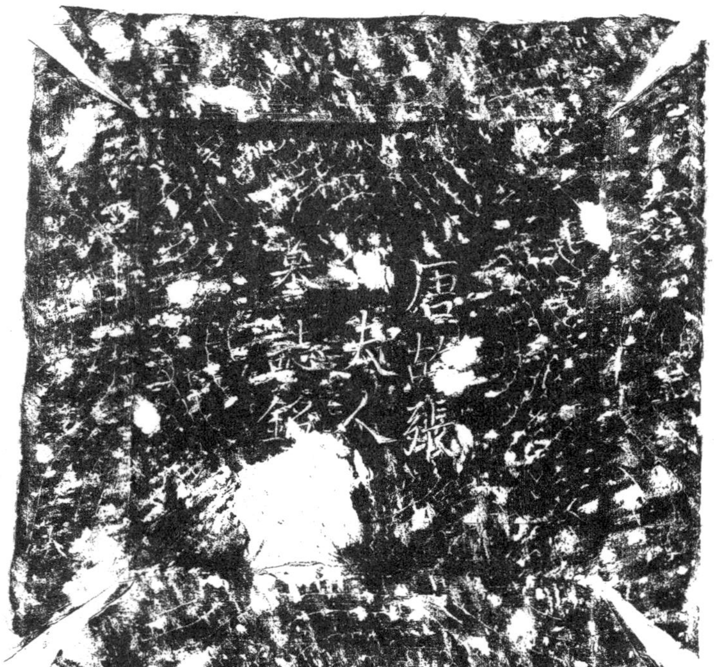

二一三　張公夫人裴氏墓誌

唐元和五年（八一〇）七月十一日

二一四 李昇夫人鄭氏墓誌

唐元和五年（八一〇）七月十一日

唐故銀青光祿大夫守太子詹事贈同州刺史李公榮陽郡夫人鄭氏墓誌銘并序
將仕郎守京兆府功曹參軍李汭撰
維唐元和四年七月十九日故太子詹事李公諱昇榮陽郡夫人鄭氏終于上都崇賢里之私
第享年六十嗚呼嗣子宿奉遺意越五年七月十一日權厝于京兆之高陽原從詹事府君之
塋不克合祔龜筮未同也去詹事之墳八步而近去太傅之墳四十步而遠從于京兆府功曹
參軍汭具詳積行請得而序之夫人之先系自有嬀武公莊公夹輔周室平王東遷從於滎洧
以國為謚子孫其蕃西漢有大司農當時東漢有大司農衆俱以儒學軒冕著言鄭氏者奇之
衆四世生渾渾生崇為尚書又以正直對中聞曾孫略生六子次子谿字君明封濟南郡公齊
南生四子濤暐簡恬暐為北祖簡為南祖恬為中祖夫人鄭北祖之後也曾祖玄楷 皇朝
正議大夫眉州刺史祖崇鑒邵陽郡太守祖妣扶風竇氏外大王父懷恪河南尹父鵬秘書丞
蜀州別駕妣隴西李氏外祖父嗣紀王澄夫人承華宗之茂緒法柔謙之懿行事舅姑孝奉君
子順撫幼稚慈視左右敬睦族姻和上下喜怒不形於色榮貴不矜於人杜猜虞悍之萌詠
螽斯鵲巢之美袪禕之有儀範內外之所表式皆有激人倫以貽宗黨此其大略者也年十三
歸我詹事府君而坤德早成天與至性氣必溫裕言必端詳問安侍膳動合典禮為洗姑鄭國
楊夫人之所愛重稱德婦焉府君即 皇朝右僕射太子太傅鄭國公諱叔明之長子太傅歷
事玄宗肅宗代宗德宗四朝貴臣一門勳閥與先兄御史中丞兼劍南節度諱仲通迭為尹京
棣萼煇耀一時莫比繇是出總元戎入司右揆端嚴直亮嶷如也詹事宿衛 德宗建中中宮
至太府少卿會逆泚搆亂 翠華南幸詹事奔走扈從壺飧不食洎于剋復倚[illegible]策還宮改
左龍武軍使兼御史大夫旋拜太子詹事雖勁節淩風而克稟嚴訓義存家國[illegible]
以勳高為讒邪所中貶康州司馬累不憖遺終於所任而[illegible]公亦以高年薨嗚呼家[illegible]而
孤蒙未諭噫太傅之德詹事之忠勤勞 王家銘勳彝器而殁代之後其嗣纔然賴哲婦承祧
至誠所感門生故吏特為獻狀降 九天之詔雪重泉之冤追柩炎徼之外會葬京兆之域合
舅姑之玄室序伯仲之墳壠表闕竭峙松楸儼行送終之禮罔不誠備然後祔廟以傳世嗣建
呼以顯功德追命授謚恩加存殁俾太傅之家事不至墜絕寔繇夫人君子之稱行路出
涕僉曰義烈哉婦德之賢其難並矣夫人後詹事廿有三年而歿家事聞男必宜女必歸蘋蘩
之祀惟勤儉約之風勉勵母家之道無遺恨矣不幸寢疾奄無救矣乎吾黨之昆弟咼怙
吾宗之娣婦咼仰識與不識聞喪而哀豈心憐不稽卷不歠而泣長子審[illegible]官至太常寺協律郎
次子審官至成都府參軍審[illegible]至當陽縣丞[illegible]楊氏二女皆早夭嗣子審宿寵辱容寵道遠未訃
唯宿將居喪第四女適京兆王助第五女適吳興沈柏存子從人者也宿前左龍武軍錄事參
軍喪紀有聞哀毀中禮先遠逆及藥棘盈懷杖而後起託於從祖兄汭且虜陵谷之變用銘其
德云銘曰
地勢坤兮厚德載婦道象兮母儀配於昭賢淑兮家所賴求智豐兮德行大建事舅姑兮晚
內奉君子兮契環珮福祿藹兮慶愈會榮耀極兮時不尋哀樂往兮貽谷悔禍酷臻兮祉理[illegible]
孝婦哀兮傷幼神精誠達兮幽感通隆 玄鶴以雪戾下青鳥而送紼哀榮得所兮教義敏豐
既肥我家兮亦茂吾宗如何不弔重此殲臣遺誨言以垂裕必孝悌而克從凡厥昆裔孰不慶祟
嗚呼賢乎[illegible]

唐故銀青光祿大夫守太子詹事贈同州刺史李公滎陽郡夫人鄭氏墓誌銘并序

將仕郎守京兆府功曹參軍李洵撰

維唐元和四年七月十九日故太子詹事李公諱□滎陽郡夫人鄭氏終于上都崇賢里之私第享年六十嗚呼嗣子宿奉遺意越五年七月十一日權厝于京兆之高陽原從詹事府君之塋不克合祔龜筮未同也去詹事之墳八步而近去太傅之墳四十步而遠從于京兆府功曹參軍洵具詳積行請得而序之夫人之先系自有㜪武公莊公夾輔周室平王東遷從於溱洧以國為謚子孫其蕃西漢有大司農當時東漢有大司農衆俱以儒學軒冕著言鄭氏者本之衆四世生渾渾生崇為尚書又以正直對中聞曾孫略生六子次子銘字君明封濟南郡公齊南生四子濤曄簡恬曄為北祖簡為南祖恬為中祖夫人即北祖之後也曾祖玄楷皇朝正議大夫眉州刺史祖崇鑒邵陽郡太守祖妣扶風竇氏外大王父懷恪河南尹父鵬秘書丞蜀州別駕妣隴西李氏外祖父嗣紀王澄夫人承華宗之茂緒法柔謙之懿行事舅姑孝奉君子順撫幼稚慈視左右敬睦族姻和上下喜怒不形於色榮貴不矜於人杜猜慮怨悍之萌詠螽斯鵲巢之美袿褘之有儀範內外之所表式皆有激人倫以貽宗黨此其大略者也年十三歸我詹事府君而坤德早成天與至性氣必溫裕言必端詳問安侍膳動合典禮為洗姑鄭國楊夫人之所愛重稱德婦焉府君即 皇朝右僕射太子太傅蒯國公諱構明之長子太傅歷事 玄宗肅宗代宗德宗四朝貴臣一門勳閥與先兄御史中丞領南節度諱仲通迭為尹京棣萼焜燿一時莫比繇是出惣元戎入司右揆端嚴直亮疑如也詹事宿衛 德宗建中中官至太府少卿會逆泚構亂 翠華南幸詹事奔之 扈從壺飧不食洎于剋復侍鑾還宮改

左龍武軍使兼御史大夫旋拜太子詹事雖勁節淩飈而寬稟嚴訓義形家國[illegible]
以勳高為瑯耶所中貶康州司馬忍不愁遺終於所任而蒯公亦以高年薨喪嗚呼家[illegible]而
孤蒙未諭噎憶太傅之德詹事之忠勤勞　王家銘勳彝器而殁代之後其嗣續賴啓婦承祧
至誠所感門生故吏特為獻狀降　九天之詔雪重泉之冤返柩炎徼之外會葬京兆之域合
舅姑之玄室序伯仲之墳壠表闕碣崎松楸儼行送終之禮因不誤倫然後祔廟以傳世嗣建
碑以顯功德　追命授謚　恩加存殁俾太傅之家事不至淮絶寔繇夫人君子之稱行路出
流涕僉曰義烈哉婦德之賢其難並矣夫人後詹事廿有三年而歿家其間男必宦女必歸蘋蘩
之祀惟勤儉約之風愈勵母家之道無遺恨矣不幸寢疾奄[illegible]無救矣乎吾黨之昆弟咼怙
吾宗之衆婦咼仰識與不識聞喪而哀豈心憐不楷卷不歇而絶長子[illegible]太常寺協律郎
次子審官至成都府參軍寮至當陽縣丞娶楊氏二女皆早夭嗣子容[illegible]寵容寵道遠未許
唯宿冧居喪第四女適京兆王助第五女適吳興沈枙孫子從人者也宿前左龍武軍錄事參
軍喪紀有聞哀毀中禮先遠遶及藥轉盈懷杖而後起託於從祖兄訥且慮陵谷之變用銘其
懿云銘曰
地勢坤兮厚德載婦道象兮母儀配於昭賢耐兮家所賴才智豐兮德行大建事舅姑兮[illegible]
內秦君子整環珮福祿盛兮慶愈會榮耀極兮時不尋哭樂往兮貽咎悔禍酷臻兮禪理陟
孝婦哀兮傷幼神精誠達兮幽感通降玄鶴以雪戾卜青鳥而送終哀榮得所兮教義斂豐
既肥我家兮亦蔵吾宗如何不吊董此殃凶遺言以垂裕必孝悌而克從凡厥昆裔孰不虔恭
嗚呼賢乎[illegible]

局部二

二一五　趙素墓誌

唐元和六年（八一一）八月二十二日

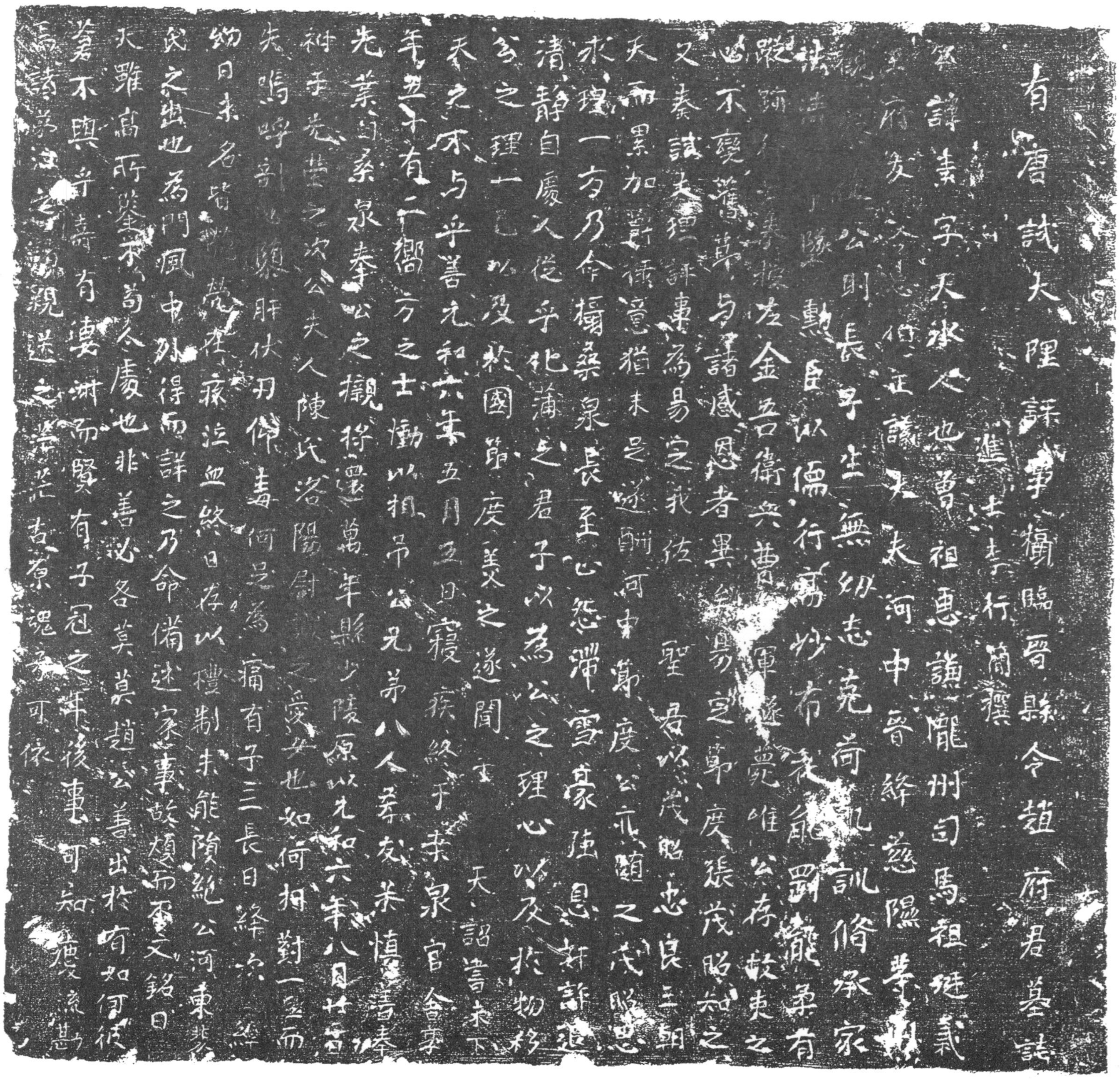

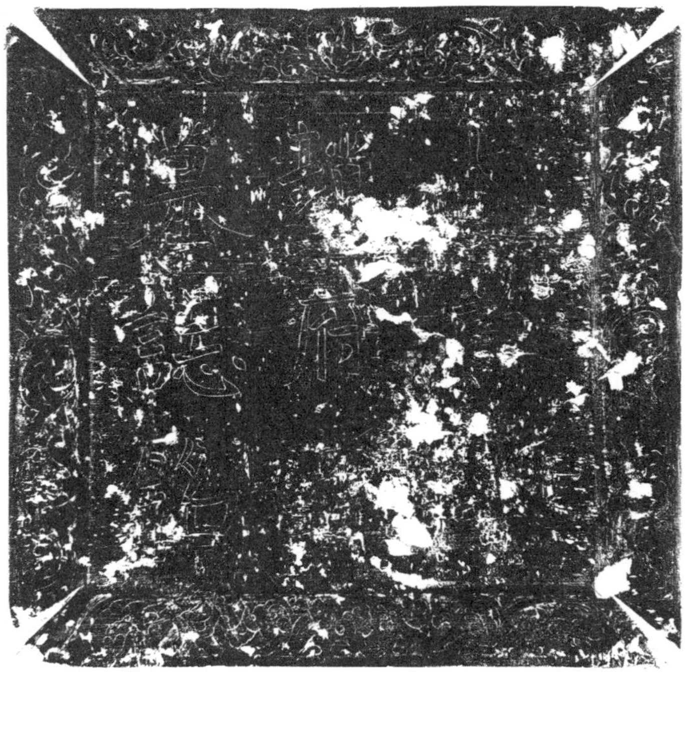

唐故右武衛河南府□□折衝長□太原王府君墓誌銘并序

都尉諱俊字希俊太原人也其先自后稷摩基王跡□□其□□王
家周父建國以至宗子晉賔天而朔聖崇原岳時長淮度流茂績
殊勳光昭百代君□德祖諱守貞□聖卉諱賔以養尚不仕天子
奬得而□旦奠□府君以忠良植性孝友傳家初資報國之誠長資
標時之同屬□尚梗虜難未平公能杖義懇切昭翔野折衝千里
保大定切存□割特授東都懷音府折衝賞勳勞也曰三方無事
懷道处身始期養素□豈謂蒌瘦□命之斯否天其謂何曰□
遠近增長於戲□公之夫人隴西李氏皇故徵士景琭府君之令女
子僅至成□人至永貞年冬十一月廿二日奮忽言終于府君之正室亭
齡六十有一鳴呼嗣子諱昌及二孝孀李氏等咸資孝節貞
土成瑣□以羊車歲之子二月十一日合祔于郡城之北□永泰鄉縣馬
村之□禮也北方東運盡□四西帶□山川分□之形泉隱起嵒
龍之□且表名□樂幽□於斯難□坤靈依□與夫琭而相終而大化真遷
在銘昭子不拓其詞曰
莫之令哲□常子王孫□廣孝嗣子首□端
謂流後混心運窮獃□□長□孝
同□電元□大理難論□斷石列銘兮

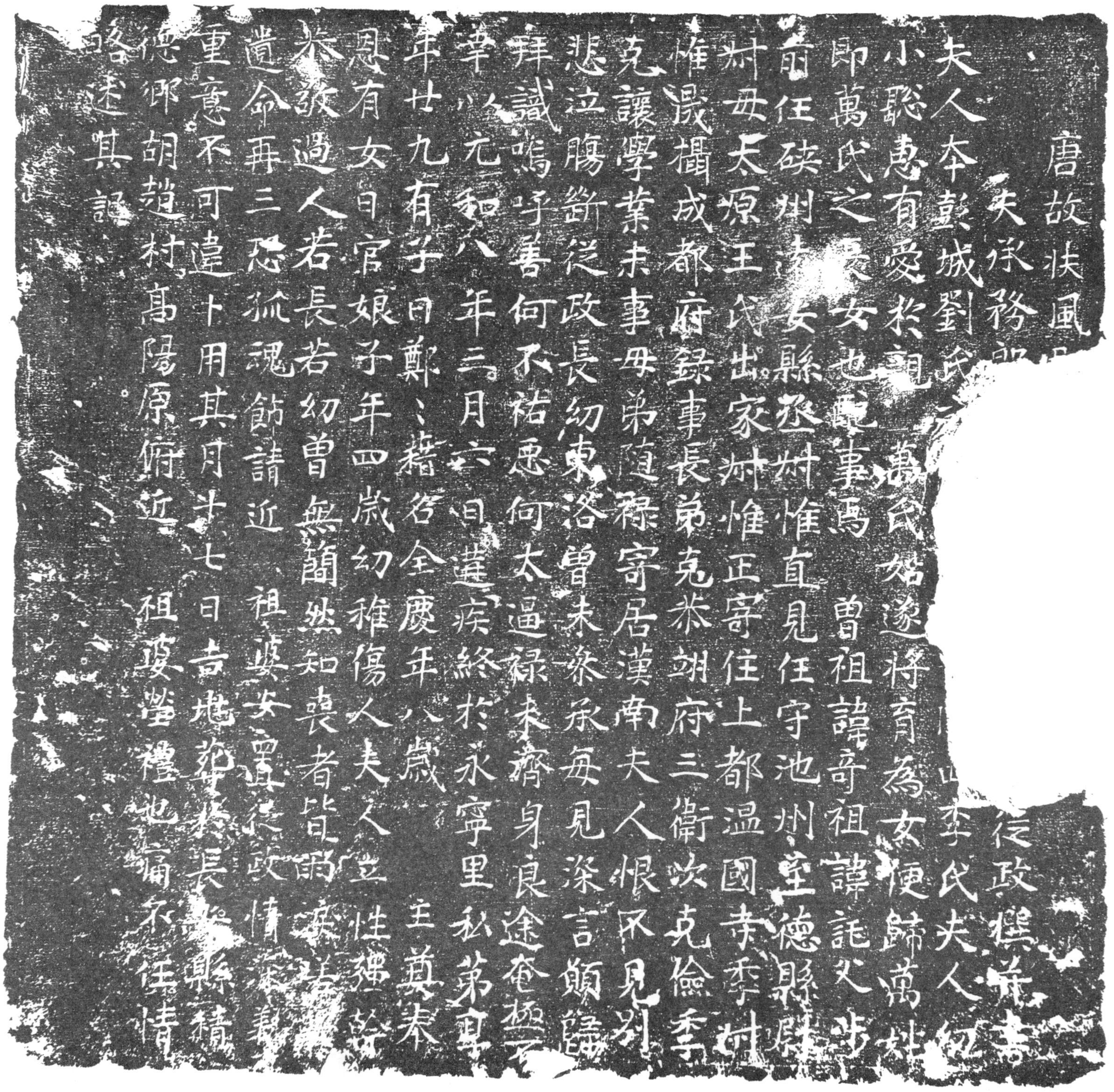

二一七　彭城劉氏墓誌

唐元和八年（八一三）三月十七日

唐故將仕郎守楊州參軍太原王公墓誌銘并序
儒林郎前守衡州衡陽縣尉張應撰
公諱蒙字方榮蒲陵人也六代祖德真西臺舍人遷中
書侍郎贈尚書左僕射高祖文恳江陰令曾祖長陳州
司功參軍祖徵高道不仕父令金忠義方古智略罕儔
投筆即戎捨官就養累遷翔州尚德府折衝都尉公秉
操弘貞志尚廉絜以詩禮示訓以孝悌承家擇而後交
事無偏合虛心待物必竭其有無縫踵軒車必資其贊
實然非儒墨忠良難以造其境也雖昔年入仕早繼簪
纓公曰不以文字進身非夫不武卒淹其選序爲日久
之於是工藝屬詞聲芳皆振智理精達文華璨然方紫
霄之可期寧一簣而胡斷彼蒼不愁寢疾俄鍾壽限以
霜花而不實以元和十二年七月廿二日終於長安縣
崇賢之里也享齡五十有三孀妻寬若痛舉枝之長辭
稚子哀號恨終天之永訣親族傷慟隣伍燠休公平生
慈惠周仁之所至也以元和十二年二月十九日歸葬
于萬年縣少陵原長郝村之禮也公終身克己德茂名
芳刻彼貞石用旌衆善其銘曰
四時代運兮日月盈虧良木斯壞兮哲人其萎逝水無
謁物終有歸誌茲幽龍式表餘徽
宣德郎前左龍武曹曹杜元式書

二一八　王蒙墓誌

唐元和十二年（八一七）二月十九日

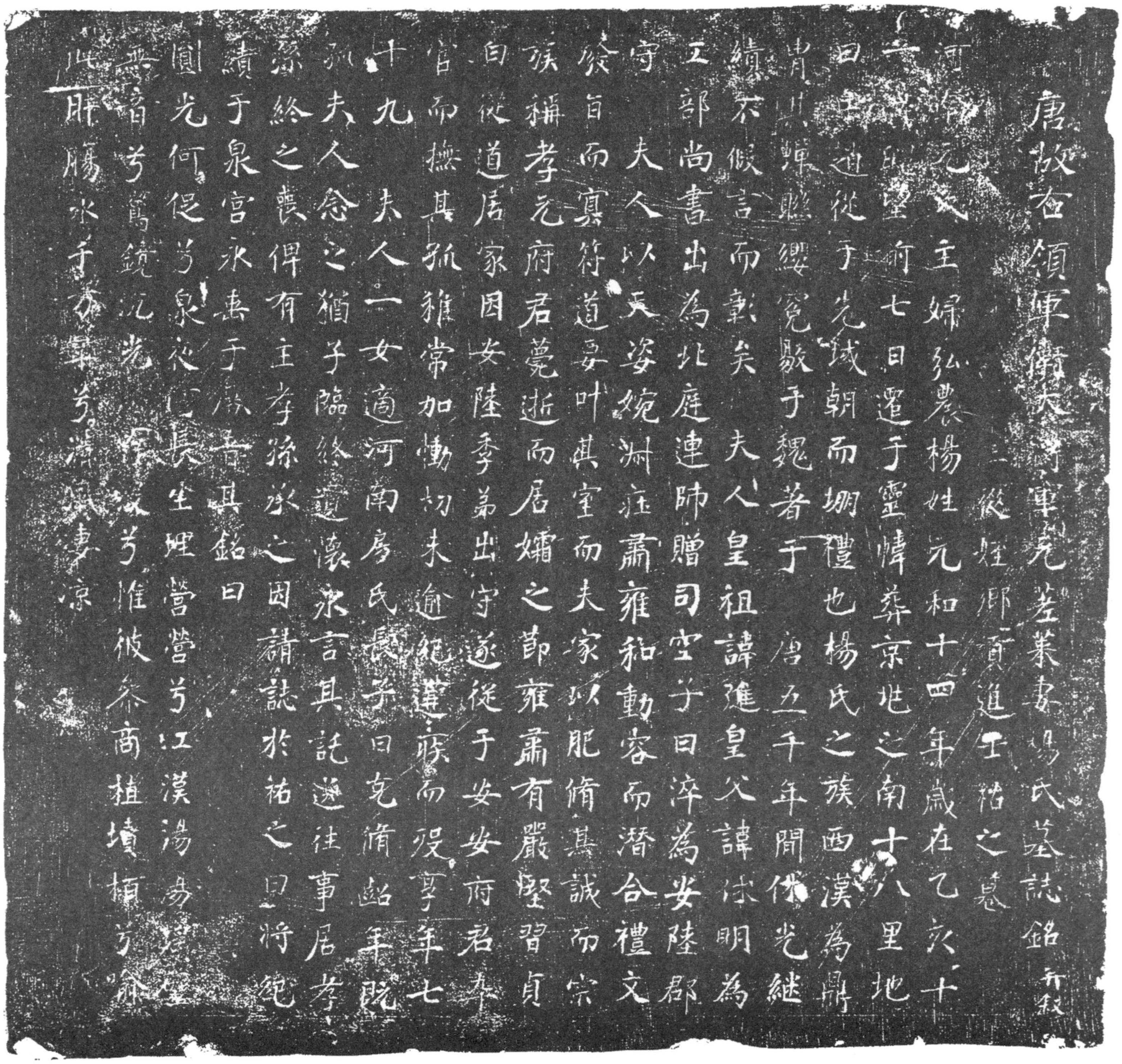

唐故右領軍衛大將軍元茳萊妻楊氏墓誌銘并叙
從姪鄉貢進士祜之[illegible]
河南元[illegible]主婦弘農楊姓元和十四年歲在乙亥十
一月[illegible]望前七日遷于靈幃葬京兆之南十八里地
曰[illegible]道從于先域朝而坰禮也楊氏之族西漢爲鼎
胄其蟬聯纓冕敬于魏著于唐五千年間代光繼
續不假言而彰矣　夫人皇祖諱進皇父諱[illegible]明爲
工部尚書出爲北庭連帥贈司空子曰淬爲安陸郡
守　夫人以天姿婉淑莊肅雍和動容而潛合禮文
發言而冥符道要叶其室而夫家以肥脩其誠而宗
族稱孝元府君薨逝而居孀之節雍肅有嚴堅習貞
白從道居家因安陸季弟出守遂從于安安府君奉
官而撫其孤稚常加慟切未逾紀遘疾而殁享年七
十九　夫人一女適河南房氏長子曰克脩齡年既
孤夫人念之猶子臨終遺懷永言其託遂往事居孝
孫終之喪俾有主孝孫承之因請誌於祜之曰將紀
績于泉宫永專于斯吾其銘曰
圓光何促兮泉夜[illegible]長生理營營兮江漢湯湯
無音兮鸞鏡沉光[illegible][illegible]兮惟彼[illegible]商植墳栢兮[illegible]
此[illegible]腸水千[illegible][illegible]兮[illegible][illegible]淒涼

二一九　元茳萊妻楊氏墓誌

唐元和十四年（八一九）十一月九日

二二〇　張公幹墓誌

唐長慶元年（八二一）十二月三日

唐故朝議郎守陝州大都督府左司馬驍騎尉賜緋魚袋清河崔公墓誌銘并序
將仕郎前守陳州太康縣尉鄭君房撰
公諱勵字佐元清河人濬源遠泒其來尚矣　皇朝鳳閣舍
人國子司業修國史贈衛州刺史謚曰文諱融曾王父也銀青光
禄大夫禮部尚書東都留守贈太子太傅謚曰成諱翹大父也尚
書水部員外郎渠州刺史累贈太子太保諱巽烈考也代垂高名
保其元貞公之門望官婚其為盛歟公幼補崇文生釋褐宣德郎
左司禦率府兵曹參軍每有大志不就常調屬梁崇義反襄州時
山南西道連帥賈公躭受　詔征之請公隨軍待以客禮奇
謀密筭悉以資之襄州平特表試光禄寺丞賜緋魚袋旌其庸也
後參畫于江陵襄陽二府轉郢州司馬復從事于岐入拜通事舍
人賜勳雲騎尉加朝議郎無何出為鄂州司馬歷滁州長史
朝廷陟明拜權知陝府左司馬歲滿為真公三佐戎軒四毗郡府
事必歸正議無曲從人以直清稱焉洎宗族以孝聞昆弟以悌聞
斯非全美乎公之伯仲秉旌鉞擁郡符連行　盛朝焜燿當
代抑士林之無儔矣公鄭之出棣州刺史諱鏡外大父也公以長
慶四年夏六月有六日終于陝州官舍降齡七十有三嗚呼哀哉
越以寶曆元年二月廿三日歸葬于河南府潁陽縣萬安山之南
原祔　先塋也夫人滎陽鄭氏故鳳翔少尹兼御史中丞贈
汝州刺史諱士良第二女柔明恭懿克和娣姒元和四年三月十
六日終于漢南因以權窆長子泣往　啓護歸萬安之塋從周
禮也二子長曰次璵幼曰季珩四女長適范陽盧全節三幼在室
皆孝乃天性哭無常聲感以陵谷之虞泣請其誌銘曰
閟水兮如駛祖庭兮可悲劒雙淪兮已而傷孤生兮無涕交頤佳
城永閟兮松栢參差　男次璵書

二二一　崔勵墓誌
唐寶曆元年（八二五）二月二十三日

二一三　韋廙夫人裴娟墓誌

唐寶曆二年（八二六）十月九日

亡妻扶風竇氏墓誌銘并序

知鹽鐵宋州院事將仕郎前試大理評事田洪述

古人云合二姓之好繼先聖之後不□重乎余襄門薄祚嗣　先垂後早無怙恃終鮮兄弟
衛門之下弱冠之年未有名位求結婚援得于扶風竇氏夫君始笄之年也蓋杞公之後
太宗自出祖承胤衛州參軍事父連知鹽鐵淮西院試大理評事即當院弟三女也遠父母
兄弟作配于我洪望絲京兆先人理佐藩東川試大理少卿兼侍御史賜紫金魚袋先妣
蕭氏封蘭陵縣君烏乎既宜室家如鼓瑟琴先外舅性本廉直專無依違迫被兇謀竟
落奸便非罪受譴掾于泉州時也婚姻未久情禮相迫旋則將領遠為唁問比及覲□
歡娛又以微眇一身繼統百代名且未立家何以安去無所歸住將不可抑情為別奉身北來
求名未成擇木不定荏苒離阻殆六七年其間浮議毀聲匪朝即夕而君確然自斷曾無異心
果契素懷竟如宿意於戲家門不天外舅歿世禍且未已內艱相因哀毀過人任情合禮蔬食
悪脈骸形灰心雖適以道終哀不解及余偶逢見知廉職徐府事方倅入監馳十年使奏勤悴
寒暑三捿雖王事靡盬而私情晏如家安循□耳飽勸勵得無患累實賴仁明然氣滯生疾
嗟偏戚灾歲月滋深根源流痼嘗于行步終在床蓐烏呼天生聰明達于教義事極本末
情無滯留豈未能之餘而祿壽之不足以大唐大和元年二月廿六日歿于宋州宋城縣化城坊鹽鐵
院之官舍享年五十有五烏呼哀哉自同牢結褵于今卅九歲矣惟君女儀婦德移天于人率自工
功與于□食操從孫幼[illegible]

局部一

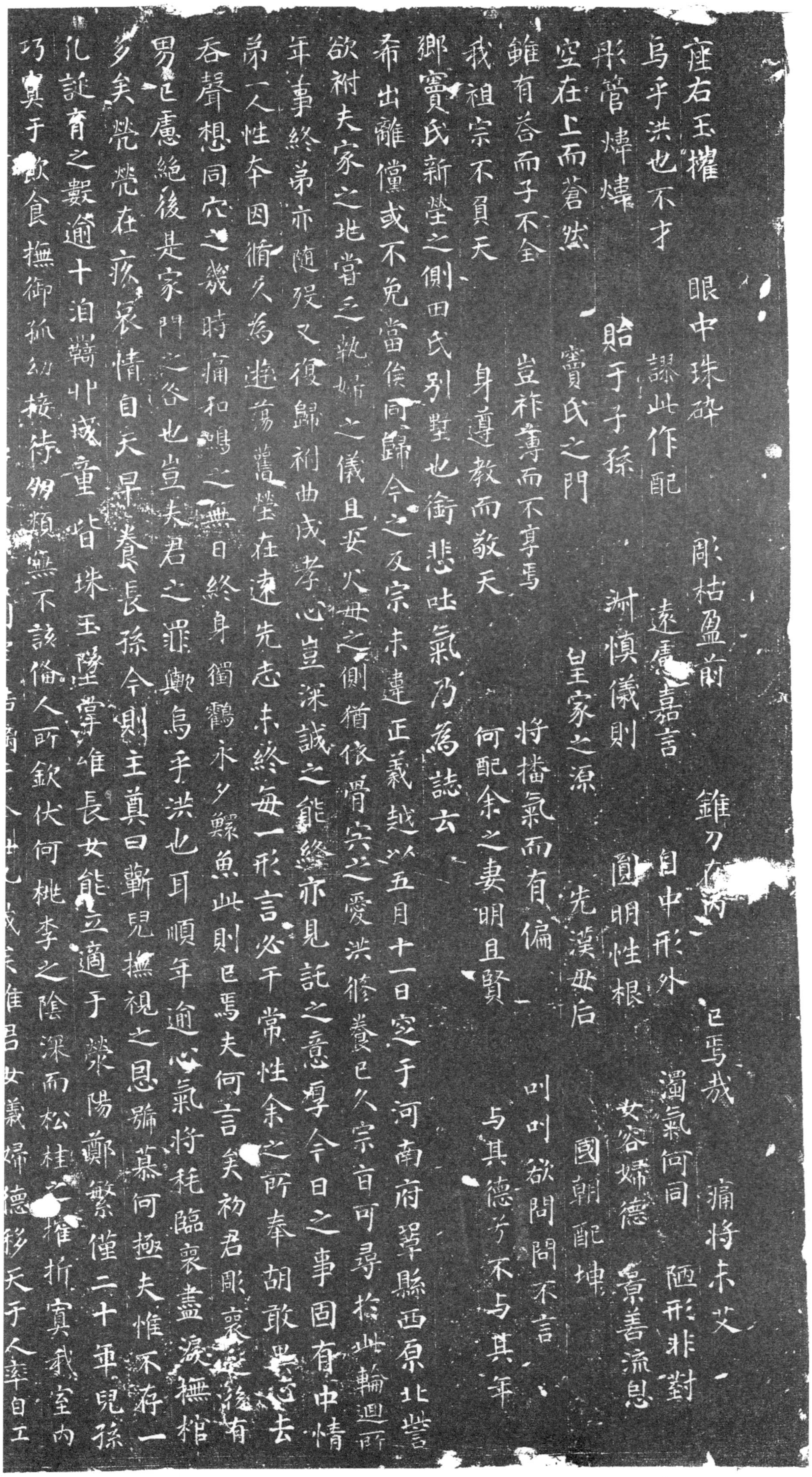
雇右玉權　眼中珠碎　凋枯盈前　雖乃存焉　已焉哉　痛將未艾
烏乎洪也不才　謬此作配　遠膺嘉言　自中形外　濁氣何同　陋形非對
彤管煒煒　貽于子孫　淑慎儀則　聞明性根　女容婦德　景善流息
空在上而蒼然　竇氏之門　皇家之源　先漢母后　國朝配坤
雖有蒼而子不全　豈祚薄而不享焉　將播氣而有偏　叩叩欲問問不言
我祖宗不負天　身尊教而敬天　何配余之妻明且賢　与其德兮不与其年
鄉竇氏新塋之側田氏別塋也銜悲吐氣乃爲誌云
希出離儻或不免當俟同歸今之反宗未違正義越以五月十一日窆于河南府翠縣西原北營
欲祔夫家之地嘗三執姑之儀且安父母之側猶依骨肉之愛洪脩養已久宗旨可尋於此輪迴所
年事終弟亦隨殁又復歸祔曲成孝心豈深識之能終亦見託之意厚今日之事固有中情
弟一人性本因循久爲遊蕩舊塋在遠先志未終每一形言必干常性余之所奉胡敢[illegible]去
呑聲想同穴之幾時痛和鳴之無日終身獨鶴永夕鰥魚此則已焉夫何言矣初君彫衰[illegible]後有
男已亡絕後是家門之咎也豈夫君之罪歟烏乎洪也耳順年逾心氣將耗臨衰盡淚撫棺
多矣煢煢在疚哀情自天早養長孫今則主奠曰斳兒撫視之恩踰慕何極夫惟不存一
孔誕育之數適十泊觿丱成童皆珠玉墜掌惟長女能立適于滎陽鄭繁僅二十年兒孫
巧寘于飲食撫御孤幼接待姻類無不該備人所欽伏何桃李之陰深而松桂之摧折寘載室內
[illegible]惟君女儀婦德移天于人卒自工

局部二

唐故朝議郎行茂王府參軍上柱國趙郡李君墓誌銘并序
朝議郎行監察御史雲騎尉崔蠡撰　鄉貢進士蔣淮書
君諱昌汶字子之以門蔭補崇文館明經初選撫王府參軍再選茂王府參
軍春秋四十有四大和二年閏三月七日寢疾終于長安須政里之私第以
其年五月六日祔先塋於京兆府長安縣福陽鄉高陽原將葬其弟鄉
貢進士籌以痛切友于事存不朽錄兄行實求銘於余良懇既深愚何敢讓
按李氏趙郡西祖人也　曾祖附光朝散大夫相州內黃縣令　曾祖妣彭城
劉氏　祖岫雲麾將軍贈太子少保　祖妣彭城劉氏贈沛國太夫人　父
諱奉仙特進撿挍左散騎常侍右羽林將軍兼御史中丞邠國公食邑三千
戶食實封一百五十戶轉右金吾將軍又轉天德軍都防禦使豐州刺史兼
御史大夫後以霜露之疾抗表陳乞授大理卿致仕贈洪州都督　大理娶
汝南周氏從　大理功封隴西郡夫人有子六人皆蘊才能君即　大理之
長子也初　大理從軍浙右元和初李錡為節度使挾六州之地恃界
大江覽天下鹽鐵而又豪貞元之末　天子優禮將帥雖過不問永貞間
上以疾未及整理天下洎憲宗即位萬化振起錡滿盈不軌且久故懼誅
回舉兵反於時　大理仕于朱方戎權最重以忠誠感激不顧鼎鑊獨深陳
逆順禍福之理詞氣切直至于再三以救錡錡不可入心益堅後　大理與
張奉國田少卿計擒錡檻車送于京師　大理首其謀於是詔徵掌衛兵禁
中為功臣還官領鎮內外受任凡慕節義者皆榮之君為　大理嗣子克承
家風洞究文武不苟於進取尤篤於儒學故不華外事手常有書知者薦用
輒拒不出仁浹九族儉在克己而家致於肥常以孀嫂相依恭守孝節每言
婚媾之道協睦是緊故難於婦氏雖再而未及娶焉修飭有成宗族所賴而
天不與壽故官止再命嗚呼有子一人曰存質前弘文館明經年未及冠女
一人未許嫁銘曰
李氏名族魁奇纘耀英英　大理克廣忠孝潤師狂兒六州在燎擒惡正刑逆
清江徼入居顯重出統襟要文武殊致一張一弛君為令嗣雅究其理儒學
將被有薦不起謙儉治家九族以倚天胡不仁凋我賢良鈿埋幽壤珠失紅
芒幼男幼女哀叫彼蒼于仲于季孟淚滂滂見者情惻聞者心傷葬乃祔塋
原曰高陽誌其行實万古傳芳　隴西郡李公信鐫

大唐故
李府君
墓誌銘

二二四　李昌汶墓誌

唐大和二年（八二八）五月六日

二二五　廣平宋氏墓誌

唐大和二年（八二八）十一月八日

大唐內學士廣平宋氏墓誌銘并序
從姪朝議郎守中書舍人翰林學士上柱國賜紫金魚袋申錫撰
姪女壻朝散大夫行揚州大都督府法曹參軍翰林學士院待詔[illegible]書
有唐內學士字若昭廣平苐五房之孫贈大理府君諱庭芬之苐二
女也春秋六十八大和戊申歲七月廿七日屬纊于　大明宮就
殯于永穆道觀以其年十一月八日祔葬于萬年縣鳳栖原先塋禮
也大理之父諱敏官贈秘書少監秘監之父諱仁永官止萊州錄事
參軍皆高陽公之胤緒也徽猷懿[illegible]代業人物聞於諸父伯仲故得
以譔述稱夫積善之慶集于大理　君而位不顯於代固清粹之氣
降鍾女德府君有五女咸酷嗜文學貫穿墳史約先儒旨要撰女論
語廿篇其發為詞華著于翰閣雖班謝之家不能過也貞元四年嘗
從先大理客于上黨節將李尚書抱真錄其所著書與所業之文列
狀聞薦
德宗在位方敦尚辭學再宣女史之職尤愛其才即日降
詔徵姉妹五人傳乘而入引謁　內殿禮容閑雅繇是錫
以學士之號時更
六朝代餘三紀後宮嬪御之傳授四方表奏之典綜　顧問啓
付動成師法
穆宗之在春宮獨以經訓講貫左右　今上明繼照益用加敬至於危
言亮節謇諤匡飭皆自信于心不形于外故不得而知也　廢床之日
贈繸之外至辦於令弟前太子宮門郎襲哀敬加於人葬祭中於禮
山東之風內戚失墜用刻貞石寘于幽壤銘曰
煇顯吾門綿屬靈光宜生德賢并代熾昌不為公侯亦綱錦裳全集
女師左右
穆皇履道無跡出言[illegible]管是承青簡流芳秦原蒼蒼灞水
湯湯安神于茲唯[illegible]

局部

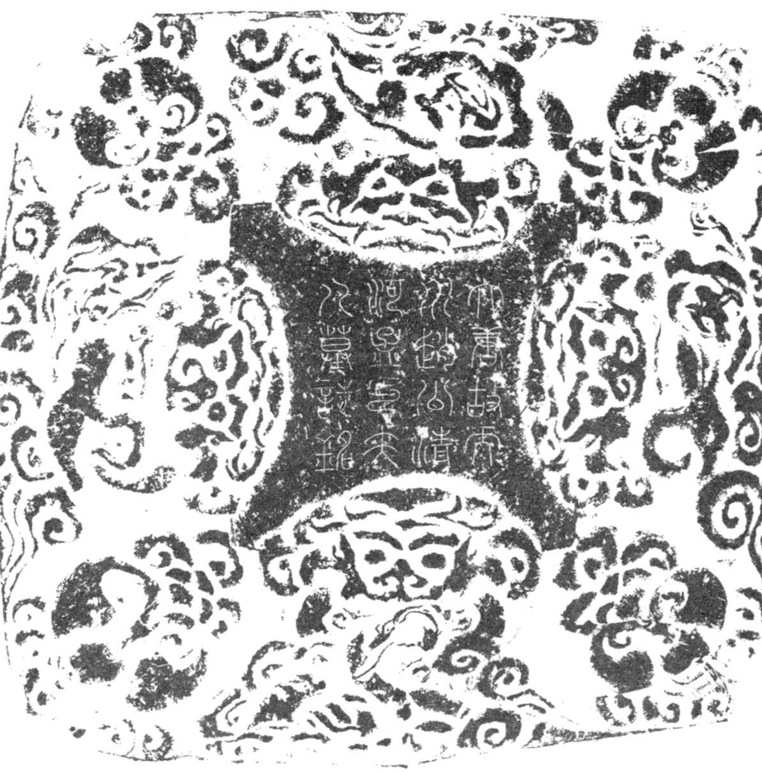

二二六　趙逸及夫人孟氏墓誌

唐大和三年（八二九）十月二十日

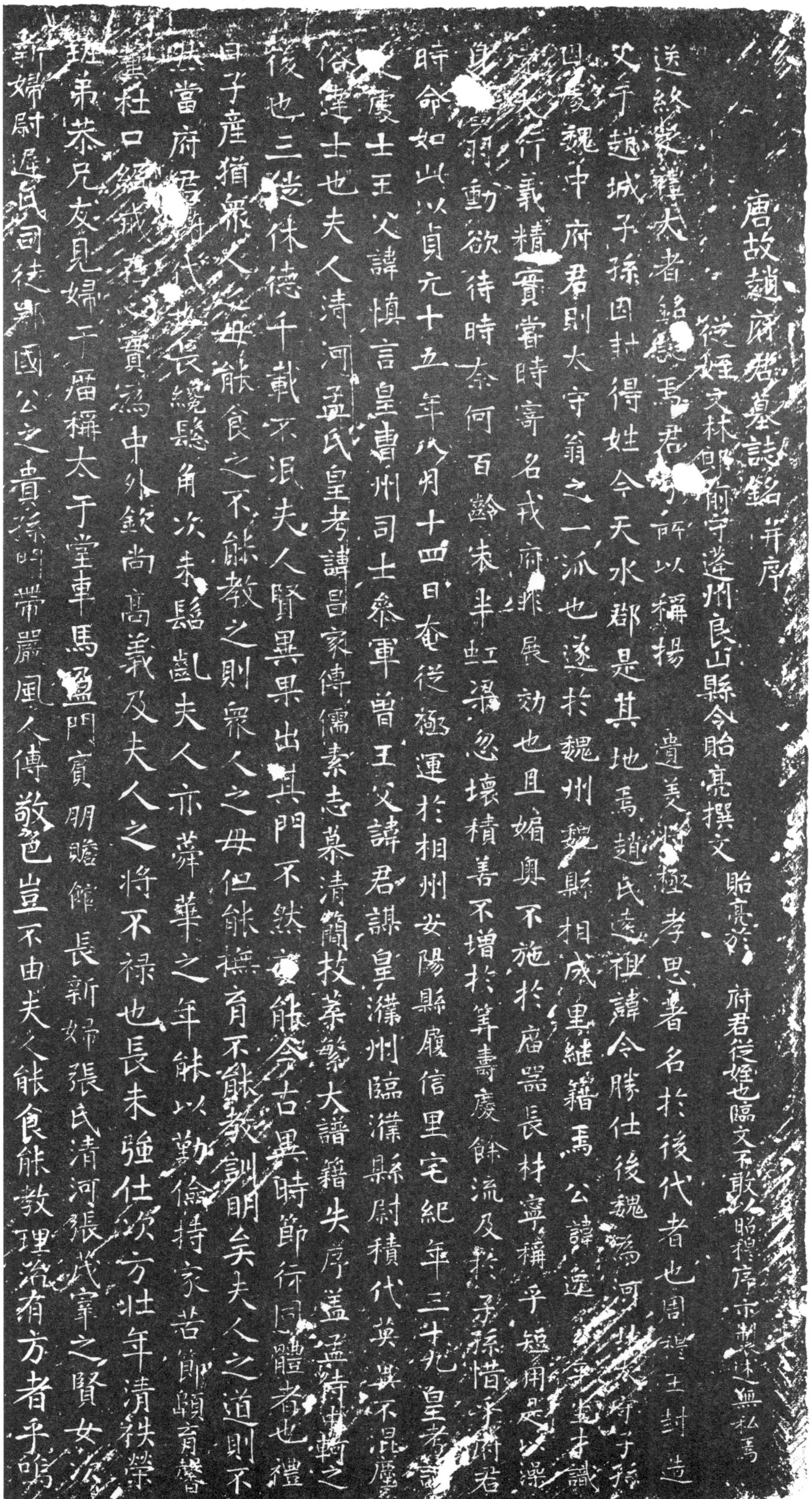

唐故趙府君墓誌銘并序
從姪文林郎前守遂州長山縣令貽亮撰文　貽亮於　府君從姪也臨文不敢以昭穆序示製述無私焉
送終[illegible]禮大者銘誌焉君[illegible]所以稱揚　遺美將極孝思著名於後代者也周穆王封造
父于趙城子孫因封得姓今天水郡是其地焉趙氏遠祖諱令勝仕後魏爲河[illegible]守子孫
因家魏中府君則太守翁之一派也遂於魏州魏縣相成里繼籍焉公諱逸[illegible]才識
[illegible]行義精實嘗時寄名戎府非長効也且媚興不施於廊器長材寧稱乎短用是以梁
鳥羽動欲待時奈何百齡未半虹梁忽壞積善不增於筭壽慶餘流及於子孫惜乎府君
時命如此以貞元十五年八月十四日奄從極運於相州安陽縣履信里宅紀年三十九皇考諱
[illegible]慶士王父諱慎言皇曹州司士參軍曾王父諱君謀皇濮州臨濮縣尉積代英異不混塵
俗達士也夫人清河孟氏皇考諱昌家傳儒素志慕清簡枝葉繁大譜籍失序蓋孟[illegible]軻之
後也三從休德千載不泯夫人賢異果出其門不然[illegible]能今古異時節行同體者也禮
曰子產猶衆人之母能食之不能教之則衆人之母但能撫育不能教訓明矣夫人之道則不
其當府君[illegible]代[illegible]長纔總角次未髫齔夫人亦舜華之年能以勤儉持家苦節顒育馨
[illegible]桂口[illegible]織[illegible]賓爲中外欽尚高義及夫人之將不祿也長未強仕次方壯年清秩榮
班弟恭兄友見婦于廟稱太于堂車馬盈門賓朋瞻餞長新婦張氏清河張茂宰之賢女次
新婦尉遲氏司徒鄂國公之貴孫帶嚴風人傳敬邑豈不由夫人能食能教理家有方者乎嗚

局部一

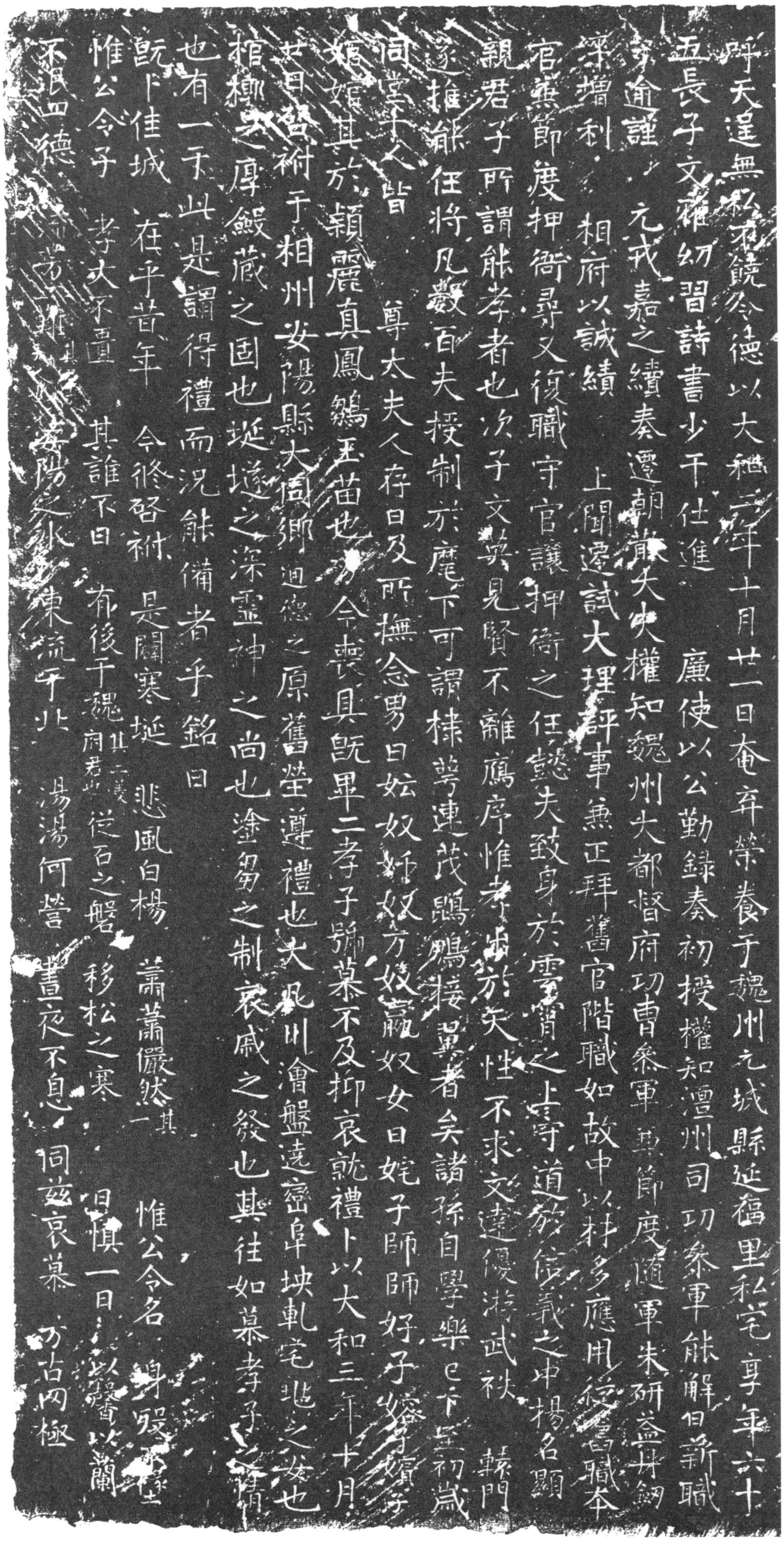
呼天逞無私忝饒令德以大和三年十月廿一日奄弃榮養于魏州元城縣延福里私宅享年六十
五長子文雅幼習詩書少干仕進 廉使以公勤錄奏初授權知澧州司功參軍能解旧新職
務逾謹 元戎嘉之續奏遷朝散大夫權知魏州大都督府功曹參軍兼節度隨軍未研益丹鋼
深增剎 相府以誠績 上聞遷試大理評事兼正拜舊官階職如故中以朴多應用後舊職本
官兼節度押衙尋又復職守官讓押衙之任懿夫致身於雲霄之上寄道於信義之中揚名顯
親君子所謂能孝者也次子文英見賢不離鳥序惟孝與於矢性不求文達優游武秩 韓門
遂推能任將凡數百夫授制於麾下可謂棣萼連茂鶺鴒接翼者矣諸孫自學樂已下至初歲
同堂千人皆 尊太夫人存日及所撫念男曰妐奴妡奴方奴蕭奴女曰娩子師師好子嬉子嬪子
嬉嬪其於頴麗真鳳鷄玉苗也 夫人令喪具既畢二孝子號慕不及抑哀就禮卜以大和三年十月
廿日啓祔于相州安陽縣大固鄉迴德之原舊塋遵禮也大凡川澮盤遠密阜坱軋宅兆之安也
棺槨之厚斂藏之固也埏隧之深靈神之尚也塗芻之制哀戚之發也其往如慕孝子之情
也有一于此是謂得禮而況能備者乎銘曰
既卜佳城 在乎昔年 令修啓祔 是闢寒埏 悲風白楊 蕭蕭儼然 其一 惟公令名 身殁不墜
惟公令子 孝丈不匱 其誰不曰 有後于魏 其二 府君也 從石之磐 移松之寒 日慎一日 以馨以蘭
不泯四德 流芳難泯 其三 安陽之水 東流千北 湯湯何營 晝夜不息 同茲哀慕 万古罔極

局部二

二二七　韓貞公夫人李温墓誌

唐大和三年（八二九）十月二十六日

唐故尚書左僕射贈太子太保潁川韓貞公夫人隴西郡夫人李氏墓誌銘并序
正議大夫尚書吏部侍郎上柱國弘農縣開國伯賜紫金魚袋楊嗣復撰
夫人諱溫字端 太祖景皇帝之後 淮安王神通之
六代孫 曾祖仲卿皇太子洗馬生 舒州長史宏長史
生婺州録事參軍蒙 淮安有大勲力翊成
帝業不以親貴自居子孫或仕 朝廷或官郡國故其婚姻禮法儕
於卿大夫之家 夫人即 録事府君之女 河東柳氏之出
寶 太保貞公之從母弟情靈聰哲姿貞穠秀功德言容生而知
之推於人事而諧會古訓居親族諸女間固已超然不羣矣
先府君殁於下寮家寄吴越 太保繇京兆尹出牧杭州迎侍
姨母因而配合郎南之賦鵲巢仲子之歸魯館古今相望其在茲乎
太保自餘杭 徵還榮位相襲五為八座四命師長領戎鉞者三守
洛師者再從夫之貴 詔授隴西郡夫人長慶四年春
太保以左僕射薨嗣子前衣童孫主祭自室老而下手指二千急則悉
洛寬則終在門內之理識者以為難 夫人毀首垢面銜哀襄事喪
祭由乎禮豐儉稱乎家須賻布以拯孤貧焚丹書以散僕隸繕修庭宇
嚴奉 蒸嘗展如在之誠申罔極之思故得其家不困其下歸仁消
嫌隙於事前致族姻之心服大和三年六月廿有八日遘疾終于昇平
里第享年卌六童孫約既冠而仕矣齋縗削杖喪 祖母如母禮也
以其年十月癸酉遷窆于萬年縣少陵原東距 太保塋二十
步讓元妃而從吉卜也銘曰
貞公三娶禮秩如一韋惟元妃鄭惟繼室無無主婦者荖則然乃眷才
淑 公猶壯年姻不失親卜云其吉自時厥後祿位充溢晦明迭
代哀樂相隨亦既晝哭從而衣之同封別隧折衷情義有惻人倫莊姜
不字
堂姪朝議郎守太子中允上柱國賜緋金魚袋[illegible]書

唐故開府儀同三司檢校太子賓客行蔡州府長史上柱國永陽王食邑三千戶尹公墓誌銘并序

前廣文館進士滕遘撰

季弟承熙書

夫疊勳華於□□□
德之所由來也公諱永恩字永恩其先天水也系氏詳于家諜軒冤
淺於當代曾祖鐘臨洮軍司馬正用左清道率麻率烈孝壽女州
剌史贈光祿卿公以良家子世有戰代勳勣徒仕五十餘年歷官二十政
自善訓府別將至開府儀同八任以切難受偏師之任在重圍之中
長史六任以政事遷當達中懿公以隨難受偏師之任在重圍之中
矢子嘉其誠節數月之内五加寵命官階一品食邑三千貞元中
詔拜左衛長史魚充裁接夫使始用才也
常以園菀之藏控帶宮掖事親壽重非周容精慎之臣不可非重
信重之皇不可故有此授公日終參在於精理務煩在乎倚辨故億
万上供帝事無闕公松下濟而地有餘能事尢彰累勣顯自右衛
長史轉右衛府司馬遷荃王府長史階緣方衙位堂名崇崇
其不惠以亡和十一年八月十日遘疾薨于迻壽里之私第春秋六
十有九維于勳高而官不捧位善積善壽不輸中年神理何其不
十一月□□□□□□姜之誓志遺命以察之子曰寓
假窆于長安縣福陽鄉高陽原從先夫人城南卑氏
公而浸吳有子一人有女二人子日察既冠高逝女日寓
吳郡陸存早逝而寶繼室夫人城南卑氏
德之渡崔氏有妃之姝女也歸公十爭無子而公誤降自
宮禁識后妃之貴挟痛結絲羅有恭姜之誓遺命以寓
重以李常永慇相資忠勳蠻簪
儲祉疊慶廿德相資忠勳蠻簪
吾罪升禁園是同政有遺塵吏有去恩夭遺泯昧神道穴蹶爲善
宋壽善心何爲奏魏巍千秋万古号于此同歸

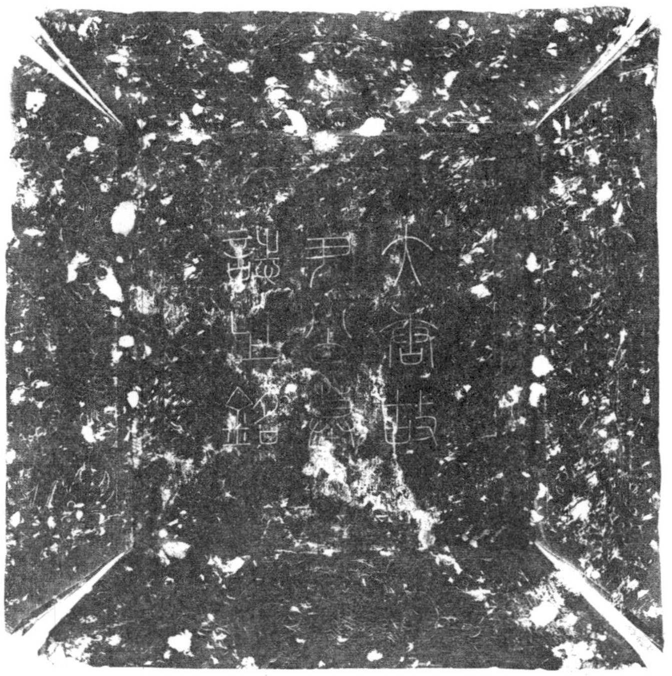

二二八　尹承恩墓誌
唐大和三年（八二九）十一月七日

唐故□夫人劉氏墓誌銘并序
夫人彭城劉氏府君隴西李賁夫人初笄府君弱冠合卺
秦晉之禮也敬義相敬宜乎偕老偶□孤年代已遠不録
祖考之名諱也猗歟中路悲梧桐之半枯夫人哭泣無時
享奠有禮哲夫之歲不易犯妻制女之年何殊子母夫人
不幸無嗣有女令淑昭著適於水趙氏夫人乃隨女于趙氏之
高弟也賢女晨昏之不闕也有外孫児女夫人三□一女奈何趙
氏不幸早亡也一男公榮二女已上適並遷逝論言也今有女聟
趙士儀外孫公楚公慶外孫女鄜氏十三娘並孝敬孝如己
之親無慍無怒出入不形于色時人欽奉咸曰自古之未有也
享年六十有三正月十六日終于女聟之私第也屬以年月未便
不遂合祔中心悵然也爰以大和四年二月四日己酉權殯于上黨西
南七里太平鄉之原夫先塋之右禮也於乎子聟外孫宗卜築為辰
夕駈馳緒女諸孫爭修葬以疏不哀微方感隣羅春而助葬
巷絕謌以增悲每奉子聟領請斯文用為不朽詞曰
哀哉令則　奈何孤營　緒女修葬　外孫扶護
子聟仁孝　敬如諸母　終老百年　名播千古

二二九　李賁夫人劉氏墓誌

唐大和四年（八三〇）二月四日

唐故女道士常山張氏墓誌

第宣武軍卽度伃軍司馬攝御史中丞賜紫金袋人乑撰

鍊師諱熙真趙人也其先漢你景王耳

郎祖諱不忘揚州天長令

外族頴陳淮陽王嶼之後　曾祖諱文成　皇同門自外

祖諱〇廣州〇　烈考憲公諱崇業　高祖諱崇業　皇御史大夫

州開元寺大智〇歲七月五日委化可上都親仁里九四十四年明悟其

鍊師以貞元九丁卯歲八月廿四日誕生于新

孝惠和勤約幼曰藏弄誤傷友體遂捷心道門無貫佛理其禍集

瑈〇家政該通事情雜千數百家求不若也貞元求禍集

秘室　長兄以家事託之　鍊師勤身以率下刻已以卽閞

教室　　　　　　　　　　　　　　　　　鍊師之

忽農常布於煩食必均千蚤暮平使諸弟得就

業又新佐我兩府沒罪南服伃行不可支離者五年道

久逺報音耗不時焚子憂勞覚作沈疾泪又新奉使京載方

榮惟觀骨肯已熟聚孫撑莫兹　禍豐由鄙罪辰況嬰

疾瘵小歲不聞逺子　宣紀朝晡皆闕終天慟毁身何

贖以其八年八月十一日奉遂于萬年縣之少陵原　先大夫塋

左小子體力方竟　兄左春坊大子典設郎教廉書

伏枕獅嶺刀疾紀事期乎質塍謹誌

二三〇　張熙真墓誌
唐大和四年（八三〇）八月十一日

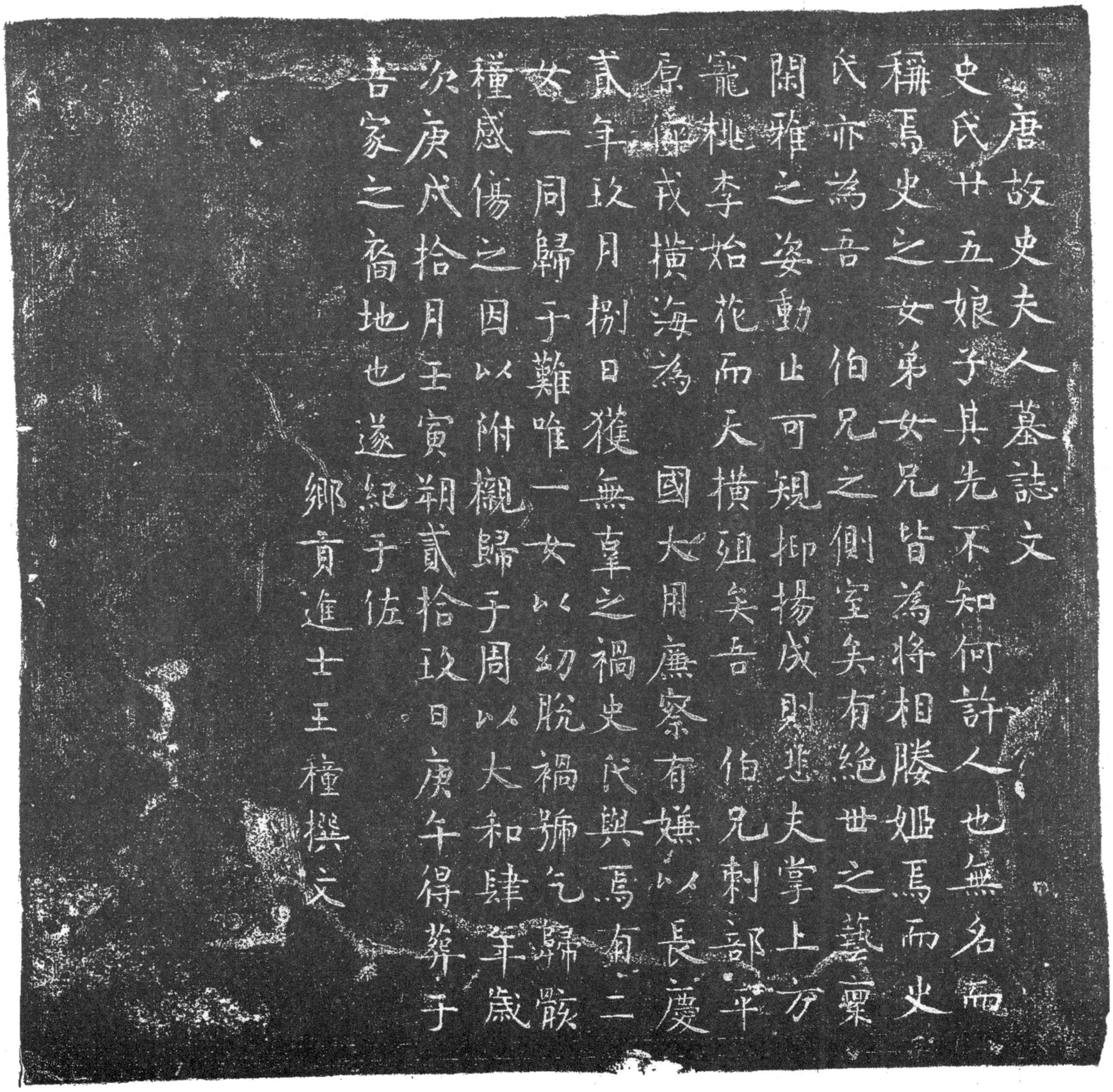

唐故史夫人墓誌文
史氏廿五娘子其先不知何許人也無名而
稱焉史之女弟女兄皆爲將相媵姬焉而史
氏亦爲吾伯兄之側室矣有絶世之藝稟
閑雅之姿動止可規抑揚成則悲夫掌上方
寵桃李始花而夭横殂矣吾伯兄刺部平
原佐戎横海爲國大用廉察有嫌以長慶
貳年玖月捌日獲無辜之禍史氏與焉有二
女一同歸于難唯一女以幼脱禍號乞歸骸
權感傷之因以附櫬歸于周以大和肆年歲
次庚戌拾月壬寅朔貳拾玖日庚午得葬于
吾家之舊地也遂紀于佐
鄉貢進士王權撰文

二三一 **王君夫人史氏墓誌**

唐大和四年（八三〇）十月二十九日

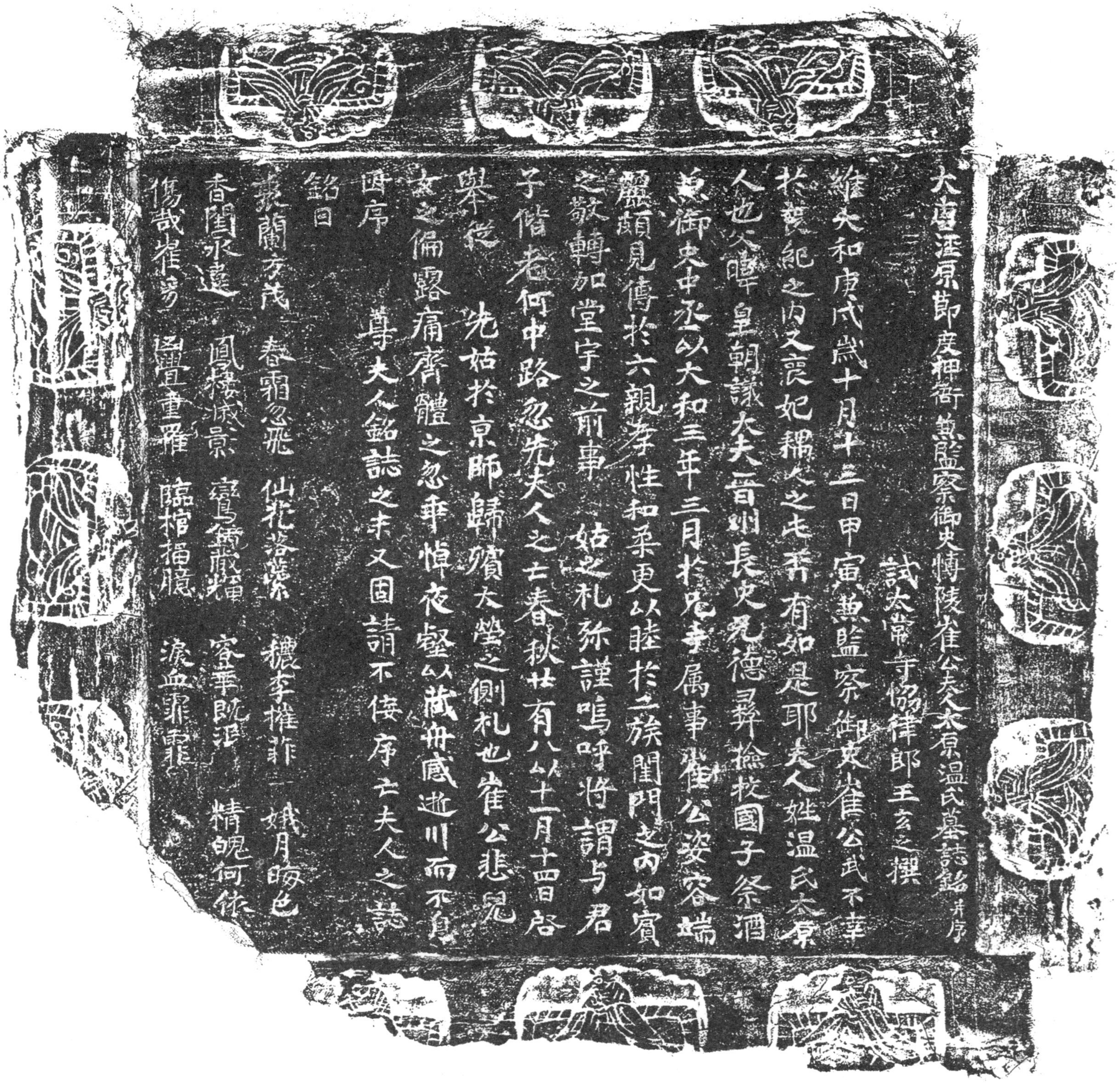
大唐涇原節度押衙兼監察御史博陵崔公夫人太原温氏墓誌銘并序
試太常寺協律郎王玄之撰
維大和庚戌歲十月十三日甲寅兼監察御史崔公武不幸
於喪紀之內又喪妃耦之乇者有如是耶夫人姓温氏太原
人也父暐皇朝諫大夫晉州長史兄德彝檢校國子祭酒
兼御史中丞以大和三年三月於兄弟屬事歸崔公姿容端
麗頗見傳於六親孝性和柔更以睦於二族閨門之內如賓
之敬轉加堂宇之前事 姑之礼弥謹嗚呼將謂与君
子偕老何中路忽先夫人之亡春秋廿有八以十一月十四日启
舉從 先姑於京師歸殯大塋之側礼也崔公悲兒
女之偏露痛齊體之忽乖悼夜壑以藏舟感逝川而不自
尊夫人銘誌之末又固請不佞序亡夫人之誌
因序
銘曰
蕙蘭方茂 春霜忽飛 仙花落蕊 穠李摧菲 娥月晦色
香閨永違 鳳樓凝景 鸞鏡藏輝 容華既退 精魄何依
傷哉崔子 幽壟重羅 臨棺擗臆 淚血霏霏

大唐故
温氏夫
人墓誌

二三二 崔公夫人温氏墓誌

唐大和四年（八三〇）十一月十四日

二二三三　趙公夫人張氏墓誌
唐大和五年（八三一）五月二十九日

二三四　裴謇墓誌

唐大和六年（八三二）十一月二十六日

唐故太僕少卿郭公夫人臨汝郡君河南宇文氏墓誌銘并序
鄉貢進士鄭希聲撰
夫人諱倚河南人也曾祖融皇黃門侍郎同中書門下平章事祖宙皇
監察御史父倚皇潞州上黨縣令　夫人禀相門積德之慶宜君
子承家之重既笄年歸于　故太僕少卿郭公諱皓幼而淑敏勤
中儀律奉姑章家有美稱君娣姒人無間言自上下下莫不適順
太僕公世勳高榮耀當時　夫人不以侈貴居心不以豪華驕人
和敬之德發自天性故能俾良人君家理與朋友信而久出入中外服
勤官常誠　府君負義之心固得非　夫人內助之功至焉長
慶二年以　府君進秩封臨汝郡君姻族奔賀於其門而
夫人情貌自若不為改色賀者咸稱之嗚呼　府君昆弟五人率有
名譽唯　公享事特久歲時子弟領新婦歷諸女諸婿奉觴上壽
羅拜於堂下幾二十人誠　府君厚德之所鍾得非　夫人淑
懿之所感召焉於戲　府君終祿于今七年　夫人教諸孫
修祭器閨門之內一皆法式而又念持經誠崇嚴佛事亦頗以未亡為
苦歲月易得禍神終覺粤以大和八年七月廿二日奄養于親仁里第
享壽六十六以其年十一月十四日庚申遷神于京兆府萬年縣義善
鄉少陵原祔　府君之塋禮也男二人長曰從簡京兆府云原縣
丞次曰從規京兆府萬年縣尉皆至性加等居喪得禮女四人長適京
兆韋璥兼殿中侍御史次適博陵崔均睦撿校主客員外郎賜魚袋次
適彭城劉士宗京兆府奉先縣尉次適河東薛正辭太子通事舍人嘻
從簡之於希聲實維內弟他日顧謂希聲曰維　世德宗系子之所
熟將恩夫垂於不泯敢託銘誌　希聲菲薄懼不克稱且以遂孝子之心
殺容進牘敘纘休德銘曰　相門繁祉遠降德美既生　淑人克配
嘉士柔謙箴華歸于夫家諸婦尊章既體洛嗟男立女歸歡榮百口繩
繩孫子左右前後古典有從臨　是封主饋承家曷不肅雍川原匪遐
精魄攸往禮周家物慶合泉壤　崔嵬南山逶遲五門有慰我者期亦後昆

二三五　**郭皓夫人宇文倚墓誌**

唐大和八年（八三四）十一月十四日

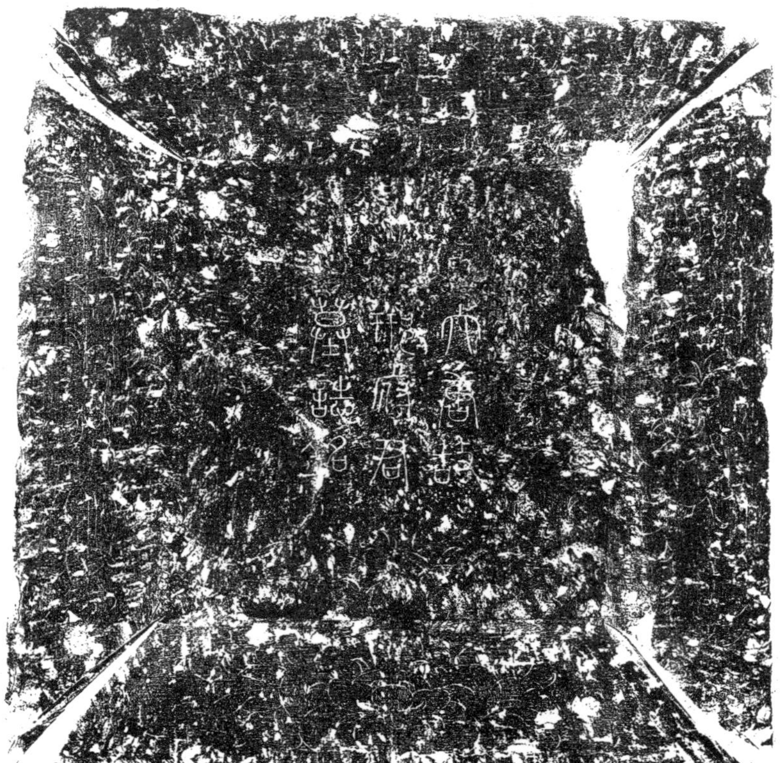

二三六　邢昌墓誌

唐大和九年（八三五）四月二十五日

皇朝新安公都督梁利十一州
爲人言之或指必随驗從祖父季方使
新羅秦公孝謹以從解巾授湖州參軍
轉陜州硤石尉爲度支山南院巡官三
川稱其廉能調補藍田縣主簿
爲湖南觀察使公辭滿來游未逾時得
風恙沉冥復于長安開化里第
草前娶范陽盧氏早世繼夫人京兆韋
氏收子現以主嗣焉銘曰
太和始秋五五日　半百之年竒有七

二三七　元惟乂墓誌

唐文宗大和年間（八二七—八三五）
七月二十五日

二三八　韋全直墓誌

唐開成元年（八三六）閏五月四日

大唐故京兆韋府君墓誌銘并序
東都畿都防禦都虞候判官田可封述
韋氏之先□也有翼商之勳孟之有傳楚之列遷於魯
五世而至賢及子玄成承廿相漢軒裳不絶継于
聖唐京兆之茂族也府君諱璘字韞玉父諱貴隱跡丘
園高尚不仕公則處士之次子也肥遁居貞家風不墜
幼也食貧陋巷色養無違長也直道事人財力自給不
非道以求利好煞身以成仁酒食宴樂逍遥自適門多
長者之轍家肥屋潤救物愛人洛陽之名士也開成元
年十月十六日天不與善累終于脩善里之私第春秋
七十明年十一月十二日與四房季弟同葬于河南縣
龍門鄉午橋村　皇考之先塋安窆禮也先娶鴈門田
氏先公之歿今合祔焉後娶太原王氏琴瑟和鳴不享
偕老歎未亡於此久冀同穴於後期撫視諸孤哀貫白
日一男名李立未登於弱冠一女名太玄尚在於閨帷
聚哭高堂傷感親戚猶子允簡禮承遺訓泣血承家葬
父伯於同時痛凶酷之重疊仁孝之道備矣恐虞陵谷
請誌幽泉其詞曰
豕韋之氏　乘廿簪纓　公歆祿位　遯然居貞
昊天匪忱　不享遐齡　王折無貽　蘭萎有馨
卜祔先塋　午橋之側　地久天長　蒼蒼松栢

二三九　韋璘墓誌

唐開成二年（八三七）十一月十二日

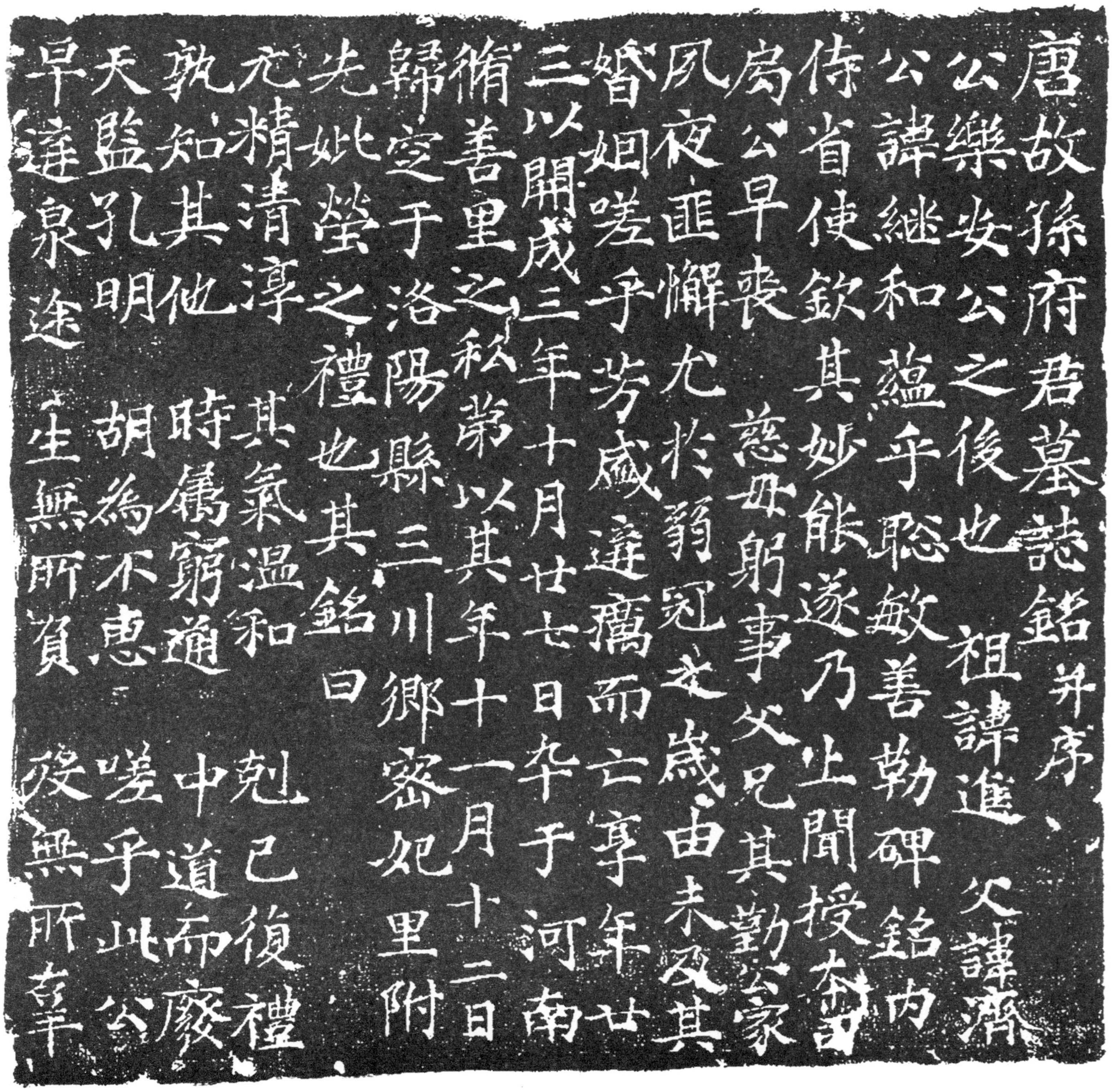
唐故孫府君墓誌銘并序
公樂安公之後也　祖諱進　父諱濟
公諱繼和蘊乎聡敏善勒碑銘內
侍省使欽其妙能遂乃上聞授奉
扃公早喪慈母躬事父兄其勤家
夙夜匪懈尤於弱冠之歲由未及其
婚姻嗟乎芳歲遘癘而亡享年廿
三以開成三年十月廿七日卒于河南
脩善里之私第以其年十一月十二日
歸窆于洛陽縣三川鄉密如里附
先妣塋之禮也其銘曰
元精清淳　其氣溫和　剋己復禮
孰知其他　時屬窮通　中道而廢
天監孔明　胡為不惠　嗟乎此公
早遘泉途　生無所負　殁無所辜

二四〇　孫繼和墓誌

唐開成三年（八三八）十一月十二日

二四一　韋道昇墓誌

唐開成四年（八三九）正月二十九日

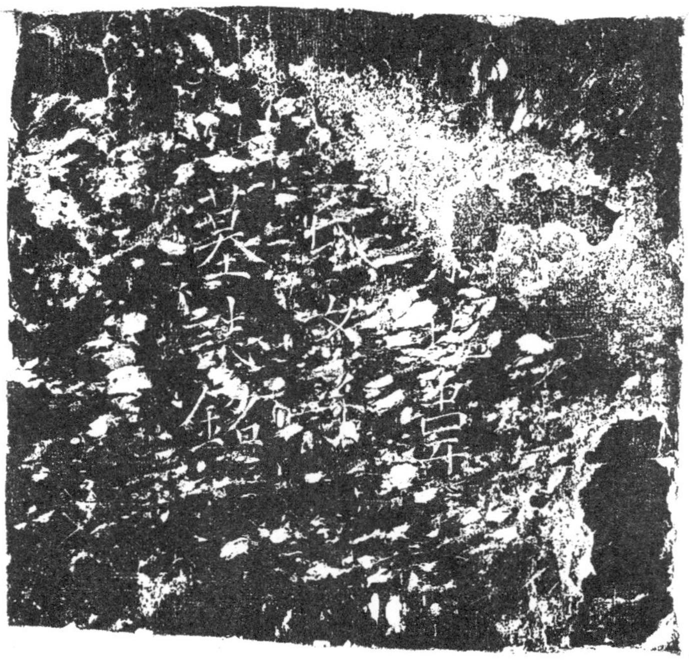

唐□上柱國賜緋魚袋王府君墓誌銘并序

朝議郎行興元府戶曹參軍上柱國楊元□撰

曰唐有長史王公諱簡字敬文其先興平中皆以父
居興平中皆以父執瑤校太子賓客之長子也器識明敏抱風雲之
後世執瑤校太子賓客之長子也器識明敏抱風雲之節操雅志潔矩懷英
振挺當代公則賓客之長子也器識明敏抱風雲之節操雅志潔矩懷英
義之弘規大略有方根由天性也公學自少始以文藝立身言行忠信卞
包六美掌奉
堯化公初任宣州雍德縣尉歷考勤績貞効順固存考旋蒙太和乙卯
杞冬仲月兄狂竊發橐亂國符不染瑕累功績明著特降章綬又授池州長史頗歷資考旋蒙
許其府守任赴任未幾乃
歷官守職以挺宜為心皆著殊異之跡清白朗然嗚呼惜哉天命不
有攸往於其事也皆著殊異之跡清白朗然新之道履無咎之言自貽厥德利
佑開成四年二月二日寢疾終于宣城官舍享年三十有九嗚呼痛哉即
以其年四月一日迴魂遠歸祔聖人宅兆之義龜筮叶從葬于萬年縣
龍首原之禮也有嗣子倫早奉夏州節度押衙守夏州兵曹參軍次子集次子
女三散娘子小娘子池娘子冰姿玉容皆蘊賢淑何當割愛之痛夫人李
李次子性次犬人張氏舍儀並懷永慕哀慟嬰身撫育孤藐
和之敷者皆天之數也若奮揚景行宜在知已先岷
悲有餘裒名於義奈何壽天之可詞寫恐陵谷之變易俾為銘誌庶美德疏
于無窮神姿磊落琭哥蘊德懷義居安履危如松之榮匪寒不知如玉之
與公平生分芳名於不朽銘曰
長史神姿磊落中洞開萬里雲披持奉
塚磨不朽順有方榮位始明秋鳳贄霜雲愁煙慘松櫺森行橋翰琭石永顯
名光附此泉戶千秋萬古嗚呼夜臺情悄孤墳月苦

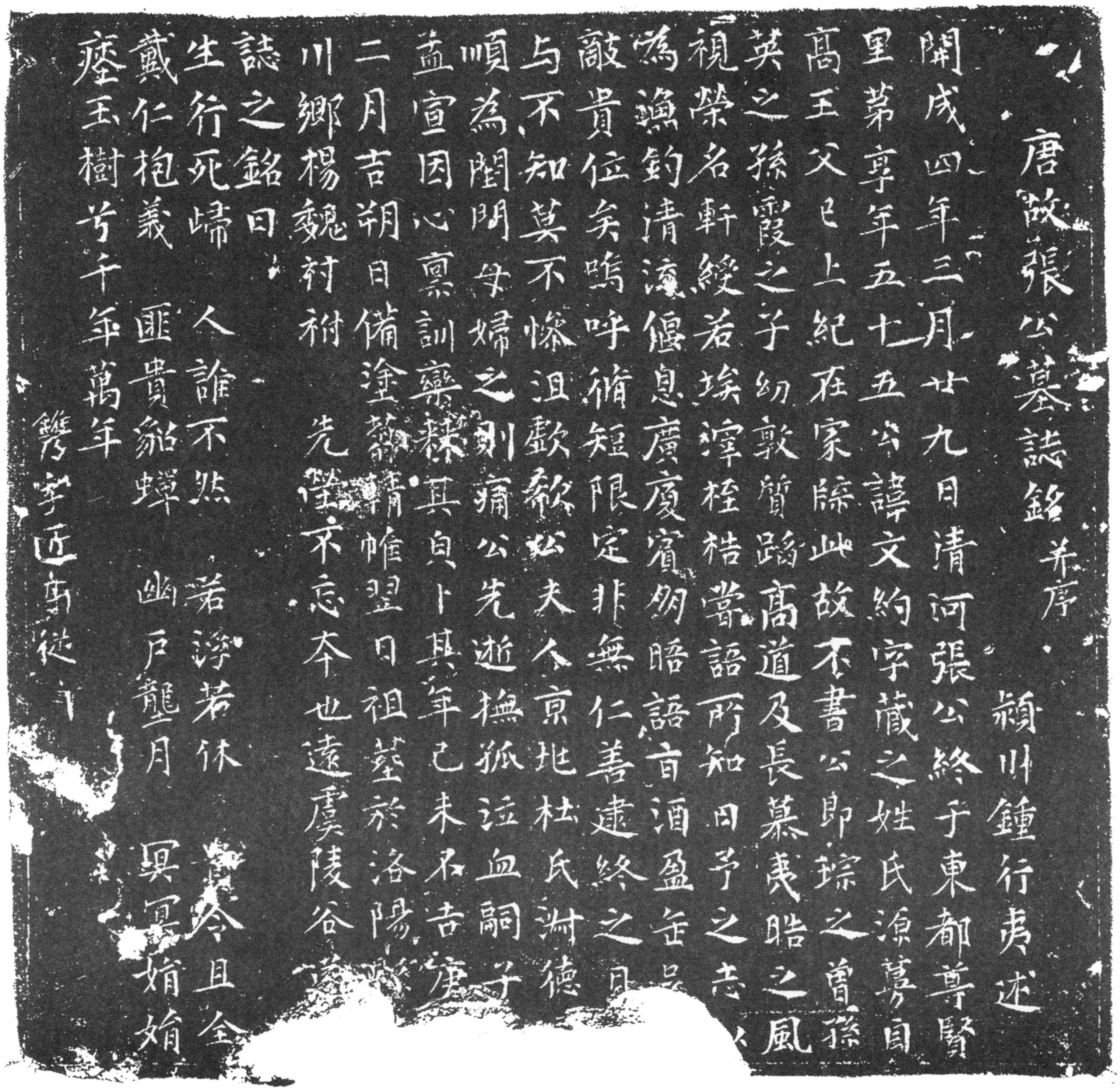
唐故張公墓誌銘并序　潁川鍾行表述
開成四年三月廿九日清河張公終于東都尊賢
里第享年五十五公諱文約字藏之姓氏源[illegible]自
高王父已上紀在家牒此故不書公即琮之曾孫
英之孫霞之子幼敦質蹈高道及長慕夷皓之風
視榮名軒綬若埃滓桎梏嘗語所知曰予之志[illegible]
爲漁釣清流偃息廣廈賓朋晤語旨酒盈缶[illegible]
敵貴位矣嗚呼脩短限定非無仁善建終之日[illegible]
与不知莫不憐沮歔欷公夫人京兆杜氏淑德
順爲閨閫母婦之則痛公先逝撫孤泣血嗣子
益宣因心稟訓藥蘗其良卜其年己未不吉[illegible]
二月吉朔日備塗蒭精帷翌日祖塋於洛陽[illegible]
川鄉楊魏村祔　先塋示不忘本也遠虞陵谷[illegible]
誌之銘曰
生行死歸　人誰不然　若浮若休　[illegible]今且全
戴仁抱義　匪貴貂蟬　幽戶龍月　冥冥娟娟
瘞玉樹兮千年萬年
鐫字匠袁從[illegible]

二四三　張文約墓誌
唐開成五年（八四〇）二月二日

二四四　蕭寧墓誌

唐開成五年（八四〇）八月二十三日

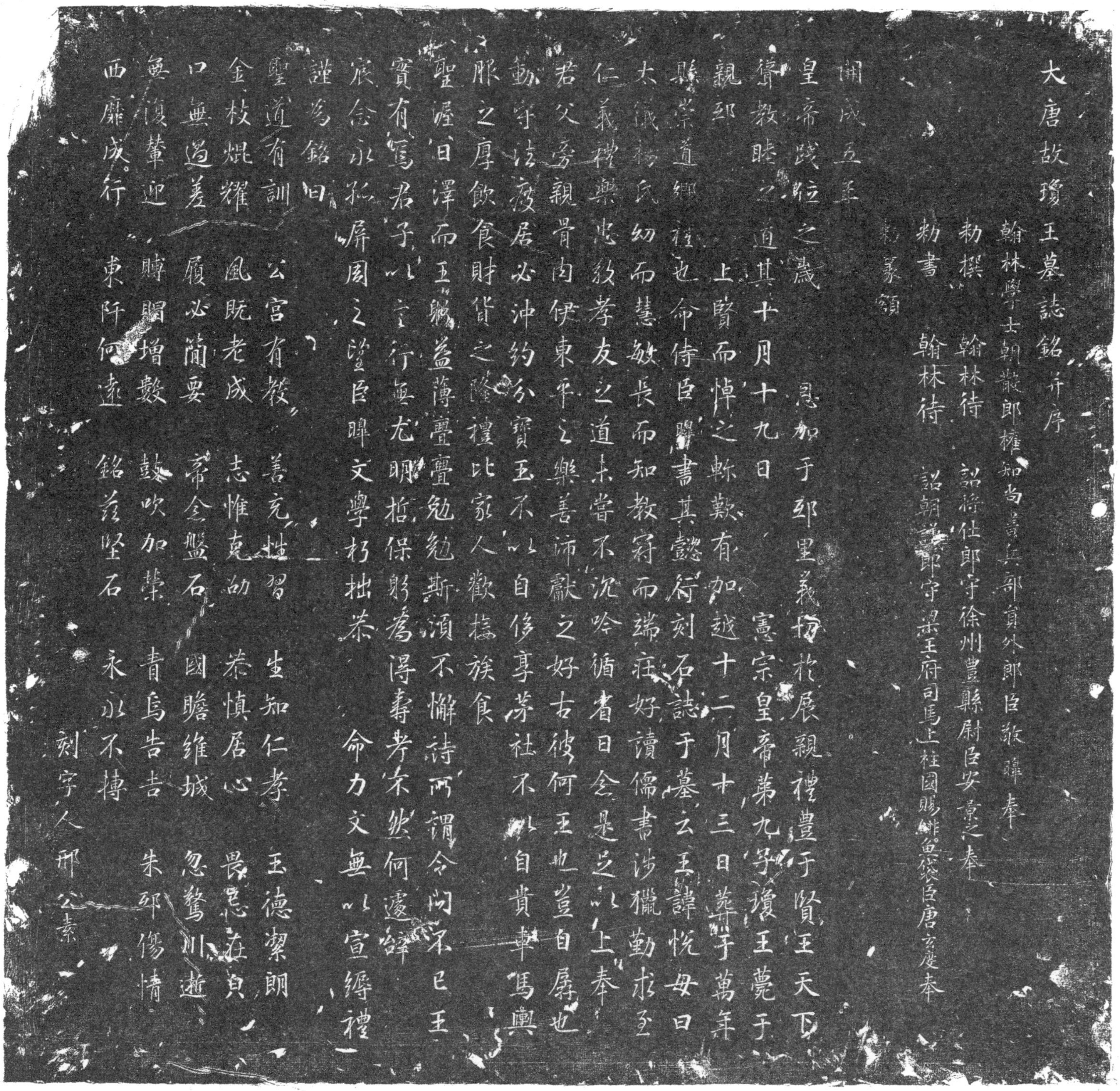
大唐故瓊王墓誌銘并序
翰林學士朝散郎權知尚書兵部員外郎臣敬晦奉
勑撰　翰林待詔將仕郎守徐州豐縣尉臣安彙之奉
勑書　翰林待詔朝議郎守梁王府司馬上柱國賜緋魚袋臣唐玄度奉
勑篆額
開成五年
皇帝踐阼之歲　恩加于邸里，義均於展親，禮豐于賢王，天下
賛教睦之道。其十月十九日　憲宗皇帝第九子瓊王薨于
親邸。上賢而悼之，軫歎有加。越十二月十三日葬于萬年
縣崇道鄉，禮也。命侍臣晦書其懿行，刻石誌于墓云：王諱悅，母曰
太儀衛氏。幼而慧敏，長而知教，冠而端莊，好讀儒書，涉獵勤求，至
仁義禮樂忠敬孝友之道，未嘗不沈吟循省，日念是足以上奉
君父，旁親骨肉。伊東平之樂善，沛獻之好古，彼何王也，豈自屑也。
勤守法度，居必沖約，分寶玉不以自修，享茅社不以自貴，車馬輿
服之厚，飲食財貨之隆，禮比家人，歡接族食。
聖渥日澤而玉貌益薄，亹亹勉勉，斯須不懈，詩所謂令問不已，王
實有焉。君子以言行無尤，明哲保躬，為得壽考，不然何遽辭
宸念，永孤屏周之望。臣晦文學朽拙，恭命力文，無以宣縟禮。
謹為銘曰：
聖道有訓，公宫有教。善充性習，生知仁孝。王德潔朗，
金枝焜耀。風既老成，志惟克劭。恭慎居心，畏忌在貌。
口無過差，履必簡要。常念盤石，國瞻維城。忽驚川逝，
無復輦迎。賻賵增數，鼓吹加榮。青烏告吉，朱邸傷情。
西靡成行，東阡何遠。銘茲堅石，永永不摶。
刻字人邢公素

二四五　李悅墓誌
唐開成五年（八四〇）十二月十三日

二四六　崔行宣墓誌

唐會昌元年（八四一）八月十三日

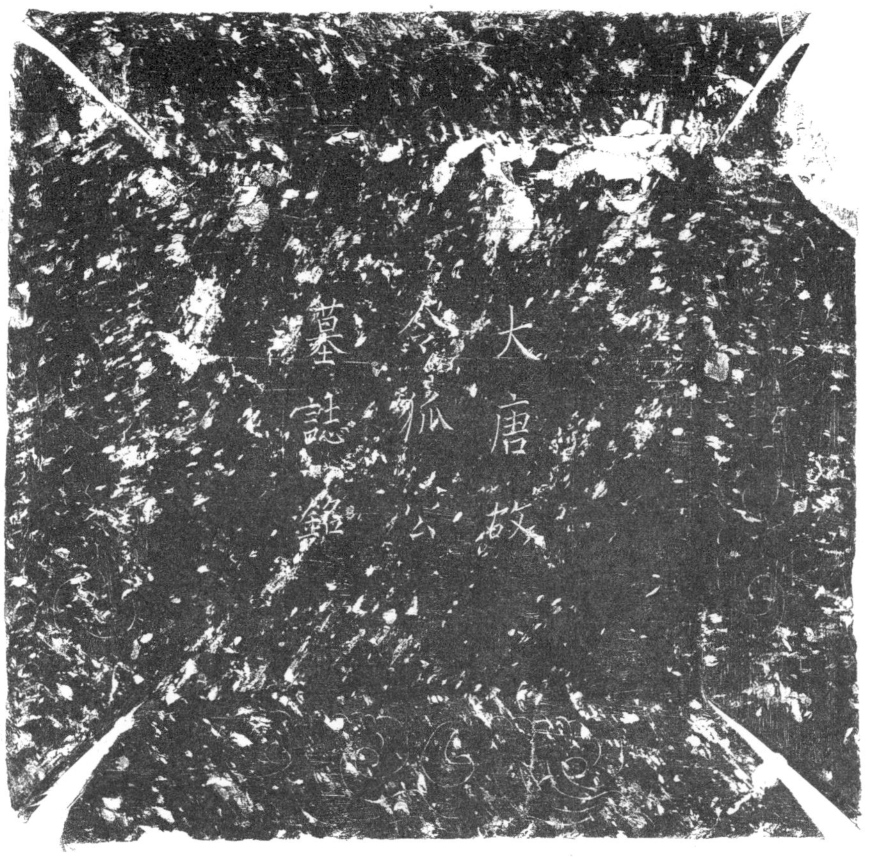

二四七　令狐覽墓誌

唐會昌三年（八四三）十月十五日

君曆朝散大夫前守同州長史

甘於名宦字口口厥其失散焞人也

部侍郎國子祭酒口口口口口

賜京兆府口口口口口口口

口州長史口口口口口口

口口神武皇口口口口口口

口口口口口口口口口口

口口口口口口口口口口

見者必惟口口口口口口

口邑人口口口口口口口

東祧蒲宋州刺史田肇口口口口

大夫旋領汝州別駕大和九年春除口

口存再命舊官口口口口口口口

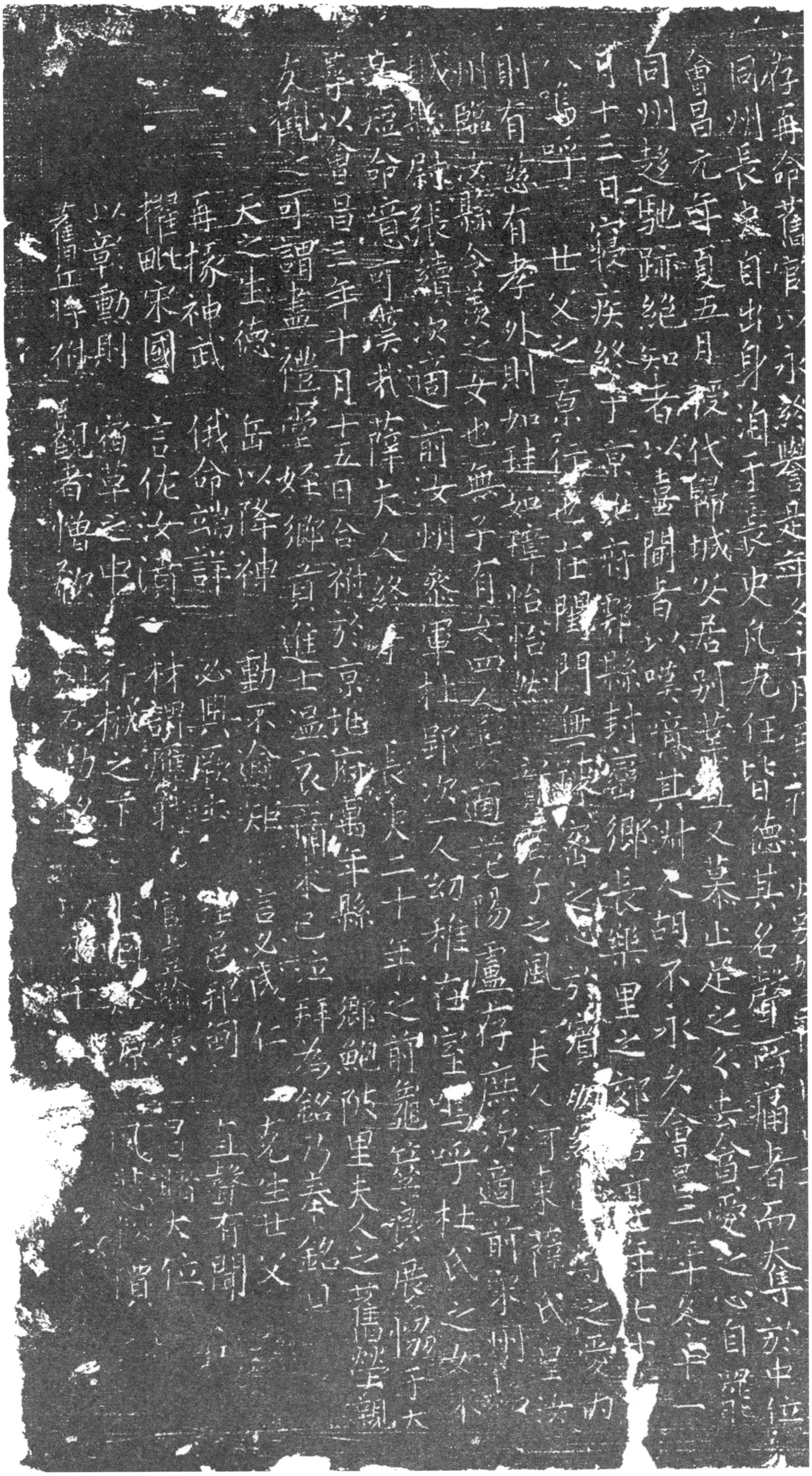

二四七　令狐覽墓誌

局部二

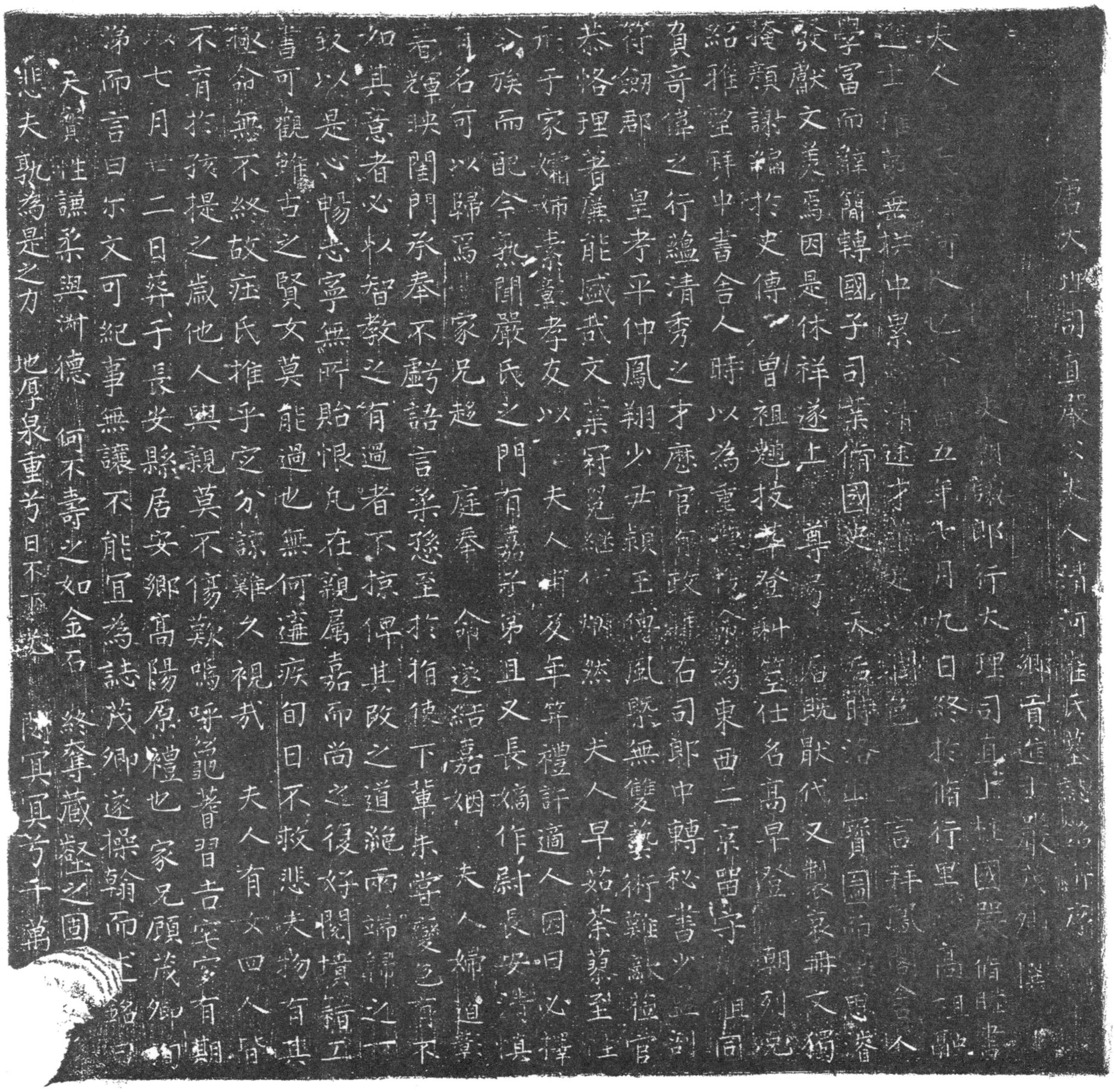

二四八　嚴公夫人崔氏墓誌

唐會昌五年（八四五）七月二十二日

二四九　邵搏墓誌

唐會昌五年（八四五）七月二十七日

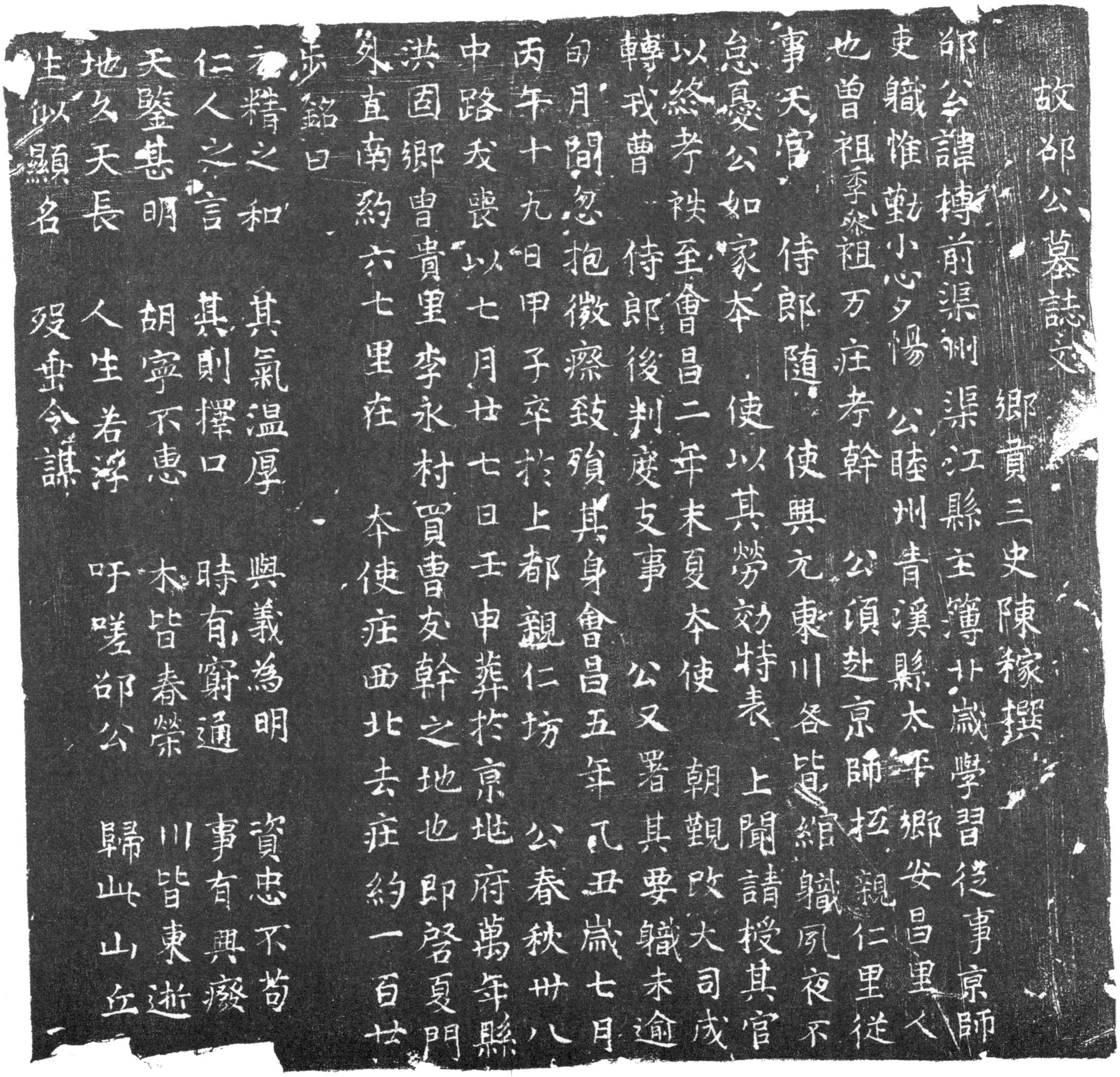

故邵公墓誌文
鄉貢三史陳稼撰
邵公諱搏，前渠州渠江縣主簿。廿歲學習，從事京師
吏職，惟勤小心，夕惕。公睦州青溪縣太平鄉安昌里人
也。曾祖季祭，祖万庄，考幹。公須赴京師，拉親仁里，從
事天官　侍郎，隨　使興元、東川，各皆縮職，夙夜不
怠，憂公如家。本　使以其勞効特表　上聞，請授其官，
以終孝秩。至會昌二年末夏，本使　朝覲，改大司成，
轉我曹　侍郎，後判度支事。公又署其要職，未逾
旬月間，忽抱微瘵，致殞其身。會昌五年乙丑歲七月
丙午十九日甲子，卒於上都親仁坊，公春秋卌八。
中路我喪，以七月廿七日壬申葬於京地府萬年縣
洪固鄉曹貴里李永村，買曹友幹之地也。即啓夏門
外直南約六七里在，本使庄西北去庄約一百廿
步。銘曰：
元精之和，其氣温厚。與義為明，資忠不苟。
仁人之言，其則擇口。時有窮通，事有興癈。
天鑒甚明，胡寧不惠。木皆春榮，川皆東逝。
地久天長，人生若浮。吁嗟邵公，歸此山丘。
生似顯名，歿垂令謨。

二五〇　杜公夫人史怙墓誌

唐大中元年（八四七）四月十五日

故京兆府興平縣主簿韋君夫人隴西李氏墓誌銘并敘

唐故隴西李氏墓誌銘

二五一　韋居實夫人李氏墓誌
唐大中二年（八四八）八月十五日

二五二　**王知道先生墓誌**

唐大中二年（八四八）十月五日

唐故河東裴氏夫人墓誌銘
朝請郎行河南府河南 集賢殿校理李渙撰
夫人名琡字子玉河東聞喜人開元中宰相文憲公之玄孫也文憲諱
耀卿生城門府君諱延城門生江陵縣尉府君諱翊江陵生新繁主簿
府君諱敬新繁娶京兆韋氏 女也年十三歸于隴西
李渙即夫人外兄也奉事先舅中丞 君見渙舉進士第調參
荊州軍辟浙江東道府除協律轉廷尉評爲 中部從事俄而渙丁
內外艱終制授河南縣丞書殿讎校將述藏而夫人殁于揚州時大中
三年八月二日也凡爲婦廿四年得壽卅六歲早誕兒女中多彫夭其
殁也有二男一女皆稚穉矣幼子曰何老惠利無雙不幸後夫人一月
亦殁于楚州其年十二月廿七日丙子渙以夫人之喪及幼子之喪葬
于京兆府萬年縣義善鄉之鳳棲原從先塋禮也夫人姿質端明至
性卓異早喪父母終懃兄弟罔極之感加人數等逮事舅姑孝養備
至傍睦姻族率禮無違知和守謙弟明幹事渙之從鄉賦也家方困窮
夫人怡然安貧躬執勞苦暨乎獲知己之譽列賢侯之門幸無尤違鄉
多內助而又秉標木逮下之德鳲鳩均壹之仁歸心真乘銳志詩禮族
將不延神用愈明自審始終誠以儉薄唯日二代未祔越在他鄉與志
不申歿以爲恨嗚呼夫人可謂孝順賢達矣而不享大年不及榮祿天
之報施竟何如哉子曰閔師年方在亂哭無常聲夫人季妹韋氏婦也
銜涕襄事哀感路人渙志沮神傷痛妻及子撫存懷昔觸目增欷抆涙
援毫直銘泉戶銘曰
鹿原迴合鳳城前 上森拱木下窮泉 如何夫人友芳妍
未耀才德閟仁賢 幼子英英珠皎圓 謂其似續慶蟬聯
悠悠報施無徵甄 咫尺淮楚皆逝川 貌嗣崩號妹 墳
莫喻神理悲皇天 鰥夫恨獨痛纏綿 托葬心 肩
玄堂幽隧儼新阡 會此同歸終百年
塋後衙孔步幼子何老墳時年四歲以其年九月

唐故河東裴夫人墓誌

二五三　李渙夫人裴琡墓誌

唐大中三年（八四九）十二月二十七日

二五四　郭從諒墓誌

唐大中四年（八五〇）正月六日

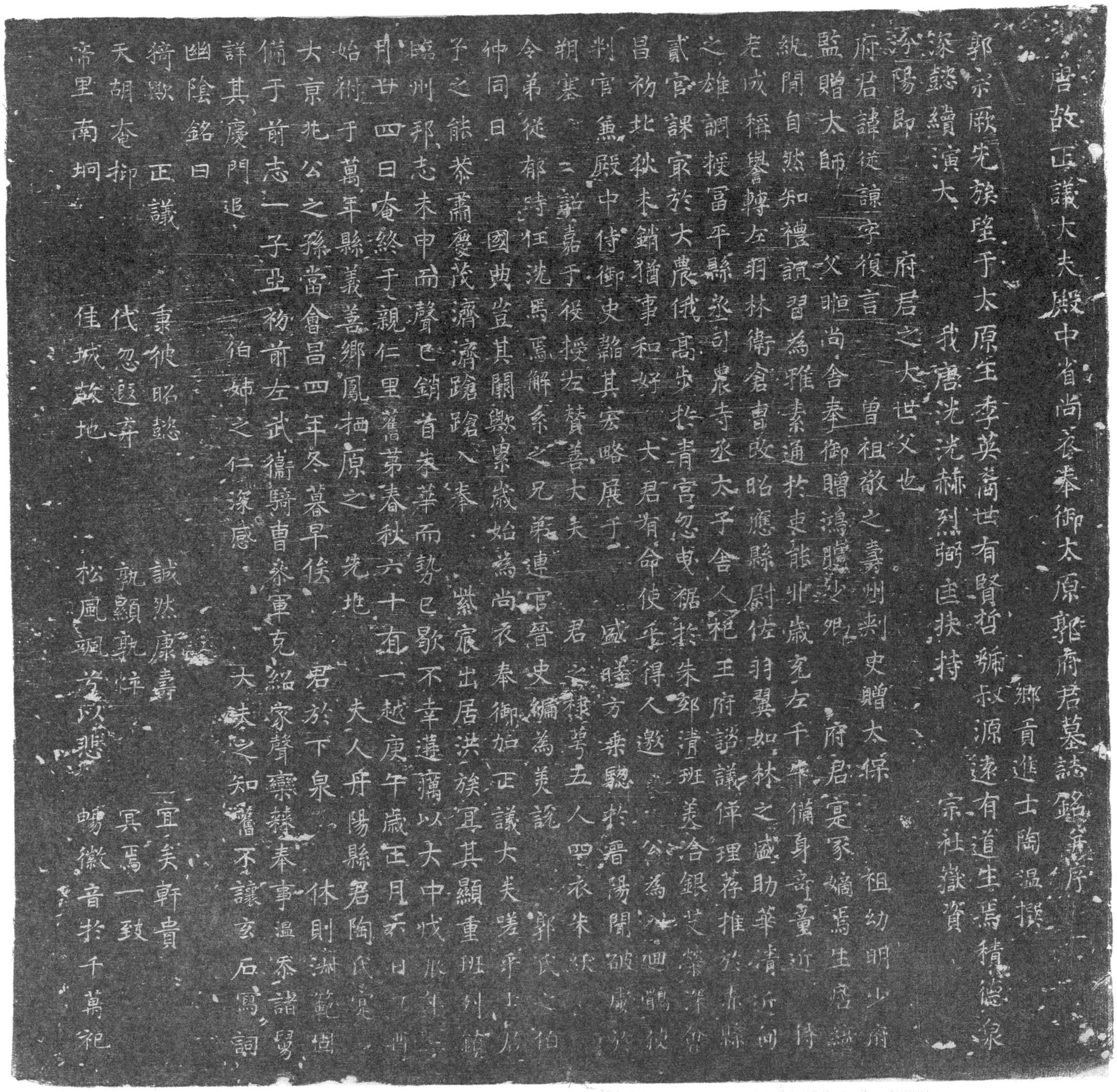

唐故正議大夫殿中省尚衣奉御太原郭府君墓誌銘并序
鄉貢進士陶溫撰
郭宗厥先族望于太原生季英裔世有賢哲虢叔源遠有道生焉積德象
深懿續演大　我唐洸洸赫烈弼匡扶持　宗社嶽資
汾陽郎　府君之大世父也
府君諱從諒字復言　曾祖敬之壽州刺史贈太保　祖幼明少府
監贈太師　父晅尚舍奉御贈鴻臚少卿　府君寔冢嫡焉生居綺
紈閒自然知禮讀習為雅素通於吏能卅歲充左千牛備身奇童近侍
老成稱譽轉左羽林衛倉曹改昭應縣尉佐羽翼如林之盛助華清行向
之雄調授富平縣丞司農寺丞太子舍人和王府諮議倅理薦推於赤縣
貳官課最於大農俄高步於青宮忽曳裾於朱邸清班美含銀艾榮譽曾
昌初北狄未銷猶事和好　大君有命使乎得人邀公為迴鶻彼
判官兼殿中侍御史韜其宏略展于　盛時方乘驄於晉陽開破虜次
朔塞二詔嘉于役授左贊善大夫　君之棣萼五人四衣朱紱郭氏之伯
令弟從郁時任洗馬解系之兄弟連官晉史編為美說
仲同日　國典豈其闕歟累歲始為尚衣奉御加正議大夫嗟乎上
子之能恭肅慶茂濟濟蹌蹌入奉　紫宸出居洪族宜其顯重班列
臨州邦志未申而聲已銷首奉華而勢已歇不幸遘癘以大中戊辰年
月廿四日奄終于親仁里舊第春秋六十有一越庚午歲正月六日
始祔于萬年縣義善鄉鳳栖原之　先地　夫人丹陽縣君陶氏
大京兆公之孫當會昌四年冬暮早從　君於下泉　休則淵範
備于前志一子丕祔前左武衛騎曹參軍克紹家聲欒棘奉事溫恭諸舅
詳其慶門退　伯姊之仁深感　大夫之知舊不讓玄石寫詞
幽陰銘曰
猗歟　正議　秉彼昭懿　誠然康壽　宜矣軒貴
天胡奄抑　代忽遐弃　孰顯孰悴　冥焉一致
帝里南垧　佳城茲地　松風颯兮以悲　暢徽音於千萬祀

唐太原
郭府君
墓誌銘

二五五　韋諫夫人崔氏墓誌

唐大中六年（八五二）五月四日

二五六　薛弘休夫人裴氏墓誌

唐大中六年（八五二）五月十九日

唐薛氏故裴夫人墓誌銘并引
河東薛弘休述
夫人裴姓其先河東聞喜人也 祖度皇司徒兼中書令晉
國公 父諿皇尚書司封兵部二郎中常翰二州刺史 相國
以勳庸翊 聖 正郎以文業承家盛德清名列在
國史此不復備錄 夫人崔出也故諫議大夫倫之外孫
名族復令望 夫人伯父季[illegible]有而成[illegible]以鉉雄
蕃公堂絲綸以繼 夫人[illegible]軒冕之盛[illegible]一門 太常卿 工部
之季女也自小[illegible]爲[illegible]同[illegible]而發言皆有奇[illegible]故中外[illegible]
愛無不器之[illegible]年[illegible]家難痛天泣血仕禮無[illegible]孝[illegible]
之心所伯氏得[illegible]既閑尚[illegible]閨[illegible]工之餘兼好[illegible]籍手[illegible]諸家
數十卷[illegible]今安德[illegible]詩柔順持[illegible]雖[illegible]表德實爲之聞氣

局部一

年十八將嫁于薛子知休自契和鳴綿經四載齊眉舉案
古人知休嘗以夫人受性恵和必鍾天祐何期榮華易謝風燭
難留以大中六年三月廿三日遘疾殁于安樂里之私第享年
有女一人未及其名也夫人一年而卒嗚呼粉匣空鏡臺
慈愛無叶吉定兆有期以其年五月十九日葬于古北原之縣
原鄉邑陽里薛氏先塋之側禮也嗟乎松楸古泉荷
長何以紀時存之銘曰
花爲容兮玉爲性威儀袟袟兮保家慶歲云暮兮鳳鸞鳴
燈耿兮閑佳城日悠揚兮雲霏霏松風颯颯兮千万代
五月九日兄播書
局部二

二五七　宗進興夫人楊氏墓誌

唐大中七年（八五三）正月五日

唐故大中大夫行内侍省内府局丞員外置同正員上柱
國宗公故夫人楊氏墓誌銘并序
宗公〻夫人弘農楊氏之女也　公諱進興先並其祖
考銘勒此不重述　夫人继世官爵盛聞於時及
笄之年以〻公得归于　宗公夫人貞婉自天淑範
姿睦敦傳孟母名冠鴻妻靜以自安動無失得
容止可法儀識合儀性植幽閑因心孝愛嚴母之
訓家風可書豈其貞秤始賜鸞鏡俄空瓊樹芳茂
金風遽折悲哉以大中六年九月廿九日終于循德
里〻私宅其年春秋六十有七以七年正月五日葬於
長安縣承平鄉李村祔于先塋〻禮是日也奉揭
夫人之柩祔於故阡而就其新壙焉佳城相隣松
楸對碧順而合禮神魂永康孝敬之心備矣有男一人
承務郎行内侍省内府局丞員外置同正員上柱國元致
有女一人茹荼泣血同奉襄事宗公悶年移歲改封
樹無據命紀德行用旌孫門嗚呼哀哉乃爲銘曰
世道云〻兮終然是非來如寄兮去矣如歸
紀貞德兮百代是希閑泉戶兮万古餘
輝

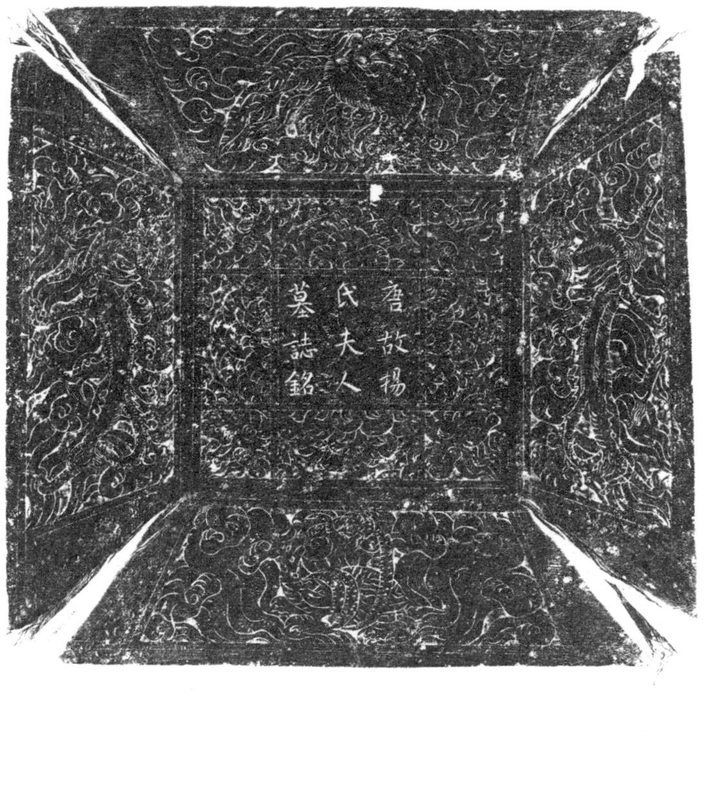

唐故楊
氏夫人
墓誌銘

二五八　徐公夫人王慕光墓誌

唐大中八年（八五四）十二月九日

大唐前左神策軍判官兼監察御史東海徐公故夫人太原王氏墓誌銘并序
鄉貢進士許溫玉撰
夫人字慕光曾祖宏皇朝散大夫蔡州司馬祖妣清河崔氏祖德
皇朝請大夫太子僕兼通事舍人知館事贈左散騎常侍祖妣隴
西李氏贈渭源縣太夫人考真皇陝州刺史殿中大監贈工部尚
書妣隴西李氏封隴西郡夫人夫人在家貞孝柔順淑德蘭芳年
廿四歸于徐氏心奉蘋蘩而禮供祭祀事長撫幼紀合宗黨恭敬
內外孝從備於五常六律然動必由禮非法度未嘗輒踐也生二
子長曰彥昭年十八見終三史業未就識其前尚禮教承事長幼
皆以義方而夙夜貞厲其志次曰道者奉夫人訓導以從道叶冠
玄虛而年幼體纔勝服有女四人長適惠氏其次三人並未去室而
孝節俱明於堂室其夫以執婦道少令于徐氏廿五年矣六親仰
其義鄉閭奉其德內外稱其蕙真輔佐君子執禮無闕侍寢[illegible]
組豈不乾向使神不助正直天不降孝壽然不得偕老嗚呼不造
享年卅九而殁於萬年縣永樂里中寫喪開元觀夫人立志以副
其心冥于室家能睦其族能正婦道以義而形于夙夜操禮範無
闕在閨門有序慈奉佛持禪念道機弘有知極其所尚以大中八
年十二月九日卜宅地京兆府萬年縣寧安鄉方趙村鳳栖原祔先
塋追然往行以誌幽石其禮也塋乔在門館故嘗聞清德遊殘可
暨見備大道具錄實根以將不朽其詞曰
貞孝柔和　婦道世稀　夫人秉禮　六親是依　矜解爲識
蘋藻飾帷　四始之美　九姻是追　仁而必吝　不登壽機
天實匪悅　古今同歸　變化忽恍　魄散魂飛　闕石紀軌
是做不誰　謂仁者永　天實奪遠　同塵殯殤　歸根大非
于以刊石　永播[illegible]姿

二五九　趙元符墓誌

唐大中九年（八五五）閏四月十八日

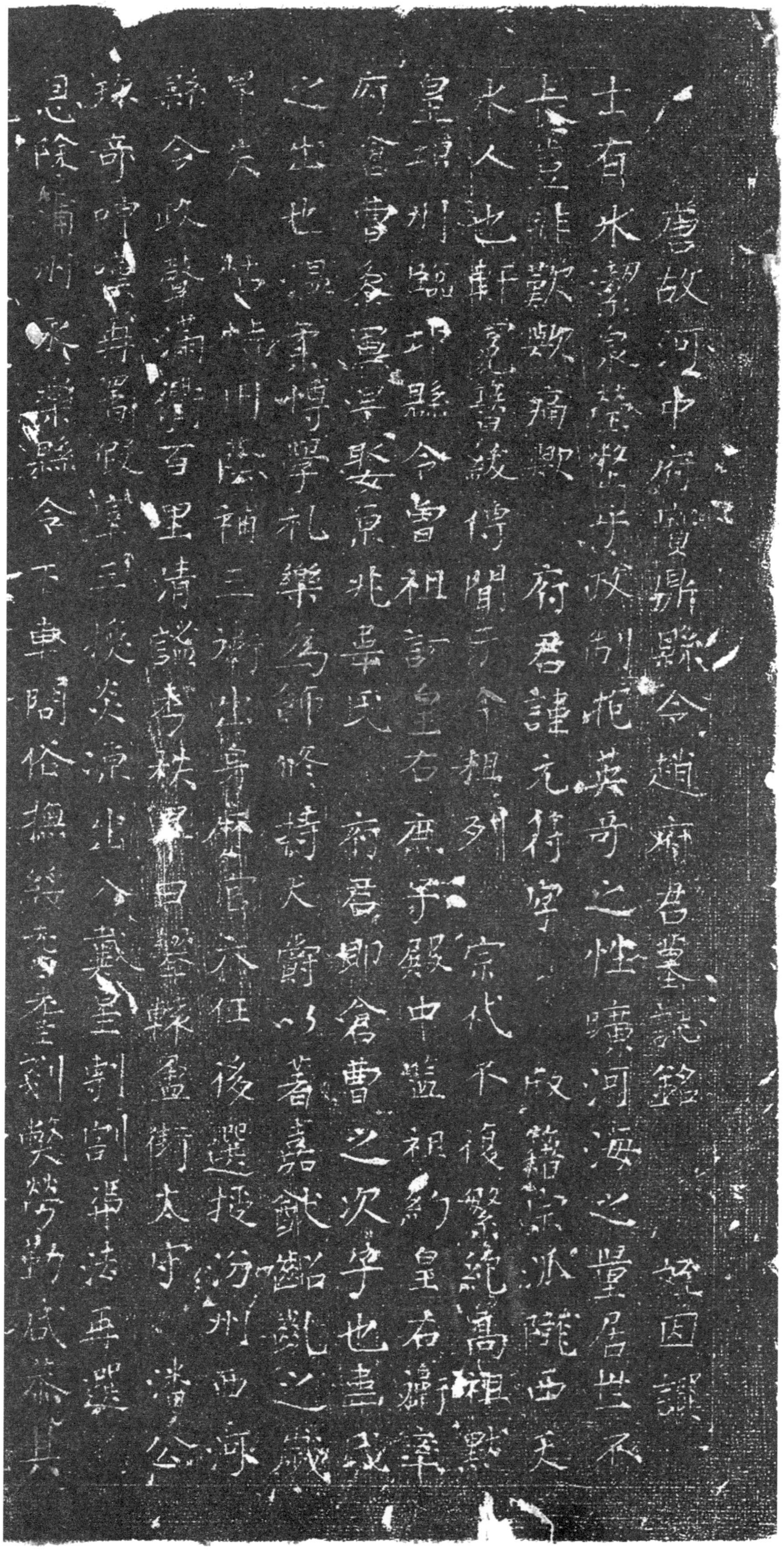
唐故河中府寶鼎縣令趙府君墓誌銘　姪因譔
士有水潔泉瑩[illegible]半孜制花英奇之性曠河海之量居世不
長豈非歎歟痛歟　府君諱元符字　敬籍宗派隴西天
水人也軒冕替綾傳聞于今祖列　宗代不復繁絕高祖默
皇朝州監垢縣令曾祖詡皇右庶子殿中監祖約皇右衛率
府倉曹參軍娶京兆韋氏府君即倉曹之次子也盡哉
之生也[illegible]氣博學禮樂爲師終持大爵以著嘉猷齠齔之歲
早失怙恃陰袖三衛出身解褐官任後選授汾州西河
縣令政聲滿衛百里清謐考秩[illegible]曰鑿轉盈衛太守潘公
殊奇呼冉冨假撫選炎涼出入戴星割害渠法再選
恩除蒲州猗氏縣令下車問俗撫綏老幼剗弊勞勤咸荷其

局部一

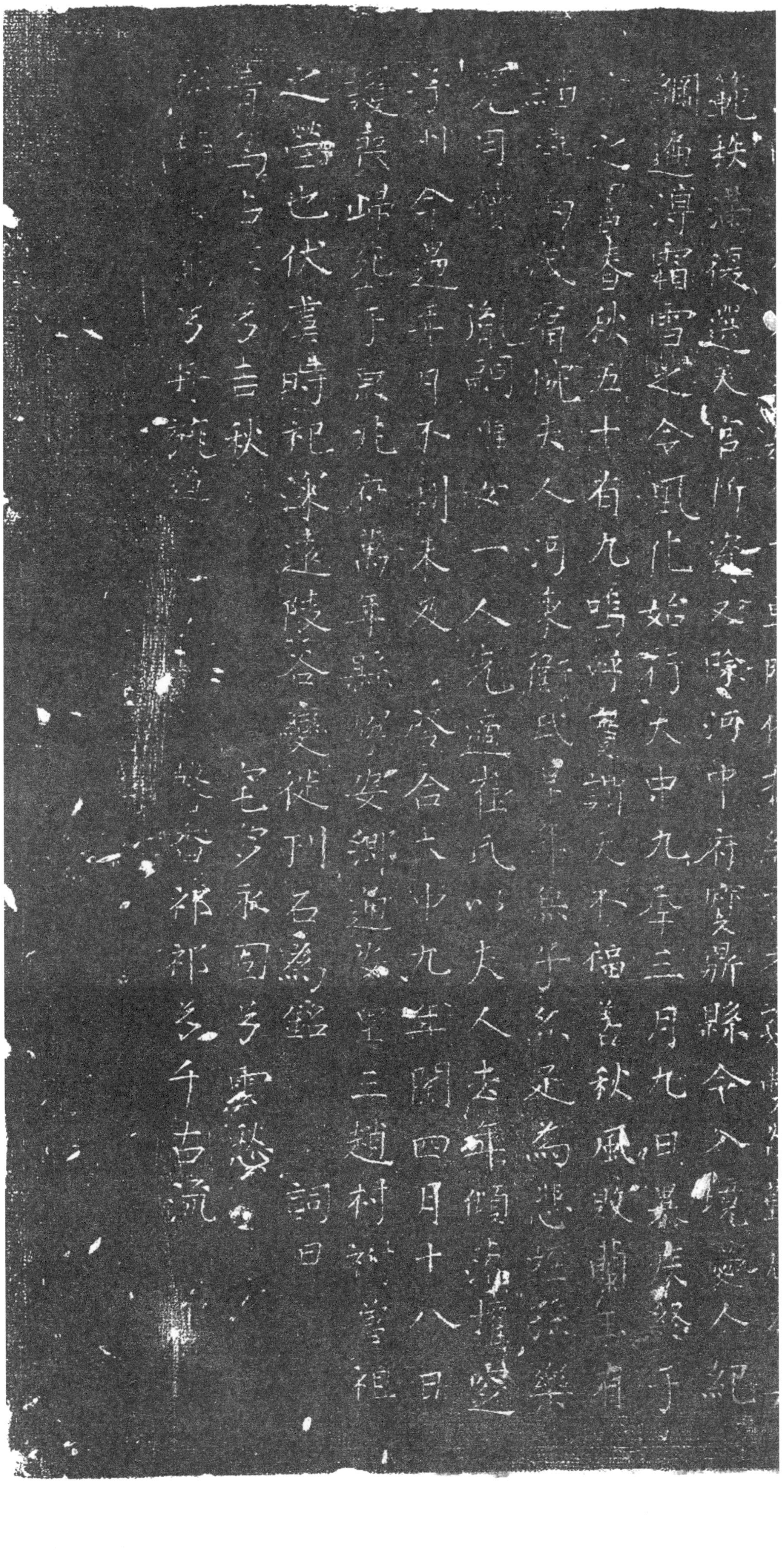

龍秩滿復選天官所除又除河中府寶鼎縣令入境惡人紀
綱遁淳霜雪之令風化始行大中九年三月九日暴疾終于
官之舍春秋五十有九嗚呼蒼天不福善秋風散蘭玉有
嗣□曰□痛慨夫人河東衛氏早年無子系足為悲哉孫樂
元司□瀛嗣惟女一人元適崔氏以夫人去年傾□擇塋
蒲州今遇年月不利未及谷合大中九年閏四月十八日
護喪歸葬于京兆府萬年縣寧安鄉通化里三趙村祔塋禮
之營也伏慮時祀深遠陵谷變徙刊石為銘詞曰
青烏兮□兮多吉秋　宅兮永固兮雲愁
佳□□□兮松□　勞谷祁部兮千古流

局部二

有唐大中十年二月廿七日前監察御史薛臨長男芻遘疾
歿于長安縣懷真里其年四月十三日歸葬于萬年縣中趙
村附于　王夫人之塋從也曾祖播禮部侍郎贈右僕
射祖公幹太子右庶子贈刑部侍郎世載其德位顯其官臨
獲奉　前訓譔吳郡憲造理無狀禍遘于芻臆舌稱知子
莫若父信矣故得刊石以表之余始鞠芻穉未始提㩦未始
埠及識是非余家貧每客于四方芻留于京育于慈妣慈姑
乃授業于姑氏芻性和而能容衆仁而恤下與同等處未嘗
較己而求勝必默默退自檢及余上第調補泰馮翊軍署長
春宮巡官掌記蜀郡佐天平軍為襄州節度判官拜監
察御史四鎮從軍芻得侍溫清調膳飼受琴書弓劒者廿八
年矣余憐其危孱而不愛然有過之地念其業學不俟余教
誨成孜孜兢兢不捨晝夜文已盈篋賦亦盈軸為古詩往往
合風雅坐室悄若其無人傍余家不能贍潛搜囊貨衣以補
其闕乃謂使令輩曰無以書空而告家君使口體之不寧也
丁　王夫人艱一號而動人奉諸父訓委曲而不渝事
長獲愛撫弟甚慈仲春遘疾咽不下食少長持藥投針石不
能療以至于終眾哭于寢室嗚呼芻字秘叟生有令名彰于
代其父也信及沒骨肉憐其誠其哭也哀喪未既而沒身孝
也道且肥而無位命也余哀尔無嗣以慶後有喪而無主撫
其棺而銘曰
可報之孫祭祀之子有至行可書無祿位可紀天爵既富人
爵已矣尔不寘世世寶貞尔曾載踐衆仁何籍朱紫貞石不
泯誌其行於此

二六〇　薛芻墓誌

唐大中十年（八五六）四月十三日

二六一　韋諫墓誌

唐大中十年（八五六）七月二十日

唐故渤海高氏墓誌銘
姪朝請郎前行[illegible]莊陵丞翰書
前振武節度使檢校刑部尚書兼御史
大夫高公第五女曾祖行暉皇任懷
州別駕贈戶部尚書祖崇文皇任邠寧
慶等州節度使同中書門下平章事贈
太尉親兄弘見任右金吾衛將軍親兄
妻前守衛王府長史親兄弘宣見任易
州刺史親兄宏前右司禦率府兵曹親
弟弘言見任汪州參軍大中十二年八
月十七日因染微疾九月三日歿于安
業里享年廿取其年十月廿三日窆于
京兆府萬年縣神禾鄉神禾原任王村
故勒石于紀

二六二　渤海高氏墓誌

唐大中十二年（八五八）十月十二日

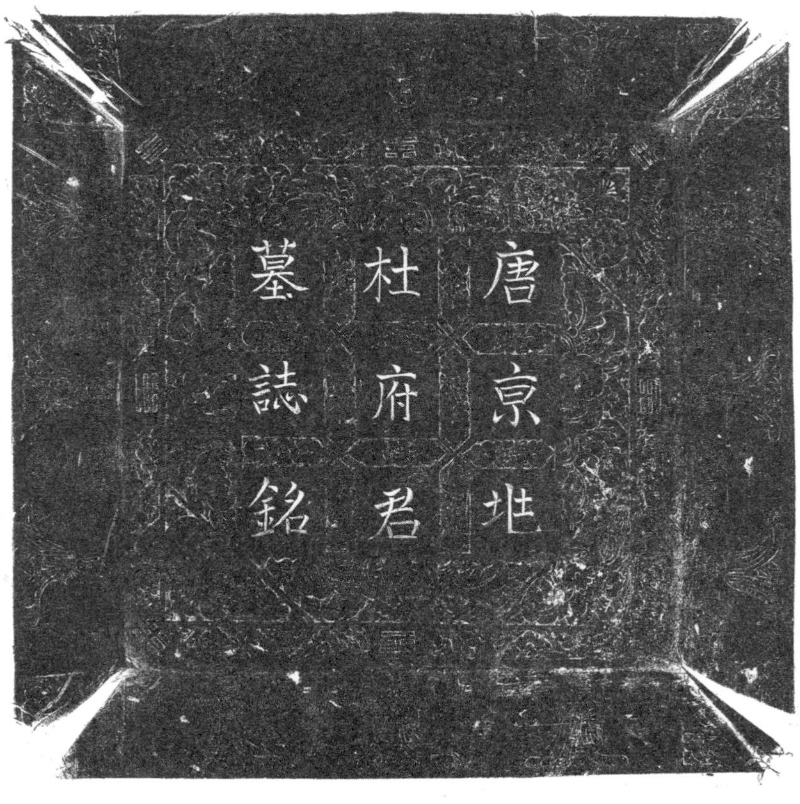

二六三　杜傳慶墓誌

唐咸通七年（八六六）閏三月二十七日

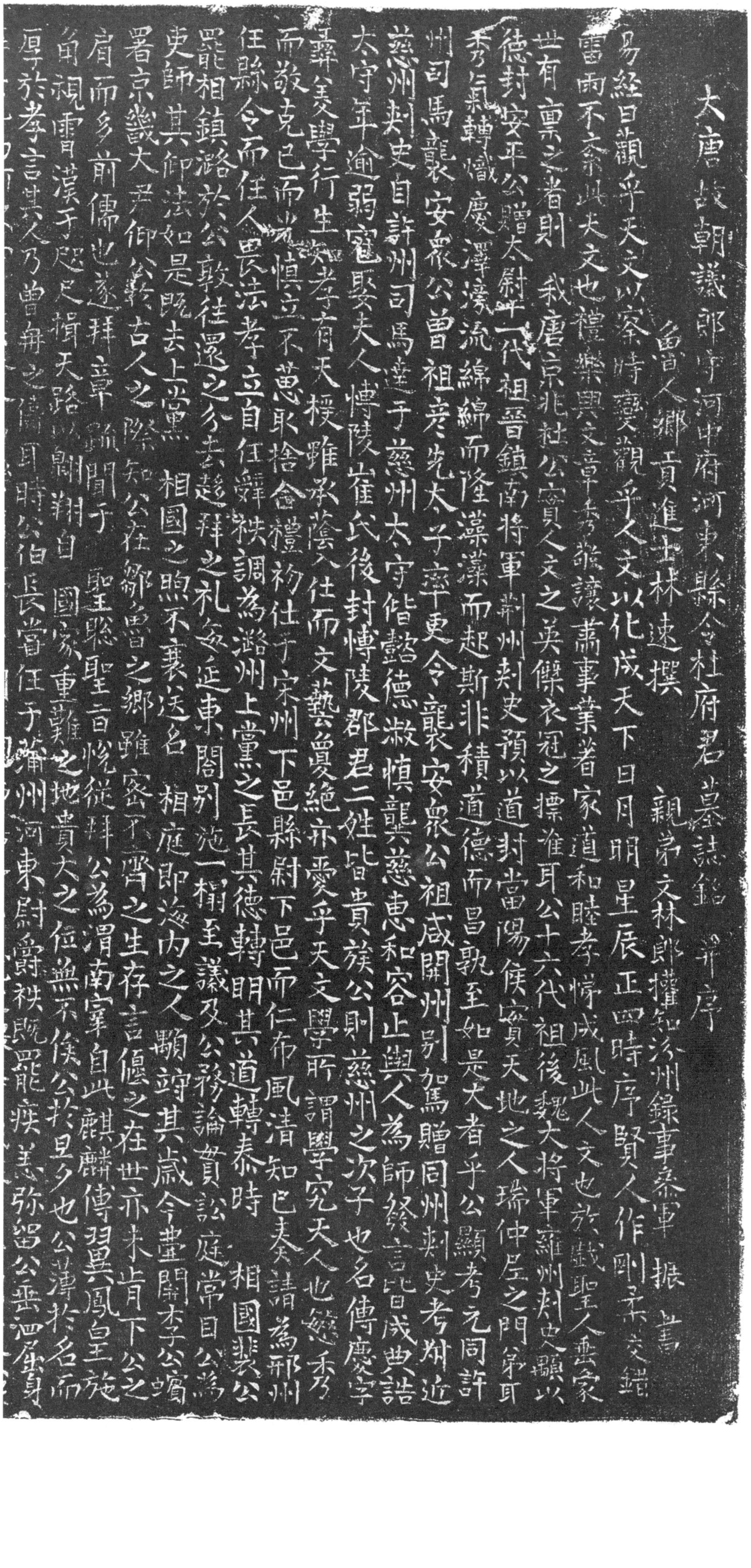

大唐故朝議郎守河中府河東縣令杜府君墓誌銘并序
魯人鄉貢進士林速撰　親弟文林郎權知汾州錄事參軍振　書
易經曰觀乎天文以察時變觀乎人文以化成天下日月明星辰正四時序賢人作剛柔交錯
雷雨不亦此夫文也禮樂興文章秀發讓肅事業著家道和睦孝悌成風此人文也於戲聖人垂象
世有稟之者則　我唐京兆杜公實人文之英傑衣冠之標准耳公十六代祖後魏大將軍雍州刺史顯以
德封安平公贈太尉十一代祖晉鎮南將軍荊州刺史預以道封當陽侯實天地之人瑞仲尼之門弟耳
秀氣轉熾慶澤湲流綿綿而隆藻藻而起斯非積道德而昌孰至如是大者乎公顯考元同許
州司馬襲安衆公曾祖彥光太子率更令襲安衆公祖咸開州別駕贈同州刺史考炯近
慈州刺史自許州司馬遷于慈州太守偕懿德潔慎襲慈惠和容止與人為師發言皆成典誥
太守年逾弱冠娶夫人博陵崔氏後封博陵郡君二姓皆貴族公則慈州之次子也名傳慶字
彝憲學行生知孝有天授雖承蔭入仕而文藝曼絕亦愛乎天文學所謂學究天人也戀秀
而敬克己而光慎立不蒽取捨合禮初仕于宋州下邑縣尉下邑而仁布風清知己奏請為邢州
任縣令而任人畏法孝立自任辭秩調為潞州上黨之長其德轉明其道轉泰時　相國裴公
罷相鎮潞於公敦往還之分厺趍拜之禮遂延東閣別施一榻至議及公務論貿訟庭常目公為
吏師其御法如是既去上黨　相國之煦不衰送名　相庭即海內之人顯諍其歲今畫閣李公蟾
署京畿大尹御公於古人之際知公在鄒魯之鄉雖宓不齊之生存言偃之在世亦未肯下公之
肩而多前儒也遂拜章疏聞于　聖聰聖旨悅從拜公為渭南宰自此麒麟傳翼鳳皇旋
角視雷漢于咫尺揖天路以翱翔自　國家重難之地貴大之位無不俟公於旦夕也公薄於名而
厚於孝言其人乃曾舜之儔耳時公伯長嘗任于蒲州河東尉爵秩既罷龍疾恙弥留公垂泗侍身

局部一

局部二

再三乞為河東宰莫俾入為樂饍之價貴朝夕覩湯饍之良日就休徵壽我棣萼何期上天不照
神理昧然有加無瘳奄從逝水公哀抱痛裂衣血涕綆慶上號穹蒼中悼骨肉不之旬日相次云亡即咸通
七年歲在丙戌閏三月癸巳二十七日壬申終於縣之官舍正寢之西偏屬纊于位非棣華巢藩宿也時
春秋五十二寰宇為其慘慄草木以至捿懍遺愛如生清風不散嗚呼仁者必壽公仁深矣德者必永
公德高矣何天道如是幽明未詳福慶何之哀我大君子公令弟曰振時倅我汾爪求假之蒲丁此重禍殞
身于地絕而復蘇既哭且呼風物痛色之明年謂魯人林遠曰我兄好學立信行忠孝歷地理天文觀
在指掌費用節儉天性不嗜酒極誠臨事曲從必全流愛之道前後莅官兼職約十餘任所得金帛與骨
肉親友周之家無餘財食不兼味嘗謂振曰弟兄之間吾眾依尔魯人林遠敬再拜受遂傳如右其時
二喪旅于河東公令弟振哀訴於蒲侯夏侯公馮翊侯王公各濟清俸與從歸路公令弟哭泣匍匐
与孤姪等扶護攢殯長安城南以年月未吉未克葬也今以 歸
葬于京兆府萬年縣洪源鄉司馬村祔九世之先塋禮也公夫人滎陽鄭氏有女二人曰渭渭纔三歲
美側室劉氏子三人女三人其子孟曰徐八仲曰顗子季曰何僧亦偕殤穉未達名官讀書有文各意
節二儀初分造于 鍾唐杜氏得姓未有不公不侯者則公之三子有季父訓道示故公侯瑚璉之器矣
悲矣乎公之三子爰女四人令鞠在憫凶慟屬荼毒各未成立失天何依日居月諸抑歸先王之禮制
銘曰 公之仁 出古之人 公之德 古人不克 居家惟貞 莅官惟清 棣萼之秀 遠播嘉聲
常宰西畿 鄉廟之資 屈請河東 爲伯氏求醫 既不蒙愈 奄至大期 泣血相繼
泉壤同之 天胡不仁 手足一時 積善福慶 何虛其辭 令子三人 挺然天格 卜歸丈禮
祔先塋松栢 懼日月弥厲 春秋異陌 具載斯文 刻此貞石

唐故如夫人渤海史氏墓誌銘并叙
外甥朝議郎前守洛陽縣令柱國賜緋魚袋李坦撰
女順章明於深壼女功茂麗於靜密克宛令儀式頴懿範
有昔之五可故　君子得以納之　如夫人姓史氏其先
陰山達官在　高宗朝内附欝為中華之豪族父昭
代州水運押衙榮叨塞垣樹德軍旅門風自肅家聲共高
故有是淑女獲執　君子之箕箒　如夫人移天之初宜
家有裕事長上以敬立撫幼弱以慈聞舉枝而豈止齊
眉進賢而無非後己中表宗族曽無間言始終一如垂二
十七祀落陽十載身累三年瞑眩無徵凶短俄及以咸通
七年歲在丙戌六月廿三日易簀于河南府道化里之私舍
享年五十有子一人沙弥年十九有女一小沙年十三
良人劉誨前邠州録事參軍宿州軍事判官閑居洛師軍
事以陰陽所忌歸葬未期權窆於河南府河南縣龍門鄉
南王村南原也沙弥小沙哀毀逾制號慕無節隣伍為之
雪涕行路莫不興嗟軍事慮其年代寖遠原隰超疊謂為
甥甥夙詳事實固命紀録敢讓鏤銘　鍾磬如之何匪扣
不揚絲蘿如之何匪高不彰　同聲結感託募增光
九十令儀閨閫克備　二八穠華里巷傳懿果從　芳蕙易折
德門垂範後昆　方期永福忽奄歸魂
昳月先缺永閟泉臺空留婦節
姪鄉貢進士劉韜書

二六四　劉誨夫人史氏墓誌

唐咸通七年（八六六）六月二十三日

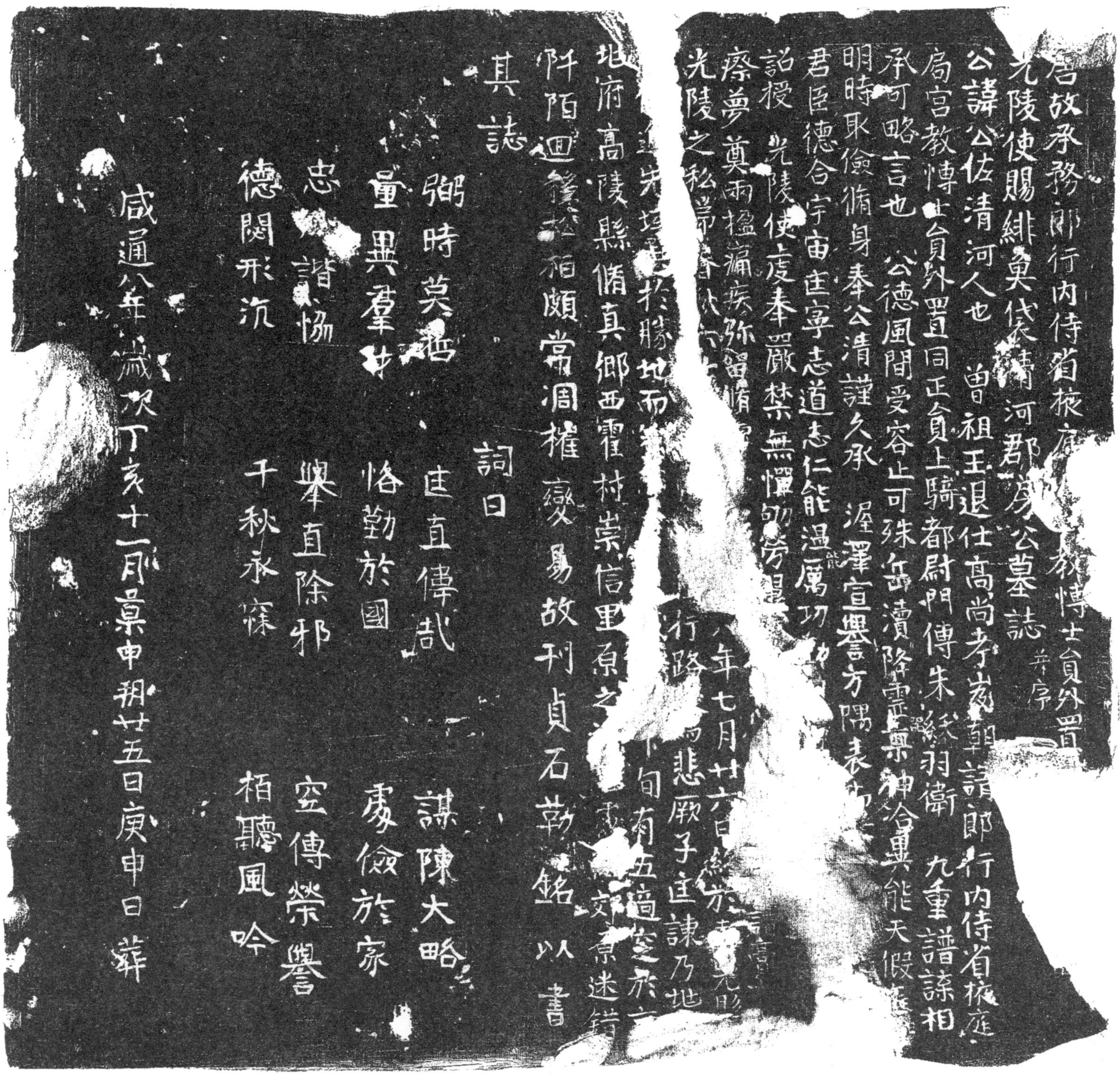
唐故承務郎行內侍省掖庭局教博士員外置
光陵使賜緋魚袋清河郡房公墓誌 并序
咸通八年歲次丁亥十一月景申朔廿五日庚申日葬

二六五　房公佐墓誌

唐咸通八年（八六七）十一月二十五日

唐故好畤縣令令狐府君墓誌銘并序
仲兄朝議郎守尚書金部郎中上柱國賜
恭惟　遥源系自周文子食菜因封命氏秦漢已
代不絕書務孝資忠世載明德煥列史紬昭彰令猷
崇亮皇綿州昌明縣令贈左僕射　王父諱簡皇太原
參軍贈太尉　烈考定皇桂管都防禦觀察處置等使檢校
散騎常侍兼御史大夫贈司空　先妣清河郡夫人崔氏贈魏
國太夫人　府君諱緯字尊之生而溫惠幼彰孝謹大
和中專經上第調補梓州梓潼主簿秩滿復授華州華陰尉解龜
未幾户部署三川院巡官直躬不回率履以正處暗齊而不濁過
盤節而辛分尋授興平尉縣直右界車蓋交馳舉職無荒司傅有
義儀而　詔以群公弘宗爲夏師乃授辟署安撫判官以察視究
職尋轉觀察判官仍旅殿内泊蕭公歸　闕詔除好畤令無敢謝
秩里人詠而思之大京兆方以善狀　聞請授劉邑成命未降值
隴守崔公紹早與之遊思其晤語遂歷岐山而抵于隴幾授館會
疾遘于中謁醫請巫涉旬不間九月十二日終于隴州官舍享年
四十有三男二人長曰撰兒次曰梅六女三人率皆提孩亦及成
立卿以其年十月廿五日歸葬于萬年縣少陵原祔　先塋從
吉卜也憶予與長而壽不淑何與善之言竟虛設耶咸通乙酉歲
天奪　吾兄孫抱疾其年　汝夏臺府罷歸于京師形影相親
朝夕以慰今又闕世律　予疇依故血攄心志于荒墜銘曰
尔之生兮守道飾躬　尔之仕兮絜己奉公言之文兮禮有容學
無殆兮善則從處世不偶兮名未崇溘先朝露兮命何窮佳城一
閉兮千古同塹山堙谷兮萬恨無窮
親姪鄉貢進士洵書并篆額

二六六　令狐緯墓誌

唐咸通九年（八六八）十月二十五日

大唐故朝議郎使持節銀州諸軍事守銀州刺史充本州押蕃落
使兼度支營田供軍等使柱國賜緋魚袋隴西李府君墓誌并序
從姪新授通直郎行嘉州峨眉縣令衢撰 前銀州
維咸通十一年歲次庚寅六月壬午朔廿一日壬寅
刺史隴西李公啓手足于鄜州洛交縣河南之私第享年五十有
五以其年八月廿二日歸窆于京兆府萬年縣寧安鄉杜光村焉
嗚呼善人斯終邦國殄[illegible][illegible][illegible]改觀士族興嗟誠則形亡氣散
大概先鎖自陰陽之所[illegible][illegible]也之常理存若寄殁乃歸有
始必終既明則晦推此道[illegible][illegible][illegible]悲 公諱緯字大本絳郡
房其先隴西人也 曾祖[illegible][illegible]皇[illegible]中侍御史京兆府咸陽縣令
祖諱澂皇宜州長史 考諱檀皇濮州刺史 妣[illegible]陽陶氏父勳
皇鄧州刺史 公負長才幼以[illegible]調集累官至銀州刺史兼
度支營田供軍等使 公器量宏遠襟靈豁開松落落以千尋
汪汪而萬頃其為人也直其於財也廉生前有潔己之能身後
一鄭之產慎獨處約為世之先其來也孤標其去也奄然
潛化超彼高士寔為正人 夫人鉅鹿魏氏代襲簪紱家傳懿
德被於閨門言遵乎典禮六男一女長男曰龜蒙權知通事舍
人緯有令儀 國之良器次曰龜符舉進士愿而知禮博學多聞
次曰龜圖曰龜錫曰龜長曰龜齡女六歲小字小寂龜蒙等悉懷
許國之心皆受趨庭之訓肥家[illegible]禮親友多之履 公之閫
者見 公之義方咸知諸龍必大 李氏之門也衢嘗忝前席
之遇實蒙傾蓋之歡慙無敘述之功謬承刊紀之託嗚呼
公之仕至判史 公之嗣有令子皆[illegible]他山莫盡 敘美令之
所[illegible]唯年與地而已銘曰 都門之外 東南二里
[illegible]崗一葬 龍耳[illegible]昌五侯 福千祀 公乎歸乎 安於此

二六七　李緯墓誌

唐咸通十一年（八七〇）八月二十二日

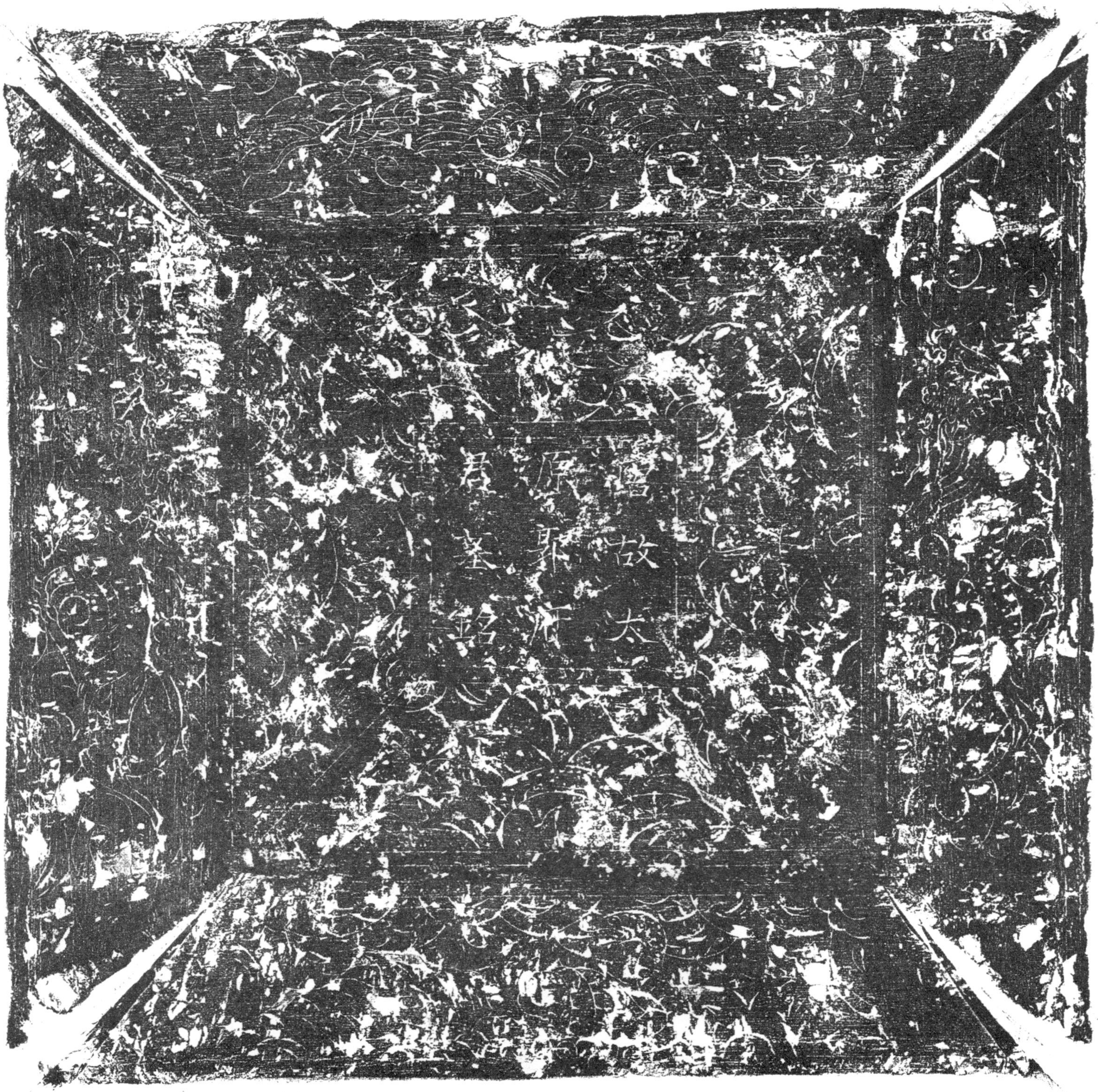

二六八　郭行脩墓誌

唐咸通十一年（八七〇）十一月二十八日

唐故絳州龍門縣尉太原郭府君墓誌銘并序
鄉貢進士姚瓚撰　季兄前華州鄭縣尉弘裕書
君諱行脩字□沖其先太原人號州之後因國以命氏洎於
祖孟儒西漢時爲左馮翊太守子孫因家于華今爲華州鄭
縣人也　皇太尉中書令汾陽郡王尚父贈太師諱子儀君之
之高祖也　皇□檢校工部尚書太子賓客諱晞君之曾王父
也　皇光王傅諱鏻君之王父也　皇鄭州別駕諱從實君
之烈考也簪組輝映蟬聯不絕功名偉士代有其人君即
鄭州第三子也幼稟義方長爲律度明敏恬淡信天縱之器
度宏達有傑人之表窮考經籍移晷忘倦識者期復大其
門惟　尚父□□　四朝勳德冠代無儔克嗣者
其在君乎以蔭入仕調授左衛率府倉曹參軍事再調尉絳
之龍門溫茂沖和爲人之所器秩罷將還京師無何嬰疾
以咸通十二年五月三日終於親仁里之私第享年二十有
八噫材與壽不偕逝矣天奚富其材而奪其壽耶親族之内
莫不隕涕承睫謂陰騭福善何其紿哉娶故刑部郎中汲郡
康復之女無子將以季弟嗣痛在茲乎蓍龜告吉以其年十一
月二十八日葬于京兆府萬年縣義善鄉鳳栖原祔先府
君之塋禮也空有自兄晃前淄州太守弘業潸然泣涕以誌地
文見請攬筆承親□得孰仁義辭不克遂而爲銘云
羊公登峴孔聖在川積感傷逝聞諸昔賢隙駟難駐浮生甚
遄自古如此夫何恨焉惟君體善孰與同年材志未展零落
奚先松風蕭咽壟月背懸空留□問永閟窮泉

二六九　靳鄘墓誌

唐咸通十二年（八七一）十月十三日

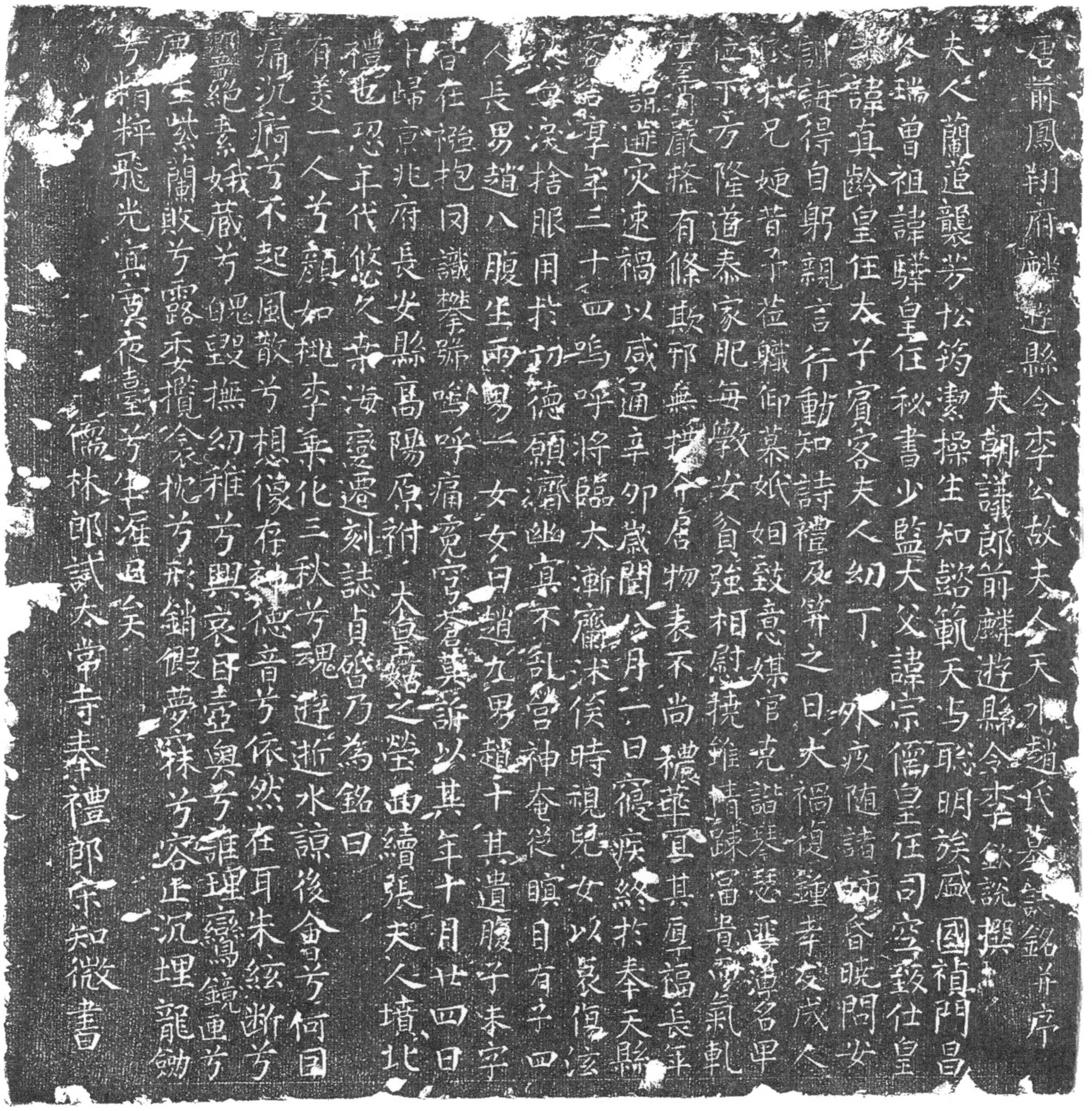

唐前鳳翔府麟遊縣令李公故夫人天水趙氏墓誌銘并序
朝議郎前麟遊縣令李欽説撰
夫人蘭蕙襲芳松筠勵操生知聦明族盛國禎門昌
累瑞曾祖諱驊皇任秘書少監大父諱宗儒皇任司空致仕皇
考諱眞齡皇任太子賓客夫人幼丁外疾隨諸姉昏曉問安
訓誨得自躬親言行動知詩禮及笄之日大禍復鍾孝友成人
依於兄嫂昔予莅職卹慕娀姻致意媒官克諧琴瑟亟淒名甲
位下方隆道泰家肥每斅安貧強相慰撫雖精隸富貴氣軋
[illegible]嚴整有條欺邪無擾[illegible]物表不尚穠華冝其厚福長年
詎謂遐灾速禍以咸通辛卯歲閏八月二日寢疾終於奉天縣
官舍享年三十四嗚呼將臨大漸齋沐俟時視兒女以哀傷滋
深[illegible]沒捨服用於功德願濟幽冥不亂營神奄從瞑目有子四
人長男趙八腹生兩男一女女曰趙九男趙十其遺腹子未字
皆在襁抱同識攀號嗚呼痛冤穹蒼莫訴以其年十月廿四日
十歸京兆府長安縣高陽原祔大塋之塋西續張夫人墳北
禮也恐年代悠久桑海變遷刻誌貞石乃為銘曰
有美一人兮顏如桃李稟化三秋兮魂遊逝水諒後會兮何日
痛沉痾兮不起風散兮想像存神德音兮依然在耳朱絃斷兮
鸞絶素娥藏兮魄毀撫幼稚兮興哀目壺輿兮雖理鸞鏡匣兮
塵生紫蘭敗兮露委攬衾枕兮形銷假夢寐兮容止沉埋龍鋤
兮精粹飛光冥冥夜臺兮千萬[illegible]矣
儒林郎試太常寺奉禮郎宗知微書

唐故天水趙夫人墓銘

二七〇　李欽説夫人趙氏墓誌

唐咸通十二年（八七一）十月二十四日

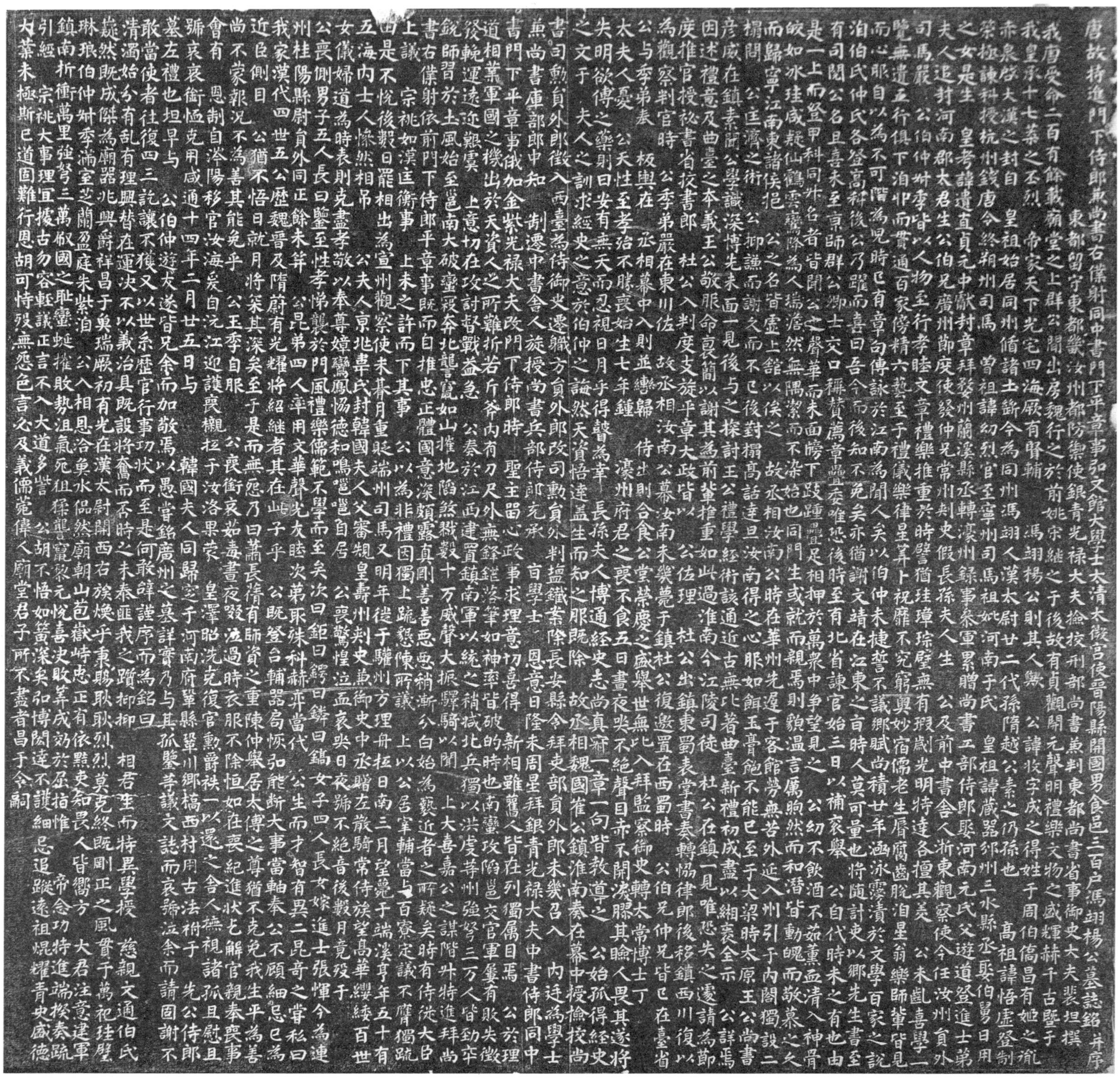

二七一　楊收墓誌

唐咸通十四年（八七三）二月二十五日

唐故特進門下侍郎兼尚書右僕射同中書門下平章事弘文館大學士太清太微宮使晉陽縣開國男食邑三百户馮翊楊公墓誌銘并序

東都留守東都畿汝州都防禦使銀青光祿大夫檢校刑部尚書兼判東都尚書省事御史大夫裴坦撰

我唐受命二百有餘載廟堂之上群公間出房魏行之於前姚宋繼之于後故有貞觀開元聲明禮樂文物之盛輝赫千古曁于
我皇承十七葉之丕烈　帝家天下光宅四海厥有賢輔　馮翊楊公則其人歟　公諱收字成之得姓于周伯僑昌有媯之流
赤泉啓大漢之封自　皇祖始居同州循諸土斷今為同州馮翊人漢太尉廿二代孫隋越公素之仍孫也　高祖諱悟虛登制
策極諫科授杭州錢唐令終朔州司馬　曾祖諱幼烈官至寧州司馬祖妣河南于氏　皇祖諱藏器邠州三水縣丞娶伯舅日用
之女是生　皇考諱遺直貞元中獻封章拜婺州蘭溪縣丞轉濠州錄事參軍累贈尚書工部侍郎娶河南元氏父遊道登進士第
夫人追封河南郡太君生公伯兄廣州節度使發仲兄常州刺史假長孫夫人生　公及前中書舍人浙東觀察使今任汝州員外
司馬嚴　公伯仲叔季皆以人物至行孝睦文章禮樂推重於時譬猶珪璋琮璧無有瑕纇光明特達各擅其美　公未齔喜學一
覽無遺五行俱下洎丱而貫通百家傍精六藝至于禮儀樂律星筭卜祝靡不究窮奧妙宿儒老生屑腐齒脫洎星翁樂師輩皆見
而心服自以為不可階為兒時已有章句傳詠於江南為聞人矣以伯仲未捷誓不議鄉賦尚積廿年涵泳霶潰於文學百家之說
洎伯氏仲氏各登高科後公乃躍而喜曰吾今而後知不免矣亦猶謝文靖在江東之旨時人莫可量也將隨計吏以鄉先生書至
有司閭公名且喜來至京師群公鄉士交口稱贊薦章疊委唯恐後時至有北省諫官始三日以補袞舉　公自代時未之有也由
是一上而登甲科同卅名者皆聞公之聲華而未面牓下跂踵疊足相押於萬衆中爭望見之　公幼不飲酒不茹葷血清入神骨
皎如冰珪咸疑仙鶴雲鸞降為人瑞澹然無隅潔而不染始也同門生或就而親焉則貌溫言厲煦然而和潛皆動魄而敬慕之久
而歸寧江南東諸侯挹　公之名皆虛上館以俟之　故丞相汝南公時在華州先遲于客館勞無苦外延入州引于內閤獨設二
榻問　公匡濟之術　公抑讓而謝久而不已後對榻高話達旦汝南得之心服如餌玉膏飽不能已至于大梁時太原　王公尚書
彥威在鎮素聞公學識深博先未面一見後与之探討王公禮學經術該通近古無比著曲臺新禮初成盡以緗褭全示　公詳焉
因述禮意及曲臺之本義王公敬服命良簡以謝其為前輩推重如此過淮南今江陵司徒杜公在鎮一見唯恐失之遷請為節
度推官授祕書省挍書郎　杜公入判度支旋平章大政皆以　公佐理　杜公出鎮東蜀表掌書奏轉協律郎後移鎮西川復以
為觀察判官時　公季弟嚴在東川佐　故丞相汝南公幕汝南來幾薨于鎮杜公復邀置在西蜀時　公伯兄仲兄皆已在臺省
公与季弟奉　板輿在　丞相幕中入則並纓歸　侍出則合食公堂榮慶之盛舉世無比入拜監察御史轉太常博士丁
太夫人憂　公天性至孝殆不勝喪始生七年鍾　濠州府君之喪不食五日晝夜哭不絕聲目赤不開淚膠其瞼人畏其遂將
失明欲傳之藥則曰安有無天而忍視日月乎得瞽為幸　長孫夫人博通經史志尚真寂一章一句皆教導之　公始孤得經史
之文于　夫人之訓求經史之意於伯仲之論然天資悟達蓋生而知之服既除　故丞相魏國崔公鎮淮南奏在幕中授檢校尚

書司勳員外郎徵入西臺為侍御史遷職方員外郎改司勳員外判鹽鐵案除長安縣令拜吏部員外郎未幾召入內廷為學士
兼尚書庫部郎中知制誥遷中書舍人旋授尚書兵部侍郎充承旨學士恩意日隆未周星拜銀青光祿大夫中書侍郎同中
書門下平章事俄加金紫光祿大夫改門下侍郎時聖主留心政事求理意切喜得新相雖舊人皆在列獨屬目焉公於理
道相業軍國之機出於天資人之所難折若斤斧內有刀尺外無鋒鋩落筆如神率皆破的時也南蠻攻陷邕交官軍屢有敗失徵
發輓運遠近騷虞上意切在攻討督戰益急公奏於江西建置鎮南軍以統之稍減北兵獨以洪虔等州強弩三万人皆勁卒
銳師習於土風始至邕南大破蠻寇奔北讋竄如山摧地陷煞戮數十万威聲大振驛騎以聞上大喜嘉公之謀階升特進拜尚
書右僕射依前門下侍郎平章事既而自推忠正體國意深頗露真剛善善惡惡稍漸公白始為褻近者之所疑矣時有侍從大臣
上議宗祧如漢匡衡事上未之許而下其事公以為非禮因獨上疏懇陳所議上以公居宰輔當與百寮定議不宜獨疏
由是不悅後數日罷相出為宣州觀察使未朞月重貶端州司馬又明年徙于驩州方理舟楫日南三月望薨于端溪享年五十有
五海內士人慘然相弔公夫人京兆韋氏封韓國夫人父審規皇壽州刺史兼御史中丞贈左散騎常侍族望高華纓緌百世
女儀婦道為時表則克盡孝敬以奉尊嫜鸞鳳協德和鳴嗈嗈自居公喪驚惶泣血哀哭日夜號不絕音後數月竟歿于
公喪側男子五人長曰鑒至性孝悌襲於門風禮樂儒範不學而至矣次曰鉅曰鍔曰鏻曰鎬女子四人長女嫁進士張惲今為連
州桂陽縣尉員外同正餘未笄公昆弟四人章用文華聲光友睦次第取殊科赫弈當代公生而才智有異二昆奇之嘗私曰
我家漢代四世五公歷魏晉及隋蔚有光耀將紹繼者其在此子乎公既登台輔器局恢弘能斷大事當軸奉公不顧細忌已為
近臣側目公猶不悟日就月將罙其深矣至于是而無怨乃曰蕭長倩有師資之重陳仲舉居太傅之尊猶不免我生平為善
尚不蒙報況不為善其能免乎公王季自服公喪銜哀茹毒晝夜啜泣過時衣服不除恒如在喪紀進狀乞解官親奉喪事
會有恩制自滏陽移官汝海爰自沅江迎護喪櫬柩于汝洛果蒙皇澤昭洗克復官勳爵秩一以還之舍人撫視諸孤且慰且
號哀哀銜恤克用咸通十四年二月廿五日與韓國夫人同歸窆于河南府鞏縣鞏川鄉槁西村用古法祔于先公侍郎
墓左禮也坦早與公伯仲遊友遂皆兄余而加敬焉以愚嘗銘廣州之墓詳實乃與其孤鑒等議文誌而哀號泣余而請固謝不
敢當使者往復四三訖讓不獲又以世系歷官行事功狀而至是何敢辭謹序而為銘曰
清濁始分有亂有理興替在運決不以義治具既設將奮而否時之未泰匪我之蹟抑抑相君生而特異學優慈親文通伯氏
巍然既成傑為廟器兆興爵祥昌于奐瑞厥初有光在漢太尉關西右族煥乎秉賜耿耿烈烈莫克終既剛正之風貫于萬祀珪璧
琳琅伯仲竝季滿室芝蘭盈庭朱紫洎公入相恩洽奐水侶然廟朝山岜嶽峙忠正有依黜吏知畏人皆嚮方大君注意建軍
鎮南折衝萬里強弩三萬敝國之恥蠻蜓摧敗勢沮氣死祖孫讋竄黎元悅喜決敗筭成効於屈指帝念功特進端揆奏疏
引經宗祧大事理宜據古匆容輕議正言不入大道多訾公胡不悟如篔深矣弘博闊達不護細忌追蹤遠祖焜耀青史盛德
大業未極斯已道固難行恩胡可恃歿無惡色言必及義儒菀偉人廟堂君子所不盡者昌于令嗣

局部二

唐故平原華府君墓誌銘并序
朝議郎行尚書都事柱國趙遵撰
公諱霖苑陵人也祖訪皇考悅皆弈世傳芳繼年
流嗣公風姿雅澹稟孤高少懷書劍之功不
肯業之業始齠齓而聲藹氣槩洎弱冠而執味詩書
將循學而求知竟從武而備位尋參武幕列職衙門
衆推未望之才咸仰任負之重旋以遐於骨肉難忽
盡階勉名上國所期享招百福壽及千春詎期
如沉痾遽成倏忽以咸通甲午歲五月廿日
奠化里寄第享年五十三　公娶周氏有譽閨
壺無替餘令嗣曰瑶鳳冀義方早聞鄉里咸伏而共傳
忠孝衆推而並濟公私所謂兩全可欽步令女一
人皆如珪如璧蘭馥桂薰規範自天表儀得性男女
痛傾於西日聲動風哀凝愁雨泣今則宅兆叶吉龜
筮已從將歸窆於荒郊寄哀詞於片石以其年六月
四日權葬於京兆府長安縣義陽鄉任貴村遵文懃
歸拙承請再三勉勵叢蕪乃爲銘曰
脩短定分兮今古攸同　青魂殞露兮
玉韻飄風　望丘墟而月朗　見松栢而煙籠
靈兮而永　刻片石兮無窮

二七二　華霖墓誌
唐咸通十五年（八七四）六月四日

二七三　郭鏐墓誌

唐乾符四年（八七七）正月二十二日

唐故興州刺史太原郭府君墓誌銘并序

鄉貢進士皐弘矩撰

親姪朝請郎前行襄州義清縣主簿□書

公諱鏐，字剛美，太原郡人。肇自有周，世建封命氏，厥後公族蕃衍，根本枝□□□□佩

鳴玉者，蟬聯無絶，煥然圖諜，雖百代可見也。大王父諱敬之，皇壽州刺史，贈太保。

王父諱幼儒，皇成都少尹，贈少保。烈考諱晠，皇右庶子致仕，贈光祿卿。

公即致政府君之元子。先太夫人弘農楊氏，封弘農郡君。外大父諱亘，

皇鄭州司馬。公乃郡君太夫人之出。昔尚父汾陽王闡生巨唐，手揭白日，折

主闡鼎功，蓋萬邦昭昭耿光，襲我令胄。公實汾陽之裔孫也。種德樹善，

承家流慶，素履高蹈，清風滿門，為九流之龜鏡，作三族之模楷。公一子出身，釋褐

授太子通事舍人，次衛尉寺主簿，次國子監丞，次鳳翔府虢縣令，次攉知興元府南鄭

縣令，次興元府少尹，次成都府少尹。自春宮莅仕，禁衛提綱，贊黌庠而雅頌宣，宰武□

而弦歌備。尋□府丞，爰寵郡符，是授通州刺史，政簡事從，其道愈光，累拜容州刺

史、彭州刺史、德州刺史、興州刺史。自通迨于興五郡，天子憂寄，允佐朝廷，利

蒼生，如此類萬，率由忠讜，雖桂筆絶簡，莫能備載。人咸相謂曰：真漢之良二千石哉。及

歲滿于興，公乃捋雙旌，言歸魏闕下，漸以步履不快，耳目生瘡，頤疏自使。時

……月十三日終于長

局部一

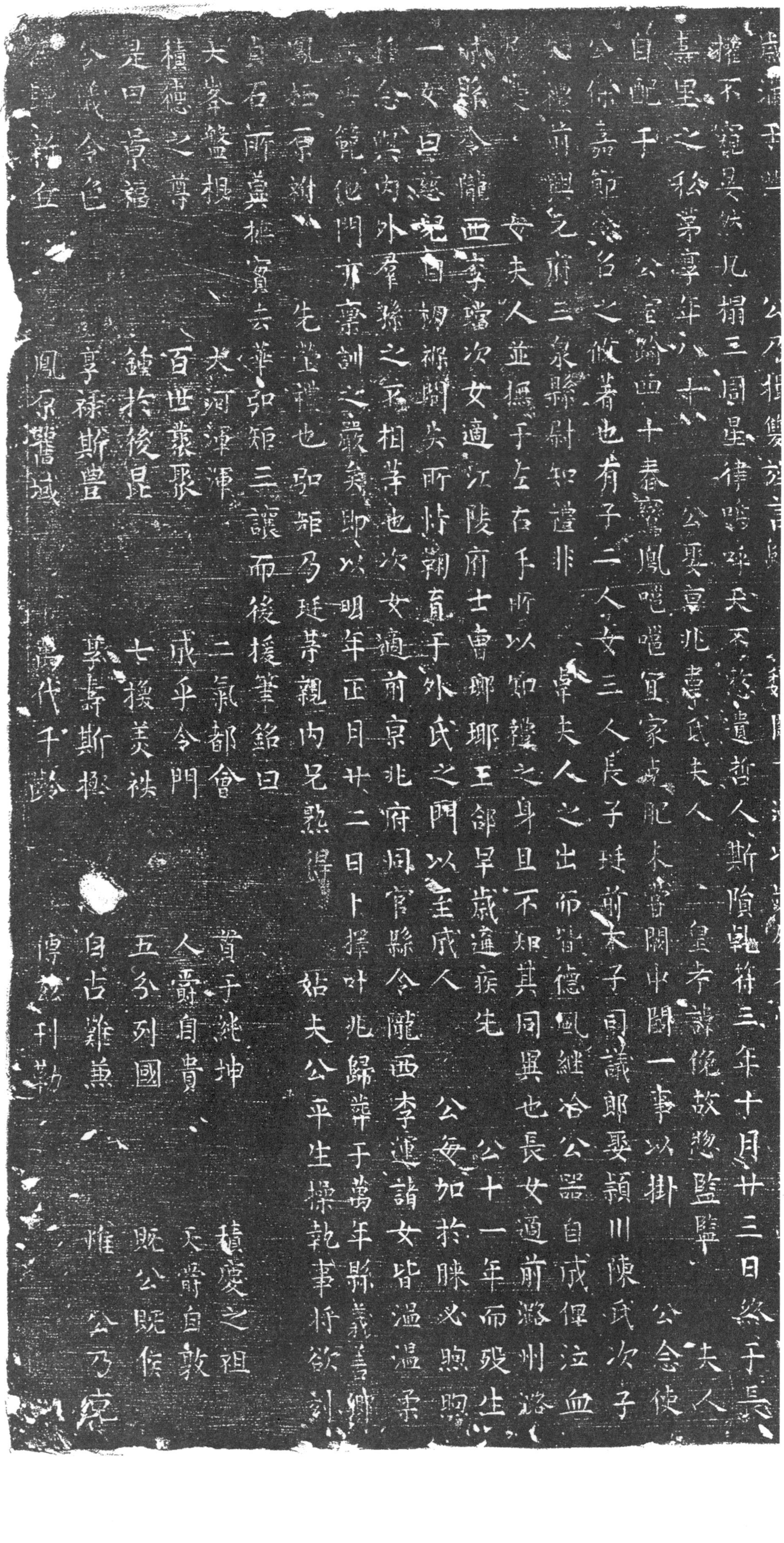

歲滿乎些[illegible]公乃提雙旌言[illegible]
權不寵是依凡揖三周星律鳴呼天不慭遺哲人斯隕乾符三年十月廿三日終于長
壽里之私第享年八十八 公娶京兆韋氏夫人 皇考諱俛故愍監舉 夫人
自配于 公宜踰四十春鸞鳳喈喈宜家克肥未嘗閑中闈一事以掛 公念使
公保嘉節令名之攸著也有子二人女三人長子廷前太子司議郎娶潁川陳氏次子
廷禮前興元府三泉縣尉知禮非 韋夫人之出而皆德風継洽公器自成俾泣血
[illegible]是 妾夫人並撫于左右手所以知禮之身且不知其同異也長女適前潞州潞
城縣令隴西李瓚次女適江陵府士曹瑯琊王郤早歲遘疾先 公十一年而殁生
一女曰慈兒自初禍闕矣所恃翦育于外氏之門以至成人 公每加於眯必煦嫗
[illegible]合與內外羣孫之[illegible]相等也次女適前京兆府同官縣令隴西李進諸女皆溫溫柔
雅合範他門亦稟訓之嚴矣即以明年正月廿二日卜擇叶兆歸葬于萬年縣義善鄉
鳳栖原[illegible]先塋禮也弘雅乃廷等親內兄熟得 姑夫公平生操執事將欲刻
貞石所冀抵資去華弘矩三讓而後援筆銘曰
大峯盤根 大河渾渾 二氣都會 首于純坤 積慶之祖
積德之尊 百世叢聚 成乎令門 人爵自貴 天爵自敦
是曰景福 鐘於後昆 七揆美祓 五分列國 既公既侯
令儀令色 享祿斯豐 享壽斯極 自古難兼 唯 公乃克
[illegible]新阡 鳳原舊域 [illegible]代千齡 傳茲刊勒

局部二

唐故興州刺史太原郭公夫人京兆韋氏壯風縣君墓誌銘并叙

堂姪承奉郎前守懷州獲嘉縣令䓤立撰
郭氏親姪朝請郎前襄州義清縣主簿書

墓必有銘其來尚矣男志功行女述儀則篆刻貞珉期常存於久久然
夫人諱寶元字寶元京兆杜陵人也其先苗裔顯赫興流夏殷漢以降皆為嶽族是後世濟
國朝開元中侍御史諱元晨於夫人為曾王父諱元晨生子七人三為王
父秋書郎董監察御史諱伱先妣夫人清河崔氏生子七人三為王
女子子夫人即三女之長天與柔淵性能慧和娴傳不勤自有幽閫之德年七
公出適國子監丞太原郭君鏐汾陽王之令孫左宮相之愛子蕭桼朝汾陽嚴
夫人執禮閫無等官相與配夫人在堂擇子婦之姐納采問名實為重慎
女郭姚憂家貲餼齎祭皆不失如賓丞徒吉薜遷
也乾符三年冬十月使君喪遺疾逝
先孝姚喪家進克先塋之儀退不失如賓丞徒吉薜遷
使君所至下車多眷之謠離任傳去息之譽皆
藥興感挹他人始以使君喪歸祔先塋
夫人日婦儔謂未亡人待亡者也巫醫
月七日奄終于長壽里第享年六十五有男二人長曰斑太子司議郎娶滁州刺史
陵府士曹玉郎薛華先落季道京兆府司錄女三人長適同州韓城縣令李連丁襔毒催
潁川陳鮪女李運班知禮皆純孝子也連丁襔毒催
故適之劾不起三業弥結嬰疾不藥而化斯古之達人所操無以加也將葬前月二日
顏色說有因果應谷如響故自初年慶哭接心拱黄褐二教悟去垂五十載起家乃
之瑩禮也嗚呼夫人令德懿行刑于閨壼慈仁孝愛睦視孤弱左右侍人常假君恨
借顏色說有因果應谷如響好合垂五十載起家乃
故適之劾不起三業弥結嬰疾不藥而化斯古之達人所操無以加也
故適遠適京兆内子封崇邑號之顯男結高姻女得良智同穴偕去將葬前月二日
是因果應去之効不藥其然歟宿疸善根之達人斯古
監丞平為諸侯讌賓之歸女為諸侯
幽陰杳坤惟女之貞雅叶
德皆小大威式輔佐之勤松檟布薪之代長舜
引以歸真大威式人代長舜
　　　　　夫人柔聲順意母儀婦道天然自致及嗣後夫先婦後
　　　　　故適令淵賢明猶蘭之薰如玉之英四
　　　　　來嬪大家開睢之則封君號邑編切表德
　　　　　六禮愛俻惟女之貞雅叶　　唯銘斯石千秋不磷

大唐故文林郎相州鄴縣令何君墓誌銘并序

西南大學新藏石刻拓本匯釋　三六八

二七五　何琮墓誌
唐中和五年（八八五）十一月四日

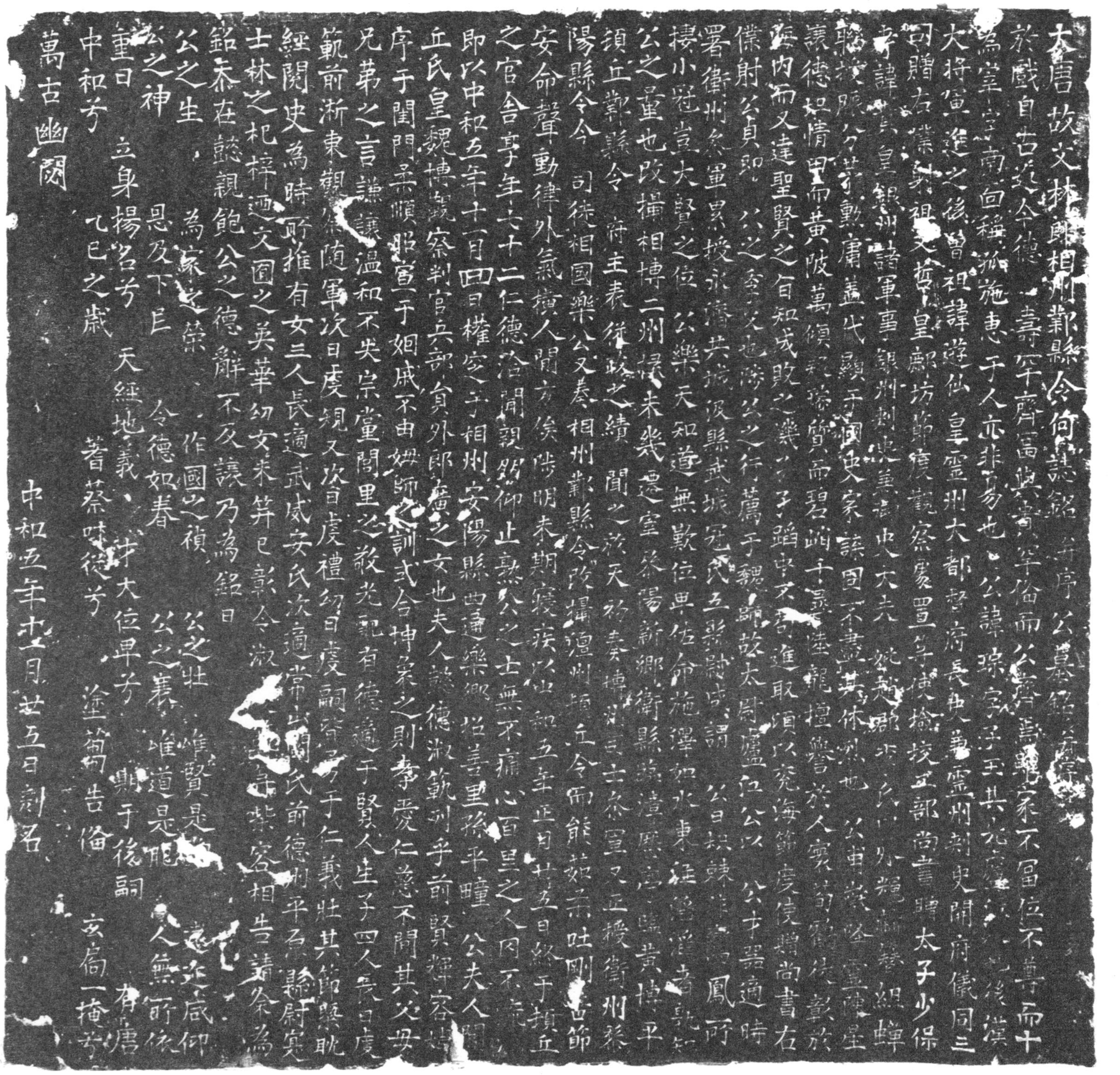

二七六　董政及夫人郭氏墓誌

唐乾寧元年（八九四）十一月十五日

唐故趙府君墓誌銘并序
君諱朗字行弼其先晉大夫盾之後也粵若京
兆廣平漢陽才傑詳諸史冊可略言焉曾祖
祖寬父仁並松竹抽翠珪璋稟潤君器宇深沈
風徽綿邈成神早著齠齓不驚於駭雷岐嶷夙
彰童子已聞於對日柰弘揚之術數過目闇通
洛下宏之圖書經心懸解以黼紱為纓緌以冠
冕為齠塵遂遁廣宅棲閑拂衣不仕每欲紫芝
於丹谷控玄鶴於瑤霄而仙路杳冥泉途奄忽
嗚呼哀哉春秋五十有九卒於私第即以其年
十月十九日權殯於州西北五里平原禮也嗚
呼哀哉名香鬱兮銷翡帳精靈遊兮魂不歸風
雲兮悽愴賓徒兮淒憚勒芳猷於翠琰庶旌烈
於泉扉銘曰
赫赫祖祢源流浩漾析珪仕晉分符佐趙松貞
桂馥珠明玉皦令聞嘉聲存其攸紹其一
逢人止足琴書安放築室栖閑拂衣高尚昆丘
綿邈玄霜熟餉蕙歎芝焚人淪道喪

趙府墓誌

二七七　趙朗墓誌

唐□年（六一八—九〇七）十月十九日